中国文化遗产研究院　CHINESE ACADEMY OF CULTURAL HERITAGE ·文物保护工程系列·2020 年

不可移动石质文物保护
工程勘察技术概论

中国文化遗产研究院　李宏松／著

文物出版社

图书在版编目（CIP）数据

不可移动石质文物保护工程勘察技术概论／李宏松
著．—北京：文物出版社，2020.8
ISBN 978 - 7 - 5010 - 6485 - 4

Ⅰ．①不…　Ⅱ．①李…　Ⅲ．①文物保护—工程地质勘
察—概论—中国　Ⅳ．①K87

中国版本图书馆 CIP 数据核字（2019）第 281539 号

不可移动石质文物保护工程勘察技术概论

著　　者：李宏松

责任编辑：李　睿
责任印制：苏　林
封面设计：王文娴

出版发行：文物出版社
社　　址：北京市东直门内北小街 2 号楼
邮　　编：100007
网　　址：http：//www.wenwu.com
邮　　箱：web@ wenwu.com
经　　销：新华书店
印　　刷：北京京都六环印刷厂
开　　本：889mm×1194mm　1/16
印　　张：30.75
版　　次：2020 年 8 月第 1 版
印　　次：2020 年 8 月第 1 次印刷
书　　号：ISBN 978 - 7 - 5010 - 6485 - 4
定　　价：280.00 元

前　言

　　"勘察"在英语语境中与"调查"意思基本相同，因此一般可用"investigation"或"survey"表达，但在中文语境中"勘察"一词，有时也写作"勘查"，除有"调查"、"观察"之意外，关键还有"勘"的意思，"勘"有探测、查明原因的更深一层意思。所以，"勘察"在我国是指根据建设工程的要求，查明、分析、评价建设场地的地质、地理环境特征和岩土工程条件并提出合理基础建议，编制建设工程勘察文件的活动。

　　长久以来，由于我国文物保护领域勘察规范和技术标准的缺失，许多工程项目的勘察工作仅停留在简单的调查和破坏现象描述记录阶段，往往导致工程设计依据不足，甚至导致部分保护工程对文物造成二次破坏。基于以上考虑，2011年，我们申报了《石质文物保护工程勘察规范》行业标准编制项目，在此之后的2012—2014三年里，我们对不可移动石质文物保护工程勘察技术进行了系统地梳理和研究，并在该标准征求意见稿阶段，向全国44家单位、46位个人征求了意见，征集了492条具体意见和建议，并进行了四轮的修改，2014年8月15日，全国文物保护标准化技术委员会秘书处在北京组织召开了行业标准《石质文物保护工程勘察规范（报审稿）》的审查会议。审查委员会认为该标准全面反映了五十多年来我国石质文物保护工程勘察经验和研究成果，对今后石质文物保护工程勘察工作具有指导意义。本书便是在上述工作基础上，整理编撰而成的。由于不可移动石质文物保护工程及相关勘察技术的复杂性，书中难免有错误和不妥之处，在此请有关学者、专家和同仁斧正！

编　者

于2016年

目　录

第一章 绪 论

1.1 我国不可移动石质文物保护工程勘察技术发展的历史回顾

如前言中所述，勘察是为工程建设服务的，因此勘察技术的发展和应用与工程地质学紧密相关，所以要追溯我国不可移动石质文物保护工程勘察技术的发展，就必须从工程地质学在石质文物保护领域应用的发端谈起。

我国石质文物保护中的工程地质学研究始于 20 世纪 50 年代末，当时文化部曾先后组织北京地质学院（现中国地质大学）苏良赫教授、王大纯教授为首的专家组对敦煌、云冈、龙门石窟进行了以保护为目的的地质、水文地质及工程地质调查，从而拉开了我国石质文物保护工程地质学研究的序幕[1]。从此以后文物保护界以黄克忠先生为代表的科技人员开始与工程地质领域广大科研人员合作，对不同类型的不可移动石质文物开展了多方向的研究，从 20 世纪 80 年代末开始逐渐建立了石质文物保护领域工程地质学研究的框架体系，这期间以中国地质大学（武汉）的潘别桐教授为代表的一批教学和科研人员对不可移动石质文物保护中的工程地质学调查和分析方法进行了卓有成效的工作，这方面主要体现在工程地质学方法、实验和测试方法、计算方法及数值模拟方法的应用上。

1.1.1 工程地质学方法的应用与实践

工程地质学方法主要目的是运用地质学理论，查明工程地质条件和不良地质现象的空间分布，分析研究其产生过程和发展趋势，并进行定性判断。它是工程地质研究的基本方法，也是其他研究方法的基础。对于赋存于地质体内的不可移动石质文物而言，其产生的病害与原生和次生的地质构造有着必然的关系，只有摸清了这些地质条件，才能有的放矢地制定保护方案从而有效地抑制病害的发展。如对文物区内岩体裂隙发育情况及不稳定区域和危岩体的调查，应以目前存在的不稳定痕迹、不稳定趋势为入手点。例如坡角崩塌堆积体、坠石、明显的错位和变形以及卸荷带等。对于不稳定区域及危岩体范围的确定，应以临空面、构造形迹（节理、断层带）、层间结构（不同岩层的接触面）、层内结构（软弱夹层及软弱带）等二维结构特征面为边界划分。并通过工程地质学方法详细记录边界性质，如走向、倾向、倾角、隙宽及沿构造露头的变化、力学性质的表象（张开或闭合、形状）、填充物质等有关情况和数据及危岩体的体量和规模。

通过大量的实践经验表明，对于岩体裂隙网络的调查和分析是研究不可移动石质文物病害机理的关键，其中最成功的一例是重庆市大足北山摩崖造像136窟渗水病害治理工程的前期勘察项目。1989年，中国地质大学（武汉）水文地质及工程地质系针对重庆市大足北山摩崖造像群渗漏问题，在北山区域进行了详细的工程地质调查，其中地质构造作为本次调查的重点项目，在调查中结合自然电位法勘测，他们对石刻区内13条导水构造裂隙的发育程度、延伸方向及空间构架进行了系统研究，为后来截水廊道治水工程设计方案提供了科学依据。该工程自1991年实施后至今效果依旧较好，基本上解决了136窟窟内渗漏问题。

1.1.2　原位测试和无损检测技术的研究与应用

工程地质实验和测试方法，包括岩、土体特性参数的测定实验、地应力量级和方向的测试，以及对地质作用随时间延续而发展的监测。而对于文物保护工程进行的前期勘察而言，由于勘察对象为文物主体，在文物区内进行取样工作，其数量是受到严格控制的，并且对文物主体的影响程度必须要求降至最小程度。同时在一些特殊的情况下，如对岩石表面风化层而言，由于其结构疏松和表面性状各异，在某些情况下无法提取完整的和能概括其整个风化过程及风化全貌的样品，因此，这就要求我们通过更多原位测试手段和无损、微损检测技术来完成岩土体工程性能指标的测试。因此在文物区内通过原位测试技术获取岩土的性状指标是石质文物保护工程勘察阶段重要的技术手段。目的在于在原有地层结构不受扰动的情况下，尽可能地获取岩土的物理力学指标，以保证后期计算评价过程中结论的真实性，同时，在检测对象岩土体和石材表层结构不产生损伤的前提下，探测内部及表层各种宏观和微观缺陷及材料工程性能指标。

对于建筑场地勘察而言，工程实践中我们按照《岩土工程勘察规范》的要求，一般采用常规性的原位测试技术即可达到工作目标，如建筑场地勘察中的静力触探技术、标准贯入技术等。

但是除了场地条件外，作为既有建筑及构筑物，文物结构和材料损伤也是勘察工作的重要内容。通过多年研究，根据文物工程的特殊性，结合国际石质文物保护的勘察经验，我国技术人员对一些原非规范化的原位测试手段进行了尝试，尤其是无损检测技术进行了规范化研究。如表面回弹锤击测试的操作及分析规程的规范化研究，岩石声学性能测试、水理性质测试；同时，为了满足保护工程的需要，部分专家、学者还开展了一些测试技术的研发，如黄克忠先生与钟世航先生领导的中国铁道科学研究院团队共同研发的电法微测深仪（图1-1），解决了岩石表层风化深度的探测问题，并在云冈石窟等保护工程中得到了成功应用。

图1-1　C-1型微测深仪电极系

1.1.3　计算方法和数值模拟方法在石质文物病害危险性评价中的应用

工程地质学中的计算方法包括两方面：（1）应用统计数学方法对测试数据进行统计分析；（2）利用理论或经验公式对已测得的有关数据进行验算，从而定量评价工程地质问题。而数值模拟方法，是通过对地质资料的研究，在深入认识地质原型，查明各种边界条件，以及通过实验研究获得有关参数的基础上，建立工程地质数值模型，利用岩体力学等基本理论，再现和预测地质作用的发生和发展过程的方法。由于20世纪末电子计算机在工程地质学领域中的广泛应用，使过去难以完成的复杂计算过程成为可能，因而为石质文物保护工程设计提供了更为充足的依据。

这方面的应用实例很多，如20世纪90年代，运用离散单元法对河南省洛阳龙门石窟边坡岩体进行的动力稳定性分析，运用二维有限元法对河南巩县石窟、广西花山岩画、河北邯郸北响堂山石窟、重庆大足宝顶山摩崖造像等多处石质文物保护单位进行的边坡及洞窟稳定性分析，目前数值计算方法已广泛运用于各类石质文物结构稳定性评价和安全性评价工作中。如1996陕西省文物局与德国巴伐利州合作保护彬县大佛，采用三维空间数值计算方法对主佛的稳定性进行的计算分析；2003年总装备部特种工程研究院和中国矿业大学（北京）运用三维有限差分计算软件FLAC^{3D}对吉林省集安市将军坟及国内城城墙等石质文物开展的数值模拟计算分析；中国矿业大学（北京）采用数值模拟计算方法对浙江义乌古月桥开展的结构安全性分析；中国文化遗产研究院与总装备部特种工程研究院采用ANSYS软件对北京西黄寺清净化城塔开展的抗震稳定性评价；中国地质大学（武汉）开展的陕西顺陵石刻结构稳定性分析等。

1.2 主要研究内容

本书主体由第二至第十一章十个章节构成。

第二章首先从不可移动角度入手，分析了不可移动文物概念界定的依据及特性，在此基础上作者系统论述了不可移动石质文物的分类及各类不可移动石质文物的结构特征。

第三章从文物保护工程勘察工作的行业特殊性、不可移动石质文物保护工程勘察原则、不可移动石质文物保护工程勘察等级划分、不可移动石质文物保护工程勘察阶段及各阶段工作基本要求论述了不可移动石质文物保护工程勘察基本要求。

第四章系统论述了工程测量在文物保护工程，尤其是不可移动石质文物保护工程中的应用现状、任务与目的、工作原则、工作主要内容及技术要求。该部分内容系参考北京建设综合勘察研究设计院测绘与信息工程所郑书民所长2015年11月《石质文物保护工程勘察规范》行业标准培训班课件整理编写。

第五章系统论述了文物保护工程中工程勘察大纲的意义及作用，工程勘察大纲编写及执行过程等具体要求。

第六章系统论述了岩土工程勘察在文物保护工程，尤其是不可移动石质文物保护工程中的应用特点、工作范围、技术方法、评价方法、工作原则及技术要求。

第七章系统论述了环境工程地质问题的提出、分类、界定、各类典型案例及勘察工作深度要求。

第八章系统论述了石质文物病害的提出、分类、界定及各类病害勘察工作内容、相关技术方法及要求。

第九章系统论述了工程勘察总报告体例、编写要求等问题。

第十章将选择各类型不可移动石质文物，结合典型工程案例，系统论述勘察工作中各类技术方法的集成应用情况及注意事项，该部分内容系根据中国地质大学（武汉）方云教授、严绍军副教授、总装备部工程设计研究总院等单位和个人提供的资料编写的。

第十一章将结合不可移动石质文物保护工程需求和勘察技术方法的发展现状，提出不可移动石质文物保护工程勘察技术的主要科研内容和未来发展方向。

第二章 不可移动石质文物的分类及界定

2.1 不可移动文物概念的界定

随着工程技术的发展，许多的实例说明，在某些特殊情况下，特别是受水利工程影响时，文物搬迁已非个案。如1959—1964年，我国三门峡水库库区永乐宫的整体搬迁，开创了我国不可移动文物搬迁的先河（图2-1）；1969—1971年受石门水库建设影响，陕西省文物管理委员会切割搬迁褒斜道石门摩崖石刻汉魏十三品题刻至汉中博物馆（图2-2）；埃及阿斯旺水电站库区阿布西姆·贝尔神庙的解体搬迁工程更是在联合国教科文组织协调下完成的一项文物搬迁工程（图2-3）；1995—1998年小浪底水库库区新安西沃石窟被搬迁至千唐志斋，是我国石窟寺整体搬迁的首个工程案例（图2-4）；而1992—2010年，三峡库区文物抢救性保护项目中文物搬迁数量之多、类型和方式之复杂更是创下了目前我国，乃至世界文化遗产保护领域的诸多纪录，如建筑类有张飞庙整体搬迁工程（图2-5）、大昌古镇的整体搬迁工程，石刻类有瞿塘峡壁摩崖题刻搬迁工程（图2-6）、忠县丁房阙、无铭阙搬迁工程等。除此之外，还有数以百计的文物被集中搬迁至各地新县城落户。而其中秭归屈原祠更是因葛洲坝水利枢纽和三峡工程建设被两次整体易地搬迁。以上工程实例都说明了一点，文物的"不可移动"是相对的。但是在实际保护工作中，的确需要我们界定"不可移动文物"的概念，以区别其与"可移动文物"在保护理念和工程技术上的不同。

图2-1 搬迁后的永乐宫

图2-2 石门石刻搬迁工程施工现场
（引自《石门石刻大全》）

图 2-3　埃及阿布西姆·贝尔神庙解体搬迁工程
（引自《岩土文物建筑保护》）

图 2-4　搬迁后的西沃石窟

图 2-5　搬迁后的张飞庙

图 2-6　解体搬迁中的瞿塘峡壁题刻
（引自《瞿塘峡壁题刻保护工程报告》）

"不可移动文物"通常被认为是"文物古迹"。其中的"不可移动"有两层含义：第一从保护理念分析是不能移动，即所处环境与文物价值紧密相关，一旦移动必将对其价值体现造成较大负面影响的文物。如陵墓石刻、水文题刻等，这是"不可移动文物"区别与"可移动文物"最根本的特点；第二从工程技术角度分析是不易移动，即不采取特殊工艺技术或解体无法移动的文物。如建筑及构筑物、石窟寺、摩崖造像、摩崖石刻等，而这种非常规和传统的保护手段难免对文物价值造成损伤或破坏，如当年石门摩崖石刻汉魏十三品题刻切割中对石刻就造成了一定破坏，所以只有在极其特殊情况下，必须经充分论证后方能实施。

不可移动石质文物根据其建造工艺和环境特征可分为五类。鉴于不同不可移动石质文物保护工程特点和勘察主要工作内容的差异性，所以了解和熟知各类不可移动石质文物结构特征就显得尤为重要。

2.2　不可移动石质文物的分类及界定

不可移动石质文物根据其建造工艺和环境特征可分为五类。鉴于不同不可移动石质文物保护工程特点和勘察主要工作内容的差异性，所以了解和熟知各类不可移动石质文物结构特征就显得尤为重要。本节将着重介绍五类不可移动石质文物的界定及结构特征。

2.2.1　与地质体（岩体）相连的文物类型

这一类不可移动石质文物与可移动石质文物在制造工艺上差别最大，它们没有经过开采、加工、制造等过程，是在天然岩体内或表面直接建造、雕刻或制造而成的。其中具代表性的有以下几类。

一、石窟寺（grotto）

石窟寺是开凿于山崖上的洞窟式的寺院遗迹，简称石窟。

佛教石窟寺渊源于印度，根据1979—1981年北京大学历史系考古教研室采用碳14测年技术对我国新疆早期石窟提取的麦秸、木块等壁画、泥塑制作材料的测试结果表明，我国开凿石窟约始于公元三世纪，后盛于公元五—八世纪，最晚可至十六世纪[2]。由于石窟寺是早期寺院遗迹，所以我们必须认识到该类文物遗产构成的多样性。除了主体洞窟以外，大多还保留有部分早期地面寺院遗迹，如经国家文物局批准，2008—2009年，洛阳龙门石窟研究院与北京大学文博学院联合对龙门石窟擂鼓台窟前区域进行的考古发掘，此次发掘面积300余平方米。考古发现，擂鼓台3个洞窟前地面4米多深的堆积中，涵盖了唐、宋、金、元等7个堆积层。发现的遗迹包括用大条石砌成的规模较大的唐代窟前踏道两处、窟前殿堂包石台基、面积较大的宋代造像题记6处、建筑基础1处及唐宋时期窟前道路等（图2-7）。专家认为，这些发现对研究唐代寺院建筑乃至都城大型建筑石砌台阶样式及建造方法提供了珍贵的资料；对研究东汉时期伊阙关、魏晋至唐初时期该区域交通以及寺院建筑等具有重要价值。虽然目前我国石窟寺考古工作还较薄弱，像龙门石窟擂鼓台窟前区域的主动性发掘工作开展得还很少，但是现存的大量地面遗迹已说明了石窟寺遗产构成的多样性。如五世纪以后，焉耆、吐鲁番一带就有洞窟前面接砌土坯前堂和直接用土坯砌建的洞窟。如目前吐鲁番地区的伯西哈石窟还可见当时窟前的地面土质建筑遗迹（图2-8）。而从西北至中原，乃至西南地区石窟寺保存有各时期木结构或砖石结构建筑遗存的现象更比比皆是。如甘肃敦煌莫高窟、山西大同云冈石窟、山西太原龙山石窟、山东济南千佛崖石窟、重庆大足石刻、重庆潼南大佛等，所以我们在开展石窟寺保护工程勘察时要注意该方面问题及与石质文物本体保护间的关系。

图 2-7　河南洛阳龙门石窟擂鼓台区域的寺院遗址
（龙门石窟研究院提供）

图 2-8　新疆吐鲁番伯西哈石窟前的建筑遗迹
（吐鲁番文物局提供）

而石窟寺洞窟内的文物主体也因所处地质条件的差异性，表现为多样性。对于适合雕凿的岩石，洞窟内多以石刻造像为主，如我国华北、华南、华东及西南地区砂岩及碳酸盐岩地层中开凿的石窟寺；对于不适合雕凿的岩石和地层，洞窟内的文物主体一般有两种类型。一是壁画（有地仗层的），如新疆库车的克孜尔石窟；二是泥塑，如甘肃敦煌莫高窟。

因木结构及土质建筑遗存、壁画、泥塑与石质文物在材料、建造和制造工艺方面差别过大，故本书所论述的勘察技术研究对象不包括该四部分。

二、摩崖造像（cliffside figure）

摩崖造像是在崖壁上开凿的单体造像或造像群的一种文物类型。

其特点是或置于露天环境，或置于浅龛中，多以组合形式出现，有时也与石窟并存，是唐宋以后我国主要的露天宗教造像形式。

三、摩崖题刻（cliffside inscription）

摩崖题刻是在天然岩体表面凿刻各种书体文字的一种文物类型。

该类石质文物常见内容包括经文、水文题记、造像题记、诗赋、记事及书法作品等。

四、岩画（petroglyph）

岩画是在岩穴、石崖壁面或独立岩石上描绘或凿刻图案的文物类型。

如定义所述，岩画从制造工艺分析，可分为两类：一类是用颜料在岩石表面直接绘制的，如我国广西宁明的花山岩画；另一类是在岩石表面凿刻而成的，如我国内蒙古的阴山岩画。

五、崖（岩）墓（cliff burial）

崖（岩）墓特指开凿于山崖或岩层中的墓葬。

这里所指的崖（岩）墓也可分为两类：一类是开凿于山崖上的洞室类墓葬，该类墓葬一般规模不大，如四川乐山的麻浩崖墓等；另一类是开凿于岩体内的洞室类墓葬，该类墓葬一般规模较大，如江苏徐州的龟山汉墓等。

除上述介绍的五类与地质体相连的不可移动石质文物以外，该类文物也有一些特殊的类型。如北京延庆的古崖居、内蒙古的嘎仙洞、陕西照金革命根据地旧址等洞穴形式的遗址。

2.2.2 采用多块石材作为构建材料建造的各类建筑物及构筑物

它们是采用多块石材作为构建材料修建的阙、经幢、牌坊、塔、桥、亭、墓葬、城垣台、坛等的总称。又可分为地面和地下两个子类。

一、地面石质建筑物及构筑物

在地面石质建筑物及构筑物中有几个特殊的类型，在这里我们着重介绍一下，这有助于我们了解其结构特点，以便我们在勘察工作中更具针对性。

（一）阙

阙是中国古建筑中一种特殊的类型，是最早的地面建筑之一，为帝王宫廷大门外对称的高台，一般有台基、阙身、屋顶三部分，有装饰、瞭望等作用。阙的种类按其所在位置有：宫阙、坛庙阙、墓祠阙、城阙、国门阙等，分别立于王宫、大型坛庙、陵墓、城门和古时国门等处。

目前我国现存的阙均为石质，建于汉代，故又称为汉阙。汉阙有石质"汉书"之称，是我国古代建筑的"活化石"。汉阙一般由阙基、阙身、枋子层、介石、斗拱层、屋顶六个部分叠压构筑而成，是完整的石质仿木结构建筑。我国现存石阙中，基本完整的有25座，其中川渝16座，河南、山东各4

座，北京 1 座，均用块石雕琢后砌成。其中 4 座为祠庙阙，其余均为官、民墓阙。从形制上又可分为单阙和旁附子阙的子母阙两种类型，每类又有单檐和重檐的差别。重檐尊于单檐，子母阙尊于单阙。这些阙的结构又可分为仿木构型和土石型两种。仿木构型阙以高颐阙为代表，分台基、阙身、阙楼、屋顶 四部分。台基、阙身上雕出柱、枋和栌斗，阙楼上雕楼面平坐木枋、花窗和挑檐斗，屋顶雕椽及瓦饰。这种阙虽是石造，却可视为可供登上防守用的大型木构阙的模型。土石型以太室阙为代表，只分台基、阙身、屋顶三部分，无阙楼或只示意性的使阙身上部稍微向外膨出。这是一种实心的不能登上的纯威仪性阙。

从构造上看，目前现存石阙建造方式均为简单的块石叠压拼砌而成，块石间未见有明显或类似的榫卯构造和砌筑或粘结材料。

（二）经幢

经幢是我国佛教石刻的一种。创始于唐。凿石为柱，上覆以盖，下附台座，刻佛名、佛像或经咒于上。其制式由印度的幢形变化而来。

经幢原是中国古代仪仗中的旌幡，是在竿上加丝织物做成，又称幢幡。由于印度佛教的传入，特别是唐代中期佛教密宗的传入，人们多将佛经或佛像书写在丝织的幢幡上，为保持经久不毁，后来改书写为凿刻在石柱上，因石刻的主要内容为《陀罗尼经》，故称为经幢。经幢一般由幢顶、幢身和基座三部分组成，幢身刻有佛教密宗的咒文或经文、佛像等，多呈六角或八角形。在我国五代两宋时期最多，一般安置在通衢大道、寺院等地，也有安放在墓道、墓中和墓旁位置的。

从构造上看，经幢各部分间似乎均有类似榫卯的构造相连接。

（三）牌坊

牌坊是汉族特色建筑文化之一。是封建社会为表彰功勋、科第、德政以及忠孝节义所立的建筑物。也有一些牌坊作为宫观寺庙山门之用，还有用来标明地名的牌坊，又名牌楼，为门洞式纪念性建筑物。其主要作用是宣扬封建礼教，标榜功德。同时也是祠堂的附属建筑物，以昭示家族先人的高尚美德和丰功伟绩，兼有祭祖的功能。

牌坊有木结构和石结构两种类型。石牌坊一般情况，严格按木结构形制和构造建造，所以石牌坊大部分构件连接均通过榫卯，并在构件连接处发现有粘结材料和粘结痕迹。

（四）积石冢

我国考古界一般习惯把由石块堆积起来的墓葬称为积石冢。因该类墓葬主体结构均在地面以上，所以和封土墓保护有很大区别。

该类墓葬多集中在我国北方地区，从旧石器时代的红山文化遗址到汉至唐高句丽时代的王陵及贵族墓葬均可见该类形式的墓葬。

二、地下石质建筑物及构筑物

地下石质建筑物及构筑物最常见的有两类。

第一类是封土墓的石结构地下墓室。该类墓葬在我国各地都有发现，多砌筑规整，有些墓室内还保存有各时期精美的石刻艺术品，如四川成都的王建墓、四川华蓥的安丙墓、贵州遵义的杨粲墓，除石刻外该类墓室内保存有壁画的情况也很常见，如吉林通化高句丽时期的贵族墓葬等。

第二类是地下石结构的人防工事。人防工程主要是指为保障战时人员及物资掩蔽，指挥及医疗救护而修建的地下防护建筑。

虽然该类建筑多修建于现代战争时期，但是从我国目前调查来看，实际上自冷兵器时代进入火兵器时代，该类地下建筑的雏形就已经出现了，尤其是在我国清朝中晚期，随着外寇入侵，各地大兴修建炮台，与炮台相配套的指挥部、兵舍和弹药库许多就建于地下，如山东威海刘公岛东泓炮台的地下兵舍及指挥部等。

2.2.3　主体结构采用单块石材雕刻的巨型碑刻、单体石刻（体量大于 4m³）

该类石质文物最大特点主体结构是由单块石材雕刻制造的。

其中碑刻，又称碑碣。古代汉族把长方形的刻石叫碑。把圆首形的或形在方圆之间，上小下大的刻石，叫碣。《后汉书·窦宪传》注："方者谓之碑，圆者谓之碣。"东汉以来，碑碣渐多，有碑颂、碑记、又有墓碑，用以纪事颂德，碑的形制也有了一定的格式。后世碑碣名称就往往混用了。

碑刻的结构一般分为碑首、碑身、碑座三部分。碑首主要刻写碑名，或仅起装饰作用。碑身刻写碑文，碑座起承重和装饰作用。明以后，将碑座改成赑屃。该三部分间往往有石榫连接。

我们这里将巨型概念界定为大于 4m³ 体量，即按一般岩石密度计算，重量大于 10 吨者，该类碑刻和单体石刻由于体量过大，与一般碑刻、石刻相比，往往存在某些特有的稳定性问题，这也是我们将碑刻和单体石刻分为两类的原因。

2.2.4　主体结构采用单块石材雕刻的一般碑刻、单体石刻（体量小于 4m³）

该类不可移动石质文物由于体量小，各单体相对独立，易于搬动，所以最容易与可移动石质文物混淆。但是该类石质文物最大特点是它们的文物价值与所处环境紧密相连，故不能移动，如山东曲阜孔林中的碑刻和石像生，如果移动，不仅孔林的完整性将遭受破坏，这些石刻的真实性和价值体现也将遭受负面影响。

2.2.5　石质建筑构件

该类石质文物是建筑的组成部分，因此一般情况下，如建筑不整体搬迁，其难以搬迁也不能搬迁，搬迁不仅会影响所依附建筑的完整性，也会影响建筑价值的体现。该类建筑构件大体可分为两类：第一类是结构性构件，如须弥座、栏杆、台阶等；另一类是纯装饰性构件，如丹陛石等。

第三章　不可移动石质文物保护工程勘察基本要求

3.1　文物保护工程勘察工作的行业特殊性

要分析文物保护工程勘察工作的特殊性我们必须从文物保护工程特点入手。我们认为文物保护工程与一般建设工程相比，有以下三个特点是不同的，最重要的，也是应引起足够重视的。

3.1.1　保护对象的不可再生性

首先我们必须认识到文物作为文物保护工程的实施对象和主体是不可再生的，在工程中如果产生任何对文物有破坏或损伤的行为，其结果在绝大多数情况下，往往是不可逆或很难修复的。而一旦消亡，将不可能再完全恢复原状。

3.1.2　工程对象的既有性

与一般建设工程相比，文物保护工程最大的特点和区别是我们所面对的工程对象不是简单的自然场地条件，而面对的是已经前人改造和建设后的既有场地、既有洞室和既有结构，这种既有性决定了我们在勘察、设计和施工中不能套用、也无法完全套用现有的技术方法，必须加强研究，有针对性的开展工作。

3.1.3　工程技术措施的非标准化

鉴于前两个特点，自然决定了文物保护工程不可能完全套用标准化技术措施和管理模式。而且在工程实施过程中还涉及传统工艺的应用，这些都会影响文物保护工程技术的可行性和可靠性。

综上所述，从文物保护特殊性分析，如果我们无视以上三个特点，文物保护工程僵化地套用一般建设工程管理程序和标准技术措施的话，将有可能使保护工程变成破坏工程。其后果不堪设想。而勘察工作作为工程设计和实施的依据，必须遵循以上规律，不能完全盲目地套用基本建设工程的勘察规范和标准，应在勘察工作中针对不同的工作对象，制订研究方案，拓展勘察技术方法。

3.2　勘察原则

根据文物保护工程的特殊性，结合不可移动石质文物特点，不可移动石质文物勘察工作必须遵循以下四项基本原则。

一、鉴于文物的不可再生性，而勘察工作对文物本体和环境的影响是不可避免的，所以我们在勘察工作中应坚持"最小干预"的原则，具体要求如下。

（一）在确定勘察技术路线时，应选择对文物本体及环境影响最小的技术手段，优先考虑无损检测技术。

（二）在确定勘察工作量时，在满足设计要求前提下，岩土工程勘察与石质文物病害勘察工作应有机结合，优化工作流程，严格控制勘探点和取样数量，避免重复工作。

（三）在确定勘探点和取样位置时，在满足设计要求前提下，应尽量避免在文物本体范围内布设。

二、鉴于文物保护工程属于非标准化工程类别，所以我们在勘察工作中应坚持工程实践与科学研究相结合的原则。应针对石质文物病害及赋存环境特点，围绕设计要求开展必要的研究工作。

三、鉴于不可移动石质文物保护大多与赋存的岩土环境紧密相关，所以我们在勘察工作中应坚持宏观分析与微观研究相结合的原则。在进行区域地质条件调查分析的基础上，对环境工程地质问题及石质文物病害应开展专项研究。

四、鉴于文物保护工程对象既有性的特点，勘察工作应将既有结构损伤的演变特点和规律研究作为重点，所以我们在勘察工作中应坚持定性分析与定量分析相结合的原则。对于石质文物病害的专项研究，应注重现代检测、分析技术的综合应用。

3.3 勘察等级

勘察等级是勘察工作精度及质量控制和工作量测算的基本依据。原则上勘察等级越高勘察精度要求越高。

不可移动石质文物保护工程勘察等级，是由工程重要性、场地复杂程度两项因素决定的。首先可先分别对两项因素进行分级，在此基础上进行综合分析，再最后综合划分工程勘察的等级。

3.3.1 工程重要性等级

根据勘察对象保护等级以及由于环境工程地质问题和石质文物病害造成文物破坏或影响程度，工程重要性可分为三个等级，具体分级说明参见表 3 - 1，从一级开始向二级、三级推定以最先满足者为准。

表 3 - 1 工程重要性等级分级规定

工程重要性等级	保护单位级别	环境工程地质问题及石质文物病害发育情况
一级工程	全国重点文物保护单位（含世界文化遗产地）	存在较复杂的两种以上（含两种）环境工程地质问题或石质文物病害，且对文物本体影响较大。
二级工程	全国重点文物保护单位（含世界文化遗产地）	存在单一的环境工程地质问题或石质文物病害，且对文物本体影响较小。
三级工程	省级以下（含省级）文物保护单位	

3.3.2　场地复杂程度等级

一、一级场地

场地条件符合下列情况之一者为一级场地（复杂场地）。

1. 对建筑抗震危险的地段。

2. 不良地质现象强烈发育的地段。

3. 地质环境已经或可能受到强烈破坏的地段。

4. 地形地貌复杂的地段。

5. 有影响文物本体及相关环境的多层地下水、岩溶裂隙水或其他水文地质条件复杂，需专门开展研究的地段。

二、二级场地

场地条件符合下列情况之一者为二级场地（中等复杂场地）：

1. 对建筑抗震不利的地段。

2. 不良地质现象一般发育的地段。

3. 地质环境已经或可能受到一般破坏的地段。

4. 地形地貌较复杂的地区。

文物本体及相关环境部分位于地下水位以下的的地段。

除一级、二级场地之外者为三级场地（简单场地）。具体推定方法同工程重要性等级。

3.3.3　工程勘察等级

根据工程重要性等级和场地复杂程度等级可按下列条件划分工程勘察等级。

（一）甲级勘察项目：在工程重要性等级、场地复杂程度等级中一项以上（含一项）为一级的勘察项目。

（二）乙级勘察项目：除勘察等级为甲级和丙级以外的勘察项目。

（三）丙级勘察项目：工程重要性等级和场地复杂程度等级均为三级的勘察项目。

3.4　勘察阶段的划分及各阶段工作基本要求

根据文物保护工程管理特点，不可移动石质文物勘察工作可分为四个阶段。

3.4.1　踏勘阶段

该阶段工作目地有两个。一是为保护工程立项提供依据；二是为编制工程勘察大纲搜集资料和提供依据。该阶段主要应完成以下五项工作。

1. 初步了解文物所处位置的地质及环境条件，并搜集相关资料。

2. 初步了解文物所在区域现存的环境工程地质问题。

3. 初步了解文物现存病害及影响因素。

4. 搜集以往保护工程资料，初步了解以往保护工程及目前的效果。

5. 提出下阶段勘察工作计划，编制工程勘察大纲，在此基础上，提出初步的保护工程设计和实施思路。

3.4.2　方案设计阶段

该阶段工作目的是为方案设计提供依据。为达到该目的，该阶段主要应完成以下五项工作。

1. 查明文物所在区域工程地质及水文地质条件，对文物所在场地条件的稳定性及环境状况进行评价。

2. 查明文物所在区域现存的环境工程地质问题及影响程度。

3. 查明文物现存的病害类型、分布区域及形成原因。

4. 查明以往保护工程实施效果，目前工程有效性及对目前石质文物病害治理工程的影响等进行评价。

5. 提出保护工程设计建议。

3.4.3　施工图设计阶段

该阶段工作目的就是为施工图设计提供更详细的资料。为达到该目的，该阶段应详细查明各类不可移动石质文物病害的严重程度、诱发及影响因素。

3.4.4　施工阶段

由于文物保护工程的特殊性及勘察原则对某些工程勘察技术手段使用的限制，所以一般情况下经过前三个阶段勘察工作后，一些病害的成因或隐蔽结构、构造部位有时还无法彻底查明，如渗漏问题等，所以施工阶段的补充勘察是极为必要的。该阶段应对工程实施重点区域和重点项目进行补充勘察，补充必要的小区域大比例尺的地形测绘、大样图测绘及原位测试、检测和必要的详细勘探工作。

3.5　勘察程序及深度要求

作为任何一项文物保护工程勘察的首要工作是了解文物的主体结构和所处的环境情况，所以测绘工作是勘察工作的基础和所有工作的起点。因此，不可移动石质文物保护工程勘察工作总体程序，可分为工程测量和工程勘察前后两个步骤。一般情况下，首先应开展工程测量工作。工程测量又分为地形测绘和文物本体测绘两部分。

工程勘察，总体应按岩土工程勘察和石质文物病害勘察两部分开展工作。甲级勘察项目，乙级、丙级勘察项目必要时，还应开展环境工程地质问题勘察工作。

各类石质文物勘察工作程序、基本内容及深度要求可参照表3-2执行。

表 3 - 2　各类石质文物勘察工作程序、基本内容及基本深度要求规定

类型	第一阶段：工程测量		第二阶段：工程勘察	
	工程测绘内容及要求		工程勘察内容及基本深度要求	
	地形测绘	文物本体测绘	岩土工程勘察	石质文物病害勘察
石窟寺、摩崖造像、摩崖石刻、岩画及崖墓等与地质体相连的文物类型	详细记录和描绘文物本体与周边环境的空间关系及环境状况。	详细记录和描绘文物本体的构造特征、形态尺寸及表面造型。	查明文物所在区域工程地质及水文地质条件，对文物所在场地条件及围岩的稳定性进行评价。	查明文物现存的病害类型、分别情况、严重程度及形成机理。
采用多块石材作为构建材料建造的各类地面建筑物及构筑物			查明文物所在区域工程地质及水文地质条件，对文物所在场地条件的稳定性进行评价。	
采用石材作为构建材料建造的各类地下石质建筑物及构筑物				
采用单块石材雕刻的巨型碑刻、单体石刻（体量≥4m³）				
采用单块石材雕刻的一般碑刻、单体石刻（体量＜4m³）和石质建筑构件	可结合建筑等文物群落一并测绘，可不单独测绘地形图。			

第四章　工程测量技术的应用

4.1　任务与目的

工程测量是文物保护工程的基础工作之一。旨在通过各种技术方法（数字地形测绘、数字近景摄影测量、三维激光扫描、航空摄影测量等）的综合运用，以地形图、文物本体的平立剖与立面影像、三维数字模型以及航空影像等多种形式，对文物目标的空间分布、保存现状及周边环境进行全面、真实和可视化记录，在建立完整数字档案的基础上，为保护规划编制，保护工程勘察、设计与施工，保护措施的合理性和有效性评估，遗产监测、文物研究以及数字化展示利用等一系列文物保护行为提供全面基础资料支持。

4.2　工作原则

文物保护中工程测量工作应坚持一个立足，两个面向的原则。

文物保存现状的全信息记录是文物保护中工程测量的基本立足点。其业务需求可包括为两个面向。即前端面向考古调查与发掘、规划编制、保护工程设计与施工等工作；后端面向保护措施的合理性和有效性评估、遗产监测、数字化展示利用、出版发行、虚拟修复等工作。

4.3　主要工作内容

文物保护工程测量的主要内容总体可分为地形测绘和文物本体测绘两部分。

具体工作内容可包括资料收集利用、控制测量、地形测绘、文物本体测绘、文物基本属性调查及基础信息数据库建设六个主要方面。

4.4　成果体系

工程测绘成果体系可由航空摄影测量成果、文物专题图、文物本体测绘成果、属性调查成果及信息管理系统五部分组成。

4.4.1　航空摄影测量成果

航空摄影测量成果包括卫星影像图、原始航片、正射影像图、数字高程模型、数字沙盘及全景鸟瞰图等。

4.4.2　文物专题图

文物专题图应在地形测绘成果基础上完成，根据实际情况比例尺可选取 1∶500、1∶1000、1∶2000 等。

4.4.3　文物本体测绘成果

文物本体测绘成果包括等值线图、剖（视）面图、立面影像图、点云模型及三维彩色模型等。

4.4.4　属性调查成果

属性调查成果包括属性调查报告和现状照片集等。

4.4.5　信息管理系统

信息管理系统包括信息管理平台和数据库文件。

4.5　资料收集利用

一、工作原则

文物保护工程中应按照"全面收集、充分利用"的原则开展已有资料的收集利用工作。

二、收集资料的主要内容

收集的资料主要应包括：

1. 基础测绘资料（控制点、地形图和影像图——通过当地建委、规委或土地管理部门收集，必要时需当地政府和文物管理部门协助）。

2. 文物保护单位记录档案、文物普查资料、考古调查资料、保护规划、工程档案、历史照片、相关研究文献等。

3. 保护范围和建设控制地带的详细资料（用于边界的图形化表达）。

三、资料收集的目的

资料收集的目的主要有两个。一是为控制网建立提供起算数据；二是为项目实施提供必要的信息支持。

4.6　控制测量

4.6.1　坐标高程系的采用

一般情况下，应基于国家统一坐标高程系统（1980 年西安坐标系和 1985 年国家高程基准）进行控制网建立，以便于数据共享和数据衔接。采用国家系统时，应考虑联测方案。

在偏远等不具备联测条件的地区，应首选长时段基线的 GPS 连续观测及其与国家连续运行基准站的并网解算进行基准测量，以获得与国家相近的坐标高程系统。

小测区可采用独立坐标高程系统，但应采用有效措施（测定磁北方位、以重要建筑室内地坪为高程起算点等）进行"限定性独立坐标高程系统"建立，对测绘数据进行适当约束。

4.6.2　控制网布设

通过网形设计和实地选点，在文物及其周围布设适当数量的永久性控制点构成测区的首级控制网，并根据工作需要进行控制点加密。

控制点应选在基础持续稳定、便于观测、便于使用、易于长期保存之处。选点时应注意下列事项：

1. 点位远离文物本体 30m 以上，杜绝在文物本体上埋设测量标石，书写点号和栓桩距离。
2. 点位上便于 GPS 接收机安置和操作。
3. 点位远离卫星信号干扰源（高压线塔、发射塔等），确保 GPS 接收机可正常工作。
4. 选点后应及时绘制"控制点点之记"。

4.6.3　控制测量与平差计算

一、平面控制测量

应采用一级精度和静态 GPS 测量方式（或一级导线）进行平面控制测量。

二、高程控制测量

平原地区，应采用四等水准测量精度和附合水准路线形式，丘陵地区和山区，可采用四等三角高程测量精度和附和导线形式进行高程控制测量。

三、平差计算

各项指标符合规范要求后应采用专业软件进行平差计算。

四、成果编制

精度满足规范要求后，编制《控制测量成果表》和"控制点点之记"。
首级控制网建立后，根据测绘工作需要进行控制点加密。

地形测绘时，尚应进行图根控制测量。

4.7　地形测绘

4.7.1　测绘范围

一般以正式公布的文物保护范围为准（必要时以建设控制地带为准），四周适当外扩后形成地形图的测绘范围，以实现对文物及周边环境的总体描述，以保证地形数据完整性为原则。

四周扩展时可参照下列原则执行：

1. 小区域四周外扩 30m—50m。

2. 一般区域四周外扩 50m—100m。

3. 大区域四周外扩 100m—300m。

最终的测绘范围宜结合保护对象特点、勘察级别、保护工程类别和设计实际需要确定。

4.7.2　测图比例尺

测图比例尺的大小直接影响到信息采集的密度和精度，并决定了图件的使用功能。

用于不可移动石质文物保护工程（勘察、设计和施工）的地形图数据，应按照文物本体和周边环境进行目标分类，并分别加以测绘。

一、文物本体

对于文物本体，宜采用与其形态细节相适宜的测图比例尺，进行 1：100、1：200 甚至 1：50 比例尺平面图测绘（含高程信息，实际上是特大比例尺地形图，它不同于一般意义上的平面图）。

测绘范围或是整个文物分布区，或是文物本体及其周边一定范围。具体范围视文物本体的空间分布、环境特点和工程需求具体确定。

二、周边环境

对于周边环境，其测图比例尺宜根据文物分布密度、测区范围、环境特点、数据用途、经济指标等因素，参照以下原则进行选择：

1. 文物密集的非建成区、建成区或范围较小的非建成区可选择 1：500。

2. 范围较大、文物密度较小的非建成区可选择 1：1000。

3. 范围特大、文物密度较小的非建成区可选择 1：2000。

应说明的是以上的测图比例尺适用于一般地形要素的测绘；对于文物本体及其它需要反映细节的文物要素而言，应按照"文物要素的采集与表达"的有关规定，以平面图的方式加以测绘，并通过数据融合处理，获得完整的地形图数据。具体地形要素分类情况见表 4 - 1。

表4－1　地形要素分类说明表

地形要素		具体说明
一般地形要素	测量控制点及注记	各种等级控制点及其注记
	居民地及其附属物及注记	居民地、建筑及其附属设施包括：居民地中的门、门廊、台阶、楼梯、建筑物、支柱、围墙、栅栏、篱笆、铁丝网等
	道路、桥梁、街道及有关符号与注记	道路、桥梁及有关符号（如里程碑等）
	电力线、通讯和管线及其注记	电力线、通讯线和管线及其注记
	等高线	等高线
	高程点及注记	高程点及注记
	植被特征及注记	植被符号及注记
	独立地物及注记	独立地物、各种其它不依比例尺符号等
	水系及注记	水系、水利设施、水系说明等
	地貌特征	地形地貌包括陡坎、斜坡、土堆、田埂、地类界、垅等
	境界及注记	境界及注记
文物要素	遗存和遗迹现象	文物遗存、散落遗迹和遗存可能分布范围
	保护工程设施	防护围栏、界桩、标牌标识，看护用房、防洪坝，支护、锚固、排水沟槽等
	主要病害现象	危岩体、塌落、开裂、淘蚀、渗漏等
	其它文物要素	保护范围和建控地带、古树名木等

4.7.3　技术要求

一、总体要求

按照有关技术标准的要求，应采用适当的技术方法对测区（不含文物本体及其它需要反映细节的文物要素）进行全要素数字地形测绘。并在此基础上，通过对文物目标（含文物本体、散落遗迹和遗存可能分布范围）位置、范围、内容等空间分布信息的重点测绘和突出表现，主要病害现象与文物保护工程设施的合理采集与表达，以及保护范围和建设控制地带等其它文物要素的如实描述，形成面向文物保护工程的专题地形图数据，以文物专题图的形式实现对区内文物要素空间分布、具体内容、地形地貌及其周边环境的总体描述。

二、具体要求

洞窟及造像的宽、深，在图上大于0.5mm的按实际尺寸绘制，小于0.5mm的可用特定符号在其中心位置标注。

应对地下石质构筑物的地下结构进行测绘，并用虚线表示其平面形态。

应对胸径大于50cm的树木和古树名木进行测绘，并标注其胸径、编号（如有）和树种。

与排水防渗工程设计有关的地形测绘，应标明已建地面及地下排水沟及附属物，尽量标明冲沟、明显裂隙等主要病害现象，并对排水防渗工程设计区域的微地貌进行详细测绘。

与结构加固工程设计有关的地形测绘，应标明陡坎、斜坡及已建人工砌筑物，并标明滑坡、崩塌等主要地质灾害。

4.7.4　地形图的测绘方法

一、全野外数字地形测绘

一般情况下，宜采用全野外数字地形测绘的方法，包括 GPS – RTK 和全站仪极坐标法两种方式。其基本作业流程如下。

使用 GPS – RTK（或全站仪），经基准站（仪器）安置后，按照地形测绘的技术要求，使用流动站（或棱镜）逐点采集并储存各地形地物特征点的地形数据。

根据野外测点情况现场绘制作业草图，以保证测点数据与实地点位的一一对应关系。

内业成图时，将测量数据传输至计算机，经检查无误后，采用数字化成图软件进行地形图编辑处理（含编图、网格注记、图幅整饰等）。

绘制检查图，经内外业检查、校对和修改，确认无误后形成最终成果。

二、航测数字化成图

航空摄影测量具有速度快、成本低、产品丰富等特点，除用于地形测绘外，尚可用于正射影像图、数字高程模型、数字表面模型制作，进而形成文物区的大场景三维数字模型（即电子沙盘），可显著提高成果的可视化程度，随着无人机技术的日臻成熟，该项技术的应用前景令人看好。

但是目前该项技术还存在某些缺陷，在应用中引起足够重视，具体情况如下。

1. 航测的高程精度不能满足 1：500 的成图要求，尚需采用全野外方式进行全面的高程补测，所以一般不采用。

2. 鉴于航测成图"通过影像进行目标判读"的特殊性，存在地物漏判误判的可能性。因此，应在外业调绘的基础上，采用全野外方式对文物本体及其周围一定范围进行必要的数据完善，以确保文物信息的准确性和完整性。

三、基于三维激光扫描的地形图测绘

三维激光扫描密集的空间点云数据对准确捕捉复杂对象形态具有巨大的技术优势，尤其适用于石质文物及其环境形态特征的制图表示。其优势具体表现在以下两方面：

1. 基于模型数据，通过模型安置（将模型纳入到统一坐标高程系统中），经过特征点线的跟踪测绘、等高线的自动生成和必要的编辑处理后完成地形图绘制，可有效提高工作效率。

2. 该方法或独立成图，或与其它方法结合，可显著提高复杂形态对象（如洞窟、造像、崖壁、乱石、冲沟等）的制图表现能力，可有效提高文物现状记录的水平。

基于以上优势，该技术未来将成为文物保护工程地形测绘的主要技术手段之一。

4.7.5　文物信息采集与表达—平面图测绘与成果表达方式

受采点密度、测量精度、图面荷载，特别是采集内容和表达方式的限制，常规意义上的地形图仅仅是文物专题图的基础数据，往往由于对文物信息描述深度不够而无法满足文物保护的专业需要，只有通过对文物信息的详细采集和合理表达—即平面图测绘及其与地形图数据的融合，并形成整个测区的文物专题图，才能为文物保护提供适度的空间信息支持。

一、平面图的测绘范围

以石窟寺为例，其平面图的测绘范围为洞窟（含洞窟形制及窟内所有文物遗存）、摩崖造像和窟外其它遗存遗迹及周边环境。原则上各遗存或遗迹之间相距较近的（一般以20m为界），应整体连片测绘，甚至于整个文物区；遗存或遗迹之间仅为自然地形地貌的，可不必测绘平面图。

二、文物信息采集与表达的基本原则

着重对文物遗存的位置、范围、相对标高、材质、名称或编号，以及散落遗迹和其他遗存可能分布范围的测绘与调查，全面描述文物目标的空间分布和具体内容，并通过制图手段予以突出表现，为保护方案设计和规划编制等提供核心数据支持。

对保护工程设施与主要病害现象及其周边微地貌进行合理采集与表达，为保护工程设计和施工提供相关数据支持。

尽可能对保护范围和建设控制地带进行图形化处理和图面表达，为文物保护、管理及规划调整等提供依据。

应采用全野外精确测点（激光漫反射或小棱镜）、三维激光扫描或二者结合的方式进行文物本体平面图测绘（含平面位置和高程），以实现对文物空间信息的全面和准确记录。

三、文物信息的采集与制图表达方法

以石窟寺为例，针对文物特点，按照下列方式进行主要文物要素的测绘与制图表示。

（一）洞窟的测绘与表达

对窟前地形、窟口位置、洞窟形制、空间延展及窟内遗存进行详细测绘，并标注洞窟名称或编号。

除沿地面进行信息采集外，尚应采集造像、龛窟等主要文物目标地面以上特征部位的空间信息，并绘制造像等立体型文物的等高线，如实反映各组成部分的空间形态与保存现状。

在地形图上，对位于崖壁内部的洞窟可用加粗虚线表示；对窟顶坍塌、裸露的洞窟可用加粗实线表示，并标注"坍塌"字样。

在地形图上，洞窟与等高线重合的，等高线不得跳绘（可作局部淡化处理），以保持地貌特征的完整性。

（二）石窟崖壁的测绘与表达

作为文物的载体，石窟崖壁的测绘应区别于一般的崖壁和陡坎，详细描述其空间分布及空间姿态。

应按照1：50、1：100或1：200的测图比例尺进行崖壁顶部和底部形态测绘，不得按照普通地形要素进行处理。

无论高差大小，应实测底部边线的平面位置和高程，不得采用比高形式表现。

崖壁部分不论坡度大小，应设法（如三维扫描）尽量采集其特征部位的三维坐标，并用等高线加以表示。等高线过密的，可加大等高距。

（三）摩崖造像的测绘与表达

摩崖造像的平面图测绘可参照窟内造像执行。

（四）散落遗迹和其他遗存可能分布范围的测绘与表达

测绘散落遗迹的位置与范围，并加注"散落遗迹"字样。

对可以确认的遗迹现象，测绘其位置和范围，以"实线＋注记"的方式进行表示。对于遗迹的可能分布范围，测绘其位置和范围，以"虚线＋注记"的方式进行表示。

（五）文物保护工程设施的测绘与表达

可通过"位置和范围测定＋工程类型注记"的方式，对已采取的如锚固、支护、地面和地下排水设施等文物保护工程设施及其周围微地貌进行合理采集与表达。

（六）主要不良地质现象及环境工程地质问题的测绘与表达

可通过"位置和范围测定＋病害类型注记"的方式，对测区内发现的不良地质现象及现存的环境工程地质问题（如滑坡、崩塌、泥石流、淤积、岩溶发育区、采空区等）及其周围微地貌进行合理采集与表达。

（七）其他文物要素的测绘与表达

对于保护标牌标识、保护界桩等点状文物要素，按照独立地物的方式进行信息采集与处理。对于胸径大于50cm的树木和其它古树名木，应测定其根部的三维坐标，并标注其编号（如有）、树种和胸径。

（八）保护范围与建设控制地带的表示

正式公布的保护范围和建设控制地带是文物保护规划的重要技术指标，也是文物保护和管理的重要依据。因此，保护范围和建设控制地带在文物专题图中的准确反映是个不容忽视的问题，应根据其数据情况采用适当的技术手段进行其图形化处理和图形化表达工作。

四、文物专题图的形成及说明

地形图和平面图测绘完成后，将平面图抽吸和编辑处理后与地形图进行数据融合，并叠加基本属性信息，最终形成整个测区的文物专题图。

在数据处理时，由于测图比例尺存在较大差异，应本着"既反映文物细节、又保持图面整洁"的原则对平面图进行适当取舍。

作为信息表达的两种形式，平面图一方面实现了对文物空间分布信息的详细描述，可作为现状记录单独使用；另一方面，又为文物专题图的生成提供了反映文物保存现状的核心数据源。

文物专题图实现了对文物信息及其赋存环境的总体描述，显著提高了地形图的信息含量，可为保护工程设计和施工提供完整的文物信息支持，并可作为文物部门日常管理之用。

4.8　文物本体测绘

文物本体测绘是工程测量工作的核心内容，包括文物形制测绘和表面造型及图案测绘两方面。

4.8.1　文物形制测绘的内容与要求

一、一般规定

文物形制（外部形态及结构特征）测绘应详细表现文物本体的空间形态，其测量坐标系宜与地形测量统一。

二、测绘内容与技术要求

（一）崖壁、洞窟（洞室）类文物测绘

1. 对于洞窟（洞室）类文物平面的测绘应与水平剖面测绘相结合，选择能完整表达洞窟（洞室）形态特点的位置为平面图测绘位置。

2. 该类文物立面和剖面测绘的具体技术要求如表4－2。

表4－2　崖壁、洞窟（洞室）立面和剖面测绘技术要求一览表

测绘内容	技术要求	测图比例尺
崖壁、洞窟（洞室）内壁立面测绘	崖壁立面重要部位应标注标高	比例尺宜选用1：20、1：50、1：100或1：200
	重点洞窟（洞室）应绘制内壁面展开图	
崖壁、洞窟（洞室）剖面测绘含水平剖面和垂直剖面	石窟寺及摩崖造像、摩崖题刻崖壁剖面测绘位置的选取应能真实、完整地表现壁面形态，崖壁剖面图重要位置应标注标高	
	洞窟（洞室）水平、垂直剖面位置的选取应能真实、完整地表现洞窟（洞室）的形态特点，洞窟（洞室）剖面图重要位置应标注标高	
	对于大型洞窟（洞室）（面积＞10m²）或大型摩崖造像龛（造像多于三尊），剖面不少于3条	
	洞窟（洞室）应绘制剖视图，绘制方法按《田野考古制图》相关规定执行	
	根据工程设计和保护工作需要，还可绘制洞窟（洞室）水平剖面仰视或俯视图	

（二）地面石质建筑物及构筑物测绘

包括平面、立面和垂直剖面测绘。具体技术要求如下。

1. 平面测绘位置的选择应参考古建筑和考古测绘有关技术要求和方法。对于多层石质建筑而言，尚需进行分层平面图测绘。

2. 根据保护工程和设计需要，必要时可包括平面仰视和屋面俯视图测绘。

3. 测绘成果至少应有两个立面图和两处垂直剖面图。

4. 必要时应增加大样图测绘。

5. 比例尺宜选用 1：20、1：50、1：100 或 1：200。

（三）地下石质建筑物及构筑物测绘

包括文物主体结构的平面和垂直剖面测绘。技术要求如下。

1. 平面、剖面测绘位置的选取应能真实、完整地表现文物地上、地下结构的形态特点，剖面测绘应完整表现地下结构与地表形态间的空间关系。

2. 平面测绘位置宜以石质建筑及构筑物底脚平面为测绘位置。

3. 测绘成果至少有两个剖面（视）图。

4. 比例尺宜选用 1：20、1：50、1：100、1：200 、1：500、1：1000 或 1：2000 ）。

（四）碑刻和单体石刻测绘

包括平、立、剖面测绘。技术要求如下。

1. 平面、剖面测绘位置的选取应能真实、完整地表现文物的空间形态特点。

2. 平面测绘应与水平剖面测绘相结合，选择能较完整表达石刻单体形态特点的位置为平面图测绘位置。

3. 测绘成果至少有两个立面图和两处剖面图。

4. 比例尺宜选用 1：10、1：20。

4.8.2　表面造型及图案测绘的内容与要求

一、一般规定

1. 测量坐标系统宜与地形测量统一。

2. 应包括立面和剖面测绘。

3. 比例尺宜选用 1：5、1：10、1：20、1：50、1：100 或 1：200。

二、测绘内容与技术要求

（一）立面测绘

1. 制图投影面

应选择合适的制图投影面对于立面形态的表现是至关重要的。一般情况多选择垂直面为投影面。

2. 成果形式

根据病害调查、保护工程设计需要，立面测绘可以线划图、正射影像图、正射影像线划套合图、等值（等厚）线图等为成果形式。

（二）剖面测绘

1. 剖切位置的选择

剖切位置的选择应能最大程度地表现表面造型空间形态变化特点；对于造像剖面测绘，垂直剖切位置应选取在造像正中，水平剖面剖切位置根据设计需要宜选取在头部、胸部和膝部等部位。

2. 剖面数量的确定

剖面数量可根据保护工程设计和保护工作要求、石质文物体量和造型复杂程度确定。

4.8.3　文物本体测绘技术方法

一、平面测图方法

一般情况下，对于平面形态简单规则文物的测绘宜采用全野外数字地形测绘的方法和精确测点方式（小棱镜或激光漫反射方式，以确保测点精度），必要时借助于手持测距仪和小钢尺进行平面图测绘（含高程信息），实现对文物目标空间分布、具体内容、保存现状、现存主要病害情况以及周边微地貌的详细描述。

对于平面形态复杂不规则文物的测绘可采用进行三维激光扫描技术，利用模型数据进行平面图测绘。

二、剖面图测绘

剖面图包括垂直剖面（垂直方向剖切）和水平剖面（水平方向剖切）两大类，应根据文物形态特点和设计需求确定具体的剖切位置及方向。

（一）剖切位置的选择及要求

1. 对于洞窟类和建筑类文物而言，垂直剖面含纵剖面（沿洞窟或建筑轴线剖切）和横剖面（垂直洞窟或建筑轴线剖切）两种，并应绘制剖视图。

2. 对于位于崖壁上的文物，必要时其垂直剖面应贯穿文物本体和整个崖壁，形成文物目标及崖壁的整体剖面。

（二）测绘方法

对于剖面形态简单规则文物的测绘一般宜采用全站仪精密测点方法，通过逐点采集剖面特征点三维坐标的方式进行剖面测绘。

对于剖面形态复杂不规则文物的测绘可采用三维激光扫描技术，利用模型数据进行剖面测绘。

三、立面测绘

（一）任务和目的

采用适当的技术方法，经投影面选取后，以与目标相适宜的测图比例尺，对立体型文物进行立面图＋等值线图测绘以及立面影像图制作，对平面型文物进行立面图测绘和立面影像图制作，详细描述文物目标的竖位形态、具体内容、保存状况、艺术特征以及现存主要病害现象等。

（二）测绘对象的分类

按照测绘对象的表面起伏情况，可将石质文物划分为立体型文物和平面型文物两种类型。

1. 立体型文物

指表面起伏较大的文物类型，如圆雕造像、摩崖造像、浮雕造像等。

2. 平面型文物

表面起伏较小、相对规整的文物类型，如摩崖题刻、岩画、碑刻等。

（三）制图投影面的选取

1. 石质建筑及构筑物、石窟寺及摩崖造像、碑刻等一般以垂直面为制图投影面。

2. 摩崖题刻、岩画等宜选取与测绘对象所在壁面一致的斜面为制图投影面，以减少投影变形。

对于崖壁，应按其自然转折分段选取制图投影面，以保证各自然段落制图投影关系的正确性（必要时应进行立面展开）。

（四）主要技术指标

具体技术参数应根据文物类型、体量和表面起伏情况等具体确定。以石窟寺为例，造像立面测绘的测图比例尺一般为 1 : 20、1 : 50、1 : 100，等值距为 0.02m—0.2m；而崖壁立面比例尺可放宽到 1 : 50、1 : 100、1 : 200，等值距为 0.1m—0.2m。

（五）测绘方法

目前，立面测绘根据测绘对象和工程需求可选择三维激光扫描、数字近景摄影测量和多基线近景摄影测量等方法。

4.9　近景摄影测量

近景摄影测量是指利用对物距不大于 300m 的目标物摄取的立体像对进行的摄影测量。

近景摄影测量是摄影测量与遥感学科的一个重要分支。凡可以摄取其影像的目标，均可作为近景摄影测量的对象，以获得目标上点群的三维空间坐标。近景摄影测量是在三维激光扫描技术之前最为有效的一种石质文物本体测绘方法，通过拍摄立体像对的方式对文物目标进行测绘制图，可满足各类石质文物现状测绘的要求。

4.9.1　数字近景摄影测量

基于量测型数码相机和数字摄影测量工作站（JX－4），通过立体像对拍摄（首选正直摄影）、像控测量、相对定向和绝对定向，建立文物目标的立体模型，经过制图投影面选取和特征点线的人工跟踪测量与编辑处理，以非接触测量方式获得文物目标的立面图和等值线图等数字线划图成果。其基本技术流程如下。

一、像控点布设及像控测量

采用辅助标志和选取文物目标特征点相结合的方法进行像控点布设，每个立体像对像控点的数量不少于 6 个，同时考虑像对之间控制点公用问题。

基于测量控制网，采用空间前方交会或极坐标法进行像控测量，获得像控点统一坐标高程系统下的三维坐标（便于图件互检和拼接），为内业制图提供控制依据。

二、近景摄影

采用量测型数码相机，在适当位置对文物目标进行立体像对拍摄。拍摄时尽量采用正直摄影方式，摄影基线与摄影距离比控制在 1/8—1/4，以构成最佳的摄影构形。

摄影时应使用三脚架，在大致相同的摄影条件和摄影距离下，以相同的摄影方式进行同像对影像拍摄，以获得影像清晰、色调一致、摄影比例尺基本相同的彩色数字影像，为内业测图工作提供良好的影像数据。

图 4-1　数字摄影测量系统（JX-4）
（北京建设综合勘察研究设计院郑书民提供）

三、摄影记录及数据整理

选用 8G 的 CF 卡作为影像数据存储装置。摄影时，应现场记录摄影部位和照片片号；摄影后，应及时整理影像数据和摄影记录。

四、立面测绘

采用 JX-4 数字摄影测量工作站（图 4-1），经制图投影面选取后，通过人工跟踪测量方式进行立面图和等值线图的测绘以及其它有关数据的采集工作。

五、图形整饰

按照有关规定，通过对线型、线宽、线条联接与压盖关系以及图层、颜色设计，形成形象规范的文物测绘成果，实现对文物保存现状的真实记录。

4.9.2　多基线近景摄影测量

多基线近景摄影测量 lensphoto 是基于摄影测量专家张祖勋院士最新提出的以计算机视觉原理（多基线）代替人眼双目视觉（单基线）传统摄影测量原理，从空间一个点由两条光线交会的摄影测量基本法则变化为空间一个点由多条光线交会而成的全新概念，从而研发产生的一套全新的数字近景摄影测量系统。

它能通过对文物目标的平行摄影和像控测量生成目标的点云数据，在制图投影面选取后自动获得目标的正射影像。基于正射影像，通过人工跟踪测量方式进行立面测绘。

4.10　三维激光扫描

三维激光扫描是近年来发展起来的一种新兴测量技术，它可通过构建精细三维数字模型的方式实现对目标的真实记录，并基于模型，通过纹理映射进行正射影像制图，通过特征线提取和正射影像跟踪测量进行平立剖测绘。由于该技术在目标重构和纹理映射方面具有的突出优势，目前已在文物、水利、矿山、电力等领域得到广泛应用。

4.10.1　扫描控制点布设与测量

扫描控制点具有两个功能：一是确定扫描站之间的空间关系，二是确定扫描对象在大地坐标系统中的空间位置。

扫描控制点可按标靶点和绝对控制点两种方式布设。

一、标靶点

根据扫描对象的具体情况进行标靶布设，点云配准软件可实现依据标靶识别的站间数据全自动拼接。

二、绝对控制点

主要用于三维数字模型的绝对定位（也可用于站间模型拼接）。通过绝对定位，不仅可以实现目标真实地理位置的描述，便于整体模型数据的深入应用（如地形图、文物区的整体剖面测绘等），同时又可为文物监测期次数据比对提供定位依据。绝对控制点可以采用 GPS - RTK 或全站仪极坐标法测定，其位置可以是重点扫描站（一般选在文物保护区四周，用于控制整体模型的空间位置）、重点目标附近（用于控制重点对象的空间位置）或每个扫描站。绝对控制点视工作需要具体设定。

4.10.2　点云数据采集与三维数字模型建立

一、点云数据采集

根据文物目标（文物本体及周边环境或遗址区及周边环境）的实际情况进行扫描站点事先布置，采用地面三维激光系统（如 RIEGL VZ - 1000 或 FARO focus 3D 等），按照设计的扫描站点和扫描路线，并根据光线条件（光照强度和光线入射方向等）选择适当的扫描时点（以获得良好的自带纹理数据）对文物目标进行无缝扫描，必要时采用手持激光扫描仪（如阿泰克 EVA）进行死角补扫，获得数据完整、纹理总体一致的点云数据。

二、三维数字模型建立

各站点云数据经去噪、配准、去冗等预处理后，即获得与目标形态一致的整体点云模型。之后，采用专业建模软件，经三角网构建与编辑处理后，便可建立文物目标的高精度三维数字模型，真实记录文物保存现状。

4.10.3　纹理数据获取与纹理映射

一、纹理数据获取

根据文物保存现状与形态特点，采用数码相机（Nikon D800E 等），以单片或组合片方式（尽量正直摄影），按照有关技术要求，并充分考虑摄影用光问题（光线类型、强度、均匀度与入射方向等），对文物本体进行高清拍照，获取良好的目标纹理数据，为纹理映射及立面正射影像图制作提供数据。

二、纹理映射

以上工作完成之后，可利用白模、彩模和纹理数据，基于摄影测量原理，使用专业贴图软件（3D Reshape 等），通过控制点选取、纹理附着、匀光匀色等处理后完成原片级纹理映射，为文物本体附着真实纹理。非重点部位可采用自带纹理进行色彩与纹理记录。

受摄影条件的限制，文物及其周边环境地面往往难以获得理想的摄影效果，故多采用扫描仪自带纹理，或者以航空影像为数据源采用摄影测量方法进行纹理描述。尽管其分辨率较文物本体有一定差距，但原则不影响数据使用。

4.10.4　基于三维模型的文物本体测绘

三维激光扫描技术具有突出的技术优势，其成果除用于文物的可视化记录和虚拟展示外，尚可广泛应用于文物本体测绘的各个方面。文物目标的平面图、立面图、等值线图、剖面图和正射影像图等均可以基于模型数据，采用相应的技术方法，通过一系列数据处理后完成。

一、轮廓线提取及其二维转化

基于整体模型数据，在三维立体环境下，通过轮廓线探测、人工干预和提取后，将文物目标的整体模型分解成若干个面片并获得每个面片完整、唯一的轮廓线数据；在投影面选取后（必要时借助像控点坐标），将模型面片及其轮廓线（含边界轮廓和主要结构棱线）投影到制图投影面，获得测绘目标轮廓的二维线图。

二、正射影像图制作

基于模型面片，利用白模、自带纹理彩模和纹理数据，使用专业贴图软件，通过控制点选取、纹理附着、匀光匀色等一系列处理后，获得文物目标立面的正射影像图。

三、立面图测绘

基于模型面片（白模和真彩模型）和轮廓线数据，通过立面特征信息的跟踪测量进行立面线划图测绘。其中，白模对立面结构特征反应敏感，是结构特征测绘的良好基底数据；彩模，特别是保持原片级纹理映射的真彩色模型（即正射影像）具有良好的细部识别度，是细部测绘的重要数据源。线划图测绘实质上是模型面片影像信息的正确识别和图形化表达过程，其矢量线划图，需要根据不同的文物类型、病害现象和工程需求，通过科学的分层、分色管理和线型设计，实现对文物保存现状的图形化记录。

对于立面图测绘而言，上述方法更适合于平面型或表面起伏不大的立体型文物，因为其测绘工作毕竟不是完全在真三维环境下作业的（近景摄影测量则不然）。对于立体型文物而言，线划信息采集往往受景深的影响测量精度会受到一定程度的损失，这是到目前为止近景摄影测量独到的技术优势所在。实现真三维立体环境下线划图的全过程测绘是三维激光扫描技术的研究方向之一。

四、等值线图测绘

基于模型面片，通过必要的模型处理（包括模型补漏和前后景遮挡的合理化处理—勾绘后景范围线并剔除此部分模型数据）后，利用专业软件，通过等值距设定，自动生成文物目标的等值线，并经过矢量化处理、计曲线判定、深度值注记和必要的图面整饰后形成目标的等值线图。

五、剖面图测绘

基于模型数据，在三维立体环境下进行剖面位置选择（应记录剖线位置信息），并利用专业软件提取三维剖线数据。在投影面选取后，将三维剖线投影到制图投影面，获得剖线的二维线图。

六、平面图测绘

见地形图测绘部分。

七、图形数据管理

通过图层设置，实现灰度模型、正射影像和线划图的三图合一（图4-2）。

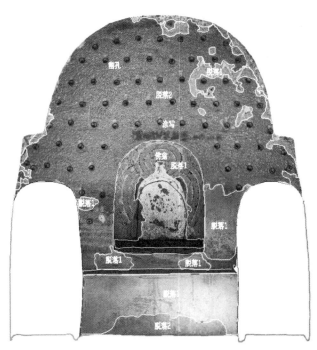

图4-2　影像立面图（三图合一）
（北京建设综合勘察研究设计院郑书民提供）

在此应特别说明的是在三维激光扫描技术体系中，三维数字模型是文物现状记录的基础成果，平面图、立面图、等值线图、立面影像等只是基于模型与纹理数据，经过加工、特定显示和制图处理后生成的二级产品。

同时，作为当今文物信息化建设最为有效的技术手段，模型数据不仅是文物本体测绘的基础，更是文物现状记录、虚拟展示、虚拟修复、遗产监测、信息化施工等多种文物数字化保护的重要数据源。

因此，建立完整、精确的真彩色三维数字模型成为多数文物保护单位首选的技术路线。

4.11　航空摄影及航空摄影测量

受文物规模的影响和空域申请的限制，以往很难对文物点单独进行航空摄影，低空空域的开放和无人机技术的成熟，使得航空摄影测量技术在文物领域的应用得到普及，完善了文物保护测量技术和产品体系。

4.11.1　工作内容与技术要求

主要工作内容一般包括：

一、航空摄影及正射影像图制作

按照有关技术标准的要求，采用无人机低空正直摄影方式，拍摄文物区地面分辨率优于5cm的数字影像，并通过摄影测量处理，制作文物区的1∶500比例尺正射影像图，以彩色数字影像图方式对文物保存现状及周边环境进行形象化描述。

二、数据加工处理

基于正直摄影影像数据，通过摄影测量处理，形成文物区的大场景三维数字模型（即电子沙盘），对文物及周边环境进行可视化记录。

三、全景鸟瞰图拍摄与制作

选取适当角度，采用无人机低空倾斜摄影方式，拍摄并制作文物多机位、多视角的全景鸟瞰图，以反映遗产构成、特征和审美等。

4.11.2　数据功能

一、文物保护和考古调查

航空影像对文物布局、保存现状及周边环境的形象化描述本身就是对地形数据的优化和补充，提高我们对遗产的感知程度，从而促进文物保护工程设计特别是规划编制工作的开展。

同时，通过高分辨率航空影像，基于视角提升和视野拓展，考古工作者可以通过地表植被的变化、地面起伏等异常现象或出露遗迹的直接判读进行历史遗迹的寻找和判断，促进考古调查工作的开展。

二、宣传和展示利用

全景鸟瞰图、航空影像图和大场景三维数字模型可以图片、挂图、三维虚拟展示、宣传片（有条件的利用其它数据资源进行整体整合）等形式形成对历史文化遗产的宣传展示，推动文化交流传播。

三、遗产监测

航空影像是遥感监测的基期数据，通过期次数据对比分析，可以实现对遗产地整体形状及文物分布、地表覆盖、路网变化、周围建设特别是违章建筑情况等方面的宏观监测。

4.12　单体文物基本属性信息调查

该项工作类似于文物普查中的调查登记工作。单体文物是指具有相对独立空间及功能的文物个体或完整单元。如石窟寺中的洞窟，摩崖造像中的造像龛，建筑物中的单体建筑。对于线型分布的文物，如城垣，可按重要节点（门址、角楼或烽火台）划分成不同单元，如东城垣北段，北城垣西段，对于没有重要节点为标志的线型分布的文物，可根据文物保存情况，按相对完整的段落进行统一编号登记。

单体文物基本属性信息包括文物概况信息、文物规模信息、文物保存现状信息三部分。

一、文物概况信息

文物概况信息包括单体文物的编号、位置、年代、主要内容等。

二、文物形制信息

文物形制信息主要指单体文物的构造特征。如石窟寺洞窟类型（大像窟、中心柱窟、僧房窟等）。

三、文物规模信息

文物规模信息主要指单体文物的空间尺度信息。如洞窟的面积和高度，造像龛的宽和高，石质建筑的建筑面积和高度等。

四、文物保存现状信息

单体文物保存信息可包括结构完整程度、结构稳定程度和改造情况三方面。

（一）原有结构完整程度

石窟寺及石刻应调查主体记录结构的缺失情况；建筑及构筑物应调查平面及主体结构的完整性及破坏情况。

（二）结构稳定程度

石窟寺及石刻应调查记录所在岩体和岩石表面的保存情况（有无危岩体、风化程度如何），可与踏勘工作相结合；建筑及构筑物应调查记录主体结构的稳定性（有无结构变形或构件断裂情况）。

（三）改造情况

石窟寺及石刻应调查记录与原造像或石刻文化内涵相悖的增刻和改造情况；建筑及构筑物应调查记录后期与原构造形制相悖的改造情况。

单体文物基本属性信息调查相当于现代城市管理中网格化管理的基础性工作—信息采集。为文物保护单位精细化管理提供支持。

网格化管理依托统一的城市管理以及数字化的平台，将城市管理辖区按照一定的标准划分成为单元网格。通过加强对单元网格的部件和事件巡查，建立一种监督和处置互相分离的形式。

4. 13   文物基础信息数据库建立

按照通用数据格式，将文物的控制测量成果、影像图成果、地形测绘成果、本体测绘成果、文物基本属性信息等进行数据入库，建立完整的文物基础信息数据库（和相应的信息管理平台），以实现对各种测绘成果及相关信息的管理、展示、查询、调用、分析利用等，为文物信息的管理与应用提供良好的数据基础和便捷的管理工具。最终实现文物保护单位的数字化管理和长期监测。

第五章　工程勘察大纲

由于文物保护工程勘察工作的行业特殊性，所以工程勘察大纲是否科学、合理，直接关系到勘察工作的质量和针对性。其作用具体表现在两个方面：一它是设计与勘察工作的桥梁，因为工程勘察大纲是在保护工程设计需求分析后编制的，所以它直接反映了设计对勘察工作的要求；二它是指导整个工程勘察工作的纲领性文件，并与设计工作相关，总之，工程勘察大纲是否科学、合理，直接关系到勘察工作的质量和后续设计工作能否顺利开展。

5.1　工程勘察大纲编制依据

工程勘察大纲编制依据应考虑以下几部分。

一、文物的保存现状及主要病害

文物保护工程勘察工作目标就是探明文物主要病害类型、分布及产生原因，所以文物的保存现状及主要病害情况直接关系到勘察的主要内容和方向。

二、拟解决的工程问题及工程设计需求

文物保护工程勘察工作目的是为保护工程设计服务，因此，在编制工程勘察大纲时，我们必须清楚保护工程拟解决的工程问题、保护工程及设计工作定位，以设计工作为依据，工程勘察大纲应有工程针对性，在技术方法选择时要突出重点，切勿面面俱到，增加不必要的工作量。

三、文物类型特点

如前所述，不可移动石质文物有五类，有的与地质体相连，有的由多块石材或单块石材建构而成，有的主要由单块石材雕刻而成，有的是其他文物的组成部分。这不同类型不仅决定了文物可能产生的病害类型，自然也决定了我们勘察工作的主要内容及拟采用的技术手段。

四、文物所处环境条件

由于文物保护工程的实施往往受环境和场地条件限制，所以在编制工程勘察大纲时也应充分考虑到这点，选择合适的勘察技术方法，并合理的布置勘探点和工作量。

为保证工程勘察大纲编制质量，建议在编制工程勘察大纲前，应做好现场踏勘和相关资料收集工作。

5.2　工程勘察大纲内容

工程勘察大纲应包括下列内容。

1. 编制依据、文物概况、勘察目的及以往勘察情况。

2. 地质概况，包括地形及地貌特征、主要岩性及地质特征、工程地质及水文地质概况、周边的不良地质现象及地质灾害情况（如滑坡、泥石流等）。

3. 文物保护工程设计需求分析及勘察拟解决的主要问题。

4. 勘察技术要求及工程勘察工作原则，包括主要技术要求，工程勘察工作的主要内容和原则。

5. 勘探方法的选用、勘探点的布置及主要工作量，并应附勘探点布置平面图（图上应详细标注各类勘探点的具体位置）。

6. 勘探点布置和勘探技术方法对文物本体及环境的影响程度分析。

7. 工程勘察工作的质量目标和质量管理。

8. 组织机构，人员及设备配置。

9. 安全保障措施。

10. 计划进度安排及保证措施。

11. 资料编制的原则，拟交成果资料种类和数量等。

12. 因保护工程设计需要，拟开展的非常规专项工程勘察内容或试验应附专项工程勘察工作或试验设计方案。

5.3　工程勘察大纲的执行和调整

工程勘察工作应严格按照工程勘察大纲执行，大纲在执行过程中如需作必要调整，调整内容应征得业主单位同意，相关的会议纪要和往来文件应纳入勘察报告，并在业主处备案。

第六章　岩土工程勘察技术的应用[3]

6.1　岩土工程勘察与工程地质勘察的关系及我国岩土工程勘察技术的发展与现状

岩土工程（Geotechnical Engineering）是欧美国家于 20 世纪 60 年代在前人土木工程实践基础上建立起来的一种新的技术体系，它主要研究的是岩体和土体的工程问题。

而岩土工程勘察则是在工程地质勘察基础上发展而来的。岩土工程勘察（Geotechnical Engineering Investigation）是根据建设工程要求，查明、分析评价建设场地的地质、环境特征和岩土工程条件，编制勘察文件的活动。

工程地质勘察（Engineering geological Investigation）是研究、评价、评价建设场地的工程地质条件所进行的地质测绘、勘探、室内实验、原位测试等工作的统称。为工程建设的规划、设计、施工提供必要的依据及参数。

新中国成立后，由于国民经济建设的需要，在地质、城建、水利、电力、冶金、机械、铁道、国防等部门，按原苏联模式，相继设立了勘察、设计机构，开展了大规模的工程地质勘察研究工作，为一大批重要工程的建设和正常运行提供了技术上的支撑。但是，由于工程地质勘察体制的局限，其潜在的不足也日趋明显，一是侧重定性分析，定量评价不够；二是侧重于"宏观"研究，结合工程具体较差，在建筑结构、基础方案和地基处理措施等方面缺乏权威性意见和建议。这反映了勘察与设计、施工存在脱节，影响了勘察工作社会地位和经济效益的提高；尤其不能适应市场经济的需要。

我国岩土工程勘察工作发展大体可分为三个阶段。

6.1.1　探索期

针对工程地质勘察的缺陷，我国城建、冶金等部门的一些工程勘察单位自 20 世纪 80 年代初期，引进岩土工程体制。这一技术体制是为工程建设全过程服务的，因此很快就显示了它突出的优越性，之后各部门相继推广。此时，由于国内地矿市场逐渐萎缩，不少原从事找矿地质勘察的地质队也纷纷转产，从事岩土工程勘察。因而形成了一支庞大的岩土工程勘察队伍。由于高层建筑，尤其是超高层建筑的涌现，对天然地基稳定性计算和评价、桩基计算与评价、基坑开挖与支护及岩土加固与改良等方面都提出了新的研究课题。要求对勘察技术路线、和技术方法进行创新。该阶段由于勘察工作与设计、施工紧密结合，因此为日后岩土工程勘察技术的有序发展积累了许多经验和资料。但是，该阶段由于规范、规程的缺失，加之技术监督的不足，所以某些地区勘察市场比较混乱，勘察质量不高。

6.1.2　成熟期

该阶段以 1994 年由国家建设部会同有关部门，共同制订、颁布的强制性国家标准《岩土工程勘察规范》（GB50021—94）为标志，该规范是对原《工业与民用建筑工程地质勘察规范》（TJ—77）的修订，它既总结了我国 40 多年工程实践和科研成果，又注意与国际标准接轨。该规范中提出了岩土工程勘察等级，以便在工程实践中按照工程的复杂程度和安全等级区别对待；对工程勘察的目标和任务提出了新的要求，除提供地质资料外，更多地涉及场地岩土体的利用、整治和改造的分析论证；扩大了工程勘察的范围和内容；加强了岩土工程评价评价的针对性，除此之外，还分别对各类岩土工程如何结合具体工程进行分析、计算与论证，做了相应规定。

6.1.3　发展期

该阶段以对颁布的 94 版强制性国家标准《岩土工程勘察规范》修订为标志，修订后的新版规范基本保持了 94 版规范的适用范围、总体框架和主要内容，修订的主要内容有：1. 适用范围增加了"核电厂"的勘察；2. 增加了"术语和符号"章；3. 增加了岩石坚硬程度分类、完整程度分类和岩体基本质量分级；4. 修订了"房屋建筑及构筑物"以及"桩基础"勘察要求；5. 修订了"地下洞室"、"岸边工程"、"基坑工程"和"地基处理"勘察的规定；6. 将"尾矿坝和贮灰坝"节改为"废弃物处理工程"7. 将"场地稳定性"章名改为"不良地质现象和地质灾害"；8. 将"强震区的场地和地基"、"地震液化"合为一节，取名"场地与地基的地震效应"；9. 对特殊土中的"湿陷性土"和"红粘土"作了修订；10. 加强了对"地下水"勘察的要求；11. 增加了"深层载荷试验"和"扁铲侧胀试验"等。同时压缩了篇幅，突出了技术工作必须遵守的技术规则。

在新版《岩土工程勘察规范》指导下，该阶段各行业也纷纷编制颁布了符合各行业特点的勘察规范。如《市政工程勘察规范》、《城市规划工程地质勘察规范》、《水电水利工程水库区工程地质勘察技术规程》、《地下铁道、轻轨交通岩土工程勘察规范》、《铁路工程地质勘察规范》、《边坡工程勘察规范》等。该阶段表现为岩土工程和工程地质在发挥各自学科优势的前提下，互相渗透、交叉，两者互为补充而相得益彰。

也正是在该阶段由于一批专业工程勘察单位进入文物保护领域开展工作，使岩土工程勘察技术开始应用到了文物保护方向。

6.2　文物保护工程岩土工程勘察特点和技术要求

6.2.1　文物保护工程岩土工程勘察特点

如前所述，鉴于文物保护勘察工作的行业特殊性，所以文物保护工程中的岩土工程勘察工作也不同于一般普通建设工程的岩土勘察工作。有其特殊性，这种特殊性主要表现在以下三方面。

（一）文物保护工程尺度决定了勘察工作精度需远高于普通岩土工程勘察工作

与水利水电、铁路交通、冶金矿产等国民经济建设主要行业的工程项目相比，一般的文物保护工程无论是工程的空间尺度，还是工程规模都要小得多。如最小的单体碑刻、石刻的体量有的甚至小于10m³，这种工程尺度上的差异性必然决定了勘察工作精度的差异性。如工程地质学传统意义上的风化带及风化深度小则几十厘米，大则几米，几十米，甚至上百米。而作为石质建筑物、构筑物或艺术品上关系到岩石材料工程性能的有关风化和劣化问题，其研究深度大多在几厘米左右，如重庆大足宝顶山摩崖造像岩体表层风化深度在2—4厘米之间（图6-1），而山西大同云冈石窟岩体表层最大风化深度也仅在3.8厘米左右，我们知道多数的石刻艺术造型都雕凿于岩石材料的表层，而岩石材料劣化的开端也多发生于此，所以对于其他行业工程勘察中往往忽略的岩石表层缺陷和各类劣化特征以及微环境变化对岩石表层的影响就必须纳入到石质文物保护工程勘察的工作内容中。

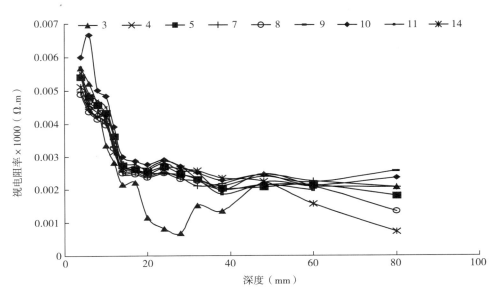

图6-1 大足宝顶山摩崖造像岩体表层电法微测深曲线
（右侧标注为测点号）

（二）文物的特性决定了岩土工程勘察技术要求不能完全套用现有的技术标准

如前所述，文物具有不可再生性，所以文物保护工程中勘察技术方法的选择、工作量及具体技术要求必须充分考虑到这方面的特点，不能完全套用现有的技术标准，在编制工程勘察大纲和实施中应有针对性确定合理的技术路线，将勘察过程中产生的负面影响降至最小程度。

（三）文物保护工程的目的决定了岩土工程勘察工作成果必须具备一定的研究深度

如前所述，文物还具有既有性的特点，而文物保护工程目的实质就是对这些既有结构、既有场地、既有环境等的维护，并延长其使用寿命或存在时间。这一点是完全不同于一般以新建为目的的岩土工程勘察工作的。所以在面对该类工程问题时，很显然，在现有的教科书、标准规范里都找不到现成答案，就是在前人研究成果和文献中可能往往也无法获得满意答案。所以在勘察工作中开展专项研究，甚至是创新性的研究工作就显得尤为重要。

6.2.2　文物保护工程岩土工程勘察总体技术要求及工作原则

鉴于上述文物保护工程中岩土工程勘察工作三大特点，我们对文物保护工程岩土工程勘察工作特提出以下三点总体技术要求。

（一）应提高岩土工程勘察工作的精细化程度。为满足文物保护工程需求和岩土工程勘察中的精度要求，就必须提高岩土工程勘察工作的精细化程度，如地层的精细化分组、节理、裂隙信息（产状、隙宽、填充情况等）的详细统计分析、大比例尺的围岩稳定性分析评价、关键部位和区域的结构稳定性计算与分析、渗漏信息（位置、渗出量、渗出时间）的详细调查、凝结水的调查及岩石表层劣化特征、劣化深度的调查等。

（二）应严格控制岩土工程勘察工作中勘探及取样工作量，勘探手段尽量采取无损技术。考虑到岩土工程勘察工作中勘探及取样工作可能对勘察对象产生的不良影响，如果严格执行现有的岩土工程勘察技术标准，势必对文物本体及相关环境造成无法修复的损伤，甚至破坏。所以我们强调勘察工作前期必须根据保护工程设计的实际需求，编制科学、合理的工程勘察大纲，编制时，必须严格控制岩土工程勘察工作中勘探及取样的设计工作量，其中勘探手段应尽量采取无损技术。

（三）岩土工程勘察应与环境工程地质问题勘察、石质文物病害勘察等工作有机结合，针对专项问题必须开展专项研究，并纳入岩土勘察工作成果中。为避免在工程勘察工作中，由于岩土工程勘察、环境工程地质问题勘察、石质文物病害勘察三部分工作内容相互交叉，产生重复工作量，我们强调整个勘察过程，该三项工作必须有机结合，合理配置人力、物力及技术方法。这种技术管理模式还有助于在专项问题研究中多学科的参与和配合。同时与一般工程岩土工程勘察成果要求不同的是，文物保护工程中，我们建议将专项研究部分中有关岩土测试、分析内容纳入岩土工程勘察成果中。

6.3　文物保护工程岩土工程勘察工作范围

显然，由于文物保护工程勘察工作对象为文物，所以文物本体及相关环境应该是勘察工作的重点区域，即文物保护范围和建设控制地带。但是许多文物，特别是不可移动石质文物与地质体相连，或与岩土环境紧密相关，而岩土环境的形成是一个区域问题，要搞清楚保护范围内的问题，必然要涉及周边区域，如石窟寺渗漏问题，及一些环境工程地质问题，因此，岩土工程勘察工作如果只局限于文物保护范围和建设控制地带内，难免会造成"一叶障目不见泰山"的结果，使我们缺乏对问题宏观角度的认识和把握。所以具体工作范围的确定要根据具体对象和问题来确定。

6.4　文物保护工程岩土工程勘察工作技术方法的选择

岩土工程勘察技术方法主要包括工程地质测绘与调查、勘探与取样、原位测试与室内试验及监测四类。这些方法的原理、使用原则及具体操作方法和技术要求我们将在后面分节叙述，这里仅就它们在岩土工程勘察中所处地位及相互配合关系作概述，为大家在文物保护工程岩土工程勘察工作技术方法选择时提供借鉴。

工程地质测绘和调查是岩土工程勘察的基础工作，一般在勘察的初期阶段完成。该方法的本质是运用地质、工程地质理论，对地面的地质现象进行描述，分析其性质和规律，并借以推断地下地质情况，为勘探、测试工作等其他方法提供依据。在地形地貌和地质条件比较复杂的区域，必须进行工程地质测绘，但对于地形平坦、地质条件简单且较狭小的区域，则可采用调查代替工程地质测绘。工程地质测绘是认识区域工程地质条件最经济、最有效的方法，高质量的测绘工作能相当准确地推断地下地质情况，起到指导其他勘察方法的作用。鉴于该方法具有无损性，在地层出露较好区域，高质量的测绘工作可节省大量的勘探工作，所以在这些区域应加强该方法的使用和成果的综合应用，如石窟寺类石质文物保护工程中的岩土工程勘察工作。

勘探工作包括物探、钻探和坑探等方法。它是用于调查地下地质情况的方法，还可利用勘探工程，进行取样，开展原位测试和监测工作。应根据勘察目的及岩土特性选取上述各种勘探方法。物探是一种间接的勘探手段，它的优点是较之钻探和坑探轻便、经济而迅速，能够及时解决工程地质测绘中难以推断又急待了解的地下地质情况，所以常与测绘工作配合使用。它又可作为钻探的先行和辅助手段，鉴于该方法对环境影响极小，比较符合文物保护工程勘察中"最小干预"原则的要求，故建议应将其列为首选的勘探方法。但是物探判释成果往往具多解性，方法的使用又受地形条件等的限制，成果需通过勘探工程验证。钻探、坑探、槽探等统称为勘探工程，均是直接勘探手段，由于这些方法在工作期间或多或少都会对环境造成一定影响，故在文物保护工程勘察工作中不主张大范围的使用。但是作为直接勘探手段，能可靠了解地下地质情况，在岩土工程勘察中是必不可少的。其中钻探技术使用最为广泛，可根据地层类别和勘察要求选择不同的钻探方法。坑探工程的类型较多，应根据勘察要求选用。勘探工程一般需要动用机械和动力设备，耗费人力、物力较多，有些勘探工程施工周期又较长，而且受到许多条件限制，加之对文物本体和环境可能产生的负面影响，所以在选择时应慎重考虑各方面因素，以选取最合理、可靠技术方法，布置勘探工程应以地质测绘和物探成果为依据，避免盲目性和随意性。

原位测试和室内试验主要目的是为岩土工程问题分析评价提供所需的技术参数，包括岩土的物性指标、强度参数、固结变形特性参数、渗透参数和应力与应变时间关系的参数等。原位测试一般借助勘探工程进行，是详细勘察阶段的一种主要勘察方法。各项试验工作在岩土工程勘察中占有重要地位。原位测试和室内试验各有优缺点。前者的优点在于测试工作不脱离原有环境，基本上在现有应力条件下进行试验，所测定的岩土体的尺度大，能反映宏观结构对岩土性质的影响，代表性好，周期性较短，效率高，尤其是对于难以采样或控制采样的岩土层仍能通过试验评定其工程性质，但是缺点是试验时的应力路径难以控制，边界条件比较复杂；有些试验耗费人力、物力较多，不可能大量进行；后者使用历史悠久，其优点是试验条件比较容易控制（边界条件明确，应力应变条件可以控制等），有条件可以大量取样。但缺点是试样尺寸小，不能反映宏观结构和非均质性对岩土性质的影响，代表性差，有些试样无法保持原状，且有些地层也很难获取原状试样。综上所述，可见两者的优缺点是互补的，所以应相辅相成，配合使用，以科学、经济有效地获取所需的技术参数。

监测是构成岩土工程系统的一个重要环节，大量的工作在施工期间和施工完成后开展，但是鉴于文物保护工作的长期性特点，该项工作一般需在专项勘察（环境工程问题勘察、石质文物病害勘察）阶段就开始实施，所以可被列为一种勘察方法。它的主要目的在于保证施工质量和安全，提高工程效益。施工过程监测包含施工作用和各类荷载对岩土环境影响的监测及对文物本体结构影响的监测，并以此为依据及时修正设计，使之在技术和经济方面更优化；施工后监测包含对施工质量的跟踪监测及对工程效果的跟踪监测，目的是验证保护工程是否达到设计要求和目的，如工程效果达到设计目标应及时进行经验总结，如工程效果未达到设计目标，也应及时对失败原因进行分析，建立保护工程档案，为保护工作的长期、可持续性保护和研究工作提供依据。同时为验证保护工程的长期有效性，文物本体及相关岩土和地质环境的长期监测也是施工后监测的重要内容。

评价与成果报告作为岩土工程勘察成果的总结性文件。应在工程地质测绘、勘探、测试和搜集已有资料的基础上，应根据任务要求、勘察阶段、地质条件和工程特点等进行编制。主要内容包括：岩土参数的分析与选定、岩土工程分析评价、反演分析、勘察成果应附的图表。对不同的勘察等级，其分析评价和成果报告应有所不同，具体应根据设计需求而定。

各种勘察方法的选择和应用、工作的布置、工作量的大小，需根据文物的类型、勘察等级、勘察阶段、现存问题及设计拟解决的工程问题等来确定。具体要求将在后面的相关章节给予详细论述。

随着科学技术的发展，新技术被不断引入到岩土工程勘察领域。如工程地质综合分析法、3S 技术（遥感 RS、地理信息系统 GIS、全球卫星定位系统 GPS）、地质雷达和地球物理层成像技术（CT）、钻孔录像技术等。这些技术引入，为文物保护工程中岩土工程勘察提高精细程度提供了技术支撑。

6.5　文物保护工程岩土工程勘察中的分析与评价

6.5.1　岩土参数的分析与选取

一、岩土参数的可靠性和适用性

岩土参数的分析与选定是工程勘察成果及工程设计的基础，岩土参数的合理性很大程度决定了岩土工程勘察分析的客观性和设计的可靠性。

沿岩土参数可分为两类：一类是评价指标，用以评价岩土性状，作为划分地层类别的主要依据；另一类是计算指标，用以预测岩土体在附加荷载和自然因素作用下的应力应变状态和发展趋势，进而指导工程设计、施工和监测等工作。岩土参数根据工程特点和地质条件选用，其合理性主要通过可靠性和适用性两个指标来评价。可靠性是指参数能否正确反映岩土体在规定条件下的性状，并比较有把握估算参数值所在区间。适用性是指参数能否满足评价、设计计算的假定条件和计算精度要求。

参数的可靠性和适用性主要通过以下内容进行评价。

1. 取样方法和其他因素对试验结果的影响；

2. 采用的试验方法和取之标准；

3. 不同试验方法所得结果的分析比较；

4. 测试结果的离散程度；

5. 测试方法与计算模型的配套性。

二、岩土参数的统计分析

由于岩土体的非均质和各向异性以及试验时岩土体的边界条件与原型之间的差异性等原因，岩土参数具有一定的随机性，变异性较大。岩土参数统计必须是在正确划分不同的工程地质单元和层位的基础上进行的。对不同的工程地质单元和层位的岩土物理力学指标必须分别统计，否则因不同工程地质单元和层位的岩土物理力学指标差异较大，统计的数据毫无价值。

由于岩土体的不均匀性，对在同一工程地质单元（层位）取的岩土样，用同样方法测定的数据通常是离散的，并以一定规律分布，可以用频率分布直方图和分布密度函数来表示。为了方便，通常采用统计特征值来表示。常用的统计特征值可分为两大类：一类反映数据的中心趋势，通常作为该批数据的代表值；另一类反映数据分布的离散程度，通常用以评价单个数据的可靠性。按《岩土工程勘察规范》规定，表征岩土参数的特征值，前一类为算术平均值，后一类为标准差和变异系数。

6.5.2　工程数值法[4]

工程数值方法是应用数值分析手段来解决与工程问题的一种方法，这些工程问题包括了相关地质体稳定性问题、文物主体结构稳定性问题、影响文物安全的渗漏问题及影响文物长期保存的流场问题等。

随着计算机技术的飞速发展，以数学、力学理论为基础，以工程地质分析为指导，以计算机技术为手段的的工程地质数值分析方法，拓展了传统的工程领域，成功解决了许多重大工程地质问题，使工程地质向定量评价和预测前进了一步。目前常见的工程数值法主要有以下五种。下面我们将主要就该五种数值法的原理及各自适用对象和优缺点作扼要介绍，以便大家今后在工作中选择评价方法时作为参考。

一、有限元法

该方法主要适用于土体、砌筑紧密或各部结合紧密的石质建筑物及构筑物、材质均一、裂隙不发育的单体碑刻、石刻、建筑构件、构造面不发育的洞窟、洞室及崖壁岩体稳定性问题分析。

有限元（FEM）视评价对象为连续力学介质，通过离散化，建立金丝函数把边界内的无限问题简化为有限问题，并通过求解联立方程，对工程问题进行应力和应变分析。常见的软件有 ANSYS、RF-PA、2D—σ、3D—σ 等。

有限元法将要分析的连续力学介质，假想地将其分割成有限个单元所组成的组合体。这些单元仅在顶角处相互连接，我们称这些连接点为节点。离散化的组合体与真实的弹性体的区别在于：组合体中单元与单元之间的连接除节点之外再无任何关联。但这种连接要满足变形协调条件，即不可能出现裂缝，也不允许发生重叠。显然，单元之间只能通过节点来传递内力。通过节点传递的内力称为节点力，作用在节点上的荷载称为点荷载。当连续体受到外力作用变形时，组成它的各个单元也将发生变形，因而各个节点要产生不同程度的位移，这种位移称为节点位移。在有限元中，常以位移作为基本未知量，并对每个单元根据分块近似的思想，假设一个简单的函数近似地表示单元内位移的分布和规律，再利用力学理论中的变分原理或其他方法，建立节点力与位移之间的力学特性关系，得到一组以节点位移为未知量的代数方程，从而求解节点的位移分量，然后利用插值函数确定单元集合体上的场函数。显然，如果单元满足问题的收敛性要求，那么随着缩小单元尺寸，增加求解区域内单元的数目，解的近似程度将不断改进，近似解将收敛于精确解。

有限元法求解问题主要计算步骤为：

（一）离散化

首先，应根据连续体的形状选择能描述连续体形状的单元。常见的单元有：杆单元、梁单元、三角形单元、矩形单元、四边形单元、曲边四边形单元、四面体单元、六面体单元及曲面六面体单元等。其次进行单元划分，单元划分完成后，要将全部单元和节点按一定顺序编号，每个单元所受得荷载均按静力等效原理移植到节点上，并在位移受约束的节点上根据实际情况设置约束条件。

（二）单元分析

所谓单元分析，就是建立各个单元的节点位移和节点力之间的关系式。

（三）整体分析

整体分析是对各个单元组成的整体进行分析。它的目的是要建立起一个线性方程组，来揭示节点外荷载与节点位移的关系，从而用来求解节点位移。

有限元法不仅可以求解结构体的位移和应力，还可以对结构体进行稳定性分析和动力分析。它几乎可适用于所有的计算领域，但对于大变形问题、岩体中不连续面，无限域和应力集中问题的求解还不理想。21世纪初出现的随机有限元法，为数值方法进行风险评估提供了便利的手段。该方法在文物保护工程勘察中已得到了广泛应用，尤其是不可移动石质文物保护工程勘察中成功的案例比比皆是，如巩县石窟洞窟、响山石窟稳定性评价。

二、有限差分法

该方法主要适用于多块石块垒筑，但石块间无结合不紧密的石质建筑物及构筑物的变形过程的稳定性问题分析。

有限差分法的基本思想是将基本方程和边界条件下的微分方程改成代数方程求解，差分法又分为隐式差分和显式差分。

FLAC（fast Lagrangian analysis of continua，连续介质快速拉格朗日分析）是基于有限差分原理研制推出的显式有限差分程序，能有效模拟随时间演化的非线性系统的大变形力学过程。

FLAC的基本算法即是拉格朗日差分法，是一种利用拖带坐标系分析大变形问题的数值方法，利用差分格式按时步积分求解。对于某一个节点而言，在每一时刻它受到来自其周围合力的影响。如果合力不等于零，节点就会失稳而产生运动，从而可以从一个时步中求得速度和唯一的增量。对于每一个区域而言，可根据周围节点的运动速度求得它的应变率，然后根据材料的本构关系求得应力的增量。又根据应力增量求出 t 和 t + Δt 时刻各个节点的不平衡力和各个节点在 t + Δt 时的加速度，即可求出节点新的位移值，从而计算出各节点新的坐标值。同时，由于物质的变形，网格单元发生局部的平均整旋或整旋，只要计算出应力改正值，通过应力叠加即可得到新的应力值。以此作为一个计算循环，按时步以此进行下一循环计算，直至问题收敛。

该方法求解时采用了动态松弛法，不必求解联立方程式。它不但能处理一般的大变形问题，还能模拟岩体沿结构面滑动问题。由于采用了显式差分算法，对弹塑性和大变形问题，运算速度得到了大大提高。

FLAC最早由美国 Itasca Consulting Group Inc. 开发，现已从二维计算拓展到三维计算。目前该软件已被广泛应用于工程地质、岩土力学以及构造地质学和采矿学等研究领域。国内于20世纪90年代初才引进该软件，主要应用于工程地质学和岩土力学分析，如矿体滑坡、煤矿开采沉陷预测、采矿巷道稳定性研究等。在文物保护工程勘察中的应用刚刚起步。曾应用于吉林集安将军坟保护工程勘察、好太王陵保护工程勘察、丸都山城保护工程勘察等项目。

三、离散元法

该方法主要适用于节理发育的边坡岩体稳定性问题分析。

离散元法将非连续力学介质离散为多边形块体单元，块与块之间没有变形协调的约束，只需满足平衡方程。基于牛顿第二定律结合不同本构方程，允许刚体或可变形体间的位移，变形可以是不连续的过程。

离散元法也像有限元法那样，将区域划分成单元。但是，单元因受节理不连续面控制，在以后的运动过程中，单元节点可以分离，即一个单元与其邻近单元可以接触也可以分开。单元之间相互作用力可根据力和位移的关系求出，而个别单元的运动则完全根据该单元所受的不平衡力和不平衡力矩大小按牛顿运动定律确定。

离散元法是一种显式求解的数值方法。该方法与在时域中进行的其他显式计算相似。"显式"是针对一个物理系统进行数值计算所用的代数方程式的性质而言的。在用显式法时，如果假定在每一迭代时步内，每个块体单元仅对其相邻的块体单元产生力的影响，那么时步取值就要足够小，以使显式法稳定。由于显式法时不需要形成矩阵，因此可以考虑大的位移和非线性，而不必花费额外的计算时间。

离散元法于 1971 年由 P. A. cundall 提出，1974 年二维程序区域成熟。目前，已有比较成熟的三维程序，并用于岩体的破坏分析。离散元适用于求解非连续介质大变形问题，在节理化岩体、碎裂结构岩质边坡的变形和破坏过程得到广泛应用。该方法曾应用于河南洛阳龙门石窟西山岩质边坡变形破坏分析工作。

四、数值流形法

该方法目前在文物保护领域还未有应用案例，所以其使用范围和对象还有待研究。

数值流形法是石根华通过研究 DDA 与有限元的数学基础，于 1995 年提出 DDA 与有限元的统一形式—数值流形方法。它是利用现代数学—"流形"的有限覆盖技术建立起来的一种数值分析方法，统一解决了连续和非连续变形的力学问题。

所谓"流形"是许多个别的重叠区域连接在一起，去覆盖前部材料体。流形方法具有独立的数学覆盖和物理网格，数学覆盖决定近似解的精度，作为实际材料的边界、裂缝等物理网格决定其积分区域。数学覆盖由用户选择，由占整个材料体的许多有限重叠的覆盖组成，常规的网格和域都可转换为有限数学覆盖。物理网格包括材料体的边界、裂缝、块体和不同材料区域的交界面，物理覆盖是由数学覆盖和物理网格两者组成，物理网格将数学覆盖划分成完全不连续的区域，这些区域被定义为物理覆盖，它是物理网格对数学覆盖的再剖分，流形单元由若干物理覆盖的交集组成。数学覆盖、物理覆盖、组成数学覆盖网格单元的数学覆盖编号以及组成流形单元的物理覆盖编号之间存在密切关系，并由此组成流形元覆盖系统。

在数值流形方法中，只要用不同的覆盖组合，就可以解决比有限元和 DDA 更具有普遍意义的复杂问题。数值流形方法的特点是：（1）所用有限覆盖系统，可将连续体、节理及块体材料用这种通用的方法进行计算；（2）由于数学覆盖能进行移动、分开（分离）和容易消去和增加，使得通过移动覆盖，逐步计算大变形和移动边值问题（如滑坡问题，节理和块体运动等）。由于数值流形方法是新近发展起来的一种数值方法，所以该方法的进展值得关注。又由于数值流形方法可模拟岩块的移动、分开（分离）、闭合等运动过程，因而可对岩体的局部与整体稳定性作出评判，但在岩体参数选取方面有一定局限性。

五、地质问题反分析法

工程地质和岩土工程问题的反分析方法是 20 世纪 70 年代初发展起来的一种量测信息确定地层初始地应力和各类计算参数的分析方法。

位移反分析法按照其采用的计算方法又可分为解析法和数值法（有限元法等）。由于解析法只适合于简单几何形状和边界的问题反演，因此，对于复杂的岩土工程和工程地质问题，数值法具有普遍的适用性。

早期的反分析方法均是确定性方法，由于工程地质问题涉及的地层范围内，岩层的物理力学参数及力学行为常受到多种不确定因素的影响，因此，非确定性反分析法应运而生。应用概率论、数理统计、随机过程或模糊数学等不确定数学工具，来分析量测应力值的不确定性、本构关系模型的非确定性，并基于随机、模糊数据构建非确定性优化反演模型，由此进行非确定性反分析。这种反演分析的目的和内容与前述的确定性反分析基本相同，按其求解的主要过程可归属于优化反演方法类。对于量测信息离散性、模糊性和随机性较大，且计算本构模型事先未知而不确定的情况，这种非确定性优化反分析方法，具有良好的计算效果。

6.6 资料收集利用

收集资料是岩土工程勘察最基本的一项工作，按照资料类型和利用方向大体可分为四类。

一、基础性资料

包括 1：50000 以上各种比例尺的地形图，它是我们开展工程地质测绘和岩土工程勘察工作的基础性资料，有些资料必要时我们还必须单独需通过第一阶段的工程测量工作获得。

二、区域地质背景资料

包括最大比例尺的地质图及相关资料，它是帮助我们宏观了解该地区地质背景（地层、岩性、地质构造、地震等）的专业性资料，这些资料有助于我们宏观层面去分析不良地质现象、环境工程问题及石质文物病害等涉及的专项工程问题。

三、相关环境资料

包括与保护问题相关的水文资料、气象及大气条件资料、环保部门环境污染资料，特别是近 30—50 年的酸雨资料。这些资料有助于我们分析某些专项问题。如大气环境恶化及酸雨对岩石表层劣化的影响和控制。

四、以往岩土工程勘察成果

由于文物保护是一项长期性工作，所以任何一处文物保护单位实施的保护工程都是持续性的，这点也是有别于一般基本建设工程的一大特点。因此，在勘察工作中我们应充分收集和消化前人的工作成果。在前人工作成果基础上，根据现阶段设计需求，优化勘察内容和技术路线，避免产生工作内容上的不必要重复，如一般情况下工程地质测绘和调查工作往往安排在第一次岩土工程勘察工作中，以后的勘察工作，如果对该方面工作范围、工作精度和深度没有新的要求，这部分资料是可以直接引用和参考的，不需要再重复工作。

6.7　工程地质及水文地质测绘和调查

6.7.1　工程地质及水文地质测绘的意义和特点

工程地质测绘是岩土工程勘察的基础工作，在诸项勘察方法中最先实施。按勘察阶段，应在方案设计阶段安排此项工作。但在施工图设计阶段为了某些专门工程地质问题或石质文物病害作补充调查，也可进行更高精度的工程地质及水文地质测绘。

6.7.2　工程地质及水文地质测绘范围

工程地质测绘范围应以文物本体及其环境产生影响的地质结构条件边界为依据确定，必要时可扩大至邻近区域。

6.7.3　比例尺

比例尺宜采用1：500、1：1000、1：2000、1：5000或1：10000，具体比例尺的选择取决于勘察阶段、勘察深度和设计需求。

6.7.4　测绘精度要求

工程地质测绘精度有两层意思，即对各种地质现象描述的详细程度，以及各种地质现象在工程地质图上表示的详细程度和准确程度。为了确保工程地质测绘质量，精度要求必须与测绘比例尺相适应。

对野外各种地质现象观察描述的详细程度，在过去的工程地质测绘规程中是根据测绘比例尺和工程地质条件复杂程度的不同，以每平方公里观测点的数量和观测线的长度来控制的。现行规范中对此未作硬性规定，原则上要求观测点布置目的要明确，密度要合理，要具有代表性。地质观测点的数量以能控制重要的地质界线并能说明工程地质条件为原则，以利岩土工程评价。为此，要求将地质观测点布置在地质构造线、地层接触线、岩性分界线、不同地貌单元及微地貌单元分界线、地下水露头以及各种不良工程地质作用分布的地区。观测点的密度应根据测绘区的地质和地貌条件、成图比例尺及设计需求等确定。一般控制在图上距离2—5cm。此控制距离可根据测绘区内的地质条件复杂程度的差异并结合设计需求适当加密或放宽。在该距离内应作沿途观察，将点、线观察结合起来，以克服孤立于点观察，而忽视点和点间关系的问题。当测绘区地层岩性、地质构造和地貌条件较简单时，可适当布置"岩性控制点"，以备检验。地质观测点应充分利用天然和已有的人工露头，这点对于文物保护工程勘察工作是极为重要的一点。当露头不足，无法满足设计需求时，应根据测绘区具体情况布置一定数量的勘探工作以揭露各种地质现象。尤其在进行大比例尺工程地质测绘时，所配合的勘探工作是必不可少的。

鉴于文物的特殊性及文物保护工程勘察原则的要求，工程地质测绘和调查与其他勘察手段相比较，因其更具有扰动小的特点，对于任何一项文物保护工程勘察工作，尤其是与地质体相连的不可移动石质文物保护工程而言，更是极其重要的一项工作。其工作质量还直接关系到后续勘察工作和设计工作。

6.7.5　工程地质及水文地质测绘与调查前期准备工作

在开始工程地质测绘之前，应做好资料收集、踏勘和编制测绘纲要等准备工作，以保证测绘工作的正常有序进行。

一、资料收集和研究

收集的资料包括如下七个方面。

1. 区域地质资料。如区域地质图、地貌图、地质构造图、地质剖面图；

2. 遥感资料。地面摄影和航空（卫星）摄影相片；

3. 气象资料。区内各主要气象要素，如年平均气温、降水量、蒸发量，对冻土分布地区还要了解冻土深度；

4. 水文资料。测区内水系分布图、水位、流量等资料；

5. 地震资料。测区及附近地区地震发生的次数、时间、震级和造成破坏的情况；

6. 水文及工程地质资料。地下水类型、赋存条件和补给条件、地下水位及变化情况、岩土透水性及水质分析资料、岩土的工程性质和特征等；

7. 建筑经验。区内已有建筑物基础类型及埋深、采用的地基承载力、建筑物的变形及沉降观测资料。

二、踏　勘

踏勘是在收集研究资料基础上进行的，目的在于了解测区的地形地貌及其他地质情况和问题，以便于合理布置观测点和观测路线，正确选择实测地质剖面位置，拟订野外工作方法。

踏勘的内容和要求如下。

1. 根据地形图，在测区内按固定路线进行调查，一般采用"之"字形曲折迂回而不重复的路线，穿越地形、地貌、地层构造、不良地质现象具代表性的地段；

2. 踏勘时，应选择露头良好、岩层完整具代表性的地段做出野外地质剖面，以便熟悉和掌握测区岩层的分布特征；

3. 寻找地形控制点的位置，并抄录坐标、高程（标高）等资料；

4. 访问和收集井泉分布、洪水及其淹没范围等情况；

5. 了解测区的供应、经济、气候、住宿、交通物流等条件。

三、编制测绘纲要

测绘纲要是开展测绘工作的依据，其内容应尽量符合实际情况，测绘纲要一般包含在工程勘察大纲内，在特殊情况下可单独编制。测绘纲要应包括如下内容。

1. 工作任务情况（目的、要求、测绘面积、比例尺等）；
2. 测区自然地理条件（位置、交通、水文、气象、地形地貌特征等）；
3. 测区地质概况（地层、岩性、地下水、不良地质现象）；
4. 工作量、工作方法及精度要求，其中工作量包括观测点、勘探点的布置、室内及野外测试工作；
5. 人员组织及经费预算；
6. 材料、物资、器材及机具的准备及调度计划；
7. 工作计划及工作步骤；
8. 拟提供的各种成果资料、图件。

6.7.6　工程地质及水文地质测绘的方法

工程地质测绘和调查的方法与一般地质测绘相近，主要是沿一定观察路线作沿途观察和关键点（或露头）上进行详细观察描述。选择观察路线应以最短的线路观测到最多的工程地质条件和现象为标准。在大比例尺详细测绘时，应追索走向和追索单元边界来布置路线。

工程地质测绘和调查过程最重要的是要把点与点、线与线之间观察到的现象科学有机地联系起来。克服孤立地在各点上观察现象、沿途不连续观察和不及时对现象进行综合分析产生的偏向。也要将工程地质条件与拟实施的工程特点联系起来，以便测绘工作能更好地为工程实践服务。此外，还应将实际资料、各种界线反映在外业图上，并逐日清绘在室内底图上，及时整理、发现问题及时进行必要的补充勘测。

一、相片成图法

相片成图法是利用地面摄影或航空（卫星）摄影照片，在室内根据判读标志，结合所掌握的区域地质资料，将判明的底层岩性、地质构造、地貌、水系和不良地质现象，调绘在单张相片上，并在相片上选择若干地点和线路，去实地进行校对与修整，绘成底图，最后再转绘成图的一种工程地质测绘方法。由于航测照片、卫星照片能在大范围内反映地形地貌、地层岩性及地质构造等物理地质现象，可以迅速对测区的工程地质条件有一个整体认识，因此与实测工作相结合，能起到减少工作量、提高精度和速度的作用。特别是在人烟稀少、交通不便的偏远山区，充分利用航测照片及卫星照片具有特别重要的意义。

二、路线穿越法

沿着一定路线（应尽量使路线与岩层走向、构造线方向及地貌单元相垂直，并应尽量使路线的起点具有较明显的地形、地物标志；此外，应尽量使路线穿越露头较多、覆盖层较薄的地段，穿越测绘场地，把走过的路线正确地填绘在地形图上，并沿途详细观察和记录各种地质现象和标志，如地层界线、构造线、岩层产状、地下水露头、各种不良地质现象，将它们绘制在地形图上。该方法一般适用于中、小比例尺测绘。

三、布点法

布点法是工程地质测绘的基本方法,根据不同比例尺预先在地形图上布置一定数量的观测路线和观测点。观测点一般布置在观测线上,但观测点的布置必须有具体的目的,为了研究地质构造线、不良地质现象、地下水露头等。观测线长度必须满足具体观测目的的需要。布点法适合于大、中比例尺的测绘工作。

四、追索法

它是沿着地层走向、地质构造线延伸方向或不良地质现象边界线进行布点追索的调查方法,其主要目的是查明某一局部的岩土工程问题。追索法是在路线穿越法和布点法基础上进行的,它属于一种辅助测绘方法。

在规模较大,地形地貌、工程地质条件较复杂区域的工程地质测绘工作中以上几种方法往往是综合使用的。

6.7.7　工程地质及水文地质测绘和调查的程序

工程地质测绘和调查一般可遵循如下的程序开展工作。

1. 阅读已有的地质资料,明确工程地质测绘和调查中需要解决的问题,编制工作计划。

2. 利用已有的遥感影像资料,如卫星照片、航测照片进行解译,对区域工程地质条件作出初步的总体评价,以判明不同地貌单元及各种工程地质条件的标志。

3. 现场踏勘。选定观测路线,选定编绘标准剖面的位置。

4. 正式测绘。测绘中应随时总结整理资料,及时发现问题,及时解决,使整个工程地质测绘和调查工作目的更明确,测绘质量更高,工作效率更高。

6.7.8　工程地质及水文地质测绘的研究内容

文物保护工程工程地质测绘过程中,应始终以查明场地及其附近地段的工程地质条件及文物本体与地质环境间的相互作用为目的。因此,工程地质测绘研究的主要内容是工程地质条件的诸要素;此外,还应搜集调查自然地理及与保护相关的已建建筑物、构筑物等工程的有关资料。下面将分别论述各项研究内容的研究意义、要求和方法。

一、地层岩性

地层岩性是工程地质条件最基本的要素和研究各种地质现象的基础,所以是工程地质测绘最主要的内容。

工程地质测绘对地层岩性研究的内容包括:①确定地层时代和填图单位;②各类岩土的分布、岩相及成因类型;③岩土层的正常层序、接触关系、厚度及其变化规律;④岩土的工程性质等。

不同比例尺的工程地质测绘中,地层时代的确定可直接利用已有的成果。若无地层时代资料,应寻找标准化石、作孢子花粉分析或请有关单位协助解决。填图单位应按比例尺大小来确定。小比例尺工程地质测绘的填图单位与一般地质测绘是相同的。但是中、大比例尺小面积测绘时,测绘区出露的地层往往只有一个"组"、"段"、甚至一个"带"的地层单位，按一般地层学方法划分填图单位不能满足岩土工程评价的需要，应按岩性和工程性质的差异性等作进一步划分。例如，砂岩、灰岩中的泥岩、页岩夹层，硬塑粘性土中的淤泥质土，它们的岩性和工程性质相差迥异，必须单独划分出来。

在确定填图单位时，还应注意标志层的寻找。所谓"标志层"是指岩性、岩相、层位和厚度都较稳定，且颜色、成分和结构等具特征标志，地面出露有较好的岩土层。

在工程地质测绘中对各类岩土层还应着重以下内容的研究。

（一）沉积岩

软弱岩层和次生夹泥层的分布、厚度、接触关系和性状等；泥质岩类的泥化和崩解特性；碳酸盐岩及其他可溶性盐岩类的岩溶现象。

（二）火成岩

侵入岩的边缘接触面，风化壳的分布、厚度及分带情况，软弱矿物富集带等；喷出岩的喷发间断面，凝灰岩分布及其泥化情况，玄武岩中的柱状节理、气孔等。

（三）变质岩

片麻岩类的风化，其中软弱变质岩带或夹层及岩脉特性；软弱矿物及泥质片岩、千枚岩、板岩的风化、软化和泥化等。

（四）第四纪土层

成因类型和沉积相，所处的地貌单元，土层间接触关系以及与下伏基岩的关系；场区内特殊土的分布、厚度、延续变化情况、工程特性以及与某些不良地质现象形成的关系，已有建筑受影响情况及当地建筑经验等。

二、地质构造

地质构造对于所在区域的地壳稳定性、场地稳定性和工程岩土体稳定性而言，都是极为重要的因素；而且它控制着地形地貌、水文地质条件和不良地质现象的发育和分布。所以地质构造是工程地质测绘最重要的内容之一。

工程地质测绘对地质构造研究的内容包括：①岩层的产状及各种构造型式的分布、形态和规模；②软弱结构面（带）的产状及其性质，包括断层的位置、产状、断距、破碎带宽度及充填胶结情况；③岩土层各种接触面及各类构造岩的工程特性；④晚近期构造活动的形迹、特点及与地震活动的关系等。

在工程地质测绘中研究地质构造时，要运用地质历史分析和地质力学的原理和方法，以查明各种构造结构面（带）的历史组合和力学组合规律。既要对褶曲、断裂等大的构造形迹进行研究，又要重视节理、裂隙等小构造的研究，尤其是在不可移动石质文物保护工程大比例尺工程地质测绘中，小构造直接与文物所赋存的体的完整性、稳定性、渗透性紧密相关，所以具有重要的实际意义。

节理、裂隙按成因可分为原生和次生两大类。

（一）原生节理

原生节理是指岩石在成岩过程中所形成的节理。如砂岩等沉积岩的层面节理玄武岩的柱状节理等。

（二）次生节理

次生节理是在石成岩以后形成的节理。包括构造节理和非构造节理。构造节理是指由地壳运动所产生的构造应力作用形成的节理，分布范围广，具有一定的规律性，与褶皱、断层等构造的组合、成因具有一定的联系。非构造节理是指由外力地质作用形成的节理，包括风化、滑坡、崩塌、塌陷、冰川活动及人工爆破等所形成的节理，最常见的是卸荷裂隙，它们也是自然界普遍存在的现象，但分布范围要比构造节理局限得多。

对节理、裂隙应重点研究以下三个方面：①节理、裂隙的产状、延展性、穿切性和张开性；②节理、裂隙面的形态、起伏度、粗糙度、充填胶结物的成分和性质等；③节理、裂隙的密度或频度。

由于节理、裂隙研究对不可移动石质文物保护工程尤为重要，所以在工程地质测绘中必须进行专门的测量和统计，以查明它们的分布规律和特性，尤其要深入研究是保护范围内占主导地位的节理、裂隙及其组合特点，分析它们与岩体稳定性间的关系，为保护工程设计提供依据。

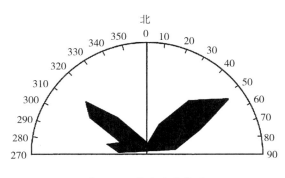

图 6-2　裂隙玫瑰花图

在工程地质测绘中，节理、裂隙统计结果一般用图解法表示，方法有玫瑰花图（图 6-2）、极点图（图 6-3）、等密度图（图 6-4）三种。20 世纪 90 年代以来，基于节理、裂隙测量统计的岩体结构面网络计算机模拟技术，在岩体工程勘察、设计中也得到了广泛应用（图 6-5）。

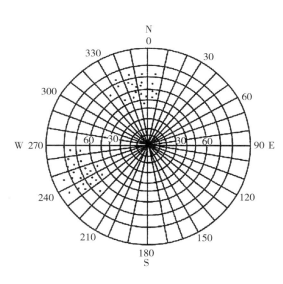

图 6-3　裂隙极点图

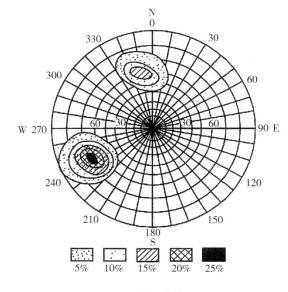

图 6-4　裂隙等密度图

三、地貌

地貌与岩性、地质构造、第四纪地质、新构造运动、水文地质以及各种不良地质现象的关系密切。所以研究地貌可藉以判断岩性、地质构造及构造运动的性质和规模，搞清第四纪沉积物的成因类型和结构，以及了解各种不良地质现象的分布和发展演化历史、河流发育史等。需要指出的是，由于第四纪地质与地貌的关系密切，因此在平原区、山麓地带、山间盆地以及有松散沉积物覆盖的丘陵区进行工程地质测绘时，应着重于地貌研究，并以地貌作为工程地质分区的基础。

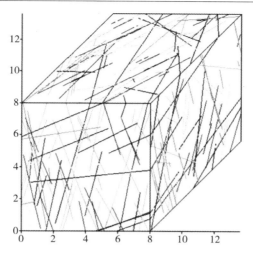

图 6－5　裂隙网络模拟图

工程地质测绘地貌研究的内容有：①地貌形态特征、分布和成因；②划分地貌单元，研究地貌单元与岩性、地质构造及不良地质现象等的关系；③各种地貌形态和地貌单元的发展演化历史。上述各项研究内容大多是在小、中比例尺测绘中进行的。在大比例尺工程地质测绘中，则应侧重于微地貌与文物本体、现存问题及工程设计关系等方面的研究。

四、水文地质条件

工程地质测绘中研究水文地质条件的主要目的是研究与地下水活动有关的并与文物保护相关的岩土工程问题，如石窟寺、墓葬等渗漏问题应研究岩土的渗透性，地下水的补给、径流、排泄条件及变化规律等。

在测绘过程中对水文地质条件的研究，应从地层岩性、地质构造、地貌特征和地下水露头的分布、类型、水质等入手，结合必要的勘探、测试工作，查明测区内地下水的类型、分布情况和埋藏条件；含水层和隔水层（相对隔水层）的分布，各含水层的富水性和它们之间的水力联系；地下水的补给、径流、排泄条件及动态变化；地下水与地表水之间的补、排关系；地下水的物理性质和化学成分等，在此基础上分析水文地质条件对文物长期保存及保护工程实践的影响。

泉、井等地下水的自然和人工露头以及地表水体的调查，有利于阐明测区的水文地质条件。所以应对测区内各种出水点进行普查，并将它们标测于地形底图上。其中具代表性的以及与保护工程有密切关系的出水点，应进行详细研究，布置适当的监测工作，以掌握地下水动态和孔隙水压力变化等。

五、不良地质现象

不良地质现象的研究目的是为了评价场地稳定性，并预测其对文物本体及保护工程的不良影响。由于不良地质现象直接影响文物的安全及保护工程技术措施的可行性、可靠性，所以工程地质测绘时对测区内影响文物本体及保护工程的各种不良地质现象必须详细研究。

不良地质现象要以地层岩性、地质构造、地貌和水文地质条件的研究为基础，并搜集气象、水文等自然地理因素资料。研究内容包括：①查明各种不良地质现象（岩溶、滑坡、崩塌、泥石流、冲沟、河流冲刷、岩石风化等）的分布、形态、规模、类型和发育程度；②分析它们的形成机制和发展演化趋势及对文物本体的影响；③并预测它们对保护工程的影响。

六、已有建筑物、构筑物的调查

测区内或测区附近已有建筑物、构筑物与地质环境关系的调查研究，是工程地质测绘中特殊的研究内容，因为某一地质环境内已兴建的建筑物及构筑物，对于拟建建筑或相关工程而言，可视为一项重要的原型试验，可以获取很多理论和实践方面都极有价值的资料，而如前所述，文物本身就是既有结构，所以该项研究应与文物本体保存现状调查分析相结合开展。

可选择不同的地质环境（良好的、不良的）中不同类型结构的建筑物及构筑物，调查其有无变形、破坏的标志，并详细分析其原因，以判明建筑物及构筑物对地质环境的适应性。通过详细的调查分析后，就可以具体地评价场地的工程地质条件，对拟建建筑物、构筑物或拟实施的保护工程可能产生的变形、破坏等不利影响作出正确预测，并提出相应的防治对策和措施。特别需要强调指出的是在不良地质环境或特殊性岩土的场地，还应充分调查、了解当地的建筑经验，包括建筑结构、基础方案、地基处理和场地整治等方面的经验。

七、人类活动对场地稳定性的影响

测区或测区附近人类的某些工程—经济活动，往往影响场地的稳定性。例如人工洞穴、地下采空、抽（排）水和水库蓄水引起的地面沉降、地表塌陷、诱发渗漏等，都会对场地稳定性带来不利影响。对它们的调查应予以高度重视，该项研究应与环境工程地质问题勘察工作相结合。

6.7.9　工程地质及水文地质测绘成果资料的整理

工程地质测绘资料的整理，可分为检查外业资料和编制图表两方面。

一、检查外业资料

1. 检查各种外业记录所描述的内容是否齐全。

2. 详细核对各种原始图件所划分的地层、岩性、构造、地形地貌、地质成因界线是否符合野外实际情况，在不同图件中相互间的界线是否吻合。

3. 野外所填的各种地质现象是否正确。

4. 核对收集的资料和本次测绘资料是否一致。如出现矛盾，应分析其原因。

5. 整理核对野外采集的各种标本。

二、成果资料

根据工程地质测绘的目的和要求，编制有关图表。工程地质测绘图件包括实际材料图、综合工程地质分区图、综合地质柱状图、综合工程地质剖面图、工程地质剖面图及各种素描图、照片和文字说明。对某些专门工程问题，尚可编制专门图件。

工程地质测绘后，一般不单独提供测绘成果，往往把测绘资料依附于某一勘察阶段的勘察报告，使某一勘察阶段在测绘基础上，围绕工程问题作进一步的深入研究。

6.7.10　"3S"技术在工程地质及水文地质测绘中的应用

一、"3S"技术的定义和特点

3S 是遥感 RS（Remote Sensing）、全球定位系统 GPS（Global Position System）、地理信息系统（Geographic Information System）的简称，是空间技术、传感器技术、卫星定位与导航技术和计算机技术、通信技术相结合，多学科高度集成的对空间信息进行采集、处理、管理分析、表达、传播和应用的现代信息技术的总称。

二、RS 的应用

遥感技术一般在勘察初期阶段的小、中比例尺工程地质及水文地质测绘中应用。主要工作是解译遥感图像资料。

一般在测绘工作开始之前，在搜集到的遥感图像上进行目视解译（此时应结合所搜集到的区域地质和物探资料等进行），勾画出地质草图，以指导现场踏勘。通过踏勘，又可以起到在野外验证解译成果的作用。在测绘过程中，遥感图像资料可用来校正所填绘的各种地质体和地质现象的位置和尺寸，或补充填土内容，为工程地质测绘提供确切的信息。

三、GPS 的应用

GPS 的出现给测绘领域带来了根本性的变革，GPS 定位技术以其精度高、速度块、费用省、操作简单等优良特性被广泛应用于工程测量中。因此，该方法适用于工程地质测绘野外地质观测点的定位、地质界线的跟踪与确定等工作。

四、GIS 的应用

MAPGIS 工程勘察 GIS 信息系统，旨在利用 GIS 技术对以各种图件、图像、表格、文字报告为基础的单个工程勘察项目或区域地质调查成果资料以及基本地理信息，进行一体化储存管理，并在此基础上进行二维地质图生成及分析计算，利用钻孔数据建立区域三维地质模型，采用三维可视化技术直观、形象地表达区域地质构造单元的空间展布特征以及各种地质参数，建立集数字化、信息化、可视化为一体的空间信息系统。

6.8　勘探与取样

6.8.1　岩土工程勘探的任务、特点和手段

我们的工程实践都是在地壳表层一定深度范围内进行的，所以必须查明这一深度范围岩土体的空间分布情况及其工程性质以及地下水等条件。上一节所论述的工程地质测绘，主要是调查场地工程地质条件在地表的特征，并藉以推断地下情况。但是要确切查明地下地质情况的基本方法还是勘探工作。下面就岩土工程勘探的任务、特点和手段三方面进行讨论。

一、岩土工程勘探的任务

岩土工程勘探的任务，主要有以下六项。

1. 详细研究文物所在区域的岩土体和地质构造。研究各地层的岩性特征、厚度及其横向变化，按岩性详细划分地层，尤其应注意软弱岩层的岩性及空间分布情况；确定天然状态下各岩土层的结构和性质；确定基岩的风化深度和不同风化程度的岩石性质，划分风化带；研究岩层的产状、断层破碎带的位置、宽度和性质；研究节理、裂隙发育程度及变化情况，作裂隙定量指标的统计。

2. 研究文物所在区域的水文地质条件。了解岩土的含水性，查明含水层、透水层和隔水层的分布、厚度、性质及其变化，各含水层地下水的水位（水头）、水量和水质；借助水文地质试验和监测，以了解岩土的透水性和地下水动态变化。

3. 研究地貌和不良地质现象。查明各种地貌形态，如河谷阶地、洪积扇、斜坡等的位置、规模和结构；查明各种不良地质现象，如滑坡范围、滑坡面位置和形态、滑体的物质结构，如岩溶分布、发育深度、形态及充填情况等。

4. 取样及提供野外试验条件。从勘探工程中采取岩土样和水样，供室内试验和水质分析鉴定用；在勘探工程中可作各种原位测试，如标准贯入、波速测试等岩土力学性质试验，水文地质试验，如压（注）水试验等。

5. 提供检验与监测的条件。利用勘探工程布置岩土性状、地下水和不良地质现象的监测及工程实施效果的跟踪监测。

6. 其他。可进行孔中摄影及孔中电视，直观了解深部或内部岩土体的各种工程性状，如完整性、渗透性等。

二、岩土工程勘探的特点

由于岩土工程勘探承担的上述各项任务，决定了其必然具有以下特点。

1. 勘探范围决定于文物形制、场地评价、文物现存病害类型、成因和保护治理工程涉及的区域和空间。勘探深度往往取决与文物所在的空间层位及其影响病害诱发因素所在的层位。如墓葬的勘探深度既取决于墓室的埋深，也取决于可能造成墓室渗漏或变形地下水或相关土层的埋深。如石窟寺水害治理工程的勘探区域就不能仅局限于洞窟所在位置及规模，应综合考虑导致渗水病害的补、径、排条件，结合水文地质单元，最终决定勘探区域。

2. 绝大多数文物工程都坐落于第四纪土层或基岩风化壳上，为确保保护工程的有效性和可靠性。对这一部分地质体的研究应特别详细。应按土体成分、结构、工程性质，结合工程设计需求，详细划分岩土层，尤其是软弱岩土层应给予特别注意。

3. 为了准确查明岩土的物理力学性质，在勘探中必须注意保持岩土的天然结构和含水量，尽量减少人为的扰动破坏。为此需要采用一些特殊的勘探手段。

4. 为了实现地质、水文地质、工程地质、岩土工程性质的综合研究，以及与环境工程地质勘察、文物病害勘察等工作的紧密结合，使勘探工作对文物本体及环境的不良影响降至最小程度，要求岩土工程勘探应发挥综合效益，对勘探工程的结构、布置和施工顺序也应有特殊的要求。

三、岩土工程勘探的手段

岩土工程勘探有钻探、坑探及地球物理勘探三类。

钻探和坑探工程是直接勘探手段，能较可靠地了解地下地质情况。钻探工程是使用最广泛的一类勘探手段，普遍应用于各类工程的勘探。但是由于该技术手段对于勘察对象具有一定破坏性，所以在文物保护工程勘察中需谨慎使用；同时由于它对一些重要地质体或地质现象有可能会误判或遗漏，所以也称它为"半直接"的勘探手段。坑探工程中勘探人员可以在其中观察编录，以掌握地质结构的细节；但是重型坑探工程耗资高、勘探周期长，且对环境负面影响较大，故文物保护工程勘察工作中很少使用，也不宜使用。地球物理勘探简称物探，是一种间接的勘探手段。它可以简单、迅速地探测地下地质情况，且具有立体透视的优点。但其勘探成果具多解性，使用时往往受到一些条件的限制。考虑到以上三类勘探手段的特点，布置勘探工作时应综合使用，互为补充。

石质文物保护工程勘探方法的选择应符合下列要求。

1. 石质文物保护工程的勘探方法，应根据石质文物类型、病害类型、勘察目的及岩土特性，结合设计需求确定。

2. 勘探方法应以物探结合槽探为主。

3. 必要时在合理和关键位置可布置少量钻探，但不应使用可能对文物本体造成损害的钻探方法。

6.8.2　文物保护工程勘探工作基本要求

文物保护工程勘探工作应符合下列基本要求。

1. 勘探点应根据保护工程设计需求和勘察目的布置。

2. 在满足设计要求前提下，应严格控制勘探工作量。

3. 勘探布线、布点不得对文物本体及相关环境造成不良影响，并应避开文物本体。

4. 勘探线布设应不少于 2 条。

5. 对钻孔、探槽等，在勘探结束后，应妥善回填，回填材料应选用原材料，不得使用对文物本体及环境有不良影响的材料，并尽可能恢复到原状。

6.8.3　钻探工程

一、岩土工程钻探的特点

在岩土工程勘察中，钻探是最常用的一类勘探手段。与坑探、物探相比较，钻探有其突出的优点，可以在各种环境下进行，一般不受地形、地质条件限制；能直接观察岩芯和取样，勘探精度较高；能提供原位测试和监测工作条件，最大限度发挥综合效益；勘探深度大，效率较高。因此，不同类型、结构和规模的建筑物，不同类型的保护工程，不同的勘察阶段，不同环境和工程地质条件下，凡是布置勘探工作的地段，一般均可采取此类勘探手段。

二、岩土工程钻探的特殊要求

为完成勘探工作任务，岩土工程钻探有以下几项特殊要求。

1. 岩土层是岩土工程钻探的主要对象，应可靠地鉴定岩土层名称，准确判定分层深度，正确鉴别岩土层天然的结构、密度和含水状态。为此，要求钻进深度和分层深度的量测误差范围应为 ±0.05m，非连续取芯的回次进尺应控制在 2m 以内；某些特殊土类，需根据土体特性选用特殊的钻进方法；在地下水位以上的土层中钻进时应进行干钻，当必须使用冲洗液时应采取双层岩芯管钻进。

2. 岩芯采取率要求较高。对岩层作岩芯钻探时，要求一般完整和较完整的部分不应低于 80%，较破碎和破碎岩石不应低于 65%。对于与工程至关重要，需重点查明的软弱夹层、断层破碎带、滑坡的滑动带等地质体和地质现象，为保证获得较高的岩芯采取率，应采用相应的钻进方法，如尽量减少冲洗液或用干钻，采取双层岩芯管连续取芯，降低钻速，缩短钻程。当需要确定岩石质量指标 RQD 时，应采用 75mm 口径的（N 型）双层岩芯管和采用金刚石钻头。

3. 钻孔水文地质观测和水文地质试验是岩土工程钻探的重要内容，借以了解岩土的含水性，发现含水层并确定其水位（水头）和涌水量大小，掌握各含水层之间的水力联系，测定岩土的渗透系数等。为此，在钻进过程中应按水文地质钻探要求，做好孔中水位测量、测定冲洗液消耗量、测量水温等工作。为了保证准确地测定地下水位和水文地质试验工作的正常进行，必须按含水层位置和试验工作的要求，确定孔身结构和钻进方法。对不同含水层要分层止水，加以隔离。按照水文地质试验要求，一般抽水试验钻孔的直径，在土层中应不小于 325mm，在基岩中应不小于 146mm，压水试验钻孔的直径为 59—150mm。根据换径次数及位置，即可确定孔身结构。为了保证取得准确的水文地质参数，必须采取干钻或清水钻进，不允许使用泥浆加固孔壁的措施。此外，钻孔不能发生弯曲，孔壁要光滑规则，同一孔径段应大小一致。上述各项要求应在钻探操作工艺上给予满足。

4. 在钻进过程中，为了研究岩土的工程性质，经常需采取岩土样。坚硬岩石的取样可利用岩芯，其中的软弱夹层和断层破碎带取样时，必须采取特殊措施。为了取得质量可靠的原状土样，应配备取土器，并应注意取样方法和操作工序，尽量使土样不受或少受扰动。采取饱和软粘土和砂土的原状土样，还需使用特制的取土器。

三、我国岩土工程钻探常用的钻探方法和设备

岩土工程的钻探方法有冲击钻探、回转钻探和带振动钻探等；按动力源又可将它们分为人力和机械两种。其中机械回转钻探钻进效率高，孔深大，又能采取岩芯，所以在岩土工程中使用最广泛。

各种钻探方法的适用岩土类别和勘察选用要求见表 6-1。

由表 6-1 可知：不同的钻探方法各有定型的钻具，分别适用于不同的地层。它们各有优缺点，应根据地层情况和勘察要求恰当选择。

目前我国岩土工程钻探技术正逐渐向全液压驱动、仪表控制和钻探与测试相结合的方向发展。

表 6-1　钻探方法的适用岩土类别和勘察选用要求

钻探方法		钻进地层					勘察要求	
		粘性土	粉土	砂土	碎石土	岩石	直观鉴别、采取不扰动样	直观鉴别、采取扰动试样
回转	螺旋钻探	++	+	+	—	—	++	++
	无岩芯钻探	++	++	++	+	++	—	—
	岩芯钻探	++	++	++	+	++	++	++

续表 6 - 1

钻探方法		钻进地层					勘察要求	
		粘性土	粉土	砂土	碎石土	岩石	直观鉴别、采取不扰动样	直观鉴别、采取扰动试样
冲击	冲击钻探	—	+	+ +	+ +	—	—	—
	锤击钻探	+ +	+ +	+ +	+	—	+ +	+ +
震动钻探		+ +	+ +	+ +	+	—	+	+ +
冲洗钻探		+	+ +	+ +	—	—	—	—

注：+ +适用；+部分适用；—不适用。

四、钻孔观测编录及资料整理

（一）钻孔设计书的编制

钻孔观测与记录是钻进过程的详细文字记载，也是岩土工程钻探基本的原始资料。因此在钻进中必须认真、细致地做好该项工作，以全面、准确地反映钻探工程的第一手地质资料。钻孔观测与编录包括以下三项内容。

1. 岩芯观察、描述和编录。对岩芯的描述包括地层岩性名称、分层深度、岩土性质等方面。不同类型岩土描述内容要求见表 6 - 2。

表 6 - 2　各类岩土描述内容要求

岩土类别	描述内容要求
碎石土	颗粒级配；颗粒形状、母岩成分、风化程度，是否起骨架作用；充填物的成分、性质、充填程度；密实度；层理特征。
砂类土	颜色；颗粒级配；颗粒形状和矿物成分；含水量；致密程度；层理特征。
粉土和粘性土	颜色；稠度状态；包含物；致密程度；层理特征。
岩石	颜色；矿物成分；结构和构造；风化程度及风化表现形式；坚硬程度节理、裂隙发育情况；裂隙面特征及充填胶结情况，裂隙倾角、间距，进行裂隙统计。必要时可作岩芯素描。

作为文字记录的辅助资料是岩土芯样。岩土芯样不仅对原始记录的检查核对是必要的，而且对某些隐蔽工程而言，对施工更有指导意义。因此，代表性的岩土芯样应长期保存。目前已有一些勘察单位用岩芯的彩色照片代替实物。全断面取芯的土层钻孔还可制作纵断面揭片，便于长期保存。

2. 钻孔水文地质观测。钻探过程应注意和记录冲洗液消耗量的变化。发现地下水后，应停钻测定其初见水位及稳定水位。如系多层含水层，需分层测定水位时，应检查分层止水情况，并分层采取水样和测定水温。准确记录各含水层顶、底板标高及其厚度。

3. 钻进动态观测和记录。钻进动态能提供许多地质信息，所以钻孔观测、编录人员必须做好此项工作。在钻进中注意换层的深度、回水颜色变化、钻具塌落、孔壁坍塌、卡钻、埋钻及涌沙现象等，结合岩芯以判断孔内情况。如果钻进不平稳，孔壁坍塌及卡钻，岩芯破碎且采取率低，就表明岩层裂隙发育或处于构造破碎带中。岩芯钻探时冲洗液消耗量变化一般与岩体完整性有密切关系，当回水很少或不回水时，则说明岩体破碎或岩溶发育，也可能揭露了富水性较强的含水层。

为了对钻孔中的情况有直观印象，可采用钻孔摄影和钻孔电视技术，以更详细观察岩层裂隙发育程度及方向、风化程度、断层破碎带、岩溶洞穴和软弱泥化夹层等，获取较为清晰的照片和图像，无疑可大大提高钻探工作质量和钻孔利用率。

（三）钻孔资料整理

钻探工作结束后，通过对原始资料地系统整理，可形成如下成果资料

1. 钻孔柱状图。钻孔柱状图是钻孔观测与编录的图形化，它是钻探工作最主要的成果资料。它是将每一钻孔内岩土层情况按一定的比例尺编制成柱状图，并作简要说明描述。钻孔柱状图通常应由地层编号、年代地层单位、岩性地层单位，地层代号、厚度、岩性符号、描述、岩芯采取率等组成。在图上还应在相应位置标明岩芯采取率、冲洗液消耗量、地下水位、岩芯风化情况、孔中特殊情况、代表性的岩土物理力学性质指标遗迹取样深度等。如果孔内做过试验或物探工作的话，也应将其成果在相应的位置标出。所以钻孔柱状图是反映钻探工作的综合成果。

2. 钻孔操作及水文地质日志图。

3. 岩芯素描图及说明。

6.8.4　坑探工程

坑探也称掘进工程或井巷工程，它在岩土工程勘探中占有一定地位。与一般的钻探工程相比较，其特点是：勘察人员能直接观察到地质结构，准确可靠，且便于素描；可不受限制地从中采取原状岩土样和用作大型原位测试。尤其对研究断层破碎带、软弱泥化夹层和滑动面（带）等的空间分布特点及其工程性质等，具有重要意义。坑探工程的缺点是：采用时往往受到自然地质条件限制，耗费资金大且勘探周期长，对环境影响大；尤其是重型坑探工程不可轻易使用。

岩土工程勘探常用的坑探工程有：探槽、试坑、浅井、竖井（斜井）、平硐和石门（平巷）（图6－6）。其中前三种为轻型坑探，后三种为重型坑探。现将不同坑探工程的特点和适用条件列于表6－3。

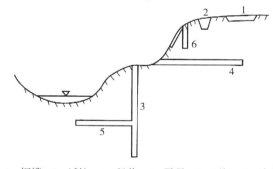

1—探槽；2—试坑；3—竖井；4—平硐；5—石门；6—浅井

图6－6　岩土工程勘探常用坑探类型

表6－3　各种坑探工程特点和适用条件

名称	特点	适用条件
探槽	地表深度小于3—5米的长条形槽。	剔除地表覆土，揭露基岩，划分地层岩性，研究断层破碎带；探查残坡积层厚度和物质结构。
试坑	从地面向下，垂直，深度小于3—5米的圆形或方形坑。	剔除覆土，揭露基岩，做载荷试验、渗水试验，取原状土样。

续表 6 - 3

名称	特点	适用条件
浅井	从地面向下，垂直，深度 5—15 米的圆形或方形井。	确定覆盖层及风化层的岩性及厚度；做载荷试验，取原状土样。
竖井（斜井）	形状与浅井相同，但深度大于 15 米，有时需支护。	了解覆盖层厚度和性质、软弱夹层分布、断层破碎带及岩溶发育情况、滑坡体结构及花顶面等，作风化壳分带。布置在地形平缓、岩层又较缓倾的地段。
平硐	在地面有出口的水平坑道，深度较大，有时需支护。	调查斜坡地质结构，查明河谷地段的地层岩性、软弱夹层、破碎带、风化岩层等；作原位岩体力学试验及地应力量测，取样；布置在地形较陡的山坡地段。
石门（平巷）	出露地面与竖井相连的水平坑道，石门垂直岩层走向，平巷平行。	了解河底地质结构，作试验等。

鉴于探槽和试坑对文物主体结构及环境影响较小，所以在文物保护工程勘探中经常使用，它可在以下情况采用。

1. 当覆盖层厚度小于 3m，需查明岩性分界线、第四纪覆盖层厚度、构造破碎带宽度、软弱结构面位置时。

2. 需查明石质建筑物及构筑物基础埋深及保存情况时。

坑探工程的观察与描述是反映坑探工程第一手地质资料的主要手段。所以岩土工程师应认真、仔细做好此项工作。观察与描述包括以下内容。

1. 地层岩性的划分。第四系堆积物的成因、岩性、时代、厚度及空间变化和相互接触关系；基岩颜色、成分、结构构造、地层层序以及各层间接触关系；应特别注意软弱夹层厚度及其泥化情况。

2. 岩石风化特征及其随深度的变化。

3. 岩层产状要素及其变化，各种构造形态；注意断层破碎带及节理、裂隙的研究；断裂的产状、形态、力学性质；破碎带的宽度、物质成分及其性质；节理裂隙的组数、产状、穿切性、延展性、隙宽、间距，有必要时应作节理裂隙的素描图和统计测量。

4. 水文地质情况。如地下水渗出点位置、涌水点及涌水量大小等。

5. 文物构造情况。如基础做法、基础保存情况等。

在这里需要特别说明的是，在不可移动石质文物勘察中应充分利用古人在岩体内开凿的洞室，这些洞室可视为提供的坑探工程基础，且这些洞室与保护对象紧密相关，所以我们应对这些洞室进行详细地观察与描述，不仅可按坑探工程基本要求进行记录和描述，而且应根据设计需求和勘察目的，结合石质文物病害勘察，开展精度更高地记录、测量工作，如节理裂隙调查、渗水（出水点）调查等。有关要求可参见第八章。

坑探工程展试图是坑探工程编录的主要内容，也是坑探工程所提交的主要成果资料。所谓展试图，就是沿坑探工程的壁、底面所编制的地质断面图，按一定制图将三维空间的图形展开在平面图上。由于它所表示的坑探工程成果一目了然，所以在岩土工程勘探中被广泛应用。不同类型的坑探工程的编制方法和表示内容有所不同，其比例尺应视坑探工程规模、形状及地质条件的复杂程度而定，一般采用1：25—1：100。下面介绍一下探槽和试坑展视图的编制方法。

1. 探槽展视图

首先进行探槽的形态测量。用罗盘确定探槽中心线的方向及其各段的变化，水平（或倾斜）延伸长度、槽底坡度的变化。在槽底或槽壁上用皮尺作一基线（水平或倾斜均可），并用小钢尺从零点起逐步向另一端实测各类现象，并按比例尺绘制于坐标纸上。这样便得到探槽底部或一壁的地址断面图。除槽壁和槽底外，有时还需将端壁断面图绘出。作图时需考虑探槽延伸方向和槽底变化，遇此情况时应在转折处分开，分段绘制。展开的方法有两种：一种是坡度展开法，即根据槽底坡度大小，以壁与底的夹角表示。此法优点是符合实际；缺点是坡度陡而槽长时不美观；另一种是平行展开法，即壁与底平行展开（图6-7）。这是经常采用的一种方法，它对坡度较陡的探槽更为适合。

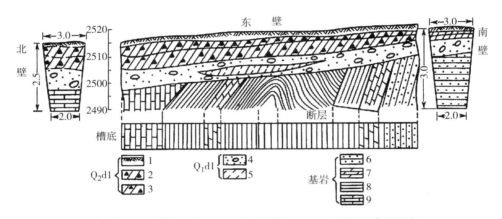

1—表土层；2—含碎石亚砂土；3—含碎石亚黏土；4—含漂石和卵石的砂土；
5—重亚砂土；6—细粒云母砂岩；7—白云岩；8—页岩；9—灰岩

图6-7　探槽展视图

2. 试坑展视图。这类垂直类坑探工程的展视图，也应先进行形态测量，然后做四壁及坑底的现象素描。其展开方法也有两种：一种是四壁辐射展开法，即以坑底为平面，将四壁各自向外翻到投影而成（图6-8），一般适用于作深度较浅的试坑展视图；另一种是四壁平行展开法，即四壁连续平行排列（图6-9），它避免了四壁辐射展开法因探井较深导致的缺陷。所以这种展开法一般适用于深度较深的试坑，其缺点是当试坑四壁不直立时图中无法表示。

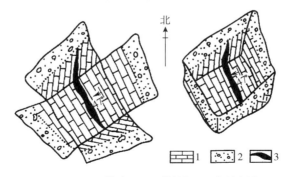

1—石灰岩；2—覆盖层；3—软弱夹层

图6-8　四壁辐射展开法绘制的试坑展视图

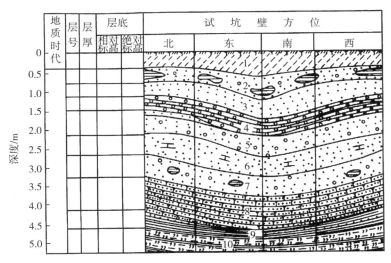

图6-9　四壁平行展开法绘制的试坑展视图

6.8.5　地球物理勘探

一、地球物理勘探基本原理、主要作用

（一）地球物理勘探的基本原理

地球物理勘探简称物探，它是利用专门仪器来探测各种地质体物理场分布情况，对其数据及绘制的曲线进行分析解释，从而划定地层，判定地质构造、各种不良地质现象的一种勘探方法。由于地质体具有不同的物理性质（导电性、弹性、磁性、密度、放射性等）和不同的物理状态（含水率、空隙性、固结程度等），它们为利用物探方法研究各种不同的地质体和地质现象提供了物理前提。所探测的地质体各部分间以及与周围地质体之间的物理性质和物理状态差异越大，就越能获得比较满意的结果。应用于岩土工程勘察中的物探，则称之为"工程物探"。

物探的优点是：设备轻便、效率高；在地面、空中、水上或钻孔中均能探测；易于加大勘探的密度、深度和从不同方向敷设勘探线网，构成多方位数据阵，具有立体透视性的特点。但是，这类勘探方法往往受到非探测对象的影响和干扰以及仪器测量精度的局限，其分析解释的结果较为粗略，且具多解性。为了获得确切的地质成果，在物探工作之后，还常用勘探工程（钻探和坑探）进行验证。为了使物探这一间接勘探手段在工程勘察中有效地发挥作用，岩土工程师在利用物探资料时，必须较好掌握各种被探查地质体的典型曲线特征，将数据反复对比分析，排除多解。并与工程地质测绘与调查相结合，以获取正确单一的地质结论。

（二）地球物理勘探的主要作用

文物保护工程岩土工程勘察中可在以下方面采用地球物理勘探。

1. 与工程地质及水文地质测绘配合采用，探查隐蔽结构面的位置、分布。

2. 作为钻探的先行手段，以了解隐蔽的地质界线、界面或异常点。

3. 在钻孔之间增加地球物理勘探点，为钻探成果的内插、外推提供依据。

4. 作为原位测试手段，测取岩土体的波速、动弹性模量、动剪切模量、卓越周期、电阻率、放射性辐射参数、土对金属的腐蚀性等。

5. 在岩溶发育区、地下采空区及墓葬密集区应优先采用。

（三）地球物理勘探的应用条件

从地球物理勘探的基本原理分析可知：其应用应具备以下条件：被探测对象与周围介质之间有明显的物理性质差异；探测对象具有一定的埋藏深度和规模，且地球物理异常具有足够强度；能抑制干扰，区分有用信号和干扰信号；在有代表性地段可开展使用方法的有效性试验。

（四）地球物理勘探的分类

地球物理勘探方法的种类很多，表6－4列出了岩土工程勘察中有关的物探方法及适用范围。

表6－4　物探分类及其在岩土工程勘察中的应用

类别	方法名称		适用范围
直流电法	电阻率法	电剖面法	用于寻找断层破碎带和岩溶范围，啊基岩起伏和含水层、滑坡体，圈定冻土带。
		电测深法	用于探测基岩埋深和风化层厚度、地层水平分层，探测地下水，圈定岩溶发育。
	充电法		用于测量地下水流速流向，追索暗河和充水裂隙带，探测金属管道和电缆。
	自然电场法		用于探测地下水流向和补给关系，寻找河床和水库渗漏点。
	激发激化法		用于寻找地下水和含水岩溶。
交流电法	电磁法		用于小比例尺工程地质水文地质填图。
	无线电波透视法		用于调查岩溶和追索圈定断层破碎带。
	甚低频法		用于寻找基岩破碎带。
地震勘探	折射波法		用于调查工程地质分层变化，查明含水层埋深及厚度，追索断层破碎带，圈定大型滑坡厚度和范围。
	反射波法		用于调查工程地质分层变化，
	波速测量		用于量测岩土体动弹性力学参数。
	地脉动测法		用于研究地震场地稳定性与建筑共振破坏，划分场地类型。
磁法勘探	区域磁法		用于圈定第四系覆盖下侵入岩界线和裂隙带、接触带。
	微磁法		用于研究工程地质分区，圈定有含铁磁性底沉积物的岩溶。
重力勘探			用于探查地下空洞。
声波勘探	声幅测量		用于探查洞室工程的岩石应力松弛范围，研究岩体完整性及东弹性力学参数。
	声呐法		用于河床断面测量。
放射性勘探	γ径法迹		用于寻找地下水和岩石裂隙。
	地面放射性测量		用于区域性工程地质填图。
测井	电法测井		用于确定含水层的位置，划分咸淡水界线，调查溶洞和裂隙破碎带。
	放射性测井		用于调查地层孔隙度和确定含水层位置。
	声波测井		用于确定断裂破碎带和溶洞位置，界线风化壳分带、工程岩体分类。

二、电阻率法在岩土工程勘察中的应用

电阻率法是依靠人工建立直流电场，在地表测量某点垂直方向或水平方向电阻率变化，从而推断地质体性状的方法。它主要可解决下列问题：

1. 确定不同的岩层，进行地层岩性的划分；

2. 探查褶皱构造形态，寻找断层。

3. 探查覆盖层厚度、基岩起伏情况及风化壳厚度；

4. 探查含水层的分布情况、埋藏深度及厚度，寻找充水断层及主导充水裂隙方向；

5. 探查岩溶发育情况及滑坡体的分布范围。

6. 寻找古河道、古城壕等的空间位置。

电阻率法包括电测深法和电剖面法，它们各自又有多种类型，在岩土工程勘察中应用最广的是对称四极电测深法、环形电测深法、对称剖面和联合剖面法。

为了使电阻率法在岩土工程勘察中发挥更好的作用，需注意以下使用条件。

1. 地形比较平缓，具有便于布置极距的范围；

2. 探查地质体的大小、性状、埋深和产状，必须在人工电场可控制的范围之内；而且其电阻率比较稳定，与围岩背景值有较大异常；

3. 场地内应有电性标志层存在。该标志层的电阻率在水平和垂直方向上均保持稳定，且与上下地层的差值较大；有明显的厚度，倾角不小于20°，埋深不太大；在其上部无隐蔽层存在；

4. 场地内无不可排除的电磁干扰。

三、地震折射波法在岩土工程勘察中的应用

地震勘探是通过人工激发的地震波在地壳内传播的特点来探查地质体的一种物探方法。在岩土工程勘察中运用最多的是高频（200—300Hz）地震波浅层折射法，他可以研究深度在100米以内的地质体。

地震折射波法主要可解决下列问题。

1. 测定覆盖层厚度，确定基岩埋深和起伏变化情况；

2. 追索断层破碎带和裂隙密集带；

3. 研究岩石弹性性质，测定岩石的动弹性模量和动泊松比；

4. 划分岩体的风化带，测定风化壳厚度和新鲜基岩的起伏变化情况；

地震勘探的使用条件是：地形起伏较小；地层界面平坦和断层破碎带少，且界面以上岩层土较均一，无明显高阻层屏障；界面上下或量测地质体有明显的波速差异；

5. 探测地下洞室的空间位置。

四、地质雷达在岩土工程勘察中的应用

地质雷达是交流电法勘探中的一种方法。它是沿用对空雷达原理，由发射机发射脉冲电磁波，其中一部分是沿空气与介质（岩土体）分界面传播的直达波，经过实践 t_0 后到达接受天线，为接收机接收。另一部分传入介质内，在其中若遇电性不同的另一个介质体（如其他岩土体、洞穴等），就发生

反射和折射，经过实践 t_s 后回到接收天线，称为回波。根据所接收到两种波的传播时间来判断另一介质体的存在并测算其埋藏深度。

地质雷达具有分辨能力强，判释精度高，一般不受高阻屏蔽层、水平层及各向异性影响等优点。它对探查浅部地质体，如覆盖层厚度、基岩强风化带埋深、溶洞及地下洞室和管线位置等，效果尤佳，因而 21 世纪以来在岩土工程勘察中被逐步推广使用。

五、声波测井在岩土工程勘察中的应用

声波测井的物理基础是研究与岩石性质密切相关的声振动沿钻井的传播特征。它可以利用已有的钻孔，结合工程地质及水文地质测绘，查明地层岩性特征，进行地层划分；确定软弱夹层的层位及深度；了解风化壳的厚度和特征，风化壳分带；寻找岩溶洞穴和断层破碎带；研究岩石的某些物理力学性质，进行工程岩体分类等。与其他测井方法密切配合，还可以全部或部分代替岩芯钻进。可见，声波测井技术在岩土工程勘察中的应用是多方面的。声波测井方法有多种，目前国内最多采用的是声速测井技术。

六、综合物探方法的应用

由于各种物探方法的使用都有一定局限性，大多数勘察场地又都存在着显示相同物理场的多种地质体并存的情况，所以一般情况，采用单一的物探方法解释异常比较困难。因此，可在同一剖面、同一测网中用两种以上的物探方法共同工作，将数据资料相互印证，综合分析，更有利于排除干扰因素，以提高解释的置信度。

6.8.6　勘探工作的布置和施工顺序

一、勘探工作的布置

如前所述，布置勘探工作总的要求，应是以尽可能少的工作量获得尽可能多得地质资料。为此，作勘探设计时，必须熟悉勘探区已取得的地质资料，并明确勘探的目的和任务。将每一个勘探工程都布置在关键地点上，且发挥其综合效益。

（一）勘探工作布置的一般原则

布置勘探工作时，应遵循以下几条原则。

1. 勘探工作应在工程地质测绘基础上进行。通过工程地质测绘，对地下地质情况有一定判断后，才能明确通过勘探工作需要进一步解决的地质问题，以取得好的勘探效果。以避免由于勘探目的不明确而导致勘探工作的盲目性。

2. 无论是勘探工作的总体布置还是单个勘探点的设计，都应综合考虑、统筹兼顾。既要突出重点，又要照顾全面，做到点面结合，使各勘探点在总体布置的有机联系下发挥更大的效用。

3. 勘探布置应与勘察阶段相适应。不同的勘察阶段，勘探的总体布置、勘探点的密度、勘探手段的选择及要求等，均应有所不同。一般而言，从初期到后期的勘察阶段，勘探布置由线状到网状，范围由大到小，勘探点、线距离由稀到密；勘探布置的依据，以工程地质条件为主到以工程问题为主。初期勘察阶段以物探为主，后期勘察阶段则往往以钻探和坑探工程为主。

4. 勘探布置应根据工程设计需求及拟解决工程问题确定。拟解决的工程问题不同，勘探布置亦有所区别。如石质建筑及构物结构稳定性问题，勘探的目的是探明已有建筑物或构筑物的基础类型、埋深、地基岩土结构、物理力学性质、地下水埋深、变化及性质等。所以勘探点应围绕建筑物或构筑物周边布置；而石窟寺渗漏问题，勘探目的是查明地下水的补、经、排条件及变化情况等。所以勘探点应围绕充水（导水）裂隙（带）、破碎带布置。

5. 勘探点布置应考虑地质、地貌、水文地质等条件。一般勘探线应沿着地质条件等变化最大的方向布置。勘探点密度应视工程地质条件的复杂程度、工程设计需求及文物所处环境条件而定，不宜平均分布。为了对场地工程地质条件起到控制作用，还应布置一定数量的基准坑孔（即控制性坑孔），其深度应较一般性坑孔大些。

6. 在勘探线、网中的各勘探点，应视具体情况条件选择不同的勘探手段，以便互相配合、相互印证、取长补短，有机联系起来。

总之，勘探工作一定要在工程地质测绘基础上布置。勘探布置主要取决于勘察阶段、拟解决工程问题和设计需求三个重要因素。还应充分发挥勘探工作的综合效益。为搞好勘探工作，岩土工程师应深入现场，并与设计人员密切配合。在勘探过程中，应根据所了解的条件和问题的变化，及时修改原布置方案，以期圆满地完成勘探任务。

（二）勘探坑孔间距的确定

探坑孔间距是根据勘察阶段、勘察等级、拟解决的工程问题、设计需求及文物所处环境实际情况确定的，不能机械地套用现行的岩土工程勘察规范。在文物保护工程勘察工作中应充分认识到这点。

不同的勘察阶段，因勘察要求和岩土工程评价内容不同，勘探坑孔的间距也各异。初期勘察阶段的主要任务是进行保护方案的可行性研究，对场地工程地质及水文地质条件、场地稳定性作出评价，进行相关方案比选，确定科学、合理的技术路线。由于该阶段研究对象更偏重于文物赋存的地质环境，所以勘察范围较大，相应的勘探孔间距也比较大。当进入中、后期勘察阶段，主要任务是进行文物病害成因和影响因素研究，为施工图设计和施工提供依据，该阶段勘察精度需明显提高，而勘察范围也缩小到文物所在的核心区域，为了更好地为解决工程问题提供足够的科学依据，勘探点的间距根据设计需求自然应适当减小，勘探手段也应根据设计、施工需求及文物所在环境条件确定。

勘察等级表明了保护对象的重要性以及场地地质条件的复杂程度。显然，在同一勘察阶段属于一级勘察等级者，因保护对象重要而场地地质条件复杂，勘探坑孔的间距要小些。

拟解决的工程问题及设计需求直接关系到勘察目标和勘探目的，如石窟寺等石质文物岩体稳定性问题，大部分的危岩体都发育在岩体表面，可直接观测和取样，所以只需要布置一些控制性的勘探点，为地层岩性划分提供依据，了解岩体卸荷带发育情况即可。所以这种情况下，勘探点间距可适当大些；而石窟寺等石质文物渗漏问题，大部分都是地下水，特别是裂隙水造成的，具有明显的各向异性特点，所以为探明地下水渗漏途径，勘探点间距应随勘察工作逐步深入逐渐减小。

如前所述，由于文物的特殊性，文物保护工程不同于一般基本建设工程，所以文物保护工程勘察和勘探工作，必须考虑文物所处环境及对文物的影响。这也是我们设计勘探点间距时不得忽视的一个因素，如果文物所处环境特殊，勘探点密度过大会对文物及其环境造成不良影响，我们首先应保证文物及其环境的安全。

总之，在《岩土工程勘察规范》中，明确规定了各类工程在不同勘察阶段和岩土工程勘察等级的勘探线、点间距，以指导勘探工程的布置。但在实际工作中，应根据实际情况合理地确定勘探工程的间距，决不能机械照搬。

（三）勘探坑孔深度的确定

确定勘探坑孔深度的含义包括两个方面：一是确定坑孔深度依据；二是施工时终止坑孔的标志。

勘探坑孔深度应根据勘察等级、拟解决的工程问题、设计需求等综合考虑确定。

根据各勘察部门的实践经验，大致依据《岩土工程勘察规范》规定、建筑物类型、勘察阶段、岩土工程勘察等级以及具体建筑的设计要求等，确定勘探坑孔的深度。对于文物保护工程而言，应根据勘察阶段、勘察等级、拟解决的工程问题及设计需求确定勘探坑孔的深度。

二、勘探工作的实施顺序

勘探工作的合理施工顺序，既能提高勘探效率，取得预期成果，又可节约勘探工作量。因此，在勘探工程总体布置的基础上，必须重视和研究勘探工作的实施顺序问题。

一项保护工程，尤其是地质条件复杂、工程问题复杂的重大保护工程，需要勘探解决的问题较多，包括文物本体结构探查问题、场地工程地质及水文地质条件问题、文物病害成因问题等，所以勘探工作不可能同时全面实施，而必须分批进行。这就应根据所需查明问题的轻重缓急，同时考虑到设备搬迁方便和季节变化，将勘探工作分批次实施，按先后顺序实施。先实施的部分，应该为后实施的部分提供进一步地质分析所需的资料。所以在勘探过程中应及时整理资料，并利用这些资料指导或修正后继勘探工作的设计和实施。因此，不言而喻，选择第一批实施的勘探工作具有重要意义。

根据文物保护工程对勘探工作的基本要求，并结合各类勘察手段的特点，物探工作应配合工程地质及水文地质测绘工作首先实施，在此基础上，可对控制场地地质条件具关键作用和对解决工程问题具有指导意义的坑孔，作为第一批实施的钻探和坑探工程项目。

勘探工作的实施顺序总体安排还应遵循研究由浅至深得原则，即遵循从查明场地工程地质及水文地质条件向研究专门工程问题递进的规律。后期的勘探工作还应结合一些必须的原位测试项目。

6.8.7 取样技术及要求

取样是岩土工程勘察中必不可少的、经常性的工作。为定量评价岩土工程问题而提供室内试验的样品，包括岩土样和水样。除了在地面工程地质测绘和坑探工程中采取试样外，主要是在钻孔中采取的。

一、土层取样要求

（一）土样的质量等级

土样的质量是指土样的扰动问题。土样扰动表现在原位应力状态、含水量、结构和组分的变化，它们产生于取样之前，取样之中以及取样之后直至试样制备的全过程之中。土样扰动对试验成果影响也是多方面的，从理论上讲，除了应力状态变化以及由此引起的卸荷回弹是不可避免的之外，其余的都可通过适当的工具和操作方法来克服和减轻。而完全不扰动的真正原状土样是无法取得的。

有的学者从使用观点出发，提出"不扰动土样"或"原状土样"的基本要求是：

1. 没有结构扰动；

2. 没有含水率和孔隙比的变化；

3. 没有物理成分和化学成分的改变。

由于不同试验项目对土样扰动程度有不同的控制要求，因此许多国家的规范或手册中都会根据试验要求来划分土样质量等级。《岩土工程勘察规范》参照国外经验，对土样级别作出了四级划分，并明确规定了各级土样能进行的试验项目（表6-5）。其中Ⅰ、Ⅱ级土样相当于原状土样，但Ⅰ级土样比Ⅱ级土样有更高要求。表中对四级土样扰动程度的区分只是共性的和相对的，没有严格的定量标准。目前虽然已有多种评价土样扰动程度的方法，但在实际工程中不大可能对索取的土样的扰动程度作太多和过于详细的研究和定量评价，所以只能对采取某一级别土样所必须使用的器具和操作方法作出规定。此外，还需要考虑土层特点、操作水平和地区经验，来判断是否达到了预期的质量等级。

表6-5　土样质量等级划分

级别	扰动程度	试验内容
Ⅰ	不扰动	土类定名、含水率、密度、压缩变形、抗剪强度
Ⅱ	轻微扰动	土类定名、含水率、密度
Ⅲ	显著扰动	土类定名、含水率
Ⅳ	完全扰动	土类定名

（二）钻孔取样的操作

钻孔提取样土样质量的优劣，不仅取决于取土器具，还取决于取样全过程的各项操作是否恰当。

1. 钻进要求

（1）使用合适的钻具与钻进方法。一般应采用较平稳的回转式钻进。若采用冲击、振动、水冲等方式钻进时，应在预计取样位置1m以上改用回转钻进。在地下水位以上一般应采用干钻方式。

（2）在软土、砂土中宜用泥浆护壁。若使用套管护壁，应注意旋入套管时管靴对土层的扰动，且套管底部应限制在预计取样深度以上大于3倍孔径的距离。

（3）应注意保持钻孔内的水头等于或稍高于地下水位，以避免产生孔底管涌，在饱和粉、细砂土中尤应注意。

2. 取样要求

（1）到达预计取样位置后，要仔细清除孔底浮土。孔底允许残留浮土厚度不能大于取土器废土段长度。清除浮土时，需注意不致扰动待取土样的土层。

（2）下放取土器必须平稳，避免侧刮孔壁。取土器入孔底时应轻放，以避免撞击孔底而扰动土层。

（3）贯入取土器力求快速连续，最好采用静压方式。如采用锤击法，应做到重锤少击，且应有导向装置，以避免锤击时摇晃。饱和粉、细砂土和软粘土，必须采用静压法取样。

（4）当土样贯满取土器后，在提升取土器前应旋转2—3圈，也可静置约10min，以使土样根部与母体顺利分离，减少逃土的可能性。提升时要平稳，切忌陡然升降或碰撞孔壁，以免失落土样。

以上是贯入式取土器取样的基本要求，回转式取土器的操作要求与之有很大不同，在此不再叙述。

（二）坑探取样技术及要求

土样的提取也可结合坑探工程完成。一般可采用以下两种方法。

1. 直接在坑壁用环刀进行分层取样。

2. 直接在探方内提取整方样，一般以 30 厘米见方为宜。方样运至试验室后，再根据试验要求进行制样。

以上两种方法，前者对土样扰动较小，如果现场具备土工试验条件，建议采用该方法，但该方法对现场取样人的采样技术要求较高；后者由于土样体量较大，取样过程较长，取样和运输过程土样表层结构扰动在所难免。

（三）土样的封装和贮存

1. Ⅰ、Ⅱ、Ⅲ级土样应妥善密封。密封方法有蜡封和粘胶带缠绕等。应避免暴晒和冰冻，运输中应避免振动。

2. 尽可能缩短取样至试验之间的贮存时间，一般不宜超过 3 周。

3. 土样在运输途中要避免震动。对易于震动液化和水分离析的土样应就近进行试验。

二、岩石取样

岩石试样的采取应符合下列要求。

1. 取样过程不应对文物本体造成不良影响，取样结束后，应尽可能恢复到原状；

2. 试样数量和规格应根据试验项目确定，如有特殊要求时，试样形状、尺寸和方向由设计确定；

3. 试样应及时妥善密封，软岩岩芯需立即密封；

4. 试样应及时送交试验室，风化样品在运输中应避免振动。

三、水体采样

水样的采取应符合下列要求。

1. 采集水样时应先用水样洗涤采样容器、盛样瓶及塞子 2—3 次；

2. 在河流、湖泊可以直接采集表层水样时，可用适当的容器如水桶、脸盆采样。采样时应注意不得混入漂浮于水面上的物质；

3. 在湖泊、水库采集一定深度的水样时，可用直立式或有机玻璃采水器。按相关操作规程进行采样；

4. 对于自喷泉水和涓流渗水。可在涌口处或出水点处直接采样；

5. 采集不自喷泉水时，应将停滞在抽水管的水汲出，新水更替之后，再进行采样。钻孔中地下水的采样应按《岩土工程勘察规范》的相关规定执行；

6. 大气降水和渗漏滴水可由适当的容器如水桶、脸盆直接采样，采样时应注意不得混入携带的其他漂浮物质；

7. 水样采集量应根据检测项目确定；

8. 水样采集后应立即送往试验室，运输方式应根据检测项目确定；

9. 水样保存方式及时限应根据检测项目确定。

6.9　测试技术与要求

岩土工程勘察中的测试技术包括现场原位测试和室内试验两部分。前者是在现场不改变岩土原有环境和结构条件下完成的测试工作，后者是取样后在室内条件下完成的测试工作。前者由于测试过程无需取样，所以对文物本体及环境影响较小。本节将主要介绍在文物保护工程，特别是石质文物保护工程目前常用到的一些测试技术方法。

6.9.1　土体原位测试

一、概述

（一）土体原位测试的优缺点

土体原位测试一般是指在岩土工程勘察现场，在不扰动或基本不扰动土层的情况下对土层进行的测试，以获得所测土层的物理力学性质指标及划分土层的一种土工勘测技术。它是一项自成体系的试验科学，在岩土工程勘察中占有重要位置。这是因为它与钻探、取样、室内试验的传统方法比较起来，具有下列明显优点。

1. 可直接在工程场地进行测试，无须取样，避免了因钻探取样所带来的一系列困难和问题，如原状样扰动问题等。

2. 原位测试所涉及的土尺寸较室内试验样品要大得多，因而更能反映土的宏观结构（如裂隙等）对土性质的影响。

以上两条优点就决定了土体原位测试所提供的土的物理力学性质指标更有代表性，更具可靠性。此外，大部分土体原位测试技术具有快速、经济、可连续进行等优点。因而 20 世纪 70 年代以来，土体原位测试技术得到了迅猛发展：原有测试仪器不断被更新换代，新仪器又不断被研制成功，测试机理和成果应用的深入研究等，都超过了以往任何时期。工程勘察实践证明，土体原位测试技术的应用效果良好，经济效益明显，勘察周期大为缩短，应用越来越广。而对于文物保护工程而言，保护对象的特殊性要求在勘察中将负面影响必须降至最小程度，需要通过最小的勘探工作量和取样数量完成对文物所在场地和结构的评价工作，因此，将勘探工作与原位测试工作有机结合，是文物保护工程勘察工作比较合理的技术路线。

土体原位测试技术的发展历史较短，对测试机理及应用的研究都有待于进一步深入。由于现场土体边界条件不易控制及其复杂性，使所测成果和数据与土的工程性质指标等对比时，目前仍主要是建立在大量统计的经验关系之上，但这并没有妨碍它在工程勘察实践中的应用。它的优点远大于其缺点。

（二）土体原位测试技术的种类

土体原位测试方法很多，可以归纳为下列两类。

1. 土层剖面测试法　它主要包括静力触探、动力触探、扁铲松胀仪试验及波速法等。土层剖面测试法具有可连续进行、快速经济的优点。

2. 专门测试法　它主要包括载荷试验、旁压试验、标准贯入实验、抽水和注水试验、十字板剪切试验等。土的专门测试法可得到土层中关键部位土的各种工程性质指标，精度高，测试成果可直接供设计部门使用。其精度超过室内试验的成果。

土体原位测试的专门法和剖面法，经常配合使用，点、线、面结合，既提高了勘测精度，又加快了其进度。表 6 - 6 为土的各种原位测试技术方法、适用范围及试验成果精度一览表。表中基本按试验价格由低到高排列，前半部基本为剖面法所用的试验方法，后半部为专门测试法。

表 6-6　土的各种原位测试技术方法、适用范围及试验成果精度一览表

原位测试方法	判别液化	定土名	测剖面	U	φ	C_u (S_u)	D_r	C_c (m_c)	C_v (C_φ)	K	G (E)	承载力	K_0	OCR	应力应变线	硬岩石	软岩石	碎石土	砂土	粉土	粘性土	泥炭土
动力触探（DPT）	B	C	B	—	C	C	B	—	—	—	C	C	—	—	C	—	C	A	A	—	B	B
标准贯入（SPT）	A	A	B	—	B	C	B	C	—	—	B	B	—	C	—	—	C	—	A	B	B	C
静力触探（CPT）机械式	A	B	A	—	B	C	B	C	—	—	C	C	C	C	C	—	C	—	A	A	A	A
静力触探（CPT）电测式	A	B	A	—	B	C	B	C	—	—	B	B	C	C	B	—	C	—	A	A	A	A
静力触探（CPT）孔压式	A	B	A	A	B	B	B	C	A	B	B	B	C	C	B	—	C	—	A	A	A	A
可测 U、q_c、f_s 式（CPTU）	A	A	A	A	B	B	B	C	A	B	B	B	C	B	B	—	C	—	A	A	A	A
波速静力触探（SCPTU）	A	A	A	A	B	B	B	C	A	B	A	B	B	B	B	—	C	—	A	A	A	A
波速（跨孔、单孔、地表）法 电测深	—	B	B	—	B	C	A	C	—	—	C	—	—	—	—	—	C	—	A	A	A	A
波速（跨孔、单孔、地表）法 声波法	—	C	B	—	C	—	C	C	C	—	C	—	C	C	—	A	A	B	A	A	A	A
旁压 预钻式（PMT）	C	B	B	—	C	B	C	C	C	B	A	A	C	C	C	A	A	B	A	A	A	C
旁压 压入式（PPMT）	C	A	B	B	C	B	C	C	A	B	A	A	C	C	C	A	A	—	A	—	A	B
旁压 应变式（FDPMT）	C	C	B	B	C	B	C	C	A	B	A	A	C	C	C	—	—	—	B	B	A	A
旁压 自钻式（SBPMT）	C	B	A	A	A	B	B	B	A	B	A	A	A	A	A	—	—	—	A	A	A	A
压入式扁板状膨胀仪（DMT）	C	B	A	—	C	D	C	C	B	B	B	B	B	B	B	—	C	—	B	B	A	A
野外十字板剪切（FVST）	—	C	C	—	—	A	C	—	—	—	—	—	—	—	—	—	—	—	—	—	A	A
平板荷载（PLT）	—	C	C	—	C	B	B	B	A	C	C	B	C	B	B	B	C	B	B	B	A	A
钻孔平板载荷（SPLT）	—	B	B	—	C	B	B	B	B	C	C	B	B	A	C	B	A	B	A	—	A	A
螺旋板载荷（SPLT）	—	C	C	—	C	B	B	B	C	C	A	A	C	B	B	—	—	A	A	A	A	A

续表6-6

原位测试方法	判别液化	定土名	测剖面	U	φ	C_u (S_u)	D_r	C_c (m_c)	C_v (C_φ)	K	G (E)	承载力	K_0	OCR	应力应变线	硬岩石	软岩石	碎石土	砂土	粉土	粘性土	泥炭土
抽水、注水	—	C	—	A	—	—	—	—	B	C	B	—	—	—	—	A	A	A	A	A	A	B
水裂法	—	—	—	A	—	—	—	—	C	A	C	—	B	B	—	B	B	C	B	C	A	C
K_0测量板	—	—	—	—	—	—	—	—	—	C	—	—	B	B	—	—	—	—	A	B	A	B
核子试验	—	—	—	—	B	—	A	—	—	—	—	—	C	—	C	—	—	—	A	A	A	A
水平压力测量板	—	—	—	—	C	—	—	—	—	—	—	—	A	B	—	—	—	—	C	C	A	A
压力盒	—	—	—	—	—	—	—	—	—	—	—	—	B	B	—	—	—	—	C	C	A	A

注：A—很适用；B—适用；C—精度较差，不适用；U—土的孔隙水压力；φ—土的内摩擦角；D_r—砂土相对密度；C_c—土的压缩系数；C_v—粘土固结系数；G—土的剪切模量；E—土的压缩模量；K_0—土的侧压力系数；K—土的渗透系数；C_u—粘土固结系数；OCR—土的超固结比。

可以说，在当今的岩土工程勘察中不进行原位测试是没有质量保证的，它是一种不可缺少的勘察手段。因此既要掌握测试方法又要懂得原理和应用。掌握了测试方法才会使用仪器设备进行工程勘察；懂得了原理，才能提高测试精度和灵活运用；懂得了测试成果的应用，才会避免测试的盲目性，这也是原位测试的目的之所在。

以下各节将论述几种在文物保护工程勘察中常用的土体原位测试方法。

二、静力触探试验

（一）静力触探试验的特点和仪器设备

1. 静力触探试验的特点

静力触探试验（英文缩写 CPT），是把具有一定规格的圆锥形探头借助机械匀速压入土中，以测定探头阻力等参数的一种原位测试方法。它分为机械式和电测式两种。电测静力触探是应用最广的一种原位测试技术，这与它明显的优点有关：①兼有勘探与测试双重作用；②测试数据精度高，再现性好，且测试快速、连续、效率高、功能多；③采用电子技术，便于实现测试过程自动化。

2. 静力触探试验仪器设备

静力触探试验仪器设备主要由以下几部分组成。

（1）触探主机和反力装置　触探主机按传动方式不同可分为机械式和液压式。液压式贯入力大；而机械式贯入力一般小于5t，比较轻便，便于人工搬运。液压式一般用车装，如静力触探车贯入力一般大于10t，贯入深度大、效率高、劳动强度低，适用于交通方便的地区。反力装置的作用是固定触探主机，提供探头在贯入过程中所需之反力，一般是利用车辆自重或地锚作为反力装置。

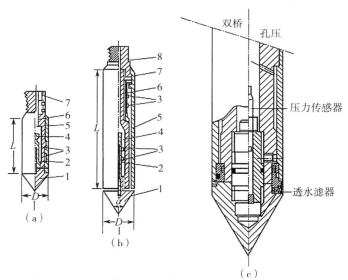

1—锥头；2—顶柱；3—电阻应变片；4—传感器；5—外套筒；6—单用探头的探头管或双用探头侧壁传感器；
7—单用探头的探杆接头或双用探头的摩擦筒；8—探杆接头；L—单用探头有效侧壁长度；D—锥头直径；α—锥角

图 6-10　静力触探探头类型

（2）测量与记录显示装置　测量与记录显示装置一般可分为两种，电阻应变仪（或数字测力仪）和计算机装置，以用来记录测试数据。前者间断测记、人工绘图，后者可连续测记，计算机绘图和处理数据。

（3）探头 探头是静力触探仪测量贯入阴力的关键部件，有严格的规格与质量要求。一般分圆锥形的端部和其后的圆柱形摩擦筒两部分。目前国内外使用的探头可分为三种形式（图6-10）。

①单用（桥）探头 是我国特有的一种探头型式，只能测量一个参数，即比贯入阻力 p_s，分辨率（精度）较低。

②双用（桥）探头 它是一种将锥头与摩擦筒分开，可以同时测量锥头阻力 q_c 和侧壁摩阻力 f_s 两个参数的探头，分辨率较高。

③多用（孔压）探头 它一般是将双用探头再安装一种可测触探时所产生的超孔隙水压力装置——透水滤器和孔隙水压力传感器，分辨率最高，在地下水位较浅地区应优先采用。

探头的锥头顶角一般为60°，单桥探头侧壁高度应分别采用57mm或70mm，双桥探头侧壁面积应采用150—300cm²，探头圆锥锥底截面积应采用10cm²或15cm²，锥头底面积越大，锥头所能承受的抗压强度越高，探头不易受损，且有更多的空间安装其他传感器，如测孔斜、温度和密度的传感器，但在同一测试工程中，宜使用统一规格的探头，以便比较。

探杆是将机械力传递给探头以使探头贯入的装置。它有两种规格，即探杆直径与锥头底面直径相同（同径）与小于锥头底面直径两种，每根探杆长度为1m。

（二）静力触探试验要点和试验成果整理

1. 静力触探试验要点

（1）率定探头，求出地层阻力和仪表读数之间的关系，以得到探头率定系数，一般在室内进行。新探头或使用一个月后的探头都应及时进行率定。探头测力传感器应连同仪器、电缆进行定期标定，室内探头标定测力传感器的非线性误差、重复性误差、滞后误差、温度漂移、归零误差均应小于1%FS，现场试验归零误差应小于3%，绝缘电阻不小于50MΩ。

（2）现场测试前应先平整场地，放平压入主机，以便使探头与地面垂直；下好地锚，以便固定压入主机。

（3）将电缆线穿入探杆，接通电路，调整好仪器。

（4）边贯入，边测记，贯入速率控制在1.2m/min，深度记录的误差不应大于触探深度的±1%。此外，孔压触探还可进行超孔隙水压力消散试验，即在某一土层停止触探，记录触探时所产生的超孔隙水压力随时间变化（减小）情况，以求得土层固结系数等。

（5）当贯入深度超过30m，或穿过厚层软土后再贯入硬土层时，应采取措施防止孔斜或断杆，也可配置测斜探头，量测触探孔的偏斜角，校正土层界线的深度。

（6）孔压探头在贯入前，应在室内保证探头应变腔为已排除气泡的液体所饱和，并在现场采取措施保持探头的饱和状态，直至探头进入地下水位以下的土层为止；在孔压静探试验过程中不得上提探头。

（7）当在预定深度进行孔压消散试验时，应量测停止贯入后不同时间的孔压值，其计时间隔由密而疏合理控制；试验过程不得松动探杆。

2. 静力触探测试成果整理

（1）对原始数据进行检查与校正，如深度和零飘校正。

（2）按下列公式分别计算比贯入阻力 p_s、锥尖阻力 q_c，侧壁摩擦力 f_s，摩阻比 F_R，及孔隙水压力 U。

$$p_s = K_p \varepsilon_p \text{_____ 公式6.1}$$

$$q_c = K_c \varepsilon_c \text{_____ 公式6.2}$$

$$f_{s} = \mathrm{K}_{f}\varepsilon_{f} \hspace{4cm} \text{公式 6.3}$$

$$\mathrm{F}_{R} = \frac{f_{s}}{\mathrm{q}_{c}} \times 100\% \hspace{3cm} \text{公式 6.4}$$

$$U = \mathrm{K}_{u}\varepsilon_{u} \hspace{4cm} \text{公式 6.5}$$

以上各式中，K_{p}、K_{c}、K_{u}、K_{f}分别为单桥探头、双桥探头、孔压探头的锥头的有关传感器及摩擦筒的率定系数 ε_{p}、ε_{c}、ε_{u}、ε_{f} 为相对应的应变量（微应变）。

（3）分别绘制 q_{c}、f_{s}、F_{R}、U 随着深度（纵坐标）的变化曲线，如图 6-11 所示。

上述各种曲线纵坐标（深度）比例尺应一致，一般采用 1：100，深孔可用 1：200；横坐标为各种测试成果，其比例尺应根据数值大小而定。如做了超孔压消散试验，还应绘制孔压消散曲线。

如用计算机处理测试数据，则上述成果整理及曲线绘制可自动完成。

（三）静力触探试验成果应用

1. 划分土层及土类判别　根据静力触探资料划分土层应按以下步骤进行。

（1）将静力触探探头阻力与深度曲线分段。分段的依据是根据各种阻力大小和曲线形状进行综合分段。如阻力较小、摩阻比较大、超孔隙水压力大、曲线变化小的曲线段所代表的土层多为粘土层；而阻力大、摩阻比较小、超孔隙水压力很小、曲线呈急剧变化的锯齿状则为砂土。

（2）按临界深度等概念准确判定各土层界面深度。静力触探自地表匀速贯入过程中，锥头阻力逐渐增大（硬壳层影响除外），到一定深度（临界深度）后才达到一较为恒定值，临界深度及曲线第一较为恒定值段为第一层；探头继续贯入到第二层附近时，探头阻力会受到上下土层的共同影响而发生变化，变大或变小，一般规律是位于曲线变化段的中间深度即为层面深度。第二层也有较为恒定值段，以下各层类推。

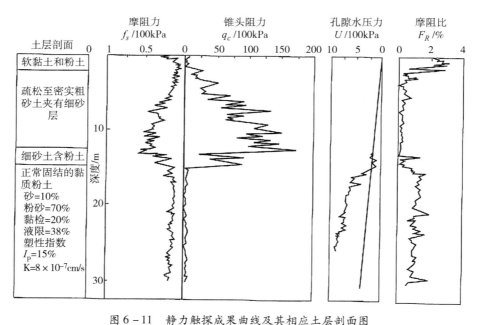

图 6-11　静力触探成果曲线及其相应土层剖面图
（加拿大温哥华）

（3）经过上述两步骤后，再将每一层土的探头阻力等参数分别进行算术平均，其平均值可用来定土层名称，定土层（类）名称办法可依据图 6-12 至图 6-14 进行。

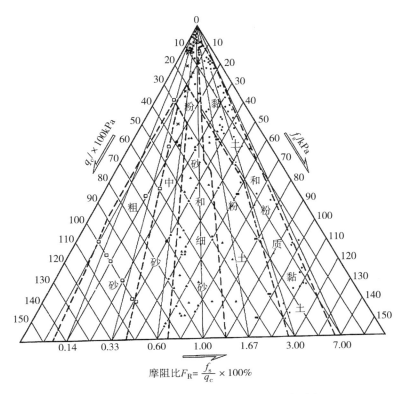

图 6-12　土类三角形图（双用探头初探法）

静力触探成果应用很广，主要可归纳为以下几方面：划分土层；求取各土层工程性质指标等。

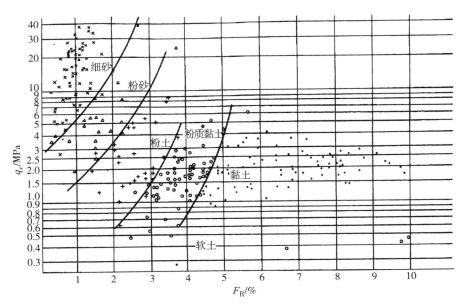

图 6-13　土的分类图
（双用探头初探法，据杨凤学，张喜发等，1996）

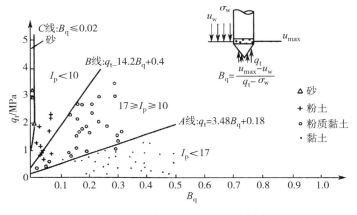

图6-14　土的分类图（孔压触探法）

2. 求土层的工程性质指标　用静力触探法推求土的工程性质指标比室内试验方法可靠、经济，周期短，因此很受欢迎，应用很广。

（1）判断土的潮湿程度及重力密度。

含水量：$\omega = \dfrac{100}{\sqrt{6.21\ln p_s + 9.943}}$　$0.2 \leqslant p_s \leqslant 6.9$（MPa）　　　　　　　　公式6.6

液性指数：$I_L = (0.9 - 0.18\ln p_s)\ 4$　$0.2 \leqslant p_s \leqslant 6.9$（MPa）　　　　　　公式6.7

（2）计算饱和土重力密度 γ_{sat}

$$\gamma_{sat} = \sqrt{4.456\ln p_s + 12.241}$$　　　　　　　　公式6.8

（3）计算土的抗剪强度参数

粘性土：$\varphi = \arctan(0.0069\sqrt{q_c} - 0.1023)$　　　　　　　　　公式6.9

式中，φ 为摩擦角，（°）；q_c 为锥尖阻力，$400 \leqslant q_c \leqslant 8200$，kPa。

$$c = a\sqrt{f_s} - b$$　　　　　　　　公式6.10

式中，c 为粘聚力，kPa；f_s 为侧壁摩阻力，kPa；a、b 为系数，与土类有关。

$$C_u = KP_s$$　　　　　　　　公式6.11

式中，C_u 为粘性土不排水抗剪强度，kPa；K 为系数，$K \approx 0.045$—0.06。

铁道部《静力触探规则》提出了砂土内摩擦角参考值，如表6-7所示。

表6-7　砂土的内摩擦角

p_s/MPa	1	2	3	4	6	11	15	30
φ（°）	29	31	32	33	34	36	37	39

（4）求取地基土基本承载力 f_0

$$f_0 = 0.1\beta p_s + 0.032\alpha$$　　　　　　　　公式6.12

式中，α 和 β 为土类修正系数，可见表6-8。

表 6 - 8 各土类 *β*、*α* 修正系数

*I*_p及修正系数 \ 土类	砂土			粘性土								特殊土	
	粉细砂	细中砂	粗砂	粉土			粉质粘土			粘土		黄土	红土
I_p	<3			3—5	6—8	9—10	11—12	13—15	16—17	18—20	>21	9—12	>17
β	0.2	0.3	0.4	0.3	0.4	0.5	0.6	0.7	0.8	0.9	1.0	0.5—0.6	0.9
α	2.0			1.5			1.0			1.0		1.5	3.0

（5）求土层压缩模量 E_s 与变形模量 E_0（图 6 - 15）。

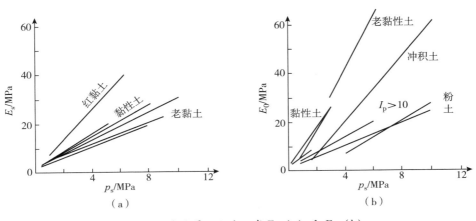

图 6 - 15 由比贯入阻力 p_s 求 E_s（a）和 E_0（b）

（6）用孔压触探求饱和土层固结系数及渗透系数

1）求土层固结系数 上层固结系数是估算地基沉降与时间关系的重要参数，是软土地基处理与计算中不可缺少的土的物理力学性质指标。由于难以取得高质量的非扰动的软土样以及受其他许多因素的影响，用室内试验求固结系数难以取得满意成果。孔压静力触探为快速有效地在原位测定土层的固结系数提供了可能性。

用可测孔隙水压力的静力触探仪求土层固结系数，必须先做超孔隙水压力消散试验。然后，土层固结系数可由公式 6.13 得出：

$$C_h = \frac{Tr_0^2}{t} \qquad \text{公式 6.13}$$

式中，C_h 为土层水平方向固结系数，cm^2/s；T 为时间因数；r_0 为透水滤器半径（意义为膨胀空穴的半径），cm；t 为超孔隙水压力达到某消散度所需时间，s，一般选用消散度达 50% 时的时间（t_{50}）。

公式 6.15 中的 r_0、t 可实际测出；T 可由土的渗透固结理论推导。在实际工作中，可由图 6 - 16 的曲线查出。一般选定在 $\frac{\Delta U_{(t)}}{\Delta U_0} = 0.3—0.8$ 之间所对应的 T 值，常用 0.5 所对应的 T 值。在上图查对应时间因数 T 时，应注意的问题可参阅有关文献。

土层垂直方向的固结系数 Cv，可按公式 6.14 求出：

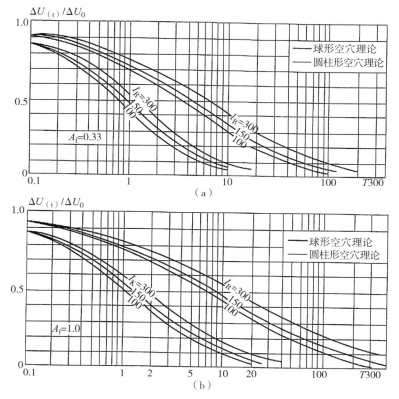

图 6-16　孔隙水压力衰减与时间因数曲线

$$C_v = \frac{K_v}{K_h} C_h \qquad\qquad\qquad 公式 6.14$$

　　式中，K_v 和 K_h 分别为土的垂向渗透系数和水平向渗透系数。可实测，也可根据现场土层的均一性来判断，见表 6-9 所列。

表 6-9　粘土的 K_v/K_h

粘土特征	K_v/K_h
基本为均质土，仅有少量微裂隙	0.66—1
宏观裂隙发育，夹有不连续透水层	0.25—0.5
微细层理发育，且夹有连续性好的透水层	0.067—0.33

表 6-10　软粘土的 RR 值

I_p/ %	RR
14—20	0.031
33	0.032
33—50	0.025

2）土的渗透系数　根据土的固结系数还可以估算土的渗透系数 K_h：

$$K_h = \frac{\gamma_w}{2.3\sigma'_{v_0}} \cdot RR \cdot C_h \hspace{4cm} \text{公式6.15}$$

式中，γ_w 为水的重力密度，kN/m^3；σ'_{v_0} 为有效上覆压力，kPa；RR 为土的再压缩系数。软粘土的再压缩系数值可参考表 6 - 10。

三、动力触探试验

（一）动力触探试验的特点和种类

动力触探试验（英文缩写 DPT）是利用一定的锤击动能，将一定规格的探头打入土中，根据每打入土中一定深度的锤击数（或以能量表示）来判定土的性质，并对土进行粗略的力学分层的一种原位测试方法。

动力触探技术在国内外应用极为广泛，是一种主要的土的原位测试技术，这是和它所具有的独特优点分不开的。其优点是：设备简单且坚固耐用；操作及测试方法容易；适应性广，砂土、粉土、砾石土、软岩、强风化岩石及粘性土均可；快速、经济，能连续测试土层；有些动力触探测试（如标准贯入），可同时取样观察描述。

动力触探应用历史悠久，积累的经验丰富，已分别建立了动力触探锤击数与土层力学性质之间的多种相关关系和图表，使用方便；在评价地基液化势方面的经验也得到了广泛应用。目前，世界上大多数国家都采用动力触探测试技术进行土工勘测。其中，美洲、亚洲和欧洲国家应用最广。

虽然动力触探试验方法很多，但可以归为两大类，即圆锥动力触探试验和标准贯入试验。前者根据所用穿心锤的重量将其分为轻型、重型及超重型动力触探试验。常用的动力触探测试，如表 6 - 11 所列。一般将圆锥动力触探试验简称为动力触探或动探，将标准贯入试验简称为标贯。

表 6 - 11　常用动力触探类型及规格

类型		锤重（kg）	落距（cm）	探头（圆锥头）规格		探杆外径/mm	触探指标（贯入一定深度的锤击数）	主要使用岩土
				锥角/（°）	直径/cm²			
圆锥动力触探	轻型	10	50	60	40	25	贯入 30cm 锤击数 N_{10}	浅部的填土、砂土、粉土、粘性土
	重型	63.5	76	60	43	42	贯入 10cm 锤击数 $N_{63.5}$	砂土、中密以下的碎石土、极软岩
	超重型	120	100	60	43	60	贯入 10cm 锤击数 N_{120}	密实和很密的碎石土、软岩、极软岩

（二）圆锥动力触探试验

1. 圆锥动力触探试验的仪器设备

虽然各种动力触探测试设备的重量相差悬殊，但其仪器设备却大致相同，以目前应用的机械式动力触探为例，一般可分为六部分（图 6 - 17）。

（1）导向杆　可使穿心锤沿其升落

（2）提引器　它可提升重锤，并可到一定高度后自动脱钩放锤。在20世纪80年代前，国内外都用手拉绳提升或放开重锤（即穿心锤）。

（3）穿心锤　钢质圆柱形，中心圆孔直径比导向杆外径大3—4mm。

（4）锤座　包括钢砧与锤垫，目前国内常用的规格为：轻型（N_{10}），直径为$\varphi 45mm$；重型（$N_{63.5}$）与超重型（N_{120}），一般认为直径应小于锤径的1/2，并大于100mm（与欧洲标准相同）。

（5）探杆　目前国内使用较多的探杆外径为：轻型，$\varphi 25mm$；重型，$\varphi 42—50mm$；超重型，$\varphi 50—63mm$。

（6）探头　从国际上看，外形多为圆锥形，种类繁多，锥头直径达25种以上，锥角有30°、45°、60°、90°、120°，广泛使用的是60°和90°两种。我国常用直径约5种，锥角基本上只有60°一种。

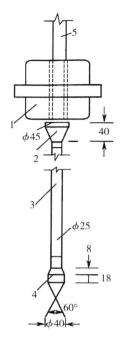

1—穿心锤；
2—钢砧与锤垫；
3—触探杆；
4—圆锥探头；
5—导向杆

图6-17　轻型重力触探
（单位：mm）

2. 圆锥动力触探测试要点

动力触探的测试方法大同小异。《土工试验规程》对各种动力触探测试法分别作了规定。现将轻型、重型、超重型测试程序和要求分别叙述如下。

（1）轻型动力触探

1）先用轻便钻具钻至试验土层标高以上0.3m处，然后对所需试验土层连续进行触探。

2）试验时，穿心锤落距为（0.50±0.02）m，使其自由下落。记录每打入土层中0.30m时所需的锤击数（最初0.30m可以不记）。

3）如遇密实坚硬土层，当贯入0.30m所需锤击数超过100击或贯入0.15m超过50击时，即可停止试验。如需对下卧土层进行试验时，可用钻具穿透坚实土层后再贯入。

4）本试验一般用于贯入深度小于4m的土层。必要时，也可在贯入4m后，用钻具将孔掏清，再继续贯入2m。

（2）重型动力触探

1）试验前将触探架安装平稳，使触探保持垂直地进行。垂直度的最大偏差不得超过2%。触探杆应保持平直，连续牢固。

2）贯入时，应使穿心锤自由落下，落锤高度为（0.76±0.02）m。地面上的触探杆的高度不宜过高，以免倾斜与摆动太大。

3）锤击速率宜为每分钟15—30击。打入过程应尽可能连续，所有超过5min的间断都应在记录中予以说明。

4）及时记录每贯入0.1m所需的锤击数。最初贯入的1m内可不记读数。

5）对于一般砂、圆砾和卵石，触探深度不宜超过12—15m；超过该深度时，需考虑触探杆的侧壁摩阻影响。

6）每贯入0.1m所需锤击数连续三次超过50击时，即停止试验。如需对土层继续进行试验时，可改用超重型动力触探。

（3）超重型动力触探

1）贯入时穿心锤自由下落，落距为（1.00±0.02）m。贯入深度一般不宜超过20m；超过此深度限值时，需考虑触探杆侧壁摩阻的影响。

2）其他步骤可参照重型动力触探进行。

3. 圆锥形重力触探成果整理

（1）检查核对现场记录　在每个动探孔完成后，应在现场及时核对所记录的击数、尺寸是否有错漏，项目是否齐全。

（2）实测击数校正及统计分析

1）轻型动力触探　轻型动力触探不考虑杆长修正，根据每贯入30cm的实测击数绘制 N_{10}—h 曲线图。根据 N_{10} 对地基进行力学分析，然后计算每层实测击数的算术平均值。

$$N'_{10} = \sum_1^n N_{10}/n \qquad\qquad\text{公式6.16}$$

式中，N_{10} 为实测击数，击/30cm；N'_{10} 为击数平均值，击/30cm；n 为参加统计的测点数。

2）重型、超重型动力触探　铁路《动力触探技术规定》中规定，实测击数应按杆长校正。

重型（$N_{63.5}$）动力触探的实测击数，应按公式6.17进行校正：

$$N'_{63.5} = \alpha N_{63.5} \qquad\qquad\text{公式6.17}$$

式中，$N'_{63.5}$ 为校正后的击数，击/10cm；α 为杆长击数校正系数，查表6–12；$N_{63.5}$ 为实测击数，击/10cm。

超重型动力触探的实测击数，应先按公式6.18换算成相当于重型（N63.5）的实测击数，然后再按公式6.17进行杆长击数校正。

$$N_{63.5} = 3N_{120}—0.5 \qquad\qquad\text{公式6.18}$$

式中，N_{120} 为超重型实测击数，击/10cm；$N_{63.5}$ 为相当于重型实测击数，击/10cm。

表6–12　杆长击数校正系数α

$N_{63.5}$ / α \ l	5	10	15	20	25	30	35	40	≥50
≤2	1.0	1.0	1.0	1.0	1.0	1.0	1.0	1.0	—
4	0.96	0.95	0.93	0.92	0.90	0.89	0.87	0.86	0.84
6	0.93	0.90	0.88	0.85	0.83	0.81	0.79	0.78	0.75
8	0.90	0.86	0.83	0.80	0.77	0.75	0.73	0.71	0.67
10	0.88	0.83	0.79	0.75	0.72	0.69	0.67	0.64	0.61
12	0.85	0.79	0.75	0.70	0.67	0.64	0.61	0.59	0.55
14	0.82	0.76	0.71	0.66	0.62	0.58	0.56	0.53	0.50
16	0.79	0.73	0.67	0.62	0.57	0.54	0.51	0.48	0.45
18	0.77	0.70	0.63	0.57	0.53	0.49	0.46	0.43	0.40
20	0.75	0.67	0.59	0.53	0.48	0.44	0.41	0.39	0.36

注：l 为探杆总杆长，m；本表可以内差取值。

有些学者认为,动力触探击数不用作杆长修正,因为动力触探测试成果的影响因素很多,精度有限;随测试深度增加,探杆被加长,重量增加,其影响是减少锤击数;但另一方面,随着深度增加探杆和孔壁之间的摩擦力和土的侧向压力也增加了,其影响是增加锤击数。两者的影响可部分抵消。因此,不必对杆长进行修正,但应加以说明。一般应以相应规范要求为准。

(3) 绘制动力触探锤击数与贯入深度关系曲线

以杆长校正后的击数或未修正的击数(根据相应规范选取一种)为横坐标,以贯入深度为纵坐标绘制曲线图。《岩土工程勘察规范》规定,动力触探测试成果分析应包括下列内容。

①单孔动力触探应绘制动探击数与深度曲线或动贯入阻力与深度曲线,进行力学分层。

②计算单孔分层动探指标平均值时,应剔除超前或滞后影响范围内及个别指标异常值。

③当土质均匀,动探数据离散性不大时,可取各孔分层平均动探值,用厚度加权平均法计算场地分层平均动探值。

④当动探数据离散性大时,宜采用多孔资料或与钻探资料及其他原位测试资料综合分析。

⑤根据动探指标和地区经验,确定砂土孔隙比、相对密度,粉土、粘性土状态,土的强度、变形参数,地基土承载力和单桩承载力等设计参数;评定场地均匀性,查明土坡、滑动面、层面,检验地基加固与改良效果。

(三) 标准贯入试验

1. 标准贯入试验的特点和设备

标准贯入试验简称标贯(英文缩写 SPT):是动力触探测试方法的一种,其设备规格和测试程序在世界上已趋于统一,它和圆锥动力触探测试的区别,主要是探头不同。标贯探头是空心圆柱形,常称的标准贯入器,如图 6 - 18 所示。在测试方法上也不同,标贯是间断贯入,每次测试只能按要求贯入 0.45m,只计贯入 0.30m 的锤击数 N,称标贯击数 N,N 没有下角标,以和圆锥贯入锤击数相区别。圆锥动力触探是连续贯入,连续分段计锤击数。

标贯的其设备规格见表 6 - 13 所列。

2. 标准贯入测试程序和要求

标准贯入试验自 1927 年问世以来,其设备和测试方法在世界上已基本统一。按水利部土工试验规程(SL 237—1999)规定,其测试程序如下。

(1) 先用钻具钻至试验土层标高以上 0.15m 处,清除残土。清孔时,应避免试验土层受到扰动。当在地下水位以下的土层进行试验时,应使孔内水位保持高于地下水位,以免出现涌砂和塌孔;必要时,应下套管或用泥浆护壁。

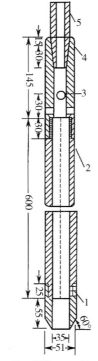

1—贯入器靴;2—贯入器身;
3—排水孔;4—贯入器头;
5—探(钻)杆接头

图 6 - 18 标准贯入
(单位:mm)

表 6 – 13　标准贯入试验设备规格

落锤		锤的质量/mg	63.5
		落距/mm	76
贯入器	对开管	长度/mm	>500
		外径/mm	51
		内径/mm	35
	管靴	长度/mm	50—76
		刃口角度/（°）	18—20
		刃口单刃厚度/mm	1.6
钻杆		直径/mm	42
		相对弯曲	<1/1000

（2）将贯入器放入孔内，注意保持贯入器、钻杆、导向杆联接后的垂直度。孔口宜加导向器，以保证穿心锤中心施力。

（3）将贯入器以每分钟击打 15—30 次的频率，先打入土中 0.15m，不计锤击数；然后开始记录每打入 0.10m 及累计 0.30m 的锤击数 N，并记录贯入深度与试验情况。若遇密实土层，锤击数超过 50 击时，不应强行打入，并记录 50 击的贯入深度。

（4）提出贯入器，取贯入器中的土样进行鉴别、描述记录，并测量其长度。将需要保存的土样仔细包装、编号，以备试验之用。

（5）重复 1—4 步骤，进行下一深度的标贯测试，直至所需深度。一般每隔 1m 进行一次标贯试验。

需注意的是：①标贯和圆锥动力触探测试方法的不同点，主要是不能连续贯入，每贯入 0.45m 必须提钻一次，然后换上钻头进行回转钻进至下一试验深度，重新开始试验；②此项试验不宜在含碎石土层中进行，只宜用在粘性土、粉土和砂土中，以免损坏标贯器的管靴刃口。

3. 标贯测试成果整理

（1）求锤击数 N：如土层不太硬，并贯穿 0.30m 试验段，则取贯入 0.30m 的锤击数 N；如土层很硬，不宜强行打入时，可用下式换算相应于贯入 0.30m 的锤击数 N；

$$N = \frac{0.3n}{\Delta S} \qquad\qquad \text{公式 6.19}$$

式中，n 为所选取的贯入深度的锤击数；ΔS 为对应锤击数 n 的贯入深度，m。

（2）绘制标贯击数—深度关系曲线（N – H）。

4. 动力触探测试法成果的应用

由于动力触探试验具有简易及适应性广等突出优点，特别是用静力触探不能勘测的碎石类土，动力触探则可大有用武之地。动力触探已被列于多种勘察规范中，在勘察实践中应用较广，主要应用于以下几方面。

（1）划分土类或土层剖面　根据动力触探击数可粗略划分土类（图 6 – 21）。一般来说，土的颗粒越粗大，愈坚硬密实，锤击次数越多。在某一地区进行多次勘测实践后，就可以建立起当地土类与锤

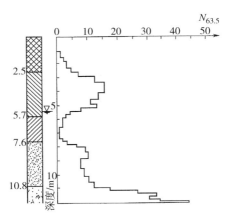

图 6 – 19　动力触探直方图及土层划分

击数的关系。如与静力触探等其他测试方法同时应用，则精度会进一步提高。

根据触探击数和触探曲线，根据触探曲线形状，将触探击数相近段划为一层，并求出每一层触探击数的平均值，定出土的名称，就可以划分土层剖面（图 6 – 19）。

（2）确定地基土承载力　根据动力触探确定地基土承载力是一种快速简便的方法，已被国家标准《建筑地基基础设计规范》等多种规范所采纳。其方法是将锤击数与地基承载力标准值建立相关关系，根据经验关系式来求取地基承载力标准值。表 6 – 14 所列即为各单位利用标贯成果与地基承载力标准值所建立的经验关系。需注意其适用的地区和土类。

表 6 – 14　用标贯成果求地基承载力标准值 f_k

序号	提出单位	经验关系式	频数	相关系数	应用范围	土层
①	成都冶勘	$f_k = 19N + 74$	132	0.93		粘性土
②	武汉规划设计院	$f_k = 20.2N + 80$			$3 < N < 18$	
③	内蒙古建筑设计院	$f_k = 16.6N + 147$				粘性土
④	武汉冶勘	$f_k = 26N$	20	0.97	$3 < N < 23$	粉　土
⑤	武汉冶勘	$f_k = 35.8N + 49$	97	0.96		粘性土
⑥	建筑规范编写组	$f_k = 22.7N + 31.9$	72	0.96	$3 < N < 18$	
⑦	建筑规范编写组	$f_k = 55.8N—558.3$	72	0.89	$N > 18$	
⑧	中国地质大学	$f_k = 32.3N_{63.5} + 89$	56	0.86	$2 < N_{63.5} < 18$	粘性土

注：⑧为重型动探经验关系。

（3）确定砂土密实度及液化势　动力触探在砂土中的应用效果比较理想，用动探指标确定砂土密实度及液化势的研究及应用由来已久，目前仍被广泛采用。

砂土密实度的大小是确定砂层承载力和液化势的主要指标。利用动探成果确定砂土密实度，国内外都已积累了很多经验，有的已列入有关规范中。我国先后发布的 GBJ 7—89 和 GB 50021—94 两个国家标准规范，都列入了按标贯锤击数确定砂土密实度的规定（表 6–15）。此外，各行业部门和地区也颁布了适用于本部门和地区的相应规定。判别地基土是否液化的主要方法是临界标贯击数法。它的应用历史长，经验最多，国内外普遍采用。

表 6 – 15　按标准贯入锤击数 N 值确定砂土密实度

N 值	密实度	N 值	密实度
$N \leqslant 10$ $10 < N \leqslant 15$	松散 稍密	$15 < N \leqslant 30$ $N > 30$	中密 密实

（4）确定粘性土稠度及 c、φ 值　国内外利用标贯锤击数确定粘性土的稠度状态，也积累有较多的经验，其关系如表 6 – 16 和表 6 – 17 所示。

表 6 – 16　$N_{手}$ 与稠度状态的关系

$N_{手}$	< 2	2—4	4—7	7—18	18—35	> 35
I_L（液性指数）	>1	1—0.75	0.75—0.5	0.5—0.25	0.25—0	< 0
稠密状态	流动	软塑	软可塑	硬可塑	硬塑	坚硬

注：1. 适用于冲积、洪积的一般粘性土层。

2. 标准贯入试验锤击数 $N_{手}$ 是用手拉绳方法测得的，其值比机械化自动落锤方法所得锤击数 $N_{机}$ 略高。换算关系如下。$N_{手} = 0.74 + 1.12 N_{机}$，适用范围：$2 < N_{机} < 23$。

表 6 – 17　N 与粘性土 c、φ 值的关系表

土类	粉土			粘土			粉土夹砂			粘土夹砂		
N	2	4	6	2	4	6	2	4	6	2	4	6
c/kPa	12	14.5	19.5	8	12	16	7	10	12	8	11	13
φ（°）	10	14	16	6	8	12	12	15	17	10	12	17

四、现场波速试验

（一）现场波速试验的目的和原理

土的动弹性参数，在工程抗震设计和动力机器基础反应等方面有着广泛的用途。其测定方法可分为室内试验和现场波速试验两大类，后者因能保持岩土体的天然结构构造和初始应力状态，测试成果实际应用价值大，因而更受到工程勘察单位的重视。

现场波速试验的基本原理，是利用弹性波在介质中传播速度与介质的动弹性模量、动剪切模量、动泊松比及密度等的理论关系，从测定波的传播速度入手，求取土的动弹性参数。在地基土振动问题中弹性波有体波和面波。体波分纵波（P 波）和横波（S 波），面波分瑞利波（R 波）和勒夫波（Q 波）。在岩土工程勘察中主要利用的是直达波的横波速度，方法有单孔法和跨孔法。所以作波速测试前，先要钻探成孔，但波速静力触探法可自行成孔并测试，也有用面波法的。

（二）现场波速试验仪器设备和测试要点

1. 仪器设备

波速试验的仪器设备主要由激振器、检波器和放大记录系统三大部分组成，简述如下。

（1）激振器　一般为机械振源。单孔法常采用在地面敲击木板或钢板的方法激发剪切波，板的尺

寸一般为 250cm×30cm×6cm，上压重物（＞500kg），用大铁锤敲击板的侧面。跨孔法可以采用标准贯入器激发剪切波，但更理想的激振器是"井下波锤"。

（2）检波器　单孔测试时，要求既能观察到波的竖直分量记录，又能观察到波的两个水平分量记录，所以一般都采用三分量检波器检测弹性波的到达。这种三分量检波器是由三个单个检波器按相互垂直（X、Y、Z）的方向固定并密封在一个无磁性的圆形筒内。在钻孔内一定要将竖向检波器平行于钻孔轴线，它可以接受纵波；另两个水平检波器接受横波。

跨孔法测试时，接收孔中一般只安置一个竖向检波器，它接受水平传播的横波的竖向分量 SV 波，也可用三分量检波器，此时两个水平检波器还可分别接受纵波（P 波）和横波的水平量（SH）波。

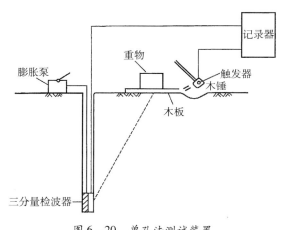

图 6-20　单孔法测试装置

（3）放大记录系统　主要采用多道地震仪，特别是信号增强型多道地震仪。此种仪器进口和国产的皆有，可以选用。

2. 测试要点

（1）单孔法　测试装置如图 6-20 所示。

①钻探一次成孔至预计深度，下入塑料套管，套管与孔壁间隙中充填砂子，并加以密实。

②将电缆、检波器和气囊一起放入套管，达到预定深度后对气囊充气，以便将检波器固定贴紧在套管壁上。

③在地表用大铁锤敲击压有重物的厚木（钢）板，用地震仪记录波形；激振板距孔口一般为 2—4m，若正反向敲击板的两端时，还将获得具有反相位的直达横波。

④从孔底向上，按预定测试深度依次作完；应结合土层布置测点，测点的垂直间距宜取 1—3m。层位变化处加密，并宜自下而上逐点测试，通常根据各地层层位而定。

由于单孔法在地面激振，弹性波会随深度增加而衰减，使接受信号变弱。因此其测试深度最深不超过 80m，一般浅层效果较好。

（2）跨孔法　测试装置如图 6-21 所示。如果利用两孔间隔时间和水平距离计算横波速度，可抵消激振器的延时误差，提高测试精度。因此，振源孔和测试孔，应布置在一条直线上；测试孔的孔距在土层中宜取 2—5m，在岩层中宜取 8—15m，测点垂直间距宜取 1—2m；近地表测点宜布置在 0.4 倍孔距的深度处，震源和检波器应置于同一地层的相同标高处；当测试深度大于 15m 时，应进行激振孔和测试孔倾斜度和倾斜方位的量测，测点间距宜取 1m。

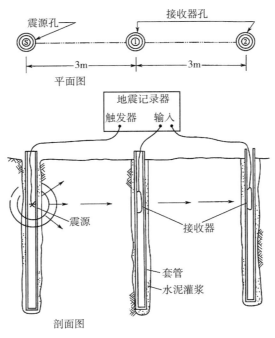

图 6 - 21　跨孔法测量装置

　　测试时也是先一次钻探成孔至预计深度，安装套管后下入测试仪器设备，一孔中为激振器，另二孔中为检波器。需注意的是，为了保证测试精度，激振器和检波器必须置于同一深度上。也是由下往上，按预定深度每隔 2m 作一个点。

　　跨孔法测试深度较大，精度也更高，但测试成本较单孔法要高。

（三）现场波速试验资料整理及其应用

1. 测试资料整理

（1）波形识别

　　波形识别的关键是要正确地判定 S 波初至点。根据 S 波速度较 P 波慢、频率低、振幅大的特点，在地震仪记录上可以将波幅成倍增高和周期成倍拉长的位置作为 S 波的初至点。若采用反向激振的话，则可用重叠法找出第一个 S 波起跳的交点作为 S 波的初至点。

（2）波速计算

1）单孔法　因激振板离孔口有一段距离（2—4m），直达波行程是斜距，采用垂距计算波速时应将斜距读时校正为垂距读时。校正公式为：

$$t' = t \frac{h}{\sqrt{x^2 + h^2}}$$　　　　　　公式 6.20

　　式中，t 为斜距读时；t′为垂距读时；h 为垂直距离；x 为激振板至孔口的距离。经读时校正后，可按下式计算横波速度：

$$v_s = \frac{h_2 - h_1}{t'_2 - t'_1} = \frac{\Delta h}{\Delta t}$$　　　　　　公式 6.21

　　式中，h_2、h_1 分别为土层顶、底面的深度；t'_1、t'_2 分别为横波到达土层顶、底面的时间。

2）跨孔法

$$v_s = \frac{x}{\Delta t}$$ ————————————公式 6.22

式中，x 为经过测斜校正后两接收孔的实际间距；Δt 为弹性波到达两接收孔的时间差。

2. 测试成果的应用

（1）计算确定地基土小应变的动弹性参数剪切模量、弹性模量、泊松比和动刚度。一旦测出 P 波和 S 波的速度及土的密度，根据弹性理论公式，土的上述动弹性参数就可以确定。

（2）在场地评价中的应用。根据《建筑抗震设计规范》的规定，由剪切波速度（υs）划分场地土类别，并可进一步划分建筑场地类别。

（3）判别砂土或粉土的地震液化。利用国内外已有的判别地震液化的临界剪切波速经验公式可进行判别。

以上各节介绍了目前较广泛应用，且适用于文物保护工程勘察工作的土体原位测试方法。近年来，国内外勘测设计研究单位正在研制一种能同时兼做几种参数测试的仪器和方法，以求用较少的投资成本求取尽可能多的土的工程性质指标。现在已初步研制成功的有波速静力触探法、静力触探旁压测试法等。这种联合原位测试法是土体原位测试技术发展的一种新趋向，随着原位测试技术的发展，我们相信今后也必将为文物保护工程勘察工作提供更多的技术支持。

6.9.2　水文地质原位测试

一、原位渗透试验

（一）渗压计法

1. 试验原理

渗压计法测定土的渗透性的基本原理是在钻孔中将双管式渗压计探头埋设于被测试土体，用常水头渗透压力 Δu 压水（膨胀）或抽水（压缩），探头周围的土体将产生渗流。当 $\Delta u > 0$ 时，管路中的水通过探头流入土体；当 $\Delta u < 0$ 时，土体中孔隙水通过探头流入管路。渗流流量随时间而变，但最终将趋于稳定状态。理论分析证明，探头形状、尺寸及渗透压力一定时，稳定流量仅与土的渗透系数有关，因此，可以通过对流量的测定推算土的渗透系数。

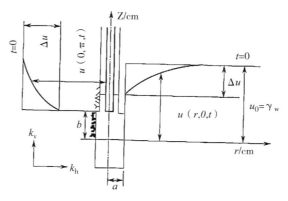

图 6-22　圆柱形渗压计边界条件

现以圆柱形渗压计为例，给出常水头渗透试验渗流量计算公式。

假设渗压计圆柱体直径为 2a，高度为 2b，圆柱周壁为透水壁，上下两端为不透水管壁，组成不透水边界条件（图 6 - 22）。假定渗透试验过程中土的渗透系数和压缩系数都为常数，根据 Terzaghi 固结理论中的轴对称固结方程，应用对应于常水头渗透压力 Δu 的边界条件，则渗流量与时间因数的关系式可表达为：

$$Q_{(t)} = \frac{2\pi\Delta u}{\gamma_w} bk_h\left(1 + \frac{2}{\sqrt{\pi T}}\right) + \frac{2\pi\Delta u}{\gamma_w} a'k_h f_i\left(\frac{k_h}{k_v}, \frac{a'}{a}, T\right) \underline{\hspace{2cm}} 公式 6.23$$

$$a' = 0.5a \underline{\hspace{4cm}} 公式 6.24$$

$$T = \frac{C_{vh}}{a^2}t \underline{\hspace{4cm}} 公式 6.25$$

式中，$Q(t)$ 为 t 时刻的渗流量，cm^3/s；Δu 为渗透压力，kPa；γ_w 为水的重度，kN/m^3；k_h 为土的水平向渗透系数，cm/s；k_v 为土的竖向渗透系数，cm/s；a 为渗压计圆柱体半径，cm；b 为渗压计圆柱体高度的 1/2，cm；T 为土的时间因数；C_{vh} 为土的固结系数，cm^2/s。

公式 6.25 中第一项只涉及 kh，为径向渗流量；第二项涉及 $\frac{k_h}{k_v}$，为受垂直向渗透性影响的渗流量部分。当渗压计探头 $N \geq 2$（N = b/a）时，第二项的垂直向渗流量可以忽略不计，可以认为所测定的渗流量是由径向渗流量引起的，则公式 6.25 简化为：

$$Q_{(t)} = \frac{2\pi\Delta u}{\gamma_w} bk_h\left(1 + \frac{2}{\sqrt{\pi T}}\right) \underline{\hspace{3cm}} 公式 6.26$$

在 $Q_{(t)} - \frac{1}{\sqrt{T}}$ 或 $Q_{(t)} - \frac{1}{\sqrt{t}}$ 曲线中，为一直线，根据直线的截距 $Q(t = \infty)$（即 $t = \infty$ 时的稳定渗流量）和斜率 α 可以得出水平方向渗透系数 k_h 和固结系数 C_{vh}：

$$k_h = \frac{Q_{(t=\infty)}}{2\pi b} \times \frac{\gamma_w}{\Delta u} \underline{\hspace{3cm}} 公式 6.27$$

$$C_{vh} = \frac{4a^2}{\pi}\left(\frac{Q_{(t=\infty)}}{\alpha}\right)^2 \underline{\hspace{3cm}} 公式 6.28$$

测定了水平向渗透系数后，采用 N = 0.2 的渗压计再做一次渗透试验，根据测得的 $Q(t)$ —t 关系，按下式转换为 $Q_r - \frac{1}{\sqrt{T}}$ 曲线：

$$Q_r = \frac{\gamma_w}{2\pi\Delta u bk_h}Q_{(t)} \underline{\hspace{3cm}} 公式 6.29$$

$$T = \frac{C_{vh}t}{a^2} \underline{\hspace{3cm}} 公式 6.30$$

并与理论的 $Q_r - \frac{1}{\sqrt{T}}$ 曲线（图 6 - 23）相比较，确定水平方向和竖直方向渗透系数之比 RK，即可求得 k_v。

当 $k_h > > k_v$ 时，实际的 k_h 与采用 N = 2—5 的圆柱形渗压计按公式 6.26 确定的 k_h 值之比约为 0.8—1.4。

当 $\frac{k_h}{k_v}$ 不大时，可按公式 6.31 确定渗透系数：

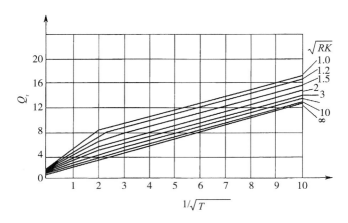

图 6 – 23　在不同水平向和竖向渗透系数比 RK 下，$Q_r - \dfrac{1}{\sqrt{T}}$ 曲线

$$k_h = \frac{Q_{(t=\infty)}}{F} \times \frac{\gamma_w}{\Delta u}$$ ————————公式 6.31

式中，F 为进水系数，仅与进水口的形状、尺寸及其与不透水边界的相对位置有关，cm。

当 N < 4 时，$F = \dfrac{4.8\pi b}{N[1.2N + \sqrt{1 + (1.2N)^2}]}$ ————————公式 6.32

当 N ≥ 4 时，$F = 14a + 3.3b$ ————————公式 6.33

对 Bishop 型渗压计，可取平均半径按公式 6.34 计算进水系数 F。

2. 试验装置

试验装置主要包括渗透水压加压系统（包括压力表和调压筒）、流量测定管、双管式渗压计探头和手压泵排气系统四部分，如图 6 – 24 所示。

由加压系统提供恒定的渗透水压使流量测定管中的水产生渗流，并通过流量测定管中洁净的煤油或机油与水交界面的变动来测量渗流量 $Q_{(t)}$。

3. 试验方法及注意事项

（1）选定测试土层，采用钻机或静力触探仪预先成孔至测试土层以上 50cm 处。钻孔清孔时应避免测试土层受扰动。

（2）用特制的接头把渗压计与钻杆（或触探杆）连接、拧紧，并将塑料双管小心穿进钻杆内，从另外一头引出，把渗压计探头垂直、小心地下至孔底。

（3）将渗压计探头缓缓地压至测点深度。

由于渗压计探头的埋设采用压入法，为了最大限度地减少渗压计陶瓷透水锥体被土颗粒堵塞，渗压计压入孔底土中的深度约为二倍探头的长度。

（4）探头就位后用 3∶1 膨润土与水泥浆密封钻孔。

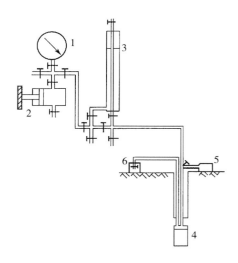

1—压力表；2—调压筒；3—流量测定管；
4—渗压计探头；5—手压泵；6—塑料筒
图 6 – 24　渗压计法渗透试验装置

（5）静置 16h，使探头周围的超孔隙水压力消散，透水锥体孔隙保持畅通。

（6）试验前，必须对渗压计渗流系统（探头、连接管道及阀门）进行充分排气。

（7）进行渗透试验，施加常水头渗透水压，按一定间隔时间测定流出（或流入）探头的渗流量 Q（t），重复数次。

在正压常水头试验中，施加的渗透压力应低于引起被测土体产生水力劈裂的压力值，以避免探头透水锥体周围土体产生裂隙，导致渗透系数计算值偏大，建议施加的渗透压力 Δu 不超过测试点土的上覆有效应力的二分之一。

4. 数据的采集与整理

每次试验记录的数据应包括：试验前和试验结束后由地表至地下水面的深度、压力表读数、压力表中心至地表的高度、地表至渗压计探头中心的深度、渗透压力、t 时间的渗流量以及试验土层的岩性描述。

根据采集的数据绘制常水头渗透压力 Δu 作用下渗流量 $Q_{(t)}$ 与时间平方根的倒数 $1/\sqrt{t}$ 的关系曲线，求取 t = ∞ 时的稳定渗流量，利用相关计算式可确定测试土层的渗透系数。

渗透试验典型的 $Q_{(t)}$ — $1/\sqrt{t}$ 曲线如图 6 - 25 所示，从中可以看出：

曲线 A 和 B 显示 Q（t）与 $1/\sqrt{t}$ 具有良好的线性关系，可以精确的确定 $Q_{(t=\infty)}$。

曲线 C 和 D，在试验初期为向下凹的曲线，随着测试时间的延长，渐变为直线。产生这类线形的原因，是由于土的涂抹作用，渗压计探头压入测试土层将使探头周围的土层产生扰动，在探头透水石锥体表面形成较薄的重塑土层，同时土颗粒会堵塞透水石的孔隙，导致渗透性降低或渗压计及管路中的水头损失。

曲线 E 和 F，在试验初期为向上翘的曲线，以后渐变为直线，表征渗压计或管路中气泡对渗流的影响。

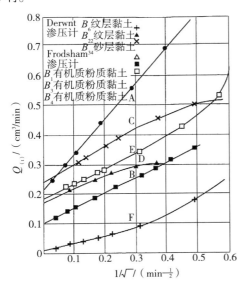

图 6 - 25　$Q_{(t)}$ — $1/\sqrt{t}$ 典型曲线

（W. B. Wilkinson，1968）

确定或取样分析土中含水率确定。

因此，在渗透试验的过程中，宜直接在现场绘制 $Q_{(t)}$ — $1/\sqrt{t}$ 曲线，当曲线出现类似于 C、D、E、F 的情况时，应延长测试时间，直至能满意地确定 $Q_{(t=\infty)}$ 止。

（二）试坑法、单环法和双环法

1. 试验原理

（1）试坑法　试坑法是在表层土中挖一试坑进行试验。坑深 30—50cm，坑底为直径 37.75cm 的圆形，坑底离潜水位 3—5m，坑底铺设 2cm 厚的砂砾石层。试验开始时，控制流量连续均衡，并保持坑中水层厚（Z）为常数（厚 10cm），当注入水量达到稳定并延续 2—4h，试验即可停止。

当试验层为粗砂、砂砾或卵石层，控制坑内水层厚度 2—5cm 时，且 $(H_K + Z + 1)/l \approx 1$，则 k = Q/F = υ，可近似测定土层的渗透系数。H_K 为毛细压力水头，m，参见表 6 - 22；l 为试验结束时水的渗入深度，m；可在试验后开挖

表6-18　不同土层毛细压力水头　　　　　　　　单位：m

土层名称	H_k	土层名称	H_k
粘土	约1.0	细粒粘土质砂	0.3
粉质粘土	0.8	粉砂	0.2
粘质粉土	0.6	细砂	0.1
砂质粉土	0.4	中砂	0.05

此法通常用于测定毛细压力影响不大的砂类土渗透系数，测定粘性土的渗透系数一般偏高。

（2）单环法　　单环法是在试坑底嵌入一高20cm、直径37.75cm的铁环，该铁环的面积为1000cm²。在试验开始时，用Mariotte瓶控制环内水柱，保持在10cm高度上，试验一直进行到渗入水量Q固定不变时为止，其渗透速度υ即为该土层的渗透系数k。

$$\upsilon = \frac{Q}{F} = k \qquad\qquad\qquad 公式6.34$$

此外，可通过系统地记录一定时间段（如30min）内的渗水量，求得各时间段内的平均渗透速度，然后绘制渗透速度历时曲线图。渗透速度随时间延长而逐渐减小，并趋向常数（呈水平线），此时的渗透速度即为所求的渗透系数。

（3）双环法　　双环法是在试坑底嵌入两个铁环，外环直径50cm，内环直径25cm，试验时往铁环内注水，用Mariotte瓶控制外环和内环的水柱都保持在同一高度（如10cm）。根据内环所测得的数据按上述方法确定土层的渗透系数。

由于内环内水只产生垂向渗入，排除了侧向渗流带来的误差，因此双环法获得的成果精度比试坑法和单环法高。

2. 试验装置

试坑法、单环法和双环法的试验装置如图6-26所示。

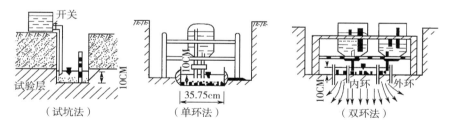

图6-26　试坑法、单环法和双环法试验装置示意图

3. 数据计算和整理

当试验进行到渗入水量趋于稳定时，渗透系数k计算如下。

$$k = \frac{Ql}{F(H_K + Z + l)} \qquad\qquad\qquad 公式6.35$$

式中，Q为稳定渗入水量，cm³/min；F为试坑（内环）渗水面积，cm²；Z为试坑（内环）水层高度，cm；H_K为毛细压力水头，cm；l为试验结束时水的渗入深度，cm。

当试验进行相当长时间后水渗入量仍未达到稳定时，k值按公式6.38计算：

$$k = \frac{V_1}{Ft_1\alpha_1}[\alpha_1 + \ln(1 + \alpha_1)] \qquad\qquad\qquad 公式6.36$$

$$其中\ \alpha_1 = \frac{\ln(1 + \alpha_1) - \dfrac{t_1}{t_2}\ln\left(1 - \dfrac{\alpha_1 V_2}{V_1}\right)}{1 - \dfrac{t_1 V_1}{t_2 V_2}} \hspace{3cm} 公式6.37$$

式中，t_1、t_2 为累计时间，d；V_1、V_2 分别为经过 t1、t2 时间的总渗入量，即总给水量，m^3；F 为试坑（内环）渗水面积，cm^2；α_1 为代用系数，由试算法求出。

二、注水试验

注水试验是用人工抬向水头，向试坑或钻孔内注水，来测定松散岩土体渗透性的一种原位试验方法。通过注水试验所得的渗透系数。

注水试验主要适用于不能进行压水试验，取原状土试样进行室内试验又比较困难的松散岩土体。注水试验可分为试坑注水试验和钻孔注水试验两种。试坑注水实验主要适用于地下水位以上、且地下水位埋藏深度大于5m的各类土层。钻孔注水试验则适用于各类土层和结构较松散、软弱的岩层，且不受水位和埋藏深度的影响。

（一）试坑注水试验

试坑注水试验是向试坑底部一定面积内注水，并保持一定水头，以测定土层渗透性的原位试验。试验方法分为单环法和双环法两种：对于毛细力作用不大的砂层、砂卵砾石层等，可采用单环注水法；对于毛细力作用较大的粘性土，宜采用双环注水法。

1. 单环注水法

（1）试验设备

见表6-19所列。

表6-19　单环注水设备一览

名　称	规　格	用　途
铁环	高20cm，直径25—50cm	限定试验面积和试验水头
水箱	容积1m³	储存试验用水
量筒	断面上下均一，面积不大于5000cm²，且有刻度清晰的水尺或玻璃管	观测注入水量
计时钟表	秒表	计量试验时间
供水管路及阀门		向试坑供水用

（2）试验步骤

①试坑开挖　在拟订的试坑位置，挖一个圆形或方形试坑至预定深度，在试坑底部一侧再挖一个注水试坑，深15—20cm，坑底应修平，并确保试验土层的结构不被扰动。

②铁环安装　在试坑内放入铁环，使其与试坑紧密接触，外部用豁土填实，确保四周不漏水，在环底铺2—3cm厚的粒径为5—10mm的细砾作为缓冲层。

③流量观测及结束标准　将量筒放在试坑边，向铁环注水，使环内水头高度保持在10cm，观测记

录时间和注入水量。开始 5 次观测时间间隔为 5min，以后每隔 30min 测记一次，并绘制 Q-t 曲线（图 6-27）。当观测的注入流量与最后两小时的平均流量之差不大于 10% 时，试验即可结束。在试验过程中，试验水头波动幅度不得大于 0.5cm，流量观测精度应达到 0.1L。

（3）资料整理　假定水的运动是层流，且水力比降等于 1，按公式 6.40 计算土层的渗透系数：

$$k = \frac{Q}{F} \qquad \text{公式 6.38}$$

式中，k 为试验土层的渗透系数，cm/min；Q 为注入流量，cm^3/min；F 为铁环的面积，cm^2。

2. 双环注水法

（1）试验设备

见表 6-20 所列。

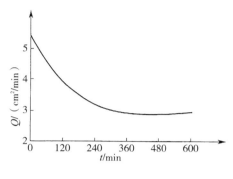

图 6-27　Q-t 曲线图

表 6-20　双环注水试验设备一览

名称	规格	用途	名称	规格	用途
铁环 水箱 流量瓶	高 20，直径分别为 25cm 和 50cm 容积 $1m^3$ 容积 5L	限定试验面积和试验水头 储存试验用水量测注入水量	瓶架 玻璃管 计时钟表	直径 1—2cm 秒表	固定流量瓶用 供水和通气用 计量注水时间

（2）试验步骤

①试坑开挖　同单环注水法。

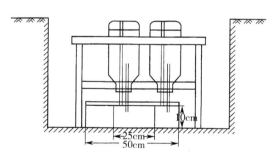

图 6-28　双环注水法安装示意图

②铁环安装　在拟定试验位置，将直径分别为 25cm 和 50cm 的两个铁环同心圆状压入坑底，深约 5—8cm，并确保试验土层的结构不被扰动。在内环及内、外环之间铺上厚 2—3cm 的粒径为 5—10mm 的细砾作为缓冲层。

③装流量瓶　安装瓶架，将流量瓶装满清水，用带两个孔的胶塞塞住，孔中分别插入长短不等的两根玻璃管（管端切成斜口），短的供水用，长的进气用，安装如图 6-28 所示。

④流量观测及结束标准　用两个流量瓶同时向内环和内、外环之间注水，水深为 10cm。在整个试验过程中必须使内环和内、外环之间的水头保持一致。流量瓶通气孔的玻璃管口距坑底 10cm，以保持试验水头不变，注入水量由瓶上刻度读出。观测内环的注入水量，开始 5 次观测时间为 5min，以后为 30min，并绘制 Q-t 曲线。当测读的流量与最后 2h 内的平均流量之差大于 10% 时，即可结束试验。

（3）资料整理

考虑粘性土、粉土的毛细力的影响，采用公式 6.41 计算渗透系数：

$$k = \frac{Qz}{F(H + z + H_a)} \qquad \text{公式 6.39}$$

式中，k 为试验土层的渗透系数，cm/min；Q 为内环的注入流量，cm^3/min；F 为内环的底面积，cm^2；H 为试验水头，cm；z 为从试坑底算起的渗入深度，cm；H_a 为试验土层的毛细压力值，cm（换算成水柱压力，取毛细上升高度的 50% 计算，不同土层的取值参见表 6 – 21）。

表 6 – 21　不同土层的毛细上升高度　　　　　　　　单位：cm

土层名称	毛细上升高度	土层名称	毛细上升高度
粘土	200	细砂	40
粉质粘土	160	中砂	20
粉土	80—120	粗砂	10
粉砂	60		

土层渗入深度的确定方法是，试验前在距试坑 3—5m 处打一个比坑底深 3—4m 的钻孔，并每隔 20cm 取样测定其含水率。试验结束后，立即排出环内积水，在试坑中心打一个同样深度的钻孔，每隔 20cm 取样测定其含水率，与试验前资料对比，以确定注水试验的渗入深度。

3. 试坑注水试验注意事项

单环注水法，渗流为三维流，它测得是土层的综合渗透系数。双环注水法由于在内环和内、外环之间同时注水，求得的渗透系数基本上反映土层的垂直渗透性。无论是单环注水法，还是双环注水法，都要求试验土层是均质、各向同性的，如果试验土层是互层状，或者中间存在夹层，则试验成果将存在较大误差。

（二）钻孔注水试验

1. 钻孔常水头注水试验

（1）试验原理和适用范围　钻孔常水头注水试验是在钻孔内进行的，在试验过程中水头保持不变。它一般适用于渗透性比较大的粉土、砂土和砂卵砾石层等。根据试验的边界条件，分为孔底进水和孔壁与孔底同时进水两种。

（2）试验设备　见表 6 – 22 所列。

表 6 – 22　钻孔注水试验设备一览

名　称	规　格	用　途
钻机	钻孔深度和直径选用	造孔用
钻具	钻杆（N42 – N50mm），钻具（N108 – N146mm）	造孔用
套管	包括同孔径花管	护壁用
水泵	一般勘探用的配套水泵即可	供水用
流量计	水表、量筒、瞬时流量计等	测量注入水量
止水设备	气压、水压栓塞，套管塞（粘土与套管结合）	试段隔离
水	测钟和电测水位计	测地下水位和注水水头
水箱	容积 $1m^3$	储存试验用水
计时钟表	秒表	计时用
米尺	皮尺	丈量用

（3）试验步骤

①造孔与试段隔离　用钻机造孔，预定深度下套管，如遇地下水位时，应采取清水钻进，孔底沉淀物不得大于5cm，同时要防止试验土层被扰动。钻至预定深度后，采用栓塞和套管进行试段隔离，确保套管下部与孔壁之间不漏水，以保证试验的准确性。对孔底进水的试段，用套管塞进行隔离，对孔壁和孔底同时进水的试段，除采用栓塞隔离试段外，还要根据试验土层种类，决定是否下入护壁花管，以防孔壁坍塌。

②流量观测及结束标准　试段隔离以后，用带流量计的注水管或量筒向试管内注入清水，试管中水位高出地下水位一定高度（或至孔口）并保持固定，测定试验水头值。保证实验水头不变，观测注入流量。开始先按1min间隔测5次，5min间隔测5次，以后每隔30min观测一次，并绘制Q-t曲线，直到最终的流量与最后两小时的平均流量之差不大于10%时，即可结束试验。

（4）资料整理　假定试验土层是均质的，渗流为层流，根据常水头条件，由达西定律得出试验土层的渗透系数计算公式：

$$k = \frac{Q}{AH}$$ 　　　　　公式6.40

式中，k为试验土层的渗透系数，cm/min；Q为注入流量，cm^3/min；H为试验水头，cm；A为形状系数，由钻孔和水流边界条件确定，具体查阅有关文献。

2. 饱和带钻孔降水头注水试验

（1）试验原理和适用范围　钻孔降水头与钻孔常水头试验的主要区别是，在试验过程中，试验水头逐渐下降，最后趋于零。根据套管内的试验水头下降速度与时间的关系，计算试验土层的渗透系数。它主要适用于渗透系数比较小的粘性土层，试验设备与钻孔常水头方法相同。

（2）试验步骤

①造孔与试段隔离　与钻孔常水头相同。

②流量观测及结束标准　试段隔离后，向套管内注入清水，使管中水位高出地下水位一定高度，量测管中水位下降速度开始时间间隔为1min观测5次，然后间隔为5min观测5次，10min间隔观测3次，最后根据水头下降速度，一般可按30—60min间隔进行，对较强透水层，观测时间可适当缩短。在现场，采用半对数坐标纸绘制水头下降比与时间的关系曲线（图6-29）。当水头比与时间关系呈直线时说明试验正确，即可结束试验。

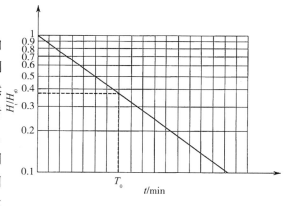

图6-29　H_t/H_0—t曲线

（3）资料整理

假定渗流符合达西定律，渗入土层的水等于套管内的水位下降后减少的水体积，由公式6.43得：

$$k = \frac{\pi r^2}{AH} \times \frac{dH}{dt}$$ 　　　　公式6.41

根据注水试验的边界条件和套管中水位下降速度与延续时间的关系，由图6-30得出降水头注水试验的渗透系数计算公式：

$$k = \frac{\pi r^2}{A} \times \frac{\ln \frac{H_1}{H_2}}{t_2 - t_1}$$　　　　公式 6.42

式中，H_1 为在时间 t_1 时的试验水头，cm；H_2 为在时间 t_2 时的试验水头，cm。

如在任意时间 t 时，套管水位和压力零线之间的差值为 H_t，则当 t = 0 时，$H_t = H_0$；当 t = T_0 时，$H_t = 0$，由图 6 - 30 得：

$$k = \frac{\pi r^2}{A T_0}$$　　　　公式 6.43

式中，T_0 为注水试验的滞后时间，min。

公式 6.44 和公式 6.45 在 ln（H_1 / H_2）= ln（H_{t0} / H_t）= 1 或 $H_{t0} / H_t = 0.37$，T = T_0 = $t_2 - t_1$ 时的特定条件下完全相同。因此在降水头试验中，可以用与相对应的时间，近似的代替注水试验的滞后时间，代入公式 6.45 计算渗透系数，这样可以大大缩短试验时间。滞后时间的图解如图 6 - 30 所示。降水头注水试验的形状系数和常水头注水试验相同。

美国采用双栓塞隔离出 3 试段，进行降水头注水试验，试验安装如图 6 - 31 所示，流量观测方法和前述基本相同，采用下述公式计算土层的渗透系数：

式中，k 为试段的渗透系数，cm/min；r 为工作管内半径，cm；L 为试段长度，cm；Δt 为逐次水位测量之间的时间间隔（即 $t_1 - t_0$，$t_2 - t_1$ 等），min；ΔH 为在 Δt 时间内的水头下降值，cm；H 为在 Δt 时间后的试验水头值，cm。

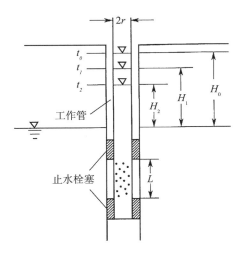

图 6 - 30　试验安装示意图

$$k = \frac{r^2 \cdot \Delta H}{2 L H \cdot \Delta t}$$　　　　公式 6.44

3. 包气带内钻孔降水头注水试验

当试段位于地下水位以上，在包气带内进行钻孔降水头注水试验时，其试验设备和试验方法与饱和带内钻孔降水头注水试验相同，但资料整理有所不同。

中国有色金属工业总公司、冶金部标准《注水试验规程》，考虑了包气带的饱和度和孔隙度，试验安装如图 6 - 33 所示，采用下述公式计算渗透系数：

$$k = \frac{r \ln \frac{H_1}{H_2}}{4 t_2 \left[\frac{3 (H_1 - H_2)}{4 S_r nr} + 1 \right]^{\frac{1}{3}} - t_1}$$　　　　公式 6.45

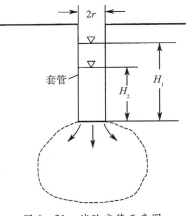

图 6 - 31　试验安装示意图

式中，k 为试验土层的平均有效渗透系数，cm/min；l 为注水管内半径，cm；t 为观测时间，min；H_1 为当 t = t_1 时的管内水柱高度（从孔底算起），cm；H_2 为当 t = t_2 时的管内水柱高度（从孔底算起），cm；S_r 为试验土层的最终饱和度；n 为试验土层的孔隙度。

美国采用双栓塞隔离试段，如图 6-31 所示，试段的渗透系数采用修正的 Jarvis 公式计算：

$$k = \frac{r_1^2}{2l\Delta t}\left[\frac{arsh\frac{1}{r_e}}{2}\ln\left(\frac{2H_1-l}{2H_2-l}\right) - \ln\left(\frac{2H_1H_2-lH_2}{2H_1H_2-lH_1}\right)\right] \qquad 公式 6.46$$

式中，k 为时段的平均渗透系数，cm/min；l 为长度，cm；r_1 为工作管内半径，cm；r_e 为时段的有效半径，cm；Δt 为时间间隔（t_1-t_0，t_2-t_1 等），min；H 为试段底部到工作管中水面的水柱高度（在测量时间 t_0、t_1、t_2 时分别为 H_0、H_1、H_2），cm。

三、压水试验

压水试验是一种在钻孔内进行的渗透试验，它是用栓塞把钻孔隔离出一定长度的孔段，然后以一定的压力向该孔段压水，测定相应压力下的压入流量，以单位试段长度在某一压力下的压入流量值来表征该孔段岩石的透水性，是评价岩体渗透性的常用方法。

压水试验的目的，是了解与工程有关地段岩体的相对透水性、岩体裂隙的张开度、延展性、贯通性充填物的性质、岩体的可灌性、灌浆效果检查等。在地下水条件简单、透水性较小的孔段，可以用压水试验资料估算岩体的渗透系数，为设计和工程处理提供基本资料。在文物保护工程中加入示踪剂，它还是研究渗漏问题中地下水渗流途径的重要技术方法，有关内容详见第八章。

压水试验一般在较完整的岩石孔段内进行，由于工程的特殊需要，也可在强风化带或全风化带进行，在这些孔段，需采取特殊的止水措施，如套管栓塞、水泥塞位或超长型气压栓塞、水压栓塞。

（一）试验设备

1. 止水设备　各种栓塞类型及优缺点见表 6-23 所列。

表 6-23　各种栓塞类型及其优缺点

栓塞类型	组成及操作要点	优　点	缺　点
双管循环式栓塞	由外管、内管、胶塞、丝杠、压盘和放气阀组成，通过拧动压盘上提丝杠压缩胶囊，压入水流从内、外管的环状间隙送入	可以利用内管作测压管，消除水头损失的干扰，栓塞的位置可以适当调整	两套工作管，设备笨重，操作麻烦，在小孔径钻孔中使用难度较大
单管顶压式栓塞	由工作管和胶塞组成，由下到孔底的支撑杆提供反力托住胶塞，由上部的工作管向下施加轴向压力，使胶塞产生径向膨胀，隔离试段	结构简单，安装方便	径向膨胀的有效长度不大，有时止水效果较差，如止水失效，要起出工作管重新安装
气压栓塞	将封闭的胶囊下到预定深度，向胶囊充气，使胶囊膨胀紧贴孔壁达到止水目的	能适应不规则孔壁，胶囊长度不受限制，可增加长度来提高止水效果，止水效果好，塞位可以任意选择，操作方便，可以做成单栓塞或双栓塞	试验现场要有高压气瓶或高压气泵等附属设备

续表 6－23

栓塞类型	组成及操作要点	优　点	缺　点
水压栓塞	将封闭的胶囊下到预定深度，向胶囊充水，使胶囊膨胀紧贴孔壁达到止水目的	同气压栓塞，可以利用现场水泵充塞	有时放水不畅，造成胶囊恢复不完全，起塞困难

2. 供水设备　压水试验多采用水泵直接向孔内供水。要求水泵应达到 1MPa 压力下流量不小于 100L/min，压力稳定，出水均匀，工作可靠。目前中国在钻探中常用的三缸柱塞泵和三缸活塞泵基本能满足上述要求，两缸往复泵稍差。水泵各有关部分应密封良好，水泵的细水高度不宜过大。在往复式水泵出水口附近应安装容积不小于 5L 的调压空气室，可以得到压力非常稳定的水源。供水管路要单独使用，不得与钻进共用。

3. 测试设备

（1）压力量测设　压力表是压力量测的主要设备。精度要达到 1.5 级，使用范围应在压力表极限压力的 1/4—3/4 之间。由于采用多阶段循环试验，压力量测范围大，在试验期间必须换用不同极限压力值的压力表。压力表要装箱保存，不与钻机和水泵上的压力表混用。

（2）流量量测设备　量测流量可用容器加时计、水表加时计和能读出瞬时流量的流量计进行。由于流量观测每隔 1—2min 进行一次，为了操作方便和减少误差，最好用瞬时流量计测流量（表 6－24 和表 6－25）。容积法观测流量仅适用于试段透水率小于 1Lu 的情况，采用量筒加时计的方法观测流量，要求量筒断面上下一致，面积不大于 5000cm^2，量筒内要有防止水面波动的设施，且有刻度清晰，不易变形的水尺或玻璃管。

（3）水位测量工具　测量孔内水位的工具有测钟和电测水位计等。水位测量误差在水深 10m 以内应达到 ±2cm，水位深度大于 10m 时，误差应小于 0.2%。

表 6－24　涡轮流量变送器

型号	通径/mm	最小流量（L/mm）	最大流量（L/mm）	工作压力/MPa	精度
LW－10	10	3.3	20	2.5—10	0.5—1
LW－15	15	10	67	2.5—10	0.5—1
LW－20	20	27	167	2.5—10	0.5—1

表 6－25　旋翼式冷水表（测量管道中流过的总水量）

型号	通径/mm	流量（L/min）			工作压力/MPa	精度
		额定	最小	最大		
Lxs－15	15	17	0.75	25	1.0	±2
Lxs－20	20	27	1.2	42	1.0	±2
Lxs－25	25	30	1.5	58	1.0	±2
Lxs－40	40	105	3.7	167	1.0	±2

（二）现场工作要点

1. 钻孔　压水试验主要是在坚硬与半坚硬岩石中进行，常用的钻进成孔工艺有碾砂钻进成孔、合金钻进成孔和金刚石钻进成孔等。金刚石钻进和合金钻进的孔壁规整，洗孔和隔离效果较好，宜优先采用。禁止使用泥浆作为冲洗液的钻进方法和无泵孔底反循环钻进方法。

压水试验钻孔应下入孔口套管，并做止水处理，防止孔口掉块和孔口地表水或钻进用水流进孔内，且有利于钻进回水排砂和检查栓塞止水效果。如已经试验过的孔段内有破碎带、强透水带或孔壁不稳定段，应及时进行护壁、堵漏或下入孔壁管隔离。

2. 洗孔　洗孔方法见表6－26。洗孔的结束标准是钻孔底部基本无岩粉，回水清洁，肉眼鉴定无沉淀物

表6－26　各种洗孔方法及其优缺点

洗孔方法	原理及操作要点	优　点	缺　点
压水洗孔	将洗孔钻具下至孔底，从钻杆内压入大量清水，将孔内残存岩粉洗干净	简单易行，清洗效果较好	孔口不返水时，洗孔效果难以估计
抽水洗孔	用泵吸抽水或提桶提水，可造成地下水流动方向和堵塞方向相反的环境，有利于排除钻进时充填到裂隙中的充填物，并随抽出水体排除孔外	洗孔效果好	受抽水设备的限制，孔径较小时无法采用
压缩空气洗孔	向孔内送入压缩空气，压缩空气膨胀上浮，对孔壁有压力脉冲和抽吸作用，能将部分岩粉带出孔口	洗孔效果好	需要高压气源

3. 试段隔离　试段隔离按表6－27所示的工序进行。

表6－27　试段隔离工序表

工　序	操作要点及要求
选择塞位	根据钻孔岩芯和钻探记录，选择栓塞置放位置，尽量使栓塞放在孔壁完整、裂隙少的孔段，提高止水可靠性。在确定试段长度时，要考虑下一段的塞位
安装栓塞	单管顶压式栓塞，配塞时要使支撑长度与栓塞下部各接头之和等于或略大于预定的试段长度，栓塞上部进水管的总长度选择要合适，工作管不要露出地面过高，同时要考虑栓塞的压缩值。双管循环式栓塞配塞，既要使栓塞安装在正确位置，又要使内外管长度之差在允许范围之内，常用的方法是根据预定的栓塞底部位置和要求的外管高出地面的概略数值确定外管长度，再根据外管总长度选配内管长度 　　水压或气压栓塞在位置计算上不需要考虑胶塞压缩值，比较简单。双栓塞的安装与单栓塞基本相同 　　水压或气压栓塞的充塞压力根据采用充塞介质不同而分别计算，用水作充塞介质时，用下式计算充塞压力： 　　$p_t = p_{max} - p_y + 0.3$ 　　用气作为充塞介质时，充塞压力用下式计算： 　　$p_t = p_{max} - p_y + p_h + 0.3$ 　　式中，p_t为充塞压力，MPa；p_{max}为最大试验压力，MPa；p_y为孔口至地下水位的水柱压力值，MPa；p_h为孔口栓塞顶部的水柱压力值（双栓塞以下栓塞顶部深度计算），MPa

续表 6 – 27

工　序	操作要点及要求
栓塞止水可靠性检查及处理	可测量工作管外的水位变化，观察孔口是否返水或用诊塞隔离前后流量、压力变化情况来检查栓塞的止水效果，如止水无效，采用加大压缩量或充塞压力、移塞起塞检查或换用性能更好的栓塞等办法处理
特殊孔段的止水措施	对于强风化带或全风化带进行压水试验，设置套管栓塞、灌制水泥塞位或换用超长型气压或水压栓塞

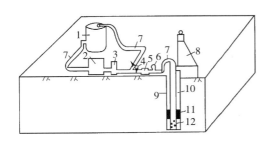

1—水箱；2—水泵；3—稳压空气室；4—阀门；
5—流量计；6—压力表；7—水管；8—钻机；
9—钻孔；10—压水工作管；
11—止水栓塞；12—试段；

图 6 – 32　压水试验安装示意图

4. 水位观测　水位测量必须在试段隔离以后，在工作管内进行。水位测量的结束标准为，每隔 5min 进行一次，当水位的下降速度连续两次均小于 5cm/min 时，观测工作即可结束，以最后观测结果确定压力计算零线。

5. 设备安装　栓塞隔离后，在进行水位观测的同时，开始安装压水试验用的供水设备、配水盘、流量计、压力表或试段压力计等设备，压水试验设备安装如图 6 – 32 所示。结构顺序要合理，压水管路和钻进要分开，压力表安装在流量计或水表的下流方向，以消除流量计或水表压力损失的影响。压力表接头不能漏水。

6. 压力流量观测　压水试验多采用在某一稳定压力下观测相应流量的方法进行，所以流量观测要求每 1—2min 观测一次。每一压力阶段流量观测结束标准为流量无持续增大趋势，且五次读数中最大值与最小值之差小于最终值的 10%，或最大值与最小值之差小于 1L/min。

若流量有持续增大的趋势时，应检查仪表是否正常、读数是否有误、压力是否上升等，经检查确系流量有增大趋势后应适当延长观测时间。

在压水试验过程中，当由较高压力阶段调到较低压力阶段时，常出现水由岩体流向孔内的现象，这种现象叫回流。回流现象一般持续数分钟或十余分钟即消失，在此过程中，流量计表现为反转（—）—不转（0）—正转（＋），在试验中应待回流结束后，观测流量达到稳定，以消除其影响。

当压水孔与陡壁、泉水、井孔、洞穴等接近时，要在压水试验的同时，注意观察附近是否有新的涌水点出现，泉水流量是否有变化，临近井孔水位是否上升，洞穴等是否有新的涌水点或漏水量增大等现象，必要时可以在压入水中加入示踪剂。

各项观测记录要及时记录到正式记录表上，试验结束前要按表格逐项检查，消除错误与遗漏。

（三）资料整理

试验资料整理包括：绘制 P—Q 曲线，确定 P—Q 曲线类型，计算试段透水率以及根据试验成果计算岩体渗透系数等。

1. P—Q 曲线的绘制

按表 6 – 28 要求进行。

表 6 – 28　P—Q 曲线绘制工序表

工　序	内　容
原始资料校核	包括水位观测记录，压力、流量观测记录的校核，以及根据钻孔深度，工作管长度和上余长度，对栓塞置放位置和试段长度进行校核
试验压力计算	根据采用的压力量测设备类型，确定试段压力的计算方法，计算出不同压力阶段的试验压力值
绘制 P—Q 曲线	根据每个压力阶段的试验压力及相应的流量，采用统一的比例尺（P 轴 1mm = 0.01MPa，Q 轴 1mm = 1L/min），绘制 P—Q 曲线，在 P—Q 曲线图上，各点应标明序号，升压阶段用实线连接，降压阶段用虚线连接

2. P—Q 曲线类型的确定

根据 P—Q 曲线中的升压曲线形状以及降压阶段和升压阶段的曲线是否重合及其相对关系，将 P—Q 曲线划分五种类型，即 A（层流）型、B（紊流）型、C（扩张）型、D（冲蚀）型和 E（充填）型，见表 6 – 29。

表 6 – 29　P—Q 曲线类型及曲线特点

类型名称	A（层流）型	B（紊流）型	C（扩张）型	D（冲蚀）型	E（充填）型
曲线特点	升压曲线为通过原点的直线，降压曲线与升压曲线基本重合	升压曲线凸向 Q 轴，降压曲线与升压曲线基本重合	升压曲线凸向 P 轴，降压曲线与升压曲线基本重合	升压曲线凸向 P 轴，降压曲线与升压曲线不重合，呈顺时针的环状	升压曲线凸向 Q 轴，降压曲线与升压曲线不重合，呈逆时针环状

3. 试段透水率计算

岩体渗透性用试段透水率来表示，透水率的单位用吕荣值（Lu）来表示，当试验压力为 1MPa，每米试段的压入流量为 1L/min 时，定义为 1 Lu。试段透水率采用第三（最大）压力阶段的压力值和流量值按式 6.47 计算：

$$q = \frac{Q_3}{L} \times \frac{1}{P_3} \qquad\qquad\qquad 公式 6.47$$

式中，q 为试段透水率（Lu），取两位有效数字；L 为试段长度，m；Q_3 为第三（最大）压力阶段的压入流量，L/min；P_3 为第三（最大）压力阶段的试验压力，MPa。

每个试段的试验成果，用透水率和 P—Q 曲线类型（加括号）来表示，0.23（A），12（B），8.5（C）等。对于只做一个或两个压力阶段，不能确定 P—Q 曲线类型的试段，只用试段透水率来表示，最后把一个孔的试验成果和原始资料装订成册。

④渗透系数计算　国外的规程、手册和教科书中，一般都推荐公式 6.48 计算岩体渗透系数：

$$k = \frac{Q}{2\pi HL}\ln\frac{L}{r_0} \qquad\qquad\qquad 公式 6.48$$

式中，k 为岩体的渗透系数，m/d；Q 为压入流量，m3/d；H 为试验水头，m；L 为试段长度，m；r_0 为钻孔半径，m。

上述公式是假定渗流服从达西定律，且为水平放射流，影响半径为 R = L 的前提下推导出来的。

如果试验成果不符合线性关系，则不能应用上述公式计算岩体渗透系数，否则误差较大。

库兹纳尔（C. Kutzner）归纳以往的试验成果，提出了渗透系数和试段透水率的近似对应关系（表6-30）。多数国家直接采用 $1Lu \approx 10-5cm/s$。

表 6-30　试段透水率和渗透系数近似对应关系

试段透水率/Lu	>30	20—5	3—5
渗透系数/（cm/s）	10^{-3}	$5 \times 10^{-4}—5 \times 10^{-5}$	10^{-5}

6.9.3　岩体原位测试

一、概述

岩体原位测试是在现场制备试件模拟工程作用对岩体施加外荷载，进而求取岩体力学参数的试验方法，是岩土工程勘察的重要手段之一。岩体原位测试的最大优点是对岩体扰动小，尽可能地保持了岩体的天然结构和环境状态，使测出的岩体力学参数直观、准确；其缺点是试验设备笨重、操作复杂、工期长、费用高。另外，原位测试的试件与工程岩体相比，其尺寸还是小得多，所测参数也只能代表一定范围内的岩体力学性质。因此，要取得整个工程岩体的力学参数，必须有一定数量试件的试验数据用统计方法求得。

岩体既不同于普通的材料，也不同于岩块，它是在漫长的地质历史中形成的，由岩块和结构面网络组成的，具有一定的结构并赋存于一定的天然应力和地下水等地质环境中的地质体。因此，岩体的力学性质与岩块相比具有易变形、强度低的特点，并且受岩体中结构面、天然应力及地下水等因素影响变化很大。岩体的力学属性也常具非均质、非连续及各向异性。所以，岩体原位测试应在查明岩体工程地质条件的基础上有计划地进行，并与岩土工程勘察阶段相适应。

岩体原位测试的方法种类繁多，主要有变形试验、强度试验及天然应力量测等类型，由于大部分岩体原位测试一般文物保护工程很少使用，所以本节我们只介绍工作中常会用到的现场快速测试等试验。

二、岩体现场快速测试

（一）岩体声波测试

1. 基本原理

岩体声波测试技术是一项比较新的测试技术，它与传统的静载测试相比，具有独特的优点：轻便简易、快速经济、测试内容多且精度易于控制，因此具有广阔的发展前景。

当岩体受到振动、冲击或爆破作用时，将激发不同动力特性的应力波，应力波又分弹性波和塑性波两种。当应力值（相对岩体强度而言）较高时，岩体中可能同时出现塑性波（或称冲击波）和弹性波；当应力值较低时，则只产生弹性波。这些波在岩体中传播时，弹性波速比塑性波速大，且传播距离远；塑性波不仅传播速度慢，而且只能在振源附近才能观察到。弹性波是一种机械波，声波是其中的一种，它又分体波和面波。体波是在岩体内部传播的弹性波，又分为纵波（P 波）和横波（S 波）。纵波又称压缩波，其传播方向与质点振动方向一致；横波又称剪切波，其传播方向与质点振动方向垂直。面波是沿岩体表面或内部不连续面传播的弹性波，又可分为瑞利波（R 波）和勒夫波（Q 波）等。

根据波动理论，传播于连续、均质、各向同性弹性介质中的纵波速度（υ_p）和横波速度（υ_s）为：

$$\upsilon_p = \sqrt{\frac{E_d}{\rho(1+\mu_d)(1-2\mu_d)}}$$　　　　　公式 6.49

$$\upsilon_s = \sqrt{\frac{E_d}{2\rho(1+\mu_d)}}$$　　　　　公式 6.50

式中，E_d 为介质动弹性模量；μ_d 为介质动泊松比；ρ 为介质密度。

由公式 6.65 和公式 6.66 可知：弹性波的传播速度与 ρ、E_d、μ_d 有关，这样可通过测定岩体中的 υ_{pm} 和 υ_{sm} 来确定岩体的动力学性质。比较以上两式可知有 $\upsilon_{pm} > \upsilon_{sm}$，即 P 波先于 S 波到达，另外，岩体中的 υ_{pm} 和 υ_{sm} 不仅取决于岩体的岩性、结构构造，还受岩体中天然应力状态、地下水及地温等环境因素影响。

工程上声波测试通常是通过声波仪发生的电脉冲（或电火花）激发声波，并测定其在岩体中的传播速度，据上述波动理论求取岩体动力学参数。这项测试技术在国际上是 20 世纪 60 年代应用于岩体测试的；我国在 70 年代初研制成岩石声波参数测定仪，并在工程勘察等单位推广应用，已取得许多有价值成果。声波测试又分为单孔法、跨孔法和表面测试法几种，本节主要介绍表面测试法。

2. 测线（点）选择与地质描述

在钻孔或地表露头上选择代表性测线和测点。测线应按直线布置，各向异性岩体应按平行或垂直主要结构面布置测线。相邻两测点的距离，可据声波激发方式确定，换能器激发为 1—3m；电火花激发为 10—30m，锤击激发应大于 3m。

测点地质描述内容包括：岩石名称、颜色、矿物成分、结构构造、胶结物性质与风化程度；主要结构面产状、宽度、长度、粗糙程度和充填物性质及其与测线的关系等；提交测点平面展示图，剖面图及钻孔柱状图等图件。

3. 仪器设备

（1）声波岩体参数测定仪

（2）换能器，包括发射与接收换能器，要求规格齐全，能适应不同方法测试。

（3）其他：黄油、凡士林、铝箔或铜箔纸等。

仪器安装如图 6－33 所示。

4. 试验步骤

（1）准备工作。安装好仪器设备后开机预热 3—5min。

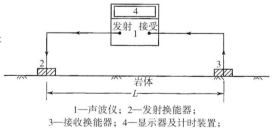

1—声波仪；2—发射换能器；
3—接收换能器；4—显示器及计时装置；

图 6－33　岩体表面声波测试装置示意图

（2）测定零延时 t_{op}、t_{os} 值。在纵波换能器上涂上 2—3mm 厚的凡士林或黄油；横波换能器用多层铝箔或铜箔耦合剂。然后将加耦合剂的发射和接收换能器（纵波或横波换能器）对接，旋动"扫描延时"旋扭至波形曲线起始点，读零延时 t_{op}、t_{os} 值。

（3）测定纵波、横波在岩体中传播的时间。擦净测点表面，将加耦合剂纵波（或横波）换能器放置在测点表面压紧。然后将"扫描延时"旋扭旋至纵波（或横波）初到位置，读纵波（或横波）的传播时间 t_p（或 t_s）要求每一对测点读数 3 次，读数之差应不大于 3%。

（4）量测发射与接收换能器之间的距离 L 测距相对误差应小于 1%。

（5）取代表岩块试件在室内测定岩石的密度（ρ）和纵、横波速度 v_{pr}、v_{sr}（方法步骤同上）。

5. 成果整理与应用

（1）按下式计算岩体的纵、横波速度：

$$v_{pm} = \frac{L}{t_p - t_{op}} \hspace{3cm} 公式6.51$$

$$v_{sm} = \frac{L}{t_s - t_{os}} \hspace{3cm} 公式6.52$$

式中，v_{pm}、v_{sm} 分别为岩体的纵波与横波速度，km/s；L 为换能器间的距离，km；t_s 为纵、横波走时读数（s）；t_{op}、t_{os} 为纵波、横波零延时初始读数，s。

（2）按下式计算岩体动弹性参数：

$$E_d = v_{pm}^2 \rho \frac{(1 + \mu_d)(1 - 2\mu_d)}{1 - \mu_d} \hspace{2cm} 公式6.53$$

或 $E_d = 2v_{sm}^2 \rho (1 + \mu_d)$ $\hspace{4cm}$ 公式6.54

$$\mu_d = \frac{v_{pm}^2 - 2v_{sm}^2}{2(v_{pm}^2 - v_{sm}^2)} \hspace{3cm} 公式6.55$$

$$G_d = \frac{E_d}{2(1 + \mu_d)} = v_{sm}^2 \rho \hspace{3cm} 公式6.56$$

$$\lambda_d = \rho(v_{pm}^2 - v_{sm}^2) \hspace{3cm} 公式6.57$$

式中，E_d 为岩体的动弹性模量，GPa；μ_d 为岩体的动泊松比；G_d 为岩体的动剪切模量，GPa；λ_d 为岩体的动拉梅常数，GPa；ρ 为岩体的密度，g/cm³；其余符号同前。

（3）按下式计算岩体的力学参数：

$$\eta = \frac{v_{pm//}}{v_{pm\perp}} \hspace{3cm} 公式6.58$$

$$k_v = \left(\frac{v_{pm}}{v_{pr}}\right)^2 \hspace{3cm} 公式6.59$$

式中，η 为岩体的各向异性系数；$v_{pm//}$ 为平行结构面方向的纵波速度；$v_{pm\perp}$ 为垂直结构面方向的纵波速度；k_v 为岩体的完整性系数；v_{pr} 为岩块的纵波速度。

利用以上各种指标可以评价岩体的力学性质、岩体质量、风化程度及其各向异性特征。此外，还可以波速指标进行岩体风化分带、岩体分类和确定地下硐室围岩松弛带等，这种方法还广泛应用于石质文物岩石强度及力学参数的测试，是常用的无损检测方法，具体内容详见第八章。

表6-31　某些岩体动静弹性模量的比较

岩石名称	静弹模 E_{me}/GPa	动弹模 E_d/GPa	E_d/E_{me}	岩石名称	静弹模 E_{me}/GPa	动弹模 E_d/GPa	E_d/E_{me}
花岗岩	25.0—40.0	33.0—65.0	1.32—1.63	大理岩	26.6	47.2—66.9	1.77—2.59
玄武岩	3.7—38.0	6.1—38.0	1.0—1.65	石灰岩	3.93—39.6	31.6—54.8	1.38—8.04
安山岩	4.8—10.0	6.11—45.8	1.27—4.58	砂岩	0.95—19.2	20.6—44.0	2.29—21.68

续表6-31

岩石名称	静弹模 E_{me}/GPa	动弹模 E_d/GPa	E_d/E_{me}	岩石名称	静弹模 E_{me}/GPa	动弹模 E_d/GPa	E_d/E_{me}
辉绿岩	14.8	49.0—74.0	3.31—5.00	中粒砂岩	1.0—2.8	2.3—14.0	2.3—5.0
闪长岩	1.5—60.0	8.0—76.0	1.27—5.33	细粒砂岩	1.3—3.6	20.9—36.5	10.0—16.07
石英片麻岩	24.0—47.0	66.0—89.0	1.89—2.75	页岩	0.66—5.00	6.75—7.14	1.43—10.2
片麻岩	13.0—40.0	22.0—35.4	0.89—1.69	千枚岩	9.80—14.5	28.0—47.0	2.86—3.2

大量的资料（表6-31）表明：不论是岩体还是岩块，其动弹性模量都普遍大于静弹性模量，两者的比值 E_d/E_{me}，对坚硬完整岩体约为1.2—2.0；而对风化及裂隙发育的岩体和软弱岩体，E_d/E_{me} 较大，一般为1.5—2.0，大者可超过20.0。

（二）岩石点荷载强度试验

1. 基本原理

点荷载试验是将岩块试件置于点荷载仪的两个球面圆锥压头间，对试件施加集中荷载直至破坏，然后根据破坏荷载求岩石的点荷载强度。此项测试技术的优点是，可以测试不规则岩石试件以及低强度和严重风化岩石的强度。

2. 仪器设备

（1）点荷载仪（图6-34），由加载系统（包括手摇油泵、承压框架、球面压头）和油压表组成。

（2）卡尺或钢卷尺。

（3）其他。地质锤等。

3. 试验步骤

（1）试件制备　在基岩露头上取小岩石样本，用地质锤略微加工使之成为3—5cm见方的岩块，每种岩性约需10—15块。在钻探中也可取岩芯加工成高3—5cm的柱体作为试件。

（2）试样描述　内容包括岩性、结构构造、结构面特征及加力方向间关系和岩石风化程度等。

（3）试样安装　安装前先检查仪器上、下加荷锥头是否对中，然后将试件放入仪器中，摇动油泵升起下锥头，使加荷锥头与试件的最短边方向平行且紧密接触，并注意让接触点尽量与试样中心重合。

（4）加荷　试样安装好后，调整压力表指针至零点，以每秒0.05—0.1MPa的速度均匀加荷至试件破坏，记下破坏时的压力表读数（F）。

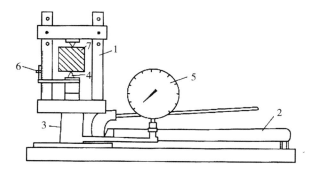

1—框架；2—手摇卧式油泵；3—千斤顶；4—球面压头（简称加荷锥）；
5—油压表；6—游标卡尺；7—试样

图6-34　携带式点荷载仪示意图

（5）描述试件破坏特征　正常的破坏面应同时通过试件两加荷点，否则试验无效，应舍弃。有效试件描述内容包括破坏面形状及破碎程度（碎裂块数）。

（6）破坏面尺寸测量　尺寸测量包括上下加荷点间的距离（D）和垂直于加荷点连线的平均宽度（W_f），求出破坏面面积（A_f）。

（7）重复试验　重复步骤（3）—（6）对其余试件试验。

4. 成果整理

（1）按下式计算破坏荷载 p（N）与破坏面等效圆直径的平方值 D_e^2（mm^2）：

$$p = cF \hspace{6cm} \text{公式 6.60}$$

$$D_e^2 = \frac{4A_f}{\pi} \hspace{5cm} \text{公式 6.61}$$

式中，c 为标定系数；F 为破坏荷载，MPa；A_f 为破坏面面积，mm^2。

（2）按公式 6.64 计算岩石的点荷载强度 I_s（MPa）：

$$I_s = \frac{p}{D_e^2} \hspace{5cm} \text{公式 6.62}$$

求出各个试件的 I_s 后，以算术平均值作为所测岩石的点荷载强度。

（3）按下式计算岩石的抗压强度 σ_c（MPa）和抗拉强度 σ_t（MPa）：

$$\sigma_c = 22.82 I_s^{0.75}$$

$$\hspace{9cm} \text{公式 6.63}$$

$$\sigma_t = K I_s \hspace{6cm} \text{公式 6.64}$$

式中，I_s 为岩石的平均点荷载强度，MPa；K 为系数，一般取 0.86—0.96。

点荷载强度还可作为岩块与岩体工程分类及岩体风化分带的指标。

（三）岩体回弹锤击试验

1. 基本原理

根据刚性材料的抗压强度与冲击回弹高度在一定条件下存在着某种函数关系的原理，利用岩体受冲击后的反作用，使弹击锤回跳的数值即为回弹值（R），此值愈大，表明岩体愈富弹性、愈坚硬；反之，说明岩体软弱，强度低。

据研究，岩体回弹值（R）和岩体重度（γ）的乘积与岩体抗压强度呈线性关系，因此只要测得回弹值和重度，即可求取岩体的抗压强度 σ_{cm}。

用回弹仪测定岩体的抗压强度具有操作简便及测试迅速的优点，是岩土工程勘察对岩体强度进行无损检测的手段之一。特别是在工程地质测绘中，使用这一方法能较方便地获得岩体抗压强度指标，由于该方法对检测对象基本无损伤，所以也是石质文物保护工程中常用的现场无损检测方法，因此有关试验要点和资料整理的详细要求将在第八章做详细阐述。

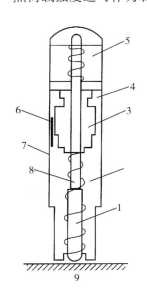

1—弹击杆；2—弹击弹簧；3—冲击锤；
4—挂钩；5—压力弹簧；6—指针滑块；
7—刻度尺；8—中心导杆；9—岩体表面

图 6 - 35　回弹仪结构简图

2. 仪器设备

（1）回弹仪（图 6 - 35）由弹击系统（包括冲击锤、弹簧和弹击杆）和测量系统组成。测试前应进行检查校验。

3. 试验要点

具体内容详见第八章。

4. 资料整理

具体内容详见第八章。

6.9.4　室内试验

一、土工试验

土的物理性质试验项目可根据设计需求，参考表 6-32 确定。

表 6-32　土的物理性质试验项目

土的类别	试验项目
砾石土和碎石土	颗粒分析、比重、天然含水量、天然密度、最大密度、最小密度、（有机质含量、渗透系数）。
砂土	颗粒分析、比重、天然含水量、天然密度、最大密度、最小密度、（有机质含量、渗透系数）。
粉土，粘性土	颗粒分析、比重、天然含水量、天然密度、液限、塑限、（有机质含量、渗透系数）*。
注：带（ ）项目为可选择项目。	

土的力学性质试验可包括剪切试验和压缩试验，如设计要求，还可进行专项试验。

特殊性土（如湿陷性土、红粘土、软土、混合土、填土、多年冻土、膨胀岩土）及特殊要求，应根据相关规范测定土的特殊性指标。

土工试验方法及资料整理要求应符合《土工试验方法标准》的相关规定。

二、岩石试验

1. 岩石的物理性质试验项目可根据设计需求，参考表 6-33 确定。

表 6-33　岩石物理性质试验项目

常规试验	颗粒密度和块体密度试验，吸水率和饱和吸水率试验
可选择试验	压汞试验、渗透性试验、耐崩解性试验、冻融试验 吸水性能测定试验

岩石力学性质试验包括抗压强度、抗拉强度（劈裂试验）等项目的测试。单轴抗压强度试验应分别测定干燥和饱和状态下的强度并提供极限抗压强度和软化系数。

如设计要求，可进行岩石剪切试验，抗水性弱或经常处于湿润状态的岩石还可进行饱和剪切试验。

岩石成分分析试验包括岩矿鉴定、矿物成分分析、化学成分分析等项目。

软弱结构面（层）力学性质试验根据设计要求可选择天然软弱结构面和滑移面的剪切试验、断层碎裂岩及结构面充填物的剪切试验及干抗剪强度和饱和抗剪强度试验。

岩石试验方法及资料整理要求应符合《工程岩体试验方法标准》的相关规定。

三、水质分析试验

水质分析试验项目根据设计需求，参考表 6 - 34 确定，表中可选择项目应由设计要求确定。

表 6 - 34　水质分析试验项目

常规项目	PH 值、矿化度、硬度、总碱度、主要的阳离子和阴离子含量。
可选择项目	游 $CO2$、侵 CO、可溶 SiO_2、F、AS、酚、其他离子含量、细菌总数和类型。

第七章　环境工程地质问题勘察

7.1　环境工程地质问题的提出与环境工程地质学的发展[5]

7.1.1　环境工程地质问题的提出及环境工程地质学的兴起

早在 1925 年前后，前苏联著名的地球化学家维尔纳特斯基就提出了"灵生圈"的概念。1945 年前后，他写文章重述早期演讲中提出的观点："在我们的地球上，出现了一种新型的地质现象，这就是人类第一次变成规模巨大的地质营力……在化学方面，人类正有意识地，甚至更多是无意识地剧烈改变着地球表面和生物圈。" 1984 年，美国克拉克大学地球研究院的 R. W. 卡特斯（Kates）也指出，目前主要问题的焦点集中在以下理论观念上：自然的性质是牢固的还是脆弱的；人类的本性是适应的还是破坏的；相互作用的性质是线性的还是非线性的、连续的还是间断的。进而，人们提出了"地球的可居住性"问题。这些都是关于环境工程地质问题的早期研究。

国际交流与协作为环境工程地质学的创立做了组织准备，对加速环境工程地质问题的研究起了重要推动作用。1970 年，国际地球科学联合会（IUGS）正式成立了"地球化学与人类"专业委员会；1972 年，第二十四届国际地质大会将"城市和环境地质"列为第一专题；1979 年，国际工程地质协会（IAEG）在波兰召开首次"人类工程活动对地质环境变化的影响"专题讨论会；1980 年，在巴黎第二十六届国际地质大会上，国际工程地质协会一致通过了《国际工程地质协会关于参与解决环境问题的宣言》（以下简称《宣言》）。《宣言》倡议，所有从事工程地质和相邻学科的人员，在设计和修建任何工程时，不仅必须注意工程设施的可能性及经济效益，而且必须考虑保护和合理利用环境的问题；要求查明工程地质作用，并在空间、时间上进行定量预测评价；要求开展以了解某些地区地质环境为目的的区域地质调查，编制世界性的分类工程地质图。至此，环境工程地质研究，在经过多次各种类型的与人类活动有关的地质灾害的教训、长期的思想孕育和组织准备后，已开始在全世界普遍展开。《宣言》已成为现代工程地质学向环境地质学进军的时代标志；同时，也肯定了已有的环境工程地质问题。

国内全国性的环境工程地质会议，在中国地质学会工程地质专业委员会主办下，从 1982 年的第一次算起到 1999 年共召开了 4 次。每一次都标志着中国环境工程地质学的研究有了新的进展。1982 年 11 月在湖北孝感召开的第一次会议上，揭示出环境工程地质学的研究在我国的工程地质学领域中所起的重要作用。1989 年 11 月在西安召开的第二次会议，对环境工程地质学的理论研究有重要的指导意义。1995 年 9 月在兰州召开的第三次会议对环境工程地质学的学科特点问题，各方面的专家与学者都发表了很多的学术见解，在某些方面取得了共识，同时也存在着不同的学术观点。1999 年 8 月在哈尔滨召开了第四次会议，荟萃了环境工程地质在近年实际应用中取得的成果。

7.1.2　环境工程地质学的研究范畴

环境工程地质学是介于地质学、工程科学、环境科学之间的边缘科学。广义的环境工程地质学既研究环境系统本身，也研究环境污染问题。因此，其研究范畴包括地质环境及其在人类工程活动影响下可能发生的变化这两个方面，即同时研究地质环境本身存在的对工程建设不利的地质作用、因素和工程建设引起的或加剧的不良地质作用与现象。地质环境本身存在的对工程建设不利的地质作用或地质因素，实际工作中常称为原生（或第一类）环境工程地质问题，主要有地震、火山、滑坡、泥石流、风沙、膨胀土等。因人类工程活动引起的或加剧的不良地质环境效应，诸如地表面沉降、塌陷、边坡与库岸塌滑以及诱发地震活动等，相应称之为次生（或第二类）环境工程地质问题。广义的环境工程地质学将地质环境与工程设施统一起来作为系统，研究所有这两类环境工程地质问题（或称工程地质环境问题）。

狭义环境工程地质学则强调环境科学，主要研究环境污染—人类活动对各种自然环境的破坏作用，因此以地质环境在人类工程活动影响下发生的变化，特别是工程活动的不良环境效应，也即上述次生环境工程地质问题为主要研究对象。

第二类环境工程是由第一类环境地质问题演变而来的，次生环境工程地质问题与原生环境工程地质问题之间常有着密切的成生联系。因此，环境工程地质学实际上不可能仅限于研究地质环境因人类工程活动引起的变化，同时也必须研究地质环境与工程设施的相互依存、相互制约关系，即如上所述，环境工程地质学是将地质环境与工程设施作为一个系统进行研究。

7.1.3　不可移动文物保护工程中环境工程地质问题的界定[6]

不可移动文物是人类历史上工程行为的遗物，保护它必然离不开对其赋存地质环境的研究。

1986 年至 1987 年，在河南洛阳龙门石窟保护工程前期勘察工作过程中，针对龙门石窟存在的问题，中国地质大学（武汉）水文地质及工程地质系潘别桐教授领导的科研团队首次进行了专项研究，在这次工作研究报告和相应科研成果中，他们首次将文物保护中的有关工程问题进行了分类，并将这些问题和有关现象界定为"环境地质病害"的概念。1992 年，由潘别桐教授和国家文物局文物保护科学技术研究所黄克忠先生主编的《文物保护与环境地质》一书中，正式提出了"环境地质病害"这一概念。他们按照病害的主要成因，并将"环境地质病害"划分为两类。第一类是指由于自然地质作用引起的地质病害；第二类是由于人类生产或工程活动，引起自然环境改变，在改变后的自然环境营力作用下，引起原有（第一类）地质病害的加剧或诱发新的环境地质病害。很显然，这种分类方式与前述的环境工程地质问题的分类具有高度的相似性。自然也可视为两类环境工程地质问题。

7.2　第一类环境工程地质问题勘察

7.2.1　不可移动石质文物保护中第一类环境环境地质问题的认识

因为文物是历史上既有工程行为的产物，所以它的建造过程必然受到原有地质环境的制约和限制，如我国的石窟寺多数开凿在依山傍水的崖壁上，组成崖壁的地层大都未经历过强烈构造变动，岩体完整性较好，地层产状多为近水平或缓倾，层厚多为中厚层至巨厚层。这些特点不仅反映了我国先民在使用功能方面的考虑，更反映了我国先民在工程行为中对地质环境的认识。

但是限于当时科学技术水平和人们对自然的认识水平，在这些工程行为中不可能解决所有的环境地质问题，而这些问题便成为我们需要面对和解决的问题。在不可移动石质文物保护过程中常见的第一类环境工程问题有滑坡、崩塌、地下水渗漏、淤积等几类。

7.2.2　第一类环境地质问题的勘察要求

在不可移动石质文物保护中岩土工程勘察工作往往与第一类环境地质问题的勘察工作是紧密相关的，应协调开展工作，前者主要以解决地质环境大背景及场地条件问题为勘察重点，而后者在前者工作基础上，工作重点应集中在以下两个方面。一是查明该类问题分布区域、规模、严重程度及产生原因；二是研究与评价该类问题对文物本体及相关环境的影响程度。

7.3　第二类环境工程地质问题勘察

7.3.1　不可移动石质文物保护中第二类环境地质问题的认识

与不可移动石质文物保护中第一类环境地质问题相比，第二类环境工程地质问题要更为复杂。目前总结起来有大体以下几类。

一、小气候环境改变引起石质文物表层劣化加剧问题

炳灵寺石窟开凿在白垩纪长石石英砂岩中，该岩石胶结物成分中粘土矿物占15%，而粘土矿物中蒙脱石含量高达38%。在修建刘家峡水库后，原来的干旱小气候环境变得干湿交替频繁。这种干湿交替的小气候环境，使蒙脱石矿物发生胀缩，加速了石雕表面风化，使原来光滑圆润的石雕开始掉粉，变得粗糙模糊（图7-1）。这种问题也出现在新疆的森木塞姆石窟。

二、水文地质环境变化引起的渗漏问题

炳灵寺石窟位于刘家峡水库后尾。由于水库库尾淤积和泥石流共同作用导致窟前地面抬升，地下水位升高，底部窟龛因毛细作用产生渗漏问题，（图7-2）该类问题也出现在新疆的库木吐喇石窟。

图 7-1　小环境改变导致表层劣化加剧的炳灵寺石窟造像

图 7-2　小环境改变导致表层劣化加剧的炳灵寺石窟窟前淤积情况

三、环境污染引起的石质文物表层劣化加剧问题

于工业的发展，大气中的二氧化硫含量增加，导致酸雨。此外某些地区大气中悬浮颗粒含量也增大，这些酸雨和微颗粒降落在石雕表面，造成石雕岩石的腐蚀。如江苏连云港孔望山摩崖石刻岩性为混合花岗岩，由于受酸雨作用，混合花岗岩中的长石矿物加剧风化，使石刻造像表面出现麻点甚至小的孔洞。又如河北邯郸响堂山石窟寺，被附近的水泥厂、化工厂及煤矿等厂矿企业包围，大气中超标的二氧化硫以及由其形成的酸雨腐蚀着石灰岩质的石雕造像。此外，大量的水泥粉尘更在石雕表面形成了一层水泥硬壳（图 7-3）。

四、采矿引起地面塌坍导致文物破坏问题

江苏连云港将军崖岩画所在岩体位于锦屏磷矿矿床的顶板，磷矿的开采已经造成大面积的采空区，

由于采空区的塌坍、崩落，导致地表岩体产生裂隙，而这些裂隙已经切割岩画所在岩体，危及岩画安全（图7-4）。

图7-3　南响堂石窟被污染的外部石刻

图7-4　将军崖岩画

五、人工震动对文物保存的危害问题

　　人工震动对石质文物保存的危害是比较普遍存在的问题。最典型的事例发生在龙门石窟保护区。在龙门保护区内，洛阳水泥厂及乡镇企业曾连年放炮采石，焦枝铁路及穿越石窟中心区的洛临公路的火车、汽车行驶时的振动，均是导致石窟岩体因振动失稳的动力源。在这类动荷载作用下，使石窟区内的岩体危岩体渐趋失稳。同样这种震动也会导致石质文物表层劣化的加剧。如河南义马鸿庆寺石窟毗邻陇海铁路，因火车运营震动。现存石刻已损毁殆尽（图7-5）。

六、河流改道、修建水库引起的淹没或淤积问题

如云冈石窟前因十里河金代人工改道导致淤积)、巩县石窟伊洛河因自然改道导致窟前淤积，这些情况使下部石刻处于地下水毛细作用带内，由于长期作用，该区域石刻多已破坏（图7-6）。

图7-5　损失殆尽的鸿庆寺石窟石刻　　　　　图7-6　云冈石窟底部石刻保存现状

而修建水库引起的淹没和淤积问题也很普遍，如前所述的三门峡水库、三峡水利工程、小浪底水库、刘家峡水库都存在此类问题。

7.3.2　第二类环境地质问题的勘察要求

通过前面分析，我们不难发现，对于不可移动石质文物而言，第二类环境工程地质问题要比第一类环境工程地质问题复杂得多，往往岩土工程勘察深度不能完全满足工程设计的要求，因此，必须开展必要的专项勘察、研究和监测工作。

该方面勘察工作主要包括下三方面内容。

一、查明诱发该类问题原因及对文物本体和相关环境的影响程度。

二、研究该类问题的控制因素，并提出防治对策。

三、监测和研究该类问题的规律性，并预测其发展趋势。

第八章　石质文物病害勘察

8.1　不可移动石质文物病害概念的提出、界定与基本分类

如前所述，1986 年至 1987 年，在河南洛阳龙门石窟保护工程前期勘察工作过程中，针对龙门石窟存在的问题，中国地质大学（武汉）水文地质及工程地质系潘别桐教授领导的科研团队首次进行了专项研究，在这次工作研究报告和相应科研成果中，他们第一次将文物保护中的有关工程问题进行了分类，并将这些问题和有关现象界定为"环境地质病害"的概念。1992 年，由潘别桐教授和黄克忠先生主编的《文物保护与环境地质》一书中，正式提出了"环境地质病害"这一概念。他们按照病害的主要成因，将"环境地质病害"划分为两类。一类是指由于自然地质作用引起的地质病害；另一类是由于人类生产或工程活动，引起自然环境改变，在改变后的自然环境营力作用下，引起原有（第一类）地质病害的加剧或诱发新的环境地质病害。同时，他们对我国石窟寺常见的环境地质病害进行了系统地梳理，提出了九类主要病害类型：1、降水、河水、地下水造成的石窟漏水、渗水和积水；2、边坡岩体失稳；3、地震危害；4、岩石风化病害；5、风沙吹蚀病害；6、小气候环境改变引起的石窟病害；7、环境污染引起的石雕岩石的腐蚀病害；8、采矿引起的地面坍塌导致文物破坏；9、人工爆破震动对石窟寺保存的危害。从破坏现象本身特征及相关概念界定的科学性考虑，笔者认为在这一时期提出的以上概念体系存在两点不足。首先是对于石质文物而言"环境地质病害"这一概念过于局限。由于在当时历史条件下，研究的主要对象是石窟寺，它是一种在地质体内直接建造的文物类型，所以，他们将所有的问题和现象都归并到了环境工程地质问题范畴中，着力去研究人类活动和地质环境间的相互作用。但是，在石质文物中还包括了大量的通过开采行为脱离了地质体，又通过加工、建造等一系列行为形成的建筑物、构筑物、雕刻艺术品等类型，而这些类型文物的有些问题在许多方面已超出了环境工程地质学的研究范畴。如砌筑类石质建筑物内部的渗水问题，雕刻岩石表面劣化中的微生物问题，因此如果以"环境地质病害"的概念去界定所有石质文物的破坏现象和相关问题是不完全合适的。其次是病害类型的划分应以现象为依据，而不应以成因为依据。"病害"一词的核心是"病"，在《辞海》中"病"被界定为失去健康的状态。它是一种症状或一种现象，在科学界使用"病"（disease）这一词最早和最多的领域，应该是医学界。而"病害"概念的提出使用较早的领域是农业和植物界。植物病害（plant disease）被界定为如果有害生物或不良的外界条件对植物的影响程度超过了植物所能忍耐的限度，植物就不能正常地进

行生理活动，局部或整体的生长发育出现异常，甚至死亡的现象。在《中国大百科全书—农业卷》中植物病害（plant disease）被界定为植物在病原物的侵害或不适环境条件的影响下生理机能失调、组织结构受到破坏的过程。通过比较，很明显我们需要界定的石质文物保护中所面临的问题和各种有害现象与植物病害（plant disease）中所提的病害一词的内涵极为接近。病害内涵的核心是现象，如人一旦身体机能产生问题，大都会出现发热、头疼；植物如果受到不良环境影响，会出现诸如叶面发黄、枯萎。这些都是外在的现象和症状，但产生这种症状的原因是复杂的、多方面，甚至是综合的。就文物岩石材料的劣化而言，其表面和表层大部分破坏现象的产生往往是各种因素综合作用的结果，有自然的物理、化学和生物作用，也有人为因素的影响。

因此，基于以上观点，1999年开始，笔者在国家文物局1999年度科研项目"石质文物保护工程勘察技术规范研究"（合同编号9918）等相关课题的资助下，在前人工作成果的基础上，对石质文物破坏现象的界定和分类进行了系统研究。在本次研究成果过程中，提出了以下两个观点：

1. 对于现象及问题的描述应尽可能的客观，所以应以"病害"这一不搀杂任何主观推断成分的词汇来界定石质文物破坏表象的总称更为合适。

2. 石质文物病害（diseases of stone monument）是指石质文物在自然营力作用和人为因素影响下所形成的，影响文物结构安全和价值体现的异常或破坏现象。

不可移动石质文物因制造工艺、保存形态、所处环境条件不同，所以病害类型极为复杂，通过研究和总结，我们大体可将其分为结构失稳、渗漏和表层劣化三类。各类不可移动石质文物常见病害类型及勘察深度基本要求可参考表8-1。

表8-1　各类不可移动石质文物常见病害类型及勘察深度基本要求

类型	病害类型		勘察深度基本要求
石窟寺、崖墓等与地质体相连开凿在岩体内的洞窟（洞室）类文物	结构失稳	边坡失稳	I
		洞窟（洞室）失稳	查明洞窟（洞室）内岩体不稳定区域的规模、分布情况，并对危岩体进行稳定性评价及影响因素分析。
	渗漏		II
	表层劣化		III
摩崖造像、摩崖石刻、岩画等与地质体相连的雕刻或描绘在岩体表面的文物	结构失稳—边坡失稳		I
	渗漏		II
	表层劣化		III
地面石质建筑物及构筑物	结构失稳		IV
	渗漏		查明渗漏点的分布区域、渗漏规律，查明与渗漏有关的原构造做法，并进行渗漏成因及影响因素分析。
	表层劣化		III

续表 8 - 1

类型	病害类型	勘察深度基本要求
地下石质建筑物及构筑物	结构失稳	IV
	渗漏	查明渗漏点的分布区域、渗漏规律及与地下水位变化和地表水体分布的关系，查明与渗漏有关的原构造做法，并进行渗漏成因及影响因素分析。
巨型碑刻、单体石刻	结构失稳	IV
	表层劣化	III
一般碑刻、单体石刻及石质建筑构件	表层劣化	III

注1：表中 I 内容为"查明边坡岩体不稳定区域的规模、分布情况，并对危岩体进行稳定性评价及影响因素分析。"
注2：表中 II 内容为："查明渗漏点的分布区域、渗漏规律，并进行补给条件、径流途经及影响因素分析。"。
注3：表中 III 内容为"查明岩石表层的主要劣化形态、物理力学特性的变化特点及矿物、化学成分的变化特性，并进行病害成因分析和劣化原因研究。"。
注4：表中 IV 内容为"查明基础及主体结构保存现状、结构不稳定现象的分布规律，并进行整体稳定性及受损构件安全性评价及影响因素分析。"

8.2　结构失稳病害勘察

结构失稳（structure failure）特指文物主体结构或其所依存的岩土环境所产生的局部或整体不稳定现象。

8.2.1　一般要求

该类病害勘察的一般要求如下。

1. 在调查基础上，应重点评价和分析影响结构稳定性的各类因素，如地下工程、地震、暴雨、振动（如爆破、铁路、地铁、公路等）、地下水位变化等，为加固工程设计提供依据。

2. 应调查和评价以往加固工程的实施时间、部位、技术及目前工程的有效性，在此基础上，进一步评价以往加固工程对本次工程实施的影响程度。

8.2.2　石质建筑物及构筑物结构失稳病害勘察

一、结构特征调查

通过搜集资料，并结合形制测绘和勘探方法，应查明建筑物及构筑物的结构特征及构造做法，尤其是对地下、内部隐蔽结构和加强结构做法的调查。

二、基础类型及埋深调查

在不影响文物结构稳定的前提下，应布设适量探槽，以查明建筑物及构筑物基础类型、埋深及保存情况。

三、场地类别与地基调查

应查明建筑物及构筑物所在位置的下部地层分布、性质、地基承载力，地下水埋深及对地基土的影响，该部分工作应与岩土斟茶勘探工作相结合，在不影响文物结构稳定的前提下，勘探点宜以建筑物及构筑物所在位置为重点布设区域。

四、结构保存现状调查

应查明建筑物及构筑物结构变形及破坏的位置、区域（包括整体变形破坏和构件局部变形破坏），地基发生不均匀沉降时应在平面图上反映其范围、程度和裂缝走向，沉降量的测量要求应按照《建筑变形测量规程》的相关规定执行，上部结构发生变形、破坏时，所有断裂、裂缝、膨闪、倾斜、错位、塌落等与结构失稳和安全有关的迹象，其部位、规模、形态均应反映在立面实测图上，倾斜、膨闪和错位变形量的具体测量方法可参照《建筑变形测量规程》。

五、测试

应查明建筑物及构筑物建造材料类型、性质，可利用更换或塌落下来的构件取样进行岩石物理、力学性质试验和岩石类型鉴定，具体岩石类型鉴定、命名具体要求应符合《岩石和岩体鉴定和描述标准》、《岩石分类与命名方案》相关规定。如无更换或塌落下来的构件，可采用岩石声学测试、回弹锤击测试等综合方法获得岩石力学性质指标，为设计提供依据，同时应进行建造材料的采石场调查和采样以获取岩石的物理性质指标。

六、分析与评价

分析与评价应包括以下内容。

（一）分析评价地基沉降与地下水、地层岩性间的关系。

（二）整体稳定性分析与评价。在查明结构和构造做法，获得建造材料物理、力学指标的前提下，可通过数值分析方法对建筑物及构筑物整体稳定性进行分析与评价，评价过程根据环境条件、场地条件和结构特点，在设定工况条件时，应充分考虑风、雪及人类生产、生活活动所产生的附加荷载和暴雨、地震、洪水、潮汐等不利因素的影响。

（三）构件安全性分析与评价。在结构保存现状调查的基础上，应对所有裂缝进行进一步测量和统计，具体要求参见表8-2。对于承重构件，根据裂缝形态、产生部位、受力状态应明确构件变形破坏的力学机制，并根据构件受力状态和岩石的力学性质，计算构件的安全系数。石质建筑物及构筑物裂缝测量统计工作要求如下。

1. 裂缝测量统计内容

详见表8-2。

表 8 - 2　石质建筑物及构筑物裂缝测量统计表

编号	位置	长度（cm）	形态	裂缝宽度及变化（mm）	裂隙贯通性及深度（mm）	开裂机制预判	其它说明	照片

2. 测量统计表填写要求

（1）编号

调查时所有裂缝均应逐一编号，编号可根据建筑物及构筑物结构特点按方位或构件顺序排列，并应以此为序标注在现状实测图上。

（2）位置

应填写裂缝所处构件名称方向及具体部位，如"明间东柱北侧顶部"。

（3）长度

应按裂缝表面实际长度填写，单位为 cm。

（4）形态

可按裂缝表面实际形状填写，如"S"形、"Y"形。

（5）裂缝宽度及变化

应填写裂缝表面开裂的最大宽度，单位为 mm，同时填写宽度变化，如"上宽下窄"、"上窄下宽"、"中间窄两头宽"。

（6）裂隙贯通性及深度变化

应填写肉眼观察和可测量到的裂隙深度 及是否贯通构件，单位为 mm。

（7）开裂机制预判

根据构件受力破坏状态，可按"压裂""拉裂"、"剪裂"等内容选择填写，如无法判断暂可不填，稳定性分析评价后再填写。

（8）其它说明

可填写与裂缝伴生的其它破坏迹象，如变形、压碎带等。

（9）照片

应填写裂缝部位的全景照片图版号。

在整体稳定性分析评价及构件安全性分析评价基础上，应根据文物价值、环境影响程度、局部变形构件在结构体系中的作用及变形破坏程度，对石质建筑物及构筑物变形构件的安全性进行分级评价。

七、监测

对于建筑物及构筑物上影响结构整体稳定性的活动裂缝和变形区域应进行长期监测，为加固工程设计提供依据，检验加固工程实施效果及预警。监测项目可包括裂缝监测、变形监测和地基沉降监测等，具体技术要求可参考《建筑变形测量规程》。

8.2.3 边坡失稳病害勘察

一、边坡区域调查

结合岩土工程勘察应查明文物保护范围内边坡地带的不稳定区域，岩质边坡应进行详细的节理裂隙测量统计，具体要求参见表 8 - 3，并应反映在壁面立面图上，在此基础上，应查明所有危岩体的位置、几何尺寸、边界条件，并应反映在壁面立面、剖面图上。重点应加强对卸荷裂隙和楔形体的调查。同时应查明支护、锚固、裂隙灌浆等既往主要保护工程措施的实施位置，并应反映在相应图件上。岩体节理裂隙测量统计工作要求如下。

（一）测量统计内容

详见表 8 - 3。

表 8 - 3　岩体节理裂隙测量统计表

编号	位置	产状		迹长 （cm）	隙宽 （mm）	节理裂隙性质	填充情况	有无渗水	其它说明	照片
		倾向（o）	倾角（o）							

（二）测量统计表填写要求

1. 编号

调查时所有节理裂隙均应逐一编号，洞窟外岩壁面节理裂隙编号可按测量导线方向排列，洞窟内节理裂隙编号可按所处壁面方位并结合测量导线方向排列，并应以此为序标注在现状实测图上。

2. 位置

应填写节理裂隙处的具体部位，如"1 号窟窟外壁东 50m 处"。

3. 产状

应用地质罗盘测量节理裂隙的倾向及倾角，单位为°。

4. 迹长

应按节理裂隙表面实际长度填写，单位为 cm。

5. 隙宽

应填写节理裂隙表面开裂的平均宽度，单位为 mm，同时填写宽度变化，如"上宽下窄"、"上窄下宽"、"中间窄两头宽"。

6. 节理裂隙性质

通过观察、测量结果，应根据节理裂隙的产生原因填写，如"卸荷裂隙"、"构造裂隙"或"层面裂隙"等。

7. 填充情况

应根据节理裂隙面中填充物质及程度的实际情况填写，如"中间被部分粘土填充"。

8. 有无渗水

按实际情况填写，裂隙有水渗出，填"有"，否则填"无"。

9. 其它说明

可填写与节理裂隙伴生的其它破坏迹象，如危岩体、破碎带等。

10. 照片

应填写节理裂隙发育部位的全景照片图版号。

二、勘探与测试

应查明所有不稳定区域和危岩体结构面的产状、性质、分布及其组合关系和抗剪强度，同时应查明影响稳定性的地下水类型、水位、水量、补给、排泄及变化规律。

三、分析与评价

在调查、勘探与测试的基础上，应对所有不稳定区域和危岩体进行进一步分析，根据破坏迹象、产生部位、受力状态应明确危岩体失稳的力学机制，分析评价具体内容要求如下。

（一）分析评价内容

详见表 8-4。

表 8-4 危岩体分析评价表

编号	位置	边界条件	形态	体量（m³）	破坏模式	工况条件	稳定系数计算结果（F_S）	评价结论	照片

（二）分析评价表填写说明

1. 编号

调查时所有危岩体均应逐一编号，洞窟外岩壁面危岩体编号可按测量导线方向排列，洞窟内危岩体编号可按所处壁面方位排列，并应以此为序标注在现状实测图上。

2. 位置

应填写危岩体的具体发育部位，如"1 号窟窟外壁东 50m 处崖顶"。

3. 边界条件

应填写形成危岩周边不连续软弱结构面产状及临空面走向、倾角，单位为°。

4. 形态

可按照 YS 5230 有关规定填写，如"楔形体"、"板状体"。

5. 体量

应计算危岩体的石方量，并填写，单位 m³。

6. 破坏模式

应根据危岩体边界条件，在分析破坏机制基础上填写，如"滑移破坏"、"倾倒破坏"、"坠落破坏"等。

　　7. 工况条件

　　填写稳定性计算时设定的工况条件，如"自重"、"自重+强降雨"、"自重+地震"、"自重+地震+强降雨"等；

　　8. 稳定系数计算结果

　　根据破坏模式、工况条件可参考《建筑边坡工程基础规范》、《边坡工程勘察规范》等相关规范对危岩体稳定状态进行计算，并填写稳定系数 F_S 计算结果。

　　9. 评价结论

　　可按"不稳定"（ $F_S < 1$ ）、"欠稳定"（ $1 \leqslant F_S < 1.25$ ）和"稳定"（ $F_S \geqslant 1.25$ ）三个等级进行填写。

　　10. 照片

　　应填写危岩体发育部位的全景照片图版号。

　　四、监测

　　监测可为加固工程设计提供参数，检验加固工程措施的实施效果及为边坡稳定预警。监测项目包括位移监测和水压监测。具体技术要求可参考《建筑边坡工程基础规范》、《边坡工程勘察规范》等相关规范。

8.2.4　洞窟（洞室）失稳病害勘察

　　一、不稳定区域的调查

　　结合岩土工程勘察应查明洞窟（洞室）内的不稳定区域，应进行详细的节理裂隙调查，具体要求可参考表8-3，在此基础上，应查明所有危岩体的位置、几何尺寸、边界条件，并应反映在相应实测图上，片帮区域应反映在洞窟（洞室）立面图上，冒顶区域应反映在洞窟（洞室）仰视图上。如工程设计需要，应与边坡区域调查相结合开展工作。

　　二、勘探与测试

　　应查明所有不稳定区域和危岩体结构面的产状、性质、分布及其组合关系和抗剪强度，同时应查明影响稳定性的地下水类型、水位、水量、补给、排泄及变化规律。

　　三、分析与评价

　　分析与评价具体要求如下。

　　（一）对洞窟（洞室）及其围岩整体应力分布及稳定性进行分析与评价，查明应力集中薄弱区域。

　　（二）在调查、勘探与测试的基础上，应对所有洞窟（洞室）内危岩体进行进一步分析，根据破坏迹象、产生部位、受力状态应明确不稳定区域失稳的力学机制，分析评价具体要求可参考表8-4。

　　（三）稳定性计算参数应包括岩石主要物理、力学指标、潜在滑移面等软弱面的抗剪强度指标和变形特征指标及危岩体在计算断面上的几何要素。

（四）确定计算参数时，应根据岩土工程勘察的原位测试、实验室试验指标数理统计成果，结合当地经验综合分析确定。滑移面贯通的危岩体，计算时可采用残余抗剪强度。

（五）稳定性分析评价时应考虑地层岩性对岩体抗剪强度、抗风化和软化及渗透性能的影响、地质构造对破坏模式的影响、风化作用对岩体强度减弱的影响、冻融作用的影响、地震作用引起的下滑力和孔隙水压力增加的影响及地下水流动、动态变化等因素的影响。

四、监测

对于洞窟（洞室）内的变形区域应进行长期监测，为加固工程设计提供依据，检验加固工程实施效果及预警。监测项目可包括裂缝监测和变形监测。具体技术要求应参照《建筑变形测量规程》及行业有关规定。

8.2.5　巨型碑刻及巨型单体石刻失稳病害勘察

可参照8.2.2相关内容开展工作。

8.3　渗漏病害勘察

渗漏（leakage）特指大气降水、地表水或地下水在石质文物本体表面渗出的现象。

8.3.1　一般要求

该类病害勘察的一般要求如下。

一、在搜集历史资料的基础上，应全面调查保护对象所在区域的汇水面积、地表径流特征、气候及大气降水特征。

二、在岩土工程勘察工作基础上，应详细查明文物本体表面的渗漏区域。

三、根据工程设计要求，围绕保护对象应进行详细的水文地质勘察，重点评价和分析渗漏特征、水的来源，渗流途径及与文物自身结构、岩土结构间的关系及渗漏对石质文物表层劣化病害的影响程度，为防渗工程设计提供依据，必要时可进行渗流规律分析。

四、查明渗漏对石质文物表层劣化病害的影响和控制作用。

五、重要出水点、地表水体、大气降水应采样进行水质分析。

六、渗水点区域的沉淀物应进行取样分析。

七、应查明渗漏水和凝结水的特征和区别。

八、应探明渗析区域与毛细作用带间的关系。

九、应调查和评价以往防渗工程的实施时间、部位、技术及目前工程有效性，在此基础上，进一步评价以往防渗工程对本次工程实施的影响程度。

十、对于重要渗漏区域应进行长期监测，为防渗工程设计提供依据，检验防渗工程实施效果。监测项目可包括流量监测、渗出时间监测和水质监测。同时可同步实施大气降水、地下水、凝结水等项目的监测。具体技术要求应参照国家及行业相关规定。

8.3.2　石窟寺、摩崖造像、摩崖题刻及洞窟（洞室）渗漏病害勘察

一、现状调查

现状调查主要包括以下内容：

（一）在搜集历史资料的基础上，应进行详细的节理裂隙调查统计，具体调查要求可参照表8－3。

（二）应全面查明所有渗漏区域的位置、特性，具体调查要求如下。

1. 渗漏区域调查内容

详见表8－5。

表8－5　渗漏区域调查统计表

编号	位置	面积（m²）	特性	渗出形式	渗漏滞后时间	其它说明	照片

2. 调查统计表填写说明

（1）编号

调查时所有渗漏区域均应逐一编号，并应以此为序标注在现状实测图上。

（2）位置

应填写出水点的具体部位，可以具体文物为参照物结合方位填写，如"千手观音造像龛东2米裂隙下部"。

（3）面积

应按出水点实际渗出面积填写，单位为m²。

（4）特性

根据出水点渗出时间特点，填写"常年渗漏"或"间歇性渗漏"。

1）常年渗漏（perennial leakage）：一年平均有300天以上的渗漏现象。

2）间歇性渗漏（intermittent leakage）：受季节和大气降水影响，一年只在雨季或大气降水后出现的渗漏现象。

（5）渗出形式

根据出水点渗出状态，可选择"渗析"、"滴水"或"涓流"三种形式填写。具体界定如下。

1）渗析（dialysis）：特指渗出量很小，仅在渗漏处形成潮湿的现象。

2）滴水（drip）：特指渗漏处以水滴形式渗出的现象。

3）涓流（trickling）：特指渗漏处以小股流水形式渗出的现象。

（6）渗漏滞后时间

间歇性渗漏应填写出水点渗漏晚于大气降水的时间间隔。

（7）其它说明

可填写出水点处沉淀物分布情况或滴水、涓流和积水处的渗出流量，对于"间歇性渗漏"还可填

写填表前的降雨时间及降雨量。

（8）照片

应填写渗漏区域的全景照片图版号。

二、勘探与测试

勘探与测试主要包括以下内容：

（一）应全面探明第四纪覆盖层厚度及土层渗透性能，根据工程设计需要，必要时可绘制覆盖层厚度等值线图。

（二）应探明所有岩层及软弱夹层的厚度及渗透性能。

（三）应探明大型控制性导水裂隙的位置、产状及特性，对于隐伏裂隙的调查，可采用物探、槽探结合钻探等多种技术手段。

（四）如设计需要，在保证文物安全的前提下，可利用一定数量的钻孔进行压（注）水试验，以探明地下水的渗流途径，部分压（注）水试验可结合示踪法。

三、分析与评价

分析与评价主要包括以下内容：

（一）水文地质特征分析。根据防渗工程需要，可绘制水文地质分区图。

（二）渗流途径分析。应包括补给条件分析、渗透途径分析及排泄特征分析。

（三）渗流规律分析。可包括渗流机制分析、渗漏区域形成原因分析。

8.3.3　地下石质建筑物及构筑物内部渗漏病害勘察

一、现状调查

在搜集历史资料的基础上，应进行详细的裂缝调查统计，具体调查要求可参照表 8－2、表 8－3，同时应全面查明所有渗漏区域的位置、特性，具体调查要求可参照表 8－5，并应在相应实测图上标注。

应结合岩土工程勘察结果，查明地下结构与地下水位间的关系，并反映在实测剖面（视）图上。

二、勘探与测试

勘探与测试主要包括以下内容：

（一）应探明地下结构上部岩土结构及渗透性能，人工夯土应探明工程做法及渗透性能，根据工程设计需要，应按层位标注在实测剖面（视）图上。

（二）应全面探明地下石质构筑物结构周边及下部岩土结构、厚度、物理力学性能及渗透性能；

（三）应全面探明地下石质构筑物所在区域地下水类型、埋深及变化规律；

（四）如设计需要，在保证文物安全的前提下，可利用一定数量的钻孔进行压（注）水试验，以探明地下水的渗流途径，部分压（注）水试验可结合示踪法。

三、分析与评价

分析与评价主要包括以下内容：

（一）水文地质特征分析。根据防渗工程需要，可绘制水文地质分区图；

（二）渗流途径分析。应包括补给条件分析、渗透途径分析及地下水排泄特征分析。

（三）渗流规律分析。可包括渗透机制分析、渗漏区域形成原因分析。

8.3.4　地面石质建筑物及构筑物内部空间渗漏病害勘察

一、现状调查

在搜集历史资料的基础上，应进行详细的裂缝调查统计，具体调查要求可参照表 8 - 2，同时应全面查明所有出水点的位置、特性，具体调查要求可参照表 8 - 5，并应在相应实测图上标注。

二、勘探与测试

勘探与测试主要包括以下内容：

（一）应探明建筑物及构筑物原有排水防渗体系，并查明工程做法、工程性能及保存现状，根据工程设计需要，应绘制相关图件。

（二）应探明导水裂缝的贯通程度和张开度。

（三）应探明建筑物及构筑物所在位置的地下水类型及埋深。

三、分析与评价

分析与评价主要包括以下内容：

（一）建筑物及构筑物原有防渗体系保存现状分析。应包括原工程做法、工程性能及保存情况。

（二）建筑物及构筑物内部渗漏的特征。应包括出水点空间分布特征、渗出时间特征、渗出量特征。

（三）建筑物及构筑物内部渗漏的原因分析。应包括渗出机制分析、渗漏区域形成原因分析。

8.4　石质文物表层劣化病害勘察

表层劣化（surface deterioration）特指石质文物表层所产生的破坏文物表面结构完整性或影响文物价值的破坏现象。

8.4.1　一般要求

在岩土工程勘察工作基础上，应查明文物表层的病害类型、分布区域，根据工程设计要求，围绕保护对象应进行详细的取样分析，重点评价和分析病害特征，病害形成原因及影响因素，为保护修复和防风化加固工程设计提供依据。对于表面有彩绘和金箔的石质文物还应开展彩绘层和金箔层材质、保存现状及相应的病害原因分析。

8.4.2　病害调查及图件编绘

病害调查及图件编绘具体要求如下。

一、调查工作开展前应对拟保护对象表层劣化形态进行全面甄别，对表层各类病害类型进行详细描述，并由现场调查技术人员共同编制病害类型说明表，表格样式及要求如下。

（一）调查表格式

详见表8-6。

表8-6　岩石表层病害类型说明表

序号	病害名称	现象描述	主要分布特点及区域	图例	照片

（二）病害类型说明表填写要求

1. 序号

所有病害类型调查前均应统一编号。

2. 病害名称

填写病害类型的中英文名称。

3. 现象描述

根据有关规定，结合保护对象特点，在工作组达成共识的基础上，简明扼要描述各病害的基本特征。

4. 主要分布特点及区域

主要填写病害分布与文物结构或环境的关系。

5. 图例

插入调查时各病害标注所用图例。

6. 照片

插入各病害类型典型照片。

二、根据劣化类型说明表，应对拟保护对象文物表层病害类型分布情况进行全面调查，形成调查草图。

三、根据现场调查草图，按照有关图式规定应绘制石质文物表层病害分布图。

四、根据工程设计需要和文物类型特点，石质文物表层劣化病害调查和图件编绘工作宜与工程测绘和表层劣化病害监测工作相结合。

8.4.3　文物所在环境状况调查

文物所在环境状况调查内容主要包括：

一、气温变化特征。包括多年平均气温、多年平均最高气温、多年平均最低气温、多年极端最高气温、多年极端最低气温等。

二、大气降水特征。包括多年平均降水量、年平均降水日、降水集中时间段及最大降雨强度等。

三、蒸发量。包括年平均蒸发量、蒸发量年度特征等。

四、湿度变化特征。包括大气和岩石表面湿度年度变化特征，对于石窟寺等洞窟（洞室）类文物及地面石质建筑物和地下石质构筑物类文物还应查明内、外空间相对湿度的差异程度。

五、日照变化特征。

六、风向风速特征。

七、搜集 50 年特别是近 30 年雨水酸化资料。包括 PH 值变化及年出现频率变化。

八、大气污染特征及污染源分布情况。应与环保部门联合收集或检测文物区的大气环境数据，如 SO_2、CO_2、CO、NO_x、悬浮颗粒等主要指标。并调查周边可能存在的污染源。

九、植被分布情况。

十、地表水体分布及地表径流情况。

十一、地下水类型及埋深。

8.4.4　取样与检测

一、取样

根据保护工程设计需求和测试分析目的，应进行新鲜岩石、劣化岩石样品和岩石表面生物样品的采样，具体要求如下。

（一）物理力学分析为目的的取样

1. 基本要求

取样地点应选在替换下来的相同岩性的构件或不影响石质文物保存现状、相同岩性无雕刻的位置，取样应经业主单位许可，并共同确认取样地点后才能实施，同时应做好记录，深度取样应记录直径、深度，宜选用游标卡尺测量。表面取样应记录表面位置及性状。

2. 取样工具及方法

深度取样可选用配有岩芯器的小型手持式钻机。在文物区内取样时，应选用旋转式低转速（约 100 转/分）的钻机，以避免样品过热。为保证钻孔的垂直度，可装配合适的滑板，并加配速度调节器。钻头宜选用金刚石螺旋钻头（环状）或硬质合金钻头。如果样品还需开展微生物研究，应事先作好无菌处理。表面取样可选用地质锤或凿子。深度取样原则上使用干钻。取样结束后应堵死取样时在文物保护区内或附近留下的孔洞，填堵材料应选择在化学、物理性能上不对原岩石产生副作用且与岩石性质相近的材料。

3. 数量及规格

表面取样规格应根据试验设计要求，一般规格有两种，$5cm \times 5cm \times 5cm$，$7cm \times 7cm \times 7cm$。可现场制备，也可取毛坯样后带回室内制备。数量依据试验要求，一般规定一组样品 3 块。

（二）化学及矿物成份分析为目的的取样

1. 基本要求

应选择具代表性的地段进行取样，取样应涵盖各个层位，包括表层未风化的母岩。

2. 取样工具及方法

根据表层材料的坚硬程度可使用以下几种工具：

（1）软鬃毛刷。用于收集尘土层、表面盐类结晶物质及粉末状剥落物质；

（2）手术刀。用于收集表面片板状剥落物质；

（3）小号的雕刻凿子。用于收集表面坚硬物质。

3. 取样要求

取样时应尽量提取还保留原结构的样品以控制测试结果的离散性。

4. 数量及规格

每层或每处取样量不小于 5－10g。

5. 保存封装要求

所有样品需用密封性能良好的塑料袋或铝盒封存，封箱胶带封口，以防水汽进入，并防止结构破坏，置阴凉干燥处存放。封口处应标明取样地点、时间、劣化类型、母岩名称、层位、深度及取样人姓名。试验应控制在 6 个月内完成。

（三）生物学分析为目的的取样

1. 基本要求

应在肉眼鉴定基础上进行，样品应能体现文物表面不同的典型和非典型生物病害源的特征。

2. 取样工具

取样工具取决于病害源生长的特点，根据不同情况，可使用手术刀、镊子、小钳子和无菌软刷。

3. 取样方法

（1）微生物

微生物取样具体要求如下。

1）表面尘埃。通过毛刷，收集在无菌滤纸上，然后移至玻璃片或试管内；

2）外壳或锈化片。对于易碎的薄片，在最易断裂的边缘，用手术刀撬起后提取，以便获得完整的片状物，而又不触动底下的尘土；对于坚硬的外壳，可用手术刀刮取，再从粉末中提取；

3）对于外壳和碎片下的粉末，可用手术刀直接提取。

（2）地衣

地衣取样方法取决于生长的形态、位置和菌体的大小。具体要求如下。

1）叶子部分。用手术刀撬起菌体，由于该部分支杆具韧性，极易提取。

2）表面硬壳部分，用手术刀首先确定粘连部分，然后用刀尖撬起菌体所在硬壳，以便其中心部分在不受损伤的条件下被提取。

3）内部硬壳部分，由于该部分菌体已深入至岩石内部，应用手术刀和雕刻凿子小心地由底层取出整个厚度的样品。

4）果实的部分，只需提取菌体的一小部分组织。

（3）苔藓及寄生杂草

1）取样工具、方法及要求

取样时间应选在晚春和夏天，植物生长发育和开花季节。可采取手工结合手术刀的方法。要保证在取样过程中样品的完整性，包括根系在内。

2）数量及规格

取样的数量取决于试验的目的和病害源的复杂程度。

3）保存封装要求

对微生物和地衣类样品应收集在无菌金属片、玻璃片上和试管内，然后用无菌塞子或胶条密封。对苔藓类样品可暂时收集在塑料袋内（时间不超过24小时），袋口除标明取样地点和日期外，还需标明样品所导致的病害类型。如不能在24小时送至实验室，样品需进行干燥处理。

（四）岩矿鉴定为目的的取样

1. 基本要求

取样应选择具代表性的地段进行，应完整地、不破坏原结构地涵盖各个层位，且包括表层下未风化的母岩，以便室内制备垂向的剖面切片。如可能的话，应选在物理力学和化学、矿物成份分析取样点相邻地段完成。

2. 取样工具及方法

具体要求如下。

（1）手术刀，用于风化岩石的表层取样；

（2）小号的雕刻凿子，用于新鲜岩石的取样。

3. 数量及规格

$40mm \times 40mm$，新鲜岩石取样厚度 $10 - 20mm$，风化岩石厚度以风化程度而定。数量不少于2块。

4. 保存封装要求

样品应严格包装以保证运输过程中结构不受破坏为标准。在包装封口处应标明取样地点、时间、编号、母岩名称、及取样人姓名。

3. 取样登记

如在文物保护区内、文物表面或塌落、替换的构件上取样应征得业主单位的许可，同时所有取样点均应登记，并编入"四有"档案。

（1）登记表格式

登记表格式如表8－7。

表8－7　表层劣化调查取样登记表

编号	取样时间	取样位置	取样点岩石保存情况	取样分析目的	取样点照片（取样前）	取样点照片（取样后）	取样人

（2）登记表填写说明

1）编号

所有取样点均应统一编号，编号方式应结合位置、岩性、病害类型和层位编制，如 1－1－WS（EX）－0 表示1号窟龛1号地点（1－1）风化砂岩（WS）剥落（EX）病害表面（0）样品。

2）取样时间

应填写具体取样日期。

3）取样位置

应具体填写与文物具体的关系、空间方位及表面层位，并应与编号内涵相统一。

取样点岩石表层保存情况

应填写取样点岩石劣化程度及病害类型，并应与编号内涵相统一。

4）取样分析目的

应填写取样拟进行试验分析的内容。

5）取样点照片

应分别插入取样点取样前后照片。

6）取样人

取样人应亲笔签字。该表应一式两份，业主单位及勘察单位各持一份。

二、常用现场无损检测方法

（一）表面回弹锤击测试[7]

1. 试验方法及要求

（1）仪器的选择

石质文物表层劣化现场检测宜采用 HT225 型回弹仪（国产）。

（2）测试地点的选择

测试地点选择应符合下列要求。

1）应避开雕刻分布区，以确保文物本体安全。

测试点应选择相对平整的岩石表面；

2）在选择测试点时，应避开空鼓地带，不应由于锤击造成岩石表层脱落。空鼓地带的确定，明显的可通过肉眼观察，隐伏的可通过肉眼观察或细橡胶棒、木条及手指轻敲方式的来确定。

3）测试地点不宜选在文物表面粉末状、片状剥落严重的区域。

4）一处测试点的区域宜选择在 $0.4 - 0.5 m^2$ 内，以能容纳均匀分布的测点 20 个左右为宜。

5）测区内岩性和岩石表面结构和风化程度应相同或相近。

（3）仪器标定修正

在测试之前，应完成标定工作。

回弹仪的标定须在配备的标准砧子上率定，率定达到标准值方能使用。若达不到标定值，应用以下公式修正：

$$回弹值 ＝ 实测值 × 修正系数 \hspace{3cm} 公式 8.1$$

式中：修正系数 ＝ 砧子规定标准值/在标定砧子测 10 个数据的平均值。

国内规定：标定时垂直向下锤击 16 次，舍去最大最小值各 3 点，用剩余的 10 个数据求其平均值。

（4）非水平冲击的修正

一般现场测试多以水平锤击为主，应首先建立非水平锤击与水平锤击间的修正关系，才能保证测试标准的统一。具体修正方法和要求应符合表 8 - 8 或图 8 - 1 规定。

表 8 - 8　回弹仪读数修正表

回弹值	倾斜角修正值			
	+ 90o	+ 45o	- 45o	- 90o
10			+ 2.4	+ 3.2
20	- 5.4	- 3.5	+ 2.5	+ 3.4
30	- 4.7	- 3.1	+ 2.3	+ 3.1
40	- 3.9	- 2.6	+ 2.0	+ 2.7
50	- 3.1	- 2.1	+ 1.6	+ 2.2
60	- 2.3	- 1.6	+ 1.3	+ 1.7

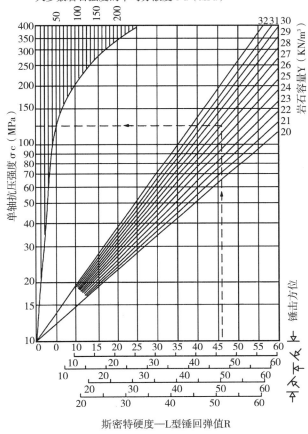

图 8 - 1　单轴抗压强度与回弹值 R 及容重 γ 的关系图

（5）测试要点

测试要点具体如下：

1）每种岩性的测区不少于 10 个，各测区内测点间间距应大于 3cm，每个测点只测试一次；

2）每个测区内不少于 20 个测点；

3）在锤击过程中，应以冲杆中心垂直对准测点中心，用力将冲杆均匀压入仪器外壳内，直至冲击锤脱落产生冲击回弹值；

4）测试后应在施测岩体内提取岩样，测定其岩块密度，并计算容重。

2. 测试成果分析

测试成果分析要求如下。

（1）一般情况下，在数据统计中应将所测数据最大、最小各 2 个数值舍去，如数据中还存在明显不合理的测定值，也应舍去。要求每个测区参加统计的数据不少于 16 个。

（2）计算统计数据组的均值、方差和变异系数。以确定测试数据的离散程度和置信度；

（3）参照图 8 - 1，根据均值和容重查求岩石的抗压强度值。

3. 适用范围

该测试方法适用于较致密的岩石表面，如砂岩、灰岩、花岗岩等。不适用于酥松、胶结性差、表面均一性差且表面多孔洞的岩石，如玄武岩、砾岩等。

（二）表面吸水性能测试（卡斯特量瓶法）

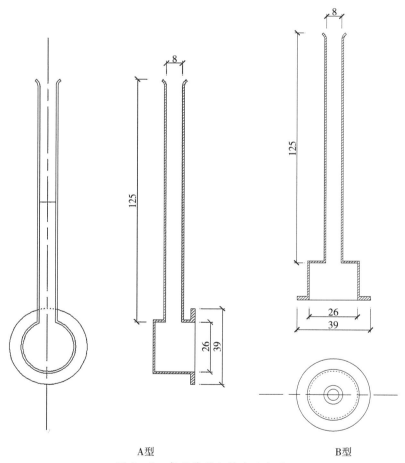

A型　　　　　　　　　　　　　　B型

图 8 - 2　卡斯特量瓶构造示意图

1. **试验方法及要求**

（1）仪器的选择

检测设备采用两种结构型号用于检测垂直面（A 型）和水平面（B 型）（图 8 - 2）。检测仪由一个直径 25 - 30mm 的钟形罩和一个插接的定径玻璃管构成，玻璃管上有体积刻度（10ml = 10cm 水柱）。

测试时应根据测试点的条件和测试目的选择合适的型号。

（2）测试地点的选择

测试地点选择应符合以下要求：

1）测试地点选择应充分考虑岩石表层不同的病害类型和劣化程度；

2）测试点不宜选择在表层材质酥松和微裂隙发育严重的部位。应选择在岩石表面较平整完整处；

3）测试点应选择在背阴处。

（3）测试时间的选择

测试时间应避开雨天、相对湿度大于90％或烈日曝晒天气，宜选在多云或阴天进行。

（4）测试要点

测试应符合以下要求：

1）固定卡斯特量瓶前应对测试点的浮尘等进行清理；

2）测试前应将卡斯特量瓶的触水面固定在要测试的岩石表面，固定材料可选用 Bostik 胶、耐水橡皮泥或硅橡胶等材料，固定材料应具弹塑性、良好的强度和防水性以达到固定、防漏的作用，并且对岩石表面的不良影响最小。如用硅橡胶固定，在硅橡胶固化之前应采取相应的辅助支撑设施，以确保卡斯特量瓶不掉落和直管部分的垂直。测试前应先预注水，如发现周边有渗漏现象应重新选点固定直至周边无渗漏为止；

3）正式测试前的注水过程应尽量保持缓慢以防产生气泡，宜选用滴管注水；

4）为减少蒸发量对测试的影响，可用脱脂棉或过滤试纸将瓶口遮护；

5）每隔一定时间段读取水头凹面所在位置，时间间隔可以先短后长为原则。时间记录工具宜选用秒表。观测时间宜控制在2小时左右。每读一次数据同时应记录测试点的温湿度和表面性状变化，应注意是否有水的溢出和溢出区域及形式。

2. 测试成果分析

岩石的毛细吸水系数（ω）被定义为单位面积单位时间岩石表面吸水量，等于岩石表面单位面积吸水量除以时间平方根（如公式8.2）。

$$\omega = W / \sqrt{t} \qquad\qquad 公式 8.2$$

式中：

W—单位面积的吸水量，单位为千克每平方米（kg/m^2）；

t—时间，单位为小时（h）；

ω—岩石材料的毛细吸水系数，单位为 $kg \cdot m^{-2} \cdot h^{-1/2}$。

根据毛细吸水系数（ω）岩石表面吸水性能可分成四级，具体要求可参照表表8－9。

表 8-9 岩石表面吸水性能的分级

级别	毛细吸水系数（ω）$kg \cdot m^{-2} \cdot h^{-1/2}$	评价
1	$\omega < 0.1$	不透水
2	$0.1 \leqslant \omega < 0.5$	憎水
3	$0.5 \leqslant \omega < 2$	厌水
4	$2 \leqslant \omega$	透水

3. 适用范围

试验适用于较致密的岩石材料，如砂岩、灰岩、大理岩、花岗岩等。不适用于裂隙和孔洞发育的岩石材料，如玄武岩、角砾岩、剪切带附近岩石等。

（三）岩石声学测试[8]

1. 测试技术要点与要求

（1）校核

应把发射与接收两个换能器的辐射面直接相对并用黄油、凡士林石膏、粘土等材料耦合，读出声波传播所需的时间，此值为仪器系统的对零误差（t_0），计算波速时应减去该值。

（2）耦合剂的选择

岩石表面测试所用耦合材料的选择以易于清除、且对岩石表面影响最小为原则，不得对文物本体或环境造成污染，故不宜选用黄油或凡士林为耦合剂。

（3）测试要点

把两个换能器按一定距离分别用耦合剂固定于需测试的岩面上，并量测两换能器中点的距离，此值即为声波在岩石中传播的距离。当声波仪启动后，可把荧光屏显示波形曲线的最先起跳点所对应的时标值作为纵波到达的时间（t_p）；再根据波形叠加原理，在波形曲线上寻找与第一个波形变异点对应的时标值，即可获得横波到达的时间（t_s）。

现场声波测试可按以下两种方法分别求得岩石和岩体的平均波速。

1）用时距法求岩石的平均波速。主要是在较大块的完整岩石表面上，于直线的一端作发射点，然后依次以不等距布置 4－6 个接收点在该直线上，分别测得各点的纵、横波速。以时间（t）为纵坐标，测距（l）为横座标，分别做出通过原点的两条时距曲线，从而求得岩石的平均纵、横波速。

2）用多向法求岩体的平均波速，主要是在典型岩体的表面上，以发射点为中心，按"米"字形放射状不等距地测得 4－8 条测线的纵、横波速，分别求其算术平均值为岩体的平均纵、横波速。

每一种岩石，按其地质特征，分别选取代表性试样 2－3 块，测定其岩块密度（ρ）。

2. 资料整理与成果应用

按公式 8.3、公式 8.4 可分别计算纵波速度（V_p）和横波速度（V_s）。

$$V_p = \frac{l}{t_p - t_0} \qquad\qquad\qquad 公式 8.3$$

$$V_s = \frac{l}{t_s - t_0} \qquad\qquad\qquad 公式 8.4$$

式中：

l—声波传播距离，单位为米（m）；

t_p—纵波到达时间，单位为微秒（μs）；

t_s—横波到达时间，单位为微秒（μs）；

t_0—仪器系统的对零误差，单位为微秒（μs）。

按公式 8.5—公式 8.10 可计算岩石如下的各种动弹性参数：

（1）动弹性模量（Ed）

$$E_d = \frac{\rho V s^2 \ (3V_p^2 - 4V_s^2)}{V_p^2 - V_s^2} = \frac{\rho V_p^2 \ (1 + \mu) \ (1 - 2\mu)}{(1 - \mu)} \qquad\qquad 公式 8.5$$

（2）泊松比（μ）

$$\mu = \frac{V_p^2 - 2V_s^2}{2\,(V_p^2 - V_s^2)} = \frac{\frac{1}{2}\left(\frac{V_p}{V_s}\right)^2 - 1}{\left(\frac{V_p}{V_s}\right)^2 - 1} \qquad\qquad 公式8.6$$

（3）剪切模量（刚度模量）（G）

$$G = \rho V_3^2 = \frac{E}{2\,(1+\mu)} \qquad\qquad 公式8.7$$

（4）拉梅常数（λ）

$$\lambda = \rho\,(V_p^2 - 2V_s^2) = \frac{\mu E}{(1+\mu)\,(1+2\mu)} \qquad\qquad 公式8.8$$

（5）体积模量（压缩模量）（K）

$$K = \rho\left(V_p^2 + \frac{4}{3}V_s^2\right) = \frac{2}{3}\frac{(1+\mu)}{(1-\mu)}\rho V_s^2 = \frac{(1+\mu)}{3\,(1-\mu)}\rho V_p^2 = \frac{E}{3\,(1-2\mu)} \qquad\qquad 公式8.9$$

（6）单位抗力系数（K_0）

$$K_0 = \rho V_p^2\left(1 - \frac{\mu}{1-\mu}\right)\frac{1}{100} = \frac{E}{(1+\mu)}\frac{1}{100} \qquad\qquad 公式8.10$$

以上各式中：

V_p——纵波速度，单位为米每秒（m/s）；

V_s——横波速度，单位为米每秒（m/s）。

3. 定量描述与评价

根据工程地质领域经验，可用岩石风化系数 F_S 定量描述岩石的风化程度，其定义如下式：

$$F_S = \frac{V_{p0} - V_p}{V_p} \qquad\qquad 公式8.11$$

式中：

V_{p0}—新鲜岩石纵波速度（m/s）；

V_p——风化岩石纵波速度（m/s）。

具体评价与分级要求可按照表8-10规定执行。

表8-10　岩石风化系数 F_S 风化程度分级表

风化程度	风化系数 F_S
未风化	$F_S < 0.1$
微风化	$0.1 \leqslant F_S < 0.25$
弱风化	$0.25 \leqslant F_S < 0.5$
强风化	$F_S \geqslant 0.5$

3. 适用范围

试验适用于较致密的岩石材料，如砂岩、灰岩、大理岩、花岗岩等。不适用于裂隙和孔洞发育的岩石材料，如玄武岩、角砾岩、剪切带附近岩石等。

（四）红外热成像检测技术

1. 检测要点及注意事项

（1）修正系数

修正系数或发射率应按下式确定。

$$发射率 = 实测值 \backslash 标准值 \hspace{3cm} 公式8.12$$

式中：

实测值—红外热像仪测得的温度；

标准值—接触式测温仪测得的温度。

注：由于任何物体都不可能完全没有反射，所以修正系数都会小于1。

（2）检测过程注意事项

1）测试点的选择

测试点应尽量选取外观平整的表面，同时要排除日照不均匀、周边植被和建筑物阴影等的影响。

2）测量过程要点

测量过程应注意以下几点：

①对于表面有水的情况，距表面10cm之内的，可直接检测；

②对于没有水的裂隙或内部缺陷，其垂直于表面的投影面积要远大于其深度方可用此方法测定，投影面积越大越容易观测，但应注意多个内部缺陷重叠现象；

③检测没有水的内部缺陷需要长时间观察动态图像，测试时间应根据检测对象材质及拟检测深度确定。

2. 检测成果

红外热成像检测技术的检测成果以红外热成像图表示，对于图像的释读应综合其他检测和勘察结果。

3. 适用条件

红外热成像检测技术适用于以下情况。

（1）适于检测岩石表层含水分布情况。

（2）适于检测岩石表面浅层且平行于壁面缺陷的分布情况，如空鼓、平行壁面的风化裂隙和卸荷裂隙等。

三、室内试验项目

（一）岩矿鉴定[9]

传统的岩矿鉴定主要依据薄片偏光显微岩相鉴定法。

传统的光学显微镜由于分辨率、放大倍数的限制，对于细微颗粒的定性分析不准确，矿物的定量分析存在一定的误差，对纳米—微米级矿物形貌及结构特征的观察往往束手无策，随着油气勘探及地质找矿的不断深入，需要提供岩石中所有矿物、孔隙及微量元素的信息，因此整合傅里叶红外光谱仪、X射线衍射仪、拉曼光谱仪、扫描电镜的优点，建立以大型仪器为基础的岩石矿物鉴定方法已是当前地质工作的需要。红外光谱范围为7500—370cm^{-1}，能对固、液、气样品中含量高于30%的矿物进行快速、准确的定性分析；主要用于有机质分析，其次还可对部分具有极性键的无机化合物及金属氧化物进行分析。X 射线衍射仪能快速地对样品中含量大于 15% 的矿物进行较为准确的定量分析；现今主要用于各类晶质矿物的定性分析，同时也可对碳酸盐岩矿物等不含水矿物进行定量分析。拉曼光谱仪光谱范围为 200—1000nm，空间分辨率为横向 0.5μm、纵向 2μm，通过对包裹体进行测试能直接获得成岩过程中的温度、压力、流体成分等信息；目前主要用于流体包裹体成分的测试，其次还可对分子极化度会发生变化的液态、粉末及固体样品进行定性分析。扫描电镜分辨率达到 1nm，能清晰地观察到纳米—微米级矿物的形貌特征及矿物的结构特征；主要用于纳米—微米级的任何非磁性固体矿物的形貌及相关关系的观察，通过大型仪器建立的岩石矿物鉴定方法具有更高的分辨率，显著地提高了岩矿鉴定的精准度，大大拓宽了岩矿鉴定的范围（如鉴定纳米/微米级的矿物、矿物的不同变种等），能够全面、精准地提供岩石矿物的矿物含量和矿物组成，客观准确的成岩作用信息、清晰的矿物微观形貌及结构特征，而且仪器功能相互弥补，测试结果相互验证，保证了测试结果的可靠性，与传统光学显微镜鉴定方法相比，现代大型仪器岩石矿物鉴定技术为揭示矿物间的共生、反应、演化、岩石的成因、沉积/成岩环境等提供了依据，为地质工作提供准确、全面的矿物定性定量、组构特征及成岩作用等信息，为地质工作的顺利完成奠定了坚实的基础。下面介绍四种常用的大型仪器分析技术，供大家在实际勘察工作中根据设计和研究需要选用。

1. 红外光谱法

矿物的定性分析是岩矿鉴定的主要内容之一，目前光学显微镜仍然是矿物定性分析的主要测试手段之一，但是由于部分岩石中矿物的光性特征差异较小、薄片厚度差异引起的光学特性的变化及偏反光显微镜自身的分辨率与放大倍数等因素的影响，无法形成矿物定性分析的标准鉴定方法。此外由于鉴定人员专业水平等差异，在岩矿鉴定过程中会出现错判、漏判等情况，无法准确对岩石中矿物进行精准分析。红外光谱仪通过对矿物的反对称伸缩振动、对称伸缩振动、伸缩振动等进行测试，可获得矿物精准的分子结构信息，进而准确、快速地对矿物进行定性分析，而且通过建立矿物的数据库，形成矿物标准的定性分析方法，从而可以避免鉴定人员专业水平差异等因素而导致的误差。

红外光谱作为物质结构分析的四大谱学之一，具有分析速度快、操作简便、良好重复性、高灵敏度及信噪比高等优点。同时红外附件也在不断地发展，不断地更新换代，先进的红外附件的出现，使傅里叶红外光谱功能更为全面，性能更加稳定。德国布鲁克公司（Bruker）生产的 Vertex70 型傅里叶变换红外光谱作为第三代红外光谱，光谱范围 15000—370cm^{-1}，具有波数准确度高精度优于 0.01cm^{-1}、分辨率高（对矿物的分析中一般采用 4 cm^{-1}）、高光通、量、低噪音、测量速度快、操作方便、重复性好、灵敏度高、试样用量少仪器结构简单等优点，可有效探测不同晶体结构间的细微差别。在矿物的定性测试中，对于含量高于 30% 的矿物，红外光谱仪能快速通过对矿物官能团对应的吸收峰的强度、位置与形状，推断矿物的结构，准确对矿物进行定名；对于岩石中含量低于 30% 的矿物，由于不同组分基团之间的相互作用使得谱带变宽、变形，甚至发生位移，因此对于岩石中低含量矿物红外光谱仍无法对其进行精准分析。而且，红外光谱定量分析是一种复杂、繁琐的间接分析技术，通过建立校正模型来实现对未知样本进行定量分析或采用矿物实测曲线归一化后进行定量分析，在定量分析中需根据样品的特性采用不同的浓度。测试中样品浓度过低时，在红外谱图中前者会出现"平滑峰"；样品浓度过高时会出现"锯齿峰"，从而使得分析结果产生误差。因此，在实际定量分析过程中，红外光谱法结合 X 射线衍射法综合对矿物的含量进行分析，可得到准确可靠的结果。此外，红外光谱法对包裹体期次及成熟度分析过程中，由于其他矿物在 3000cm^{-1}处的强吸收干扰，会影响包裹体吸收峰面积的测量，使得分析结果不准确，所以此类分析需结合激光拉曼光谱法完善对包裹体的测量，进而准确地提供流体成分等信息。

2. X 射线粉晶衍射法

岩石中矿物的定量分析是岩石定名、矿床评价及矿石选冶等的重要依据，是岩矿鉴定的主要内容之一。由于岩石中矿物的复杂性，岩石中矿物精准定量分析一直是岩矿鉴定的难点之一，近年来随着计算机科学的发展，使得光学显微镜下对矿物进行定量分析成为现实，并得到广泛使用。然而，在实际应用过程中，显微镜的放大倍数、矿物的光学特性鉴定、统计矿物的粒径及选择区域的代表性等因素均会直接影响矿物定量分析的精度。运用 X 射线粉晶衍射根据矿物的衍射强度与含量成正相关关系，快速准确地对岩石中矿物含量进行分析，且随着数据库的完善能够快速对自然界 95% 以上的矿物种进行快速、准确的定量分析。

X 射线衍射法是测定晶体结构的主要方法，具有分析数据重现性好、对样品无损伤、分析成本低、分析范围广、分析速度快等优点。目前 X 射线衍射仪主要应用于矿物的定量分析、晶体结构分析、矿物有序度研究、类质同象研究、结晶度研究、晶胞参数测定、结晶过程、相转变及矿物表面物相研究等，从而为矿物成因、矿床成因、矿床资源评价及矿物岩石应用等提供科学依据。X 射线粉晶法常用的定量分析方法有：直接分析法、内标法、基体清洗法（K 值法）、增量法（冲稀法）、无标样法等，根据不用的样品选择合适的方法均能获得较理想的结果。但在岩石中各种不同的矿物紧密共生、伴生，当矿物含量低于 15% 其衍射峰较弱，较易受其他矿物衍射峰的影响，因此很难对其进行准确的定量分析。此外，由于粘土矿物成分、结构易变从而导致分析结果存在误差，因此在对粘土矿物进行分析时需结合扫描电镜、电子探针等大型仪器，通过综合分析进而准确地对岩石中矿物含量进行分析。

3. 激光拉曼光谱法

岩石的成岩作用研究作为岩矿鉴定的主要内容之一，可揭示岩石的沉积史与埋藏史。光学显微镜下通过观察岩石中矿物间的相关关系及矿物的形态特征，间接地推导岩石沉积与埋藏过程中的物理化学条件。此种方法虽然简便，但是分析结果与鉴定者水平、经验息息相关，因此存在较大的主观性。目前，拉曼光谱测试包裹体的温度与成分等已是一项成熟的测试技术，运用激光拉曼光谱仪可准确、快速地对岩石中流体包裹体的成分进行准确测试，还可根据拉曼位移与温度、压力间的相关关系获得岩石埋藏过程中的物理化学条件，此外还可根据在 1580—1600cm^{-1}、1350—1380cm^{-1} 中振动频率强度、谱峰的半高宽及形状等指标，从而获得沉积岩中有机质的成熟度及形成温度等信息，进而为岩石的埋藏史、沉积环境等研究提供依据。

拉曼光谱是一种分子光谱微区分析技术，能直接、准确、快速、无损地对样品进行测试，且测定的频率范围宽，样品用量极少，无需做前处理。拉曼光谱法主要用于分析矿物、包裹体、岩石熔体和古生物的分子结构及成分信息。目前拉曼光谱仪主要应用于包裹体温度、成分的测试，快速准确地对气相、液相、水溶液相和固体包裹体特别是单个包裹体成分进行非破坏性分析，是目前最为先进的包裹体成分分析方法。英国 Renishaw invia 拉曼光谱仪的通光率 >30%，光谱范围 200—1000nm，空间分辨率为：横向 0.5μm、纵向 2μm，灵敏度较其他激光拉曼光谱高，更为稳定。

运用激光拉曼光谱可对包裹体中的 CH_4—H_2O 体系进行测试，根据拉曼位移呈现的一级指数递减趋势，可指示流体包裹体的压力。近年，随着仪器的不断发展，拉曼光谱仪与其他仪器的组合对矿物（元素）进行分析逐渐成为拉曼光谱发展的主要方向之一。将激光拉曼与近红外光谱结合可有效地降低荧光背景，进而提供反映物质结构的精细谱带，同时根据分子的散射强度与样品浓度成正相关关系，可对矿物的含量进行定量分析。但是需根据不同的样品选择不同的浓度，当样品浓度过低较难精确获得待分析区的晶体结构、化学成分等信息。

4. 扫描电镜法

岩石的组构不仅与岩石的成因密切相关，还可为沉积环境及岩石分类命名等研究提供依据，因此作为岩矿鉴定的主要内容之一。目前，光学显微镜作为岩石结构组分观察的主要手段，主要观察岩石中矿物的相关关系、矿物的赋存状态、空隙的形态及分布等特征。然而随着地质勘探，尤其是文物保护工程勘察精细化的要求，不断深入微细矿物等的研究在文物保护的相关地质工作中日益重要，但是由于光学显微镜的分辨率及放大倍数的限制无法观察到微米（纳米）级矿物的形貌特征及孔隙的形态、分布规律。扫描电镜分辨率达到 1nm、放大倍数达到数十万倍，通过二次电子图像可清晰地观察到纳米（微米）矿物的表面形貌特征、微孔隙的形态及分布等，进而为岩石的成因、风化（劣化）程度评价等提供依据。此外，扫描电镜通过对微孔隙的形态进行观察，还可推断主要的成岩作用类型等信息。

扫描电镜作为微区原位分析的主要测试仪器之一，具有分辨率高、景深大、放大倍数大、图像立体感强等优点。其中常规扫描电镜、透射扫描电镜、环境扫描电镜在地质找矿及石油勘探中使用频率较高、普及较广。扫描电镜主要用于对矿物的形貌特征观察、矿物间的相关关系、矿物的赋存状态及微米—纳米孔隙进行观察。日立 S－4800 型场发射扫描电镜二次电子分辨率为 1nm，放大倍数为 20—80 万倍，可清晰地对结构、构造及微区形貌特征进行观察。扫描电镜与其他仪器的组合也是其优势之一，例如扫描电镜与 X 射线技术结合，能快速对矿物进行定性（量）分析，是一种能对微观结构进行全面分析的组合。透射电镜可用于对矿物的内部结构特征进行观察，进而指示矿物的成因。粘土矿物是沉积岩中的主要矿物之一，不同的粘土矿物对岩石风化（劣化）有不同程度的影响，通过扫描电镜可以在不破坏试样的状态下清晰地观察到高岭石呈片状、蒙脱石呈絮状、伊利石呈蜂窝状及丝缕状、绿泥石呈针叶片状，进而了解各种粘土矿物的形态特征。如：伊利石一般不存在于富钾的碱性条件；蒙脱石形成于富钠与钙的碱性条件；高岭石常存在于酸性环境。此外，随着埋藏深度的增加、pH 值的变化及 K$^+$ 的加入，高岭石易变为伊利石。通过扫描电镜下粘土矿物的形貌特征进而了解不同矿物的特性，从而为地层对比、成岩作用过程、成岩阶段及次生变化等提供依据。运用扫描电镜对矿物的微区进行观察，可获得矿物原位、立体、真实的形貌特征及矿物间的相关关系，且不破坏岩石的组构。目前扫描电镜与能谱仪的结合日益紧密，不仅可直接观察矿物的形貌特征，还可对矿物组成元素进行分析。因此运用扫描电镜对岩石中矿物结构构造进行研究，可为岩石沉积环境、成因及岩石风化（劣化）特征研究等提供依据。

岩石矿物鉴定作为地质工作的基础，是一项综合性极强的分析测试工作，只有准确地对岩石中矿物的种类、含量、结构及构造特征等进行正确的分析，才能提供准确的岩石沉积环境、成岩工程、矿物组合及次生变化等信息。随着仪器的发展，仪器联用成为分析测试常采用的手段，因此整合谱学与微区分析的优点，形成新的分析测试方法，将其应用于岩石矿物鉴定，是大型仪器的发展方向，同时也是岩矿鉴定研究的主要内容。以红外光谱仪、X 射线衍射仪等谱学仪器、扫描电镜为基础，建立的现代岩石矿物鉴定方法，能够全面、精准地获取岩石中矿物信息，包括准确的矿物含量、客观准确的成岩作用信息、清晰的矿物微观形貌及结构特征。而且仪器功能相互弥补，测试结果相互验证，保证了测试结果可靠性，为地质勘探和勘察工作提供了全面、精准、可靠的分析测试结果。以这些现代大型仪器构建的岩石矿物鉴定方法，与传统的光学显微镜方法相比，不仅大大地提高了岩矿鉴定的精准度，还大大拓宽了岩矿鉴定的范围（如纳米（微米）级的矿物的不同变种等），能够准确、快速、客观地鉴定岩石中的矿物，进而为相关工程及研究工作奠定坚实的基础。

（二）物理性质试验

其中劣化与新鲜岩石样品物理、水理性质测试结果对比，是评价石质文物表层劣化程度的重要的宏观指标（如岩块密度变化、吸水率变化、崩解性状变化等）。但受劣化样品因试验制样要求限制有些指标难以测定，如岩石孔隙度；而吸水率测试和耐崩解试验不受样品尺寸限制，所以该两项试验可作为评价劣化程度最重要的指标。

（三）矿物成分分析

矿物成分分析具体要求如下。

对于原岩及劣化样品应分别通过 XRD 分析法获取矿物成分定量数据；

对于砂岩、凝灰岩等的泥质胶结物应粉碎后，通过悬浮法获取小于 0.002mm 的粘粒通过 XRD 分析法获取矿物成分定量数据；

对于盐类矿物及化学沉淀物应通过 XRD 和差热分析法（DTA）进行矿物成分分析与鉴定。

（四）化学成分分析

化学成分分析根据研究或工程设计需要可选定以下项目。

化学全分析，分析项目一般包括 SiO_2、Al_2O_3、$Fe2O_3$、FeO、MgO、CaO、K_2O、$Na2O$、$TiO2$、CO_2、P_2O_5、Cr_2O_3、SO_2、H_2O^-（吸附水）、H_2O^+（化合水）及烧失量（LOI）等；

可溶性盐分析，分析项目一般包括碳酸盐、卤化物、硫酸盐、硝酸盐等。

（五）矿物微观结构观测分析

一般采用扫描电镜分析技术（SEM）可观察新鲜和劣化岩石样品胶结物矿物成分、次生矿物（如石膏）的形成、孔隙变化。该项测试原则上应在成份分析试验完成并提交有关数据后开展。

（六）生物分析检测

检测目的主要是完成生物类型的种属鉴定。除裸眼标本鉴定外，主要技术方法有扫描电镜检测、分子检测等。

8.4.5　分析与评价[10]

分析与评价主要包括以下内容。

一、根据调查结果可对表层病害分布面积进行分类统计。

二、根据病害对文物表面造型的影响程度及修复保护工程的要求可对表层劣化病害类型进行分级评价。分类分级评价体系可由组群、典型类型和独立类型三级组成。

（一）组群 group

组群是根据劣化对石质文物保存现状的影响程度，同时兼顾文物本身的功能特点和保护性质而确定的，我们将其由重至轻总体分为五个等级，即五类：1）表层完整性破坏类：文物岩石材料表层各种形式的缺失且在无依据情况下无法修复的现象。2）表层完整性损伤类：文物岩石材料表层各种形式的局部破损，但可在现条件下修复的现象。3）表面形态改造类：在文物岩石材料表层结构完整性保存较完好的前提下，表面形态由于其他物质覆盖而造成的各种形态造型变化现象。4）表面颜色变化类：在岩石材料表层结构完整性保存较完好，表面形态变化不大的前提下，表面或表层颜色的各种变化现象。5）生物寄生类：在岩石材料表层结构完整性保存较完好，表面形态变化不大的前提下，表面生物生长，并可处理的各种现象。

（二）**典型类型** Typical form

典型类型是指具有统一而明显特征以区别其他类型的现象群。（1）表层完整性破坏类：在该组群下可界定缺损、剥落和溶蚀三个典型类型；（2）表层完整性损伤类：在该组群下可界定分离、空鼓、鞍裂和划痕四个典型类型；（3）表层微形态改造类：在该组群下可界定结垢、结壳两个典型类型；（4）表面颜色变化类：该组群下可界定锈变、晶析、斑迹和附积 四个典型类型；（5）生物寄生类：该组群下可界定低等植物、高等植物、低等动物痕迹和霉菌四个典型类型。

（三）**独立类型** Individual form

是指一定具有独立特征以区别于其他类型的单一现象。如典型类型溶蚀下又分为均匀溶蚀和差异溶蚀2个独立类型；典型类型剥落下根据剥落体的特征又可分为层状、片状、鳞片状、板状、粉末状和粒状6个独立类型。

具体要求可参照表8－11。

表8－11　文物岩石材料表层劣化类型分级界定说明表

序号	典型劣化类型	现象解释
1		第一类组群：表层完整性破坏类
1－1	缺损（Loss）	石材表面部分或全部因损伤而缺失的现象。
1－2	剥落（Exfoliation）	指石材表层全部或部分在较小的外力条件下发生基本平行于壁面逐渐脱离母体的现象。 根据剥落物的形态分为粉末状剥落、粒状剥落、层状剥落、鳞片状剥落、片状剥落、板状剥落六个独立类型。
1－3	溶蚀（Erosion）	石刻表面造型被逐渐侵蚀破坏模糊的现象。分为均匀溶蚀和差异溶蚀两个独立类型。
2		第二类组群：表层完整性损伤类
2－1	分离（DeTachment）	石材表层部分已于母体完全分开，但未脱离的现象。
2－2	空鼓（Hollowing）	石材表层一定厚度的片板状体发生隆起变形，在片板状体后形成空腔的现象。
2－3	鞍裂（Chapping）	石材表面形成的网状微裂隙组，将石材表面分割的现象。
2－4	划痕（Nick）	石材表面与雕刻造型无关的表面有一定深度的肉眼可观察到的各类痕迹。
3		第三类组群：表层形态改造类
3－1	结垢（Encrustation）	在石材表面渗水处或以前渗水处下方形成具一定厚度沉淀物质的现象。
3－2	结壳（Crust）	外界物质在石材表面形成壳层的现象。（多为黑色）小于1毫米厚的也可称为结膜（Film）。一般在轻微机械作用下，很难清除。
4		第四类组群：表层颜色变化类
4－1	锈变（Patina）	石材表面固有色变化的现象。

续表 8－11

序号	典型劣化类型	现象解释
4－2	附积（Soiling）	外界物质在石材表面附着的现象。在轻微的机械作用下，易于清除。
4－3	斑迹（Spot mark）	外界物质在石材表面渗透，从而形成的各种污染现象。在轻微的机械作用下，不易清除。
4－4	晶析（Efflorescence）	石材表面析出灰白色结晶状物质的现象，一般附着力不强，呈细小针状。
5		第五类组群：生物寄生类
5－1	低等植物	包括真菌类、苔藓类、地衣类和藻类、蕨类五个独立类型
5－2	高等植物	包括草本和木本两个独立类型
5－3	低等动物痕迹	昆虫在石材表层生活所留下的痕迹。如虫窝、虫卵及分泌物等。
5－4	霉菌（Mould）	从肉眼观测该类物质像霜附着于岩石表面。会呈现不同颜色，一般情况下，以白色、灰色和黑色居多。

三、根据表层病害分类、分级统计结果，可对保护对象保存现状进行评估。

四、根据调查检测分析结果，应对表层劣化程度及表层劣化深度进行评价。

五、根据环境调查和检测分析结果应对各类病害形成原因进行分析。

六、应调查和评价以往保护修复工程的实施时间、部位、技术及目前工程有效性，在此基础上，进一步评价以往保护工程对本次工程实施的影响程度。

8.4.6 监测

对于重要保护对象应进行长期监测，为工程设计提供依据。监测项目可包括表面形貌监测和表面强度监测。

第九章　工程勘察总报告

勘察总报告是勘察工作的最终成果，是保护工程设计的重要依据，因此它的重要性是不言而喻的，为确保报告中所提供数据、结论的准确性，我们应在对搜集的资料、现状调查与测绘、勘探、测试、岩土工程勘察报告等一系列勘察成果进行逐项检查、全面分析鉴定的基础上编写。成果内容应与保护工程设计要求和勘察目标相适应，对石质文物主要病害的发生、原因及发展趋势应有一定的研究深度。勘察总报告内容应符合下列要求：

一、文字部分要求简练，条理清晰，论证有据，结论明确。

二、图表部分要求比例尺选择合理，图面整洁、美观、清晰，数据准确无误，表格简明实用，与文字部分相符。

9.1　文字内容要求

作为报告主体部分的文字内容，各部分间应建立严谨的逻辑关系，论述过程应做到循序渐进、深入浅出。主要应包括勘察项目概述、勘察对象概况及价值评估、区域概况、工程地质条件、水文地质条件、环境工程地质问题、石质文物主要病害及分析、以往保护工程效果分析、主要结论与建议九部分。

9.1.1　勘察项目概述

勘察项目概述是整个报告的引言部分，主要是阐述勘察工作目标、依据、工作过程和完成情况，具体可包括以下内容。

一、勘察目标、等级及要求

（一）勘察目标

勘察工作目标是勘察工作的魂。是勘察工作与设计工作间的桥梁，它决定了勘察工作的总体技术路线。因此，它应是勘察报告正文部分的首要内容。它是根据项目委托书、保护设计拟解决的工程问题及工程勘察大纲确定的。

（二）勘察等级

鉴于岩土工程勘察等级主要以场地及地质条件复杂程度确定的，而文物保护工程勘察工作的对象是既有的工程对象，因此，在文物保护工程勘察等级确定时，还必须考虑勘察对象的重要性，这些都决定了技术方法的选择和工作量的确定。

二、勘察工作依据

勘察工作依据总体可分为两部分：

（一）勘察技术标准、规范和规程，如《岩土工程勘察规范》。

（二）鉴于文物保护工程勘察工作有别于一般的建设工程，所以勘察工作的开展还必须遵守国际及国内行业相关法律、法规和技术导则，如《中国文物古迹保护准则》、《文物保护工程设计文件编制深度要求》等。

三、勘察技术方法、过程及工作量

（一）根据勘察目标、勘察等级、勘察依据及文物保护工作勘察特点和要求，应阐述勘察工作采用的主要技术方法。

（二）应简明扼要阐述勘察工作的实施过程及工程勘察大纲执行及调整情况。

（三）应附工作量清单及勘探点平面布置图。

9.1.2　勘察对象概况及价值评估

文物保护工程勘察工作与一般建设工程勘察工作最大的不通之处在于勘察对象的特殊性，因此，勘察对象的概述在勘察报告中应成为一个独立章节。具体可包括以下内容。

一、文物概况

文物概况主要阐述内容包括文物的所处地理位置、创建年代、规模等。

二、历史沿革

历史沿革主要阐述文物创建之初的历史背景及历史上在位置、规模、形制特征及周边环境等方面发生的重大变化情况。

三、文物特点及保存现状总体情况

文物特点及保存现状总体情况主要阐述目前文物分布、主要形制特征及保存环境等情况。

四、历史维修情况

历史维修情况主要阐述文物自创建以来历史各时期所经历重要维修工程的具体时间、内容和记载情况。

五、价值评估。

价值评估可根据保护单位或考古单位提供的资料，从历史、科学、艺术、文化、社会五个方面对文物价值进行简要评述。

9.1.3　区域概况

区域环境条件是我们认识文物破坏历史的基础，该方面主要由我们搜集的各方面资料构成。具体包括以下内容。

一、区域地形地貌

文物所处位置的大地构架不仅与文物创建之初选址有关，也反映了文物创建后自然环境的变迁及与现今病害发育间的关系，如前面曾提到的云冈石窟、巩县石窟，因此，对于大区域地形地貌的认识也是极为重要的。该部分主要是对区域地形地貌情况的阐述。

二、区域地层构造

文物创建后所经历的自然灾害大都与所处位置的地层构造有关，这点尤以与地质体相连的石质文物最具代表性，其岩体内发育的大部分节理裂隙都与构造活动有关。该部分主要是对这方面资料的梳理和阐述。

三、气象水文

通过对石质文物病害的梳理，我们发现无论是结构失稳、渗漏还是表层劣化，都与其所处的区域水环境紧密相关，而区域水环境包括大气环境中的水和大地环境中的水两个方面，也就是我们通常说的气象和水文条件。该部分主要是对这两个方面资料的梳理和阐述。

四、地震

在石质文物病害调查和结构稳定性分析中我们常常发现地震往往是导致结构彻底破坏的致命因素，所以对于地震资料的搜集和研究就显得尤为重要。该部分主要包括文物位置与所处地震活动带间的关系，所在地区历史上最强地震震中位置、震级及破坏程度。近期（近 50 年）所在地区地震发生频率及破坏程度。

9.1.4　工程地质条件

工程地质条件是岩土工程勘察的核心内容，也是文物保护工程勘察的基础性内容，所以该部分内容在勘察报告中的重要性不容置疑，它所提供资料和数据的真实性、可靠性，不仅关系到勘察结论的正确性，更关系到保护工程设计的合理性和可靠性。具体包括以下内容。

一、地形、地貌

该部分的内容与区域地形地貌不同之处在于，该部分主要阐述调查区域内的地形地貌特征。如文物所处位置的地形地貌单元特征，高程变化情况。

二、地层及空间分布

该部分主要是对工程地质调查与测绘、勘探成果的反映，结合图表，应集中反映文物所在区域地层在垂直和水平两个维度上的分布情况。

三、不良地质现象

这里不良地质现象特指对文物主体结构及其环境长期保存产生影响的自然地质作用和现象。如滑坡、泥石流、岩溶等，该部分主要是对以上现象分布情况及影响程度的阐述。

四、岩土工程性质及分析

该部分主要是对测试成果的反映，结合图表，应集中反映和分析文物所处岩土体的物理力学性质。

五、场地类别及稳定性评价

该部分应包括（一）场地均匀性分析；（二）场地类别分析；（三）场地抗震性能分析和设防级别。

9.1.5　水文地质条件

该部分内容也是岩土勘察极其重要的内容，对于渗漏病害治理工程更是设计的重要依据。具体包括以下内容。

一、地表水体分布情况及变化规律

该部分重点阐述区内影响文物保存的地表水体（如河流、湖泊、人工水体等）的空间分布情况，水位（洪水位、枯水位）变化情况及变化规律。

二、地下水类型及埋藏条件

该部分应详细论述场区内各层地下水的类型，初见水位埋深，静止水位埋深；含水层性质，隔水层性质；场区内地下水水位变化情况。

三、地下水渗流、补给及排泄条件

通过地表水体、地下水水位及周边近、井、泉分布及变化情况，详细论述地下水各个季节补给、排泄规律及渗流条件。

四、地下水水质分析及腐蚀性评价

根据地下水水质分析成果，按照《岩土工程勘察规范》有关规定，综合判定地下水对混凝土结构及混凝土中的钢筋及钢结构的腐蚀性。

9.1.6　环境工程地质问题

对于存在环境工程地质问题的保护工程，勘察报告应用单独章节进行阐述。

主要内容应包括环境工程地质问题类型及对文物本体和环境的影响程度和环境工程地质问题的形成原因及发展趋势两部分。

9.1.7　石质文物主要病害及分析

石质文物主要病害类型及分析是文物保护工程勘察报告的核心部分，更是保护工程设计的重要依据，该部分内容具体应包括石质文物保存现状及主要病害类型；石质文物病害的调查、统计与危害性分析；石质文物病害形成原因及影响因素分析三部分。

各类病害，根据不同石质文物类型，具体阐述要求可参考第八章相关内容。

9.1.8　以往保护工程效果分析

文物保护是一项长期工作，任何一次保护工程无论从治理对象，还是工程时效而言，都无法实现一劳永逸，因此，在勘察中对前人工作的总结、分析也极为重要。该部分内容具体应包括以往保护工程实施效果、目前工程有效性分析和以往保护工程对目前石质文物病害治理的影响两部分。

9.1.9　主要结论与建议

勘察报告的结论部分是对勘察工作成果的总结，也是工程设计工作的直接依据，因此，其重要性不言而喻，所以总体要求该部分内容应简介、客观、严谨，所有结论均应有具体勘探或实验数据支持。

该部分内容具体可包括文物所在场地条件的总体评价；石质文物病害形成原因及影响因素的总结；保护工程设计思路和方向性建议；石质文物病害监测指标及监测方法建议四部分。

9.2　图件要求

勘察报告内的图件总体可分为插图和附图两部分。

9.2.1　插图

插图编排顺序应与文字说明顺序相符，可包括文物保护单位区位图（1：50000 或 1：10000）、构造纲要图、岩体节理裂隙玫瑰花图、等密度图等内容。

9.2.2　附图

附图应单独编目附在文字报告后，具体可包括以下内容。

1. 文物保护范围总图或现状总平面图（1：200、1：500、1：1000 或 1：2000）。
2. 文物形制测绘图。根据文物类型按照第四章有关内容及有关规范编绘。
3. 勘探点平面配置图（（1：200、1：500、1：1000 或 1：2000）。
4. 工程地质综合（或分区）图（1：500、1：1000、1：2000、1：5000 或 1：10000）。
5. 水文地质综合（或分区）图（1：500、1：1000、1：2000、1：5000 或 1：10000）。
6. 工程地质岩性剖面图。
7. 钻孔（综合）柱状图；
8. 探井、探槽展开图。
9. 病害分布图。根据文物类型和保护工程特点和设计要求可包括边坡或洞窟（洞室）岩体节理、裂隙立面、平面分布图及立面展开图，边坡或洞窟（洞室）危岩体分布图及立面展开图，石质建筑物及构筑物结构保存现状测绘图，文物区或文物结构内部出水点平面及立面分布图，石质文物表层病害分布图及重点部位病害详图等。

10. 病害分析图。根据文物类型和保护工程特点和设计要求可包括各危岩体节理、裂隙剖面分析图，洞窟节理、裂隙剖面分析图，渗流模型剖面分析图等。

9.3　表格要求

勘察报告中的表格应可包括以下内容。

1. 勘探点数据一览表；
2. 地质描述表；
3. 物探成果图表；
4. 原位测试成果图表；
5. 试验室岩土试验成果表；
6. 大气降水、地表水、地下水水质分析成果表；
7. 病害调查统计表。根据不同病害类型的勘察要求，可包括石质建筑物及构筑物裂缝调查统计表、岩体节理裂隙调查统计表、危岩体分析评价表、出水点调查统计表、岩石表层病害类型说明表、岩石表层病害类型分类、分级调查统计表等。

9.4　照片要求

照片应真实、准确、清晰，照片主要内容要求如下。

1. 应反映文物所在区域环境特点及文物整体风貌特点。
2. 应反映保护对象的时代特点及总体保存情况。
3. 应重点反映主要病害特征及分布区域。
4. 应重点反映重要勘探点情况。
5. 应重点反映重要取样点情况。
6. 照片编排顺序应与文字说明顺序及实测图顺序相符。
7. 照片文件大小不小于1MB。
8. 照片说明文字应居中置于照片下，照片序号宜按章节编排。

9.5　附件要求

作为勘察报告的辅助说明材料，附件可包括以下内容：

1. 项目委托书。
2. 项目协议或合同书。
3. 勘察单位资质。

4. 项目组人员构成（包括项目负责人、主要参加人员职称及专业背景等）。

5. 工程勘察大纲。

6. 上级主管部门批复、批准文件。

7. 专项技术论证会评审意见。

8. 取样登记清单。

9. 勘察过程中重要会议纪要。

10. 岩土工程勘察报告。

11. 其它专项报告。

第十章　工程实例分析

10.1　古月桥保护工程前期勘察及稳定性分析

10.1.1　项目概况

一、文物概况

古月桥，为第五批公布的全国重点文物保护单位。古月桥的公布所在地为浙江省义乌市。古月桥地处义乌市东南25公里、赤岸镇雅治街村西100米处，建于宋嘉定六年（1213年）。桥位于龙溪转弯处，横跨龙溪（图10-1）。

图10-1　古月桥现状

该桥系单拱纵联分节并列砌筑的五边形石拱桥，桥身分四层：其中，底层共五折，呈五边形。每节用六块长 2.8 米、厚 0.55 米、宽 0.3 米的石条直砌，条石之间距离 0.55 米，搭接处用长 4.75 米、高 0.58 米、宽 0.3 米的横锁石承接。全桥共用三十根条石、四根横锁石。中间层为条石横砌，规格不一；桥面以沙泥和方石铺成，桥面两侧设有宽 0.5 米、高 0.4 米的压阑石，无柱无板，无雕饰。桥全长 31.20 米，底拱长 14.67 米，拱矢高 4.99 米，桥面两侧宽约 4.91 米，中部宽 4.45 米，东西两侧引桥各为 7.65 米，坡度约为 25 度；自起拱处至拱最高处为 3.745 米。该桥桥型古朴、别致，充分反映了古代劳动人民高超的技术水平和杰出的创造才能。

二、勘察研究单位及主要完成人

中国矿业大学（北京）岩土工程研究所：何满潮、刘成禹
中国地质大学（北京）工程学院：孙进忠

三、说明

本案例未特别说明出处的图表均由中国矿业大学（北京）提供。

10.1.2　勘察技术路

该桥目前由于构件多已风化，部分构件产生断裂，所以本次勘察目的是对桥体结构进行稳定性评价及影响因素分析，为保护工程设计提供依据。

鉴于以上勘察目的，本次选择的勘察技术路线如图 10-2。

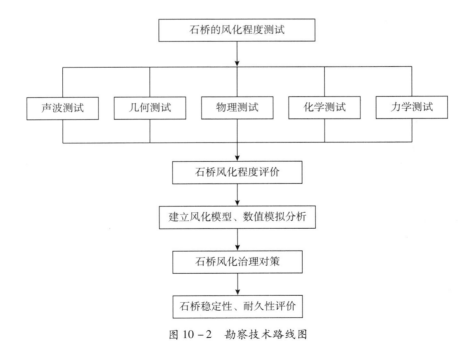

图 10-2　勘察技术路线图

10.1.3　风化程度的几何测试

测试结构详见表 10-1、表 10-2 及表 10-3。

表 10 – 1　轻微风化区三维几何测试参数表

条石编号	几何尺寸				三维风化参数			截面面积（cm²）		有效截面损失率（%）	体积风化损失率（%）	石材表层风化失效体积（cm³）
	长（cm）	宽（cm）	高（cm）	体积（cm³）	最大风化剥蚀深度（cm）	风化剥蚀面积（cm²）	风化剥蚀体积（cm³）	原有截面（cm²）	有效截面（cm²）			
1 – 1y	290	29	50	420500	6.5	3500	6276	1450	1315	9.3	1.5	23992
1 – 2y	290	31	50	449500	6	1960	2390	1550	1438	7.2	0.5	38831
1 – 3y	290	30	41	356700	5	1490	3200	1230	861	30	0.9	21460
1 – 4y	290	30	53	461100	3.5	2750	6093	1590	1404	11.7	1.3	25288
1 – 5y	290	29	43	361630	8	1960	9300	1247	1119	10.3	2.6	21766
1 – 6y	290	30	51	443700	1	890	890	1530	1530	0	0.2	24650
5 – 1y	290	30	50	435000	3	1066	2130	1500	1390	7.3	0.5	24331
5 – 2y	290	29	51	428910	4	2926	5800	1479	1245	15.8	1.3	24310
5 – 3y	290	32	49	454720	2	1690	2530	1568	1524	2.8	0.6	24688
5 – 4y	290	31	48	431520	5	4800	8900	1488	1238	16.8	2	24030
5 – 5y	290	38	54	595080	2	1260	1690	2052	1839.5	10.4	0.3	28351
5 – 6y	290	29	52	437320	2	1320	1790	1508	1394	7.6	0.4	24628
1 – 1x	270	28	53	400680				1484	1335	10		23004
1 – 2x	190	30	55	313500				1650	1485	10		17526
4 – 1x	112	32	57	204288				1824	1824	0		11592
4 – 2x	96	32	57	175104				1824	1824	0		33744
4 – 3x	152	31	49	230888				1519	1519	0		13448
4 – 4x	124	31	49	188356				1519	1519	0		11236

表 10 – 2　中等风化区三维几何测试参数表

条石编号	几何尺寸				三维风化参数			截面面积（cm²）		有效截面损失率（%）	体积风化损失率（%）	石材表层风化失效体积（cm³）
	长（cm）	宽（cm）	高（cm）	体积（cm³）	最大风化剥蚀深度（cm）	风化剥蚀面积（cm²）	风化剥蚀体积（cm³）	原有截面（cm²）	有效截面（cm²）			
2 – 1y	356	31	48	529728	6	2200	4460	1488	1375	7.6	0.8	57492
2 – 2y	353	30	48	508320	2	5400	8100	1440	1285	10.1	1.6	56232
2 – 4y	359	32	51	585888	6	4225	9500	1632	1278	21.7	1.6	61098
2 – 5y	358	27	50	483300	7	3900	11250	1350	1070	20.7	2.3	56100

续表 10 - 2

条石编号	几何尺寸				三维风化参数			截面面积（cm²）		有效截面损失率（%）	体积风化损失率（%）	石材表层风化失效体积（cm³）
	长（cm）	宽（cm）	高（cm）	体积（cm³）	最大风化剥蚀深度（cm）	风化剥蚀面积（cm²）	风化剥蚀体积（cm³）	原有截面（cm²）	有效截面（cm²）			
2 - 6y	358	29	49	508718	1.5	1480	2220	1421	1400	1.5	0.5	56954
3 - 1y	390	29	52	588120	4	1840	4480	1508	1448	3.9	0.8	64320
3 - 6y	390	29	48	542880	5	1880	7520	1392	1164	16.4	1.4	60984
4 - 1y	389	30	53	618510	8	3100	12600	1590	1166	26.7	2	65874
4 - 2y	375	26	50	487500	3	3950	7500	1300	1250.5	3.8	1.5	57804
4 - 3y	378.5	30	53	601815	7	1050	2308	1590	1422.5	10.5	0.4	64173
4 - 4y	377	25	45	424125	7	5070	11670	1125	607.5	46	2.8	53250
4 - 5y	384	29	50	561875	6	3315	8933	1450	1350	6.9	1.6	66803
4 - 6y	387.5	32	48	595200	1.5	1020	1590	1536	1476	3.9	0.3	63210
3 - 1x	260	33	53	454740				1749	1574	10		46842
3 - 2x	100	31	55	170500				1705	1705	0		19874
3 - 3x	110	30	55	181500				1650	1650	0		21228

表 10 - 3　严重风化区三维几何测试参数表

条石编号	几何尺寸				三维风化参数			截面面积（cm²）		有效截面损失率（%）	体积风化损失率（%）	石材表层风化失效体积（cm³）
	长（cm）	宽（cm）	高（cm）	体积（cm³）	最大风化剥蚀深度（cm）	风化剥蚀面积（cm²）	风化剥蚀体积（cm³）	原有截面（cm²）	有效截面（cm²）			
2 - 3y	353	28	48	474432	6	11710	22768	1344	1018	24.3	4.8	80682
3 - 2y	403	32	53	683488	6	2122	6253	1696	1528	9.9	1	103488
3 - 3y	408	29	50	591600	4	5950	14055	1450	1269	12.5	2.4	96690
3 - 4y	408	26	47.5	503880	4	9800	14800	1235	1045	15.4	3	89362
3 - 5y	399	28	48	536256	2.5	17500	26250	1344	1048	22	4.9	90756
2 - 1x	105	26	55	150150				1430	1287	10		28158
2 - 2x	85	27	55	126225				1485	1336.5	10		23919
2 - 3x	160	28	53	237440				1484	1336	10		41190
2 - 4x	112	27	52	157248				1404	1264	9.9		29064

10.1.4 风化程度的物理测试

本次勘察采用的技术是穿透波 CT 检测法。测试结果如图 10-3、10-4。

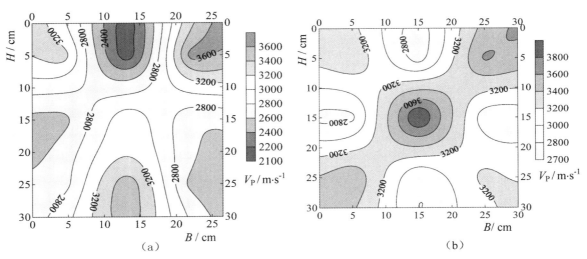

图 10-3 2-3x#条石纵波速度剖面图
中国地质大学（北京）提供

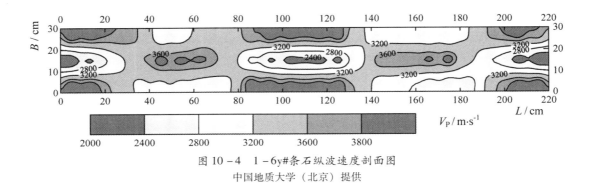

图 10-4 1-6y#条石纵波速度剖面图
中国地质大学（北京）提供

10.1.5 岩样室内力学实验测试结果及分析

取样位置见表 10-4。测试结果见表 10-5。测试结果表明：条石接触面附近的强度明显低于远离端部的部分，条石端部应力集中的长期作用是造成材料力学性质显著降低的原因之一。

表 10-4 取样位置

样品编号	取样位置	现场描述
FH1	4-5y 西侧面	不受顶部渗水影响，通风较好，属轻微风化区
FH2	3-4y 东侧面	风化剥落、表面酥碱严重，疏松，受顶部渗水影响较小，属严重风化区
FH3	2-2y 西侧面	受水影响较轻微，属中等风化区
FH4	2-2y 底　面	风化剥落严重，表面疏松，中等风化区

续表 10 – 4

样品编号	取样位置	现场描述
FH5	2－3x 底　面	表面酥碱严重，潮湿，风化分区属严重风化区
FH6	3－4y 西侧面	风化剥落严重，表面酥碱、泥化，潮湿，顶部渗水严重，属严重风化区
FH7	4－6y 东侧面	桥孔外侧，日照及通风条件好
FH8	南侧基础石	长期受水浸泡
FH9	4－3 X 南侧面	顶部无渗水，属轻微风化区
xx	新鲜岩样上	

表 10 – 5　岩样单轴压缩变形试验结果

岩样	编号	直径 D（mm）	高度 H（mm）	单轴抗压强度 σ_c（MPa）	弹模 E（GPa）	泊松比 μ	面波波速 V_S（m/s）	纵波波速 V_P（m/s）
新鲜岩样	X1	50	100.1	87.07	23.34	0.117	2273	3846
	X2	49.8	100.1	76.71	16.62	0.157	2326	4000
	X3	49.8	101.2	94.20	20.41	0.223	2326	3846
	X4	49.8	101.1	105.97	18.80	0.169	2273	3846
	X5	49.8	100.6	108.83	17.43	0.185	2174	3704
	X6	49.8	100.4	110.25	20.85	0.170	2128	3846
	平均值			97.17	19.58	0.17		
中等风化岩样	F1	49.8	101.6	64.40	17.26	0.137	1980	3483
	F2	49.8	101.5	72.25	18.41	0.124	1942	3483
	F3	49.9	102.2	76.94	29.18	0.152	2061	3607
	F4	49.8	101.4	75.29	14.56	0.098	2104	3741
	F5	49.5	99.6	66.81	16.87	0.075	2152	3667
	F6	49.3	101.8	66.26	14.26	0.137	2152	3667
	F7	49.9	101	76.05	18.87	0.119	2149	3741
	F8	49.6	99.5	80.75	9.92	0.103	2063	3536
	F9	49.8	101.8	67.44	16.72	0.096	2020	3483
	平均值			71.80	17.34	0.116		
强风化岩样	F10	49.9	102.1	69.83	13.74	0.102	2061	3607
	F11	49.6	101	64.21	16.59	0.162	2104	3607
	F12	49.8	101.9	76.54	12.64	0.118	2061	3607
	F13	49.8	99.9	71.01	16.32	0.213	2065	3654
	F14	49.8	102.1	61.19	13.89	0.174	2082	3643
	F15	49.8	101.4	58.70	13.28	0.125	2149	3740
	平均值			66.91	14.41	0.171		

10.1.6　岩样 X 射线衍射测试结果及分析

　　X 衍射测试结果见表 10 - 6。测试结果表明：古月桥建筑石材风化以化学风化为主，风化的主要原因是桥面渗水，加之日照及通风化条件较差，在水汽的共同作用下建筑材料中易溶于水的化学成分产生溶蚀，易氧化的化学成分发生氧化。

表 10 - 6　岩样 X 射线衍射测试结果

序号	样品编号	矿物种类及含量（%）					
		石英	钾长石	斜长石	方解石	黄铁矿	粘土矿物
1	FH1	37.1		33.6	0.7	0.6	28.0
2	FH2	35.7		33.1			31.2
3	FH3	31.5	11.5	23.9	3.9		29.2
4	FH4	37.9		29.0	1.7		31.4
5	FH5	38.0		27.4			34.6
6	FH6	36.3		24.6	1.7	1.3	36.1
7	FH7	43.9		39.6	0.8		15.7
8	FH8	39.8		26.4			33.8
9	FH9	33.2	9.7	20.3	2.4	1.1	33.3
10	XX	36.3	8.8	29.0	2.4	0.9	22.6

10.1.7　变形破坏机理及稳定性分析

一、力学模型的建立

　　按桥梁建造之初（未发生结构损伤）和现状（结构损伤）分别建立了力学模型，见图 10 - 5、图 10 - 6。

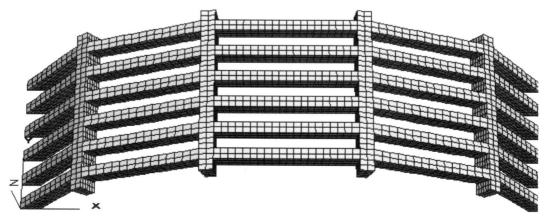

图 10 - 5　古月桥承载结构的力学模型（横锁石未折断）

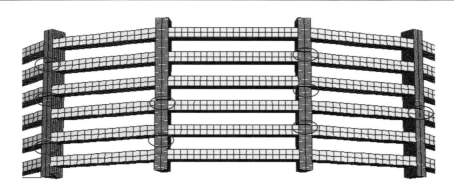

图 10 - 6 古月桥承载结构的力学模型（横锁石折断）
注：图中红圈处为锁石折断位置

二、建筑石材力学参数的选取

建筑石材根据检测结果按微风化、中等风化和严重风化三种状态进行分区赋值，具体详见表 10 - 7 和图 10 - 7。

表 10 - 7 建筑材料物理力学参数表

序号	岩土名称	容重（kN/m³）	体积模量（Pa）	剪切模量（Pa）
1	轻微风化条石	24.00	1.0e10	8.0e9
2	中等风化条石	24.00	7.0e9	5.0e9
3	严重风化条石	23.00	3.5e9	3.0e9

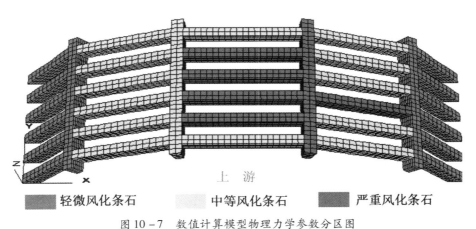

轻微风化条石　　中等风化条石　　严重风化条石

图 10 - 7 数值计算模型物理力学参数分区图

三、未风化时承载结构的变形特征和变形关键部位

桥梁建造之初未风化状态结构最大拉应力的分布区域集中于桥梁中部纵肋石底部区域，其中内部构件拉应力在断面上分布区域更大（图 10 - 8）。

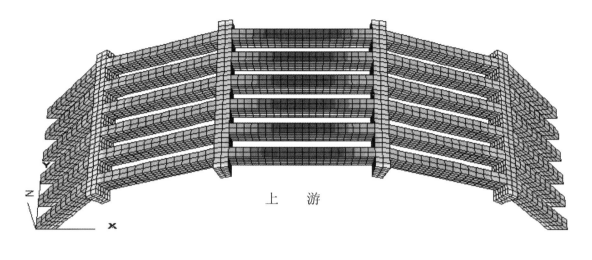

图 10 - 8　未风化时承载结构 σxx 分布图（单位：Mpa，"＋"为拉应力）

四、不均匀风化时承载结构的变形特征和变形关键部位

按不均匀风化状态计算时，最大拉应力分布情况与未风化状态基本相同，但最大拉应力区域有所扩大（图 10 - 9）。

五、不均匀风化与横锁石折断共同作用下承载结构的变形特征和变形关键部位

横锁石折断后，古月桥桥跨中央由上游开始第三根纵肋条石（图中深蓝色部分）中部的位移最大，成为变形的关键部位。此外、本根条石中部靠北侧的向下位移比两端的明显偏大，这也正是本根条石断裂的主要原因之一，计算结果与现场勘察结果是一致的（图 10 - 10）。

桥跨中央的两根横锁石的轴向位移是相反的，均向跨中方向位移，从而使中间部分纵肋条石受到挤压，这也正是桥跨中央第三根纵肋条石虽然断裂但未垮落的原因（图 10 - 11）。

横锁石折断后，桥跨中央下游最外侧纵肋条石及相邻折断后的横锁石发生较明显的向上游方向的横向位移，这与现场勘察结果是一致的（图 10 - 12）。

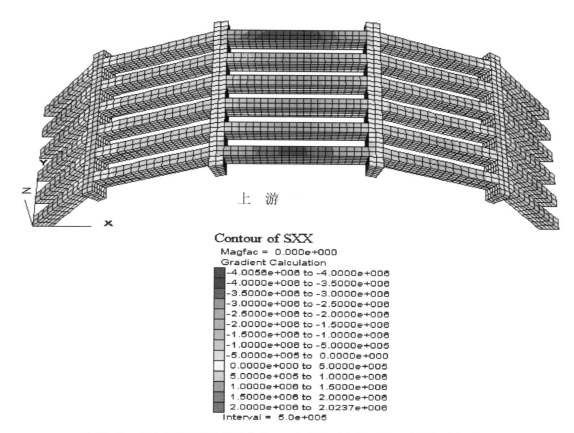

Contour of SXX

Magfac = 0.000e+000
Gradient Calculation

-4.0056e+006	to -4.0000e+006
-4.0000e+006	to -3.5000e+006
-3.5000e+006	to -3.0000e+006
-3.0000e+006	to -2.5000e+006
-2.5000e+006	to -2.0000e+006
-2.0000e+006	to -1.5000e+006
-1.5000e+006	to -1.0000e+006
-1.0000e+006	to -5.0000e+005
-5.0000e+005	to 0.0000e+000
0.0000e+000	to 5.0000e+005
5.0000e+005	to 1.0000e+006
1.0000e+006	to 1.5000e+006
1.5000e+006	to 2.0000e+006
2.0000e+006	to 2.0237e+006

Interval = 5.0e+005

图 10 - 9　不均匀风化时承载结构的 σxx 分布图（单位：Mpa，"＋"为拉应力）

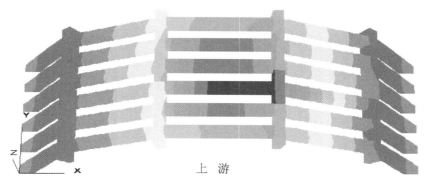

Contour of Z-Displacement

Magfac = 0.000e+000

-4.6342e-002	to -4.5000e-002
-4.5000e-002	to -4.0000e-002
-4.0000e-002	to -3.5000e-002
-3.5000e-002	to -3.0000e-002
-3.0000e-002	to -2.5000e-002
-2.5000e-002	to -2.0000e-002
-2.0000e-002	to -1.5000e-002
-1.5000e-002	to -1.0000e-002
-1.0000e-002	to -5.0000e-003
-5.0000e-003	to 0.0000e+000
0.0000e+000	to 3.6358e-003

Interval = 5.0e-003

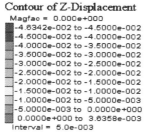

图 10 - 10　不均匀风化与横锁石折断共同作用下结构竖向位移图（单位：m）

注："－"为向下位

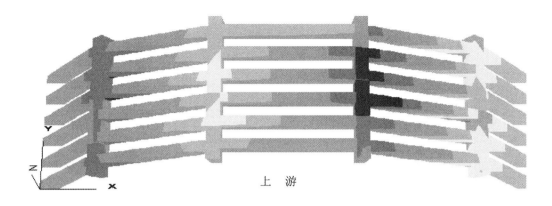

图 10 - 11　不均匀风化与横锁石折断共同作用下结构轴向位移图（单位：m）
注："-"为向左位移

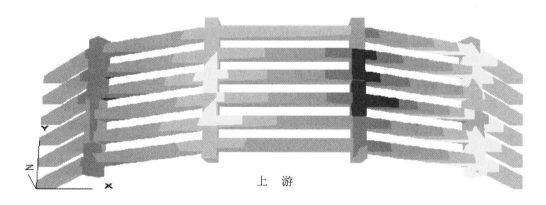

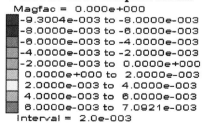

图 10 - 12　不均匀风化与横锁石折断共同作用下结构横向位移图（单位：m）

10.1.8　勘察结论

1. 古月桥本身的结构及受荷特点决定了其变形较大的部位为桥跨中央。

2. 该部位由于上部未做防水加之其上的填石比桥两端的薄，该范围渗水较两端严重。

3. 该部位内侧条石由于通风不良，日照较少，长期处于阴暗潮湿的环境，风化较其它部位严重。

4. 由于这一部位既是变形最严重的部位又是风化最严重的部分，所以它是本桥变形破坏和加固的关键部位。

10.2　顺陵石刻结构稳定性分析

10.2.1　项目概况

一、文物概况

顺陵，是武则天之母杨氏之墓，位于咸阳城东北 20 公里处渭城区底张镇韩家村。1961 年公布为第一批全国重点文物保护单位。顺陵石刻，唐代雕刻。系该陵墓前石雕群像。陵在平原之上，周以城垣围绕，垣外四方均有石兽。正面站立有石狮一对，体量巨大，肌肉丰满，表情威严，刻雕细致，气势宏大，堪称唐代石刻之精品、上品。是本次勘察工作的主要对象（图 10 - 13）。

图 10 - 13　顺陵石刻保存现状

二、勘察研究单位及主要完成人

中国地质大学（武汉）工程学院：方云、严绍军

三、说明

本案例未特别说明出处的图表均由中国矿地质大学（武汉）提供。

10.2.2　存在问题及勘察拟解决的主要问题

目前石刻本体多处出现裂缝（图 10 - 14），勘察拟解决以下问题。

1. 石刻本体产生裂缝的原因。

2. 石刻稳定程度及裂缝对石刻稳定性的影响。

3. 裂缝可能的发展趋势。

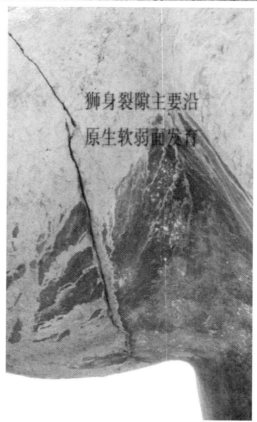

图 10-14 石刻本体上出现的多处裂缝

10.2.3 勘察方法及结果分析

一、勘探

（一）钻孔 探槽

探明地基土层分以下四层。

第①层：耕植土。

第②层：灰土，黄褐色，土中含有灰白色石灰及较大颗粒的石子，结构一般比较松散。

第③层：粉土，上部发现较多青色瓦当等。有压实的痕迹。呈现片状。应为古代地表。

第④层：黄土状粉土。粉土为主，稍湿，土层内局部含深褐色粘土块并存在结构状大孔隙。

二、测试

（一）地基土强度测试

测试结果具体见表10－8。

表10－8　地基土抗剪强度测试结果

原状样抗剪强度			扰动样抗剪强度		
层位	c（kPa）	φ（度）	层位	c（kPa）	φ（度）
③层	28.3	33.7	③层	13.1	17.3
④层	14.7	30.0	④层	10.0	18.3
④层	21.9	21.5	④层	10.1	18.3
			④层	10.0	18.2

（二）地基土天然含水率测试

测试结果表明浅层4m—5m左右含水量确有增高，含水量在不同部位存在不均匀性（图10－15）。

（三）湿陷性测试

测试结果见表10－9和图10－16。测试结果表明地基土属于强烈湿陷性黄土（自重湿陷性黄土）。

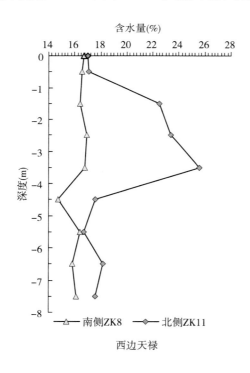

西边天禄

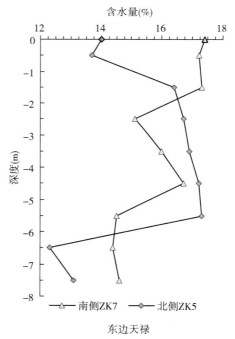

东边天禄

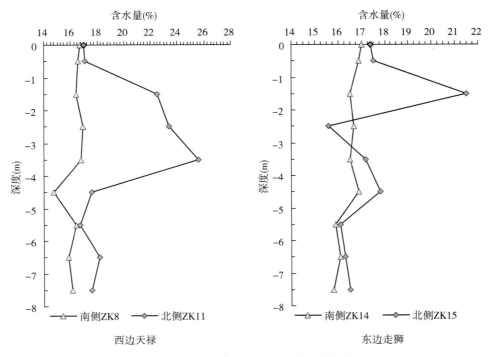

图 10 – 15　地基土天然含水量测试结果

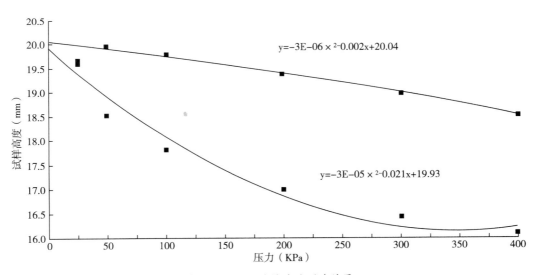

图 10 – 16　湿陷性试验测试结果

表 10 – 9　湿陷性试验测试结果

土样号	起始压力（kPa）	湿陷性系数（200kPa）
3	17.0	0.124
4	21.4	0.104
5	12.5	0.171

三、监测

(一) 裂隙位移及变形监测

监测结果见图 10 - 17、图 10 - 18。测试结果表明裂隙张开度有降低的趋势（闭合）裂隙的变形与温度密切相关。

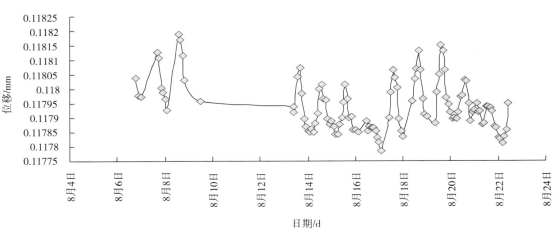

2008年8月份东天禄2号应变片位移–时间变化图

图 10 - 17　东天禄裂缝变形监测结果

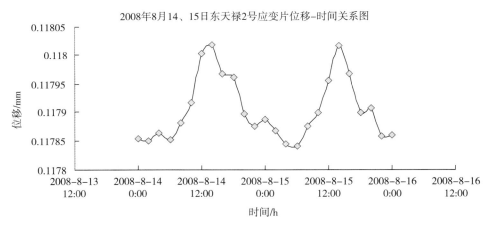

2008年8月14、15日东天禄2号应变片位移–时间关系图

图 10 - 18　东天禄裂缝变形监测结果

(二) 沉降监测

监测结果见图 10 - 19、图 10 - 20。监测结果表明基础有一定的沉降趋势。

(三) 裂隙专项记录调查

2008 年汶川地震时，西安震感强烈。对比地震前后的石雕裂隙调查资料，发现石雕岩体中有新的裂隙产生，并促进老的裂隙继续发育（图 10 - 21）。

No.28基座沉降监测曲线图

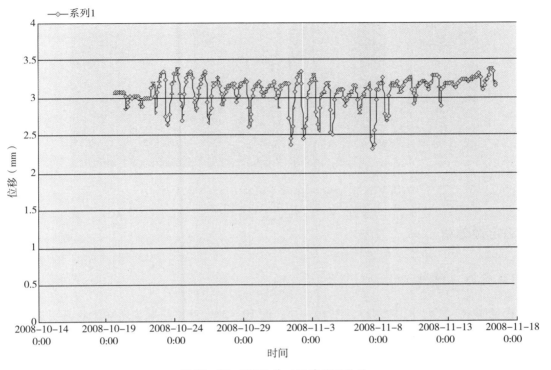

图 10 - 19　NO28 基础沉降监测结果

N0.26基座沉降监测曲线图

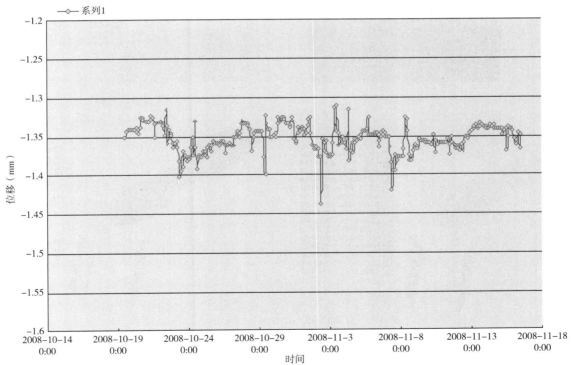

图 10 - 20　NO26 基础沉降监测结果

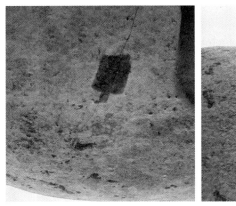

图 10 - 21　汶川地震后石刻岩体内裂隙发育情况

10.2.4　稳定性分析

一、初始状态（建成时）

计算过程见图 10 - 22、图 10 - 23、图 10 - 24、图 10 - 25。计算结果表明初始状态石刻应力分布有利于石刻岩体内裂隙的发育。

图 10 - 22　三维模型

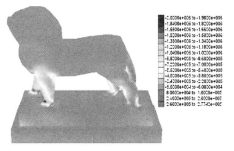

图 10 - 23　垂直应力分布图

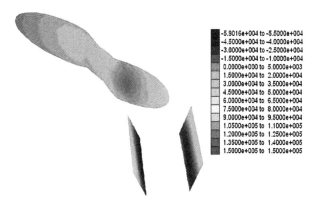

图 10 - 25　裂隙剪切应力分布图

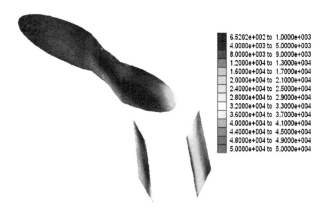

图 10 - 24　裂隙法向压应力分布图

二、现状

计算过程见图 10-26、图 10-27、图 10-28、图 10-29、图 10-30。计算结果表明石刻现状应力向中部集中，上部压应力集中，下部有剪应力集中；石刻下部将首先出现开裂，附加变形前大后小。

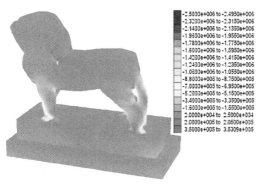

图 10-26　垂直应力分布图

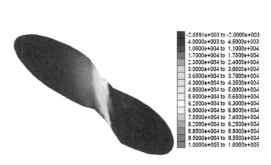

图 10-27　裂隙法向压应力分布图

（中国地质大学（武汉）提供）

图 10-28　裂隙剪切应力分布图

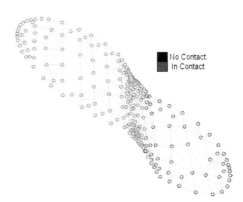

图 10-29　节点接触状况图

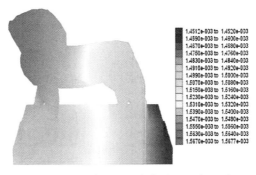

图 10-30　裂隙破坏产生的附加变形图

三、裂隙继续发展

计算过程见图 10-31、图 10-32、图 10-33、图 10-34。计算结果表明如果裂隙继续发展，将导致整个应力分布向裂隙的转折处集中，可能导致岩体破坏，形成新的裂隙；裂隙将大部分失去接触，不连续变形形成可能导致整体坍塌破坏。

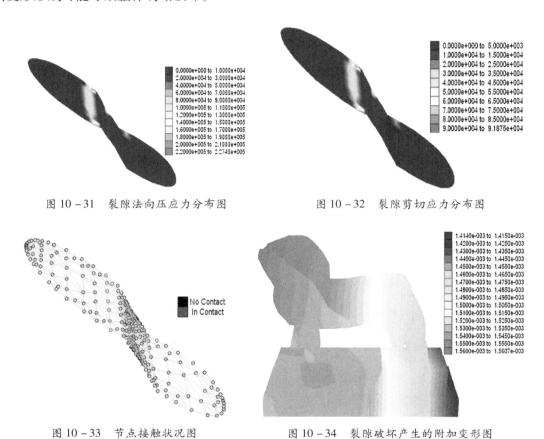

图 10-31　裂隙法向压应力分布图　　　图 10-32　裂隙剪切应力分布图

图 10-33　节点接触状况图　　　图 10-34　裂隙破坏产生的附加变形图

10.2.5　勘察结论

一、内因

勘察分析表明，顺陵石刻岩体内的原生裂隙是控制石刻破坏的内在重要因素。

二、外因

（一）监测结果表明地基土湿陷性及基础沉降对石刻稳定性可能产生影响。

（二）监测结果表明温度变化对裂隙发育有一定影响。

（三）从 2008 年汶川地震前后观测和稳定性分析表明地震是影响裂隙进一步发育的控制因素，从而是最终导致石刻破坏决定因素。西安历史上曾受多次地震影响。其中影响最大的是 1556 年的华县地震。1556 年 1 月 23 日，今陕西华县发生 8 级地震。这次发生在关中东部华县的地震，死亡人口之多，为古今中外地震历史的罕见。据史料记载："压死官史军民奏报有名者 83 万有奇，其不知名未经奏报者复不可数计"。这次地震极震区烈度为 12 度，重灾区面积达 28 万平方公里，分布在陕西、山西、河南、甘肃等省区，地震波及大半个中国，有感范围远达福建、两广等地。

综上所述，对于顺陵石刻的保护首要任务是通过工程手段控制石刻岩体内的裂隙进一步发展，增强石刻岩体的整体性；第二是加强对地震等影响因素的监测。

10.3　北京西黄寺清净化城塔抗震稳定性评价

10.3.1　项目概况

一、文物概况

西黄寺清净化城塔位于北京市朝阳区安定门外黄寺大街，建于顺治九年（公元 1652 年）。乾隆四十七年（公元 1782 年）为纪念在这里圆寂的六世班禅，在西黄寺西侧建造衣冠塔，命名为"清净化城塔"。清净化城塔院坐北朝南，平面呈南北向长方形，建筑面积 900 余平方米。该塔仿照印度佛陀迦耶式塔样式，用汉白玉砌筑。中间主塔高约 20 米，建于 3 米多高的塔基上，塔座的转角处刻有力士雕像。主塔四角各有一座高约 10 米的角塔，与主塔组成金刚宝座式塔。清净化城塔在历史上占有极高的地位，是汉族和藏族以及其他少数民族文化交流和友好交往的历史见证，具有重要的历史价值。2001年公布为第五批全国重点文物保护单位（图 10 - 35）。

图 10 - 35　西黄寺清净化城塔

二、勘察研究单位及主要完成人

中国文化遗产研究院：李宏松

总装备部工程设计研究总院：杨国兴、孙崇华、张立乾

中国矿业大学（北京）：韩雪

10.3.2　工程勘察工作的目的

本次工程勘察工作的目的是为清净化城塔制定文物保护方案提供地基基础以及结构稳定性评价方面必需的基础资料，具体内容如下。

一、查明场区内不良地质作用的类型、成因、分布范围、发展趋势及其危害程度，并评价场地的稳定性。

二、查明场区内地基土层的岩性特征、空间分布及其物理力学性质。

三、查明场区内地下水的类型、埋藏条件、静止水位及其腐蚀性。

四、提供地基土层的物理力学参数。

五、查明塔体的基础形式及其与地基的接触方式。

六、评价场地的地震效应，提供场地的地震烈度、设计基本地震加速度值以及设计地震分组，划分场地土类型与建筑场地类别，并评价地震液化问题。

七、对塔体的抗震稳定性进行评价。

10.3.3　勘察工作的依据

一、《北京市朝阳区西黄寺清净化城塔及其附属石质文物保护工程勘测工作计划书》（勘察大纲）（中国文物研究所 2005.3）。

二、测量专业提供的总平面图。

三、《北京地区建筑地基基础勘察设计规范》（DBJ 01—501—92）。

四、《岩土工程勘察规范》（GB 50021—2001）。

五、《建筑地基基础设计规范》（GB 50007—2002）。

六、《建筑抗震设计规范》（GB 50011—2001）。

七、《土工试验方法标准》（GB/T 50123—1999）。

10.3.4　勘察工作的布置及完成的工作量

根据工作目的、场地复杂程度与地基复杂程度，按照《岩土工程勘察规范》（GB 50021—2001）第 3.1 条规定，综合判定：本次岩土工程勘察等级为乙级。

本次岩土工程勘察采取钻探、原位测试、取土试样、土工试验以及物探工作相结合的方案：钻探采用 SH—30 型钻机，冲击钻进，套管护壁；原位测试采用标准贯入试验和重型、轻型动力触探试验；土工试验包括常规试验、压缩试验以及颗粒分析试验；物探试验包括面波测试、常时微动测试、地震层析成像分析和地质雷达扫描分析技术。

本次勘察共布置4个钻孔，均为技术孔，25.0米孔深钻孔2各，20.0米钻孔2个；布置探槽4个，以揭露塔体基础以及基础与地基的接触关系为目的；另外，布置面波测试点2个，常时微动测试点2个。

本次工程勘察所完成的工作量见表10-10所示。

表 10-10　勘察工作量统计一览表

编号	项目	单位	数量
1	钻孔数量	个	4
2	钻孔进尺	m	90
3	探槽数量	个	4
4	探槽工作量	m3	1.2
5	勘探点放线、孔口标高测量	个	12
6	轻型动力触探试验	m	3.9
7	标准贯入试验	次	22
8	重型动力触探	m	0.6
9	取土、水试样	件	60
10	土工试验	件	57
11	面波测试	点	2
12	常时微动测试	点	2
13	地质雷达扫描分析	条	25
14	地震层析成像分析	条	288
15	图表	张（页）	9

10.3.5　工程地质条件

一、地形地貌

西黄寺位于北京市朝阳区黄寺大街，属于冲、洪积平原地貌，地形平坦，场区（孔口）绝对高程46.47—46.80m。

二、地基土层的岩性特征及其空间分布

本次岩土工程勘察深度范围内的地层属于一般第四纪冲、洪积物，以填土、粉土、砂土与粘性土为主。以满足工程需要为原则，综合考虑时代成因、岩性特征与物理力学性质等诸多因素，将本次岩土工程勘察深度范围内的地基土层共划分为7个工程地质层。其岩性特征见表10-11所示。地基土层的空间分布具有以下特点：地层空间分布基本均匀稳定，在灰土垫层下的主要持力层范围内，地层以中压缩性—中高压缩性为主；存在透镜体状分布的第③₁层粉质粘土，相对软弱，对地基均匀性造成一定影响。

表 10 - 11　地基土层岩性特征一览表
（总装备部工程设计研究总院提供）

地层编号	地层名称	湿度	状态	密实度	其它性状描述
①	填土	湿		松散	黄褐；以粘质粉土为主；含植物根、砖块、灰渣等
②	灰土垫层	稍湿		密实	黄褐色；含混合砂浆；强度高，钻进困难，钻锤反弹较剧烈。
③	粘质粉土	饱和		密实	褐黄—浅灰色；含云母、氧化铁；夹粉质粘土、砂质粉土和粉砂薄层。
③₁	粉质粘土	饱和	可塑		褐黄—黄灰色；含植物根系，局部含姜石、网状氧化铁、有机质；4 号钻孔顶部含砖渣。夹重粉质粘土和粘质粉土薄层。透镜体分布，仅在 2、4 号钻孔处分布。
③₂	粘土结核	湿	坚硬		褐黄色（暗）；板状结构，含云母、氧化铁，质地坚硬，尽似砂质泥岩；透镜体分布，仅在 3 号钻孔附近分布；钻进困难，钻锤跳动剧烈。
④	粉质粘土	饱和	可塑		褐黄—黄灰色；含氧化铁、有机质、粗颗粒，局部含姜石和螺壳；夹重粉质粘土、粉土薄层。
⑤	粉质粘土	饱和	可塑		褐黄色为主，局部灰黄色；含云母、（网、柱状）氧化铁、粗颗粒，局部含姜石；夹重粉质粘土薄层。
⑤₁	粉砂	饱和		中上—密	褐黄色，含云母、氧化铁，颗粒均匀，夹砂质粉土薄层；透镜体分布。
⑥	粘质粉土	饱和		密实	褐黄色；含云母、氧化铁，局部含姜石。
⑦	粉砂	饱和		中上—密	褐黄色；含云母；夹砂质粉土薄层。
⑧₁	粘土	饱和	可塑		褐黄色（棕）；含氧化铁、姜石、贝壳。
⑧	粘质粉土	饱和		密实	褐黄色；含（局部网状）氧化铁、云母和粗颗粒，少量姜石；夹粉质粘土、砂质粉土薄层。
⑨	重粉质粘土	饱和	可塑		褐黄色；含氧化铁，局部聚集大量姜石和螺壳；结构好。
⑩	细中砂	饱和		密实	褐黄色；含少量云母、卵砾石，颗粒不均。
⑩₁	卵石	饱和		密实	杂色；卵石含量 75%，最大粒径 5cm，平均粒径 3cm，亚圆形，粗砂充填，并含 5% 左右的圆砾。
⑪	卵石	饱和		密实	杂色；卵石含量 75%，最大粒径 6cm，平均粒径 3cm，亚圆形，粗纱充填，并含 10% 左右的圆砾。

　　地基土层的空间分布具有以下特点：地层空间分布基本均匀稳定，在灰土垫层下的主要持力层范围内，地层以中压缩性—中高压缩性为主；存在透镜体状分布的第③₁层粉质粘土，相对软弱，对地基均匀性造成一定影响。

三、地基土层的物理力学指标统计

　　地基土层的物理力学指标主要根据原位测试和土工试验成果获得（见图 10 - 36、图 10 - 37）。经统计分析，《地基土层物理力学参数建议值见表 10 – 12 所示。

室内工程编号：2005-36　　　　报告书（土）第05-36号　　第2页　　共2页

中兵勘察设计研究院土工试验成果报告

工程名称：北京朝阳区西黄寺清净化城塔文物保护　　汇总人：芮之纲　　试验室名称：中兵勘察设计研究院试验室
委托方工程编号：—　　　　　　　　　　　　　　　审核人：胡仁海　　试验室地址：北京宣武区西便门内大街9号
报告日期：2005.05.26　　　　　　　　　　　　　　审定人：邓彦荣　　声明：未经本试验室书面批准，不得复制本成果报告(完整复制除外)。

土样编号	勘探点编号	取土深度 m	天然含水量 ω %	密度 ρ g/cm³	干密度 ρd	比重 Gs	饱和度 Sr	天然孔隙比 e	液限 ωL %	塑限 ωp %	塑性指数 Ip	液性指数 IL	自重 Po kPa	压缩系数 a 100 kPa	压缩系数 a 200 kPa	压缩模量 Es 100 kPa	压缩模量 Es 200 kPa	方式	C kPa	Φ 度	>20 mm	>2 mm	>0.5 mm	>0.075 mm	<0.075 mm	<0.005 mm	<0.002 mm	灼烧失量 %	分类定名 DBJ 01-501-92
5955	4-1	2.00	23.8	1.98	1.60	2.71	93	0.694	29.1	18.4	10.7	0.50	25	0.299	0.255	5.64	6.61												粉质粘土
5956	4-2	5.00	23.5	2.01	1.63	2.72	95	0.671	27.3	16.2	11.1	0.66	50	0.317	0.255	5.19	6.44												粉质粘土
5957	4-3	6.00	22.0	2.03	1.66	2.71	95	0.629	26.2	15.6	10.6	0.61	75	0.259	0.216	6.15	7.37												粉质粘土
5958	4-4	7.00	17.8	2.08	1.77	2.72	90	0.540	24.9	13.8	11.1	0.36	75	0.186	0.163	8.17	9.29												粉质粘土
5959	4-5	8.00	24.3	2.03	1.63	2.71	100	0.659	30.2	19.6	10.6	0.44	100	0.173	0.165	9.40	9.90												粉质粘土
5960	4-6	9.00	23.1	2.03	1.65	2.72	97	0.643	28.7	18.3	10.4	0.46	100	0.180	0.154	8.82	10.27												粉质粘土
5961	4-7	10.00	22.4	2.05	1.67	2.72	98	0.624	30.2	18.5	11.7	0.33	100	0.252	0.223	6.19	6.98												粉质粘土
5962	4-8	11.50	22.5	1.98	1.62	2.72	90	0.683	29.4	18.3	11.1	0.38	125	0.236	0.200	6.80	8.04												粉质粘土
5963	4-9	12.50	23.1	2.01	1.63	2.72	95	0.660	27.6	18.0	9.6	0.53	125	0.215	0.187	7.42	8.54												粘质粉土
5964	4-10	14.20	36.6	1.88	1.38	2.75	100	0.998	45.0	26.5	18.5	0.55	150	0.285	0.256	6.79	7.54												粘土
5965	4-11	15.00	20.5	2.07	1.72	2.71	96	0.578	27.8	18.0	9.8	0.26	150	0.066	0.063	23.44	24.77												粘质粉土
5966	4-12	16.00	21.9	2.06	1.69	2.70	98	0.604	28.1	18.1	10.0	0.38	150	0.113	0.105	13.88	14.94												粘质粉土
5967	4-13	17.00	22.9	1.99	1.62	2.71	92	0.674	26.5	16.6	9.9	0.64	175	0.121	0.118	13.58	13.92												粘质粉土
5968	4-14	18.00	24.7	2.05	1.64	2.74	100	0.667	36.5	20.6	15.9	0.26	175	0.048	0.048	34.17	34.77												重粉质粘土
5969	4-15	19.00	21.7	2.01	1.65	2.73	91	0.653	34.1	19.9	14.2	0.13	175	0.074	0.074	21.83	22.08												重粉质粘土
5970	扰1-1	2.50	19.1						26.8	18.1	8.7	0.11									0	0	0	1	6	94	16		粘质粉土
5971	扰1-2	4.00	17.1						26.1	19.0	7.1	-0.27									0	0	0	4	96	13			粘质粘土
5972	扰1-3	5.00	20.0						30.7	18.0	12.7	0.11									0	0	0	2	98	22			粉质粘土
5973	扰1-4	14.50	20.6						26.6	19.6	7.0	0.14									0	0	0	13	87	10			砂质粉土

图 10 – 36　土工试验成果报告一
（总装备部工程设计研究总院提供）

中兵勘察设计研究院土工试验成果报告

图 10 – 37　土工试验成果报告二
（总装备部工程设计研究总院提供）

10.3.6　水文地质条件

一、地下水的类型和埋藏条件

在本次岩土工程勘察期间，在勘察深度范围内对建筑物有影响的地下水主要为上层滞水：初见水位埋深为 4.10—5.50m（高程为 40.97—42.70m），静止水位埋深为 2.50—2.80m（高程为 43.67—44.30m），含水层主要为第③层粘质粉土以及第④、⑤层粉质粘土中的粉土、粉砂薄层和透镜体，隔水层为第④、⑤层粉质粘土。

场区内近 3—5 年地下水的最高水位的高程按 44.80m 考虑，历史最高水位的埋深为接近地表（1959 年）。考虑文物保护的永久性，建议各项设计采用历史最高水位。

二、地下水的腐蚀性

根据 1 号钻孔所取 1 组水样分析结果（见图 10 - 38 所示，按照《岩土工程勘察规范》（GB 50021—2001）第 12.2 条规定，综合判定：上层滞水对混凝土结构及混凝土中的钢筋均无腐蚀性，但对钢结构有弱腐蚀性。

水质分析报告第水　05-水-112号　　　　　　　　　　　　　　　第　1 页　共 1 页

水质分析报告书

委托单位：总装
工程名称：北京朝阳区西黄寺清净化城塔

委托方工程编号：	—	取样日期：	2005.05.03	室内工程编号：	2005-36
钻孔编号：	1#	接收日期：	2005.05.09	室内试样编号：	2005-水-112
取样深度：	2.50m	分析日期：	2005.05.10	分析现场温度：	23.0℃
水源：	—	报告日期：	2005.05.10	分析现场湿度：	70%

气味		无味		透明度		透明	
色度		无色		混浊度			

分析项目		毫摩尔/升	毫克/升	分析项目		毫摩尔/升	毫克/升
阳	$K^+ + Na^+$			阴	Cl^-	1.485	52.04
	Ca^{2+}	0.982	39.36		SO_4^{2-}	0.848	81.48
离	Mg^{2+}	1.164	28.30	离	HCO_3^-	9.851	601.11
	NH_4^+				CO_3^{2-}		·
子	——	——	——	子	OH^-	——	——
	——	——	——		NO_3^-	——	——
游离CO_2		0.525	23.10	侵蚀性CO_2		0.000	0.00
总计		——		总计		——	

分析项目	以碳酸钙计（毫克/升）	分析项目	毫克/升
全硬度	214.8	矿化度	——
暂时硬度	214.8		
永久硬度	——		
负硬度	278.2		
总碱度	493.0		
pH值		7.7	
备注			

试验人：孙成志　　　审核人：乙晓峰

中兵勘察设计研究院岩土试验室
地址：北京宣武区西便门内大街79号院

声明：未经本试验室批准，不得复制本报告书（完整复制除外）。本报告书仅对本次试验样品有效。

图 10 - 38　水样分析结果
（总装备部工程设计研究总院提供）

10.3.7 岩土工程分析与评价

一、场地的稳定性

根据场区的地形地貌、地基土层的岩性特征以及区域地质资料，综合判定：场区不存在岩溶、滑坡、危岩、崩塌、泥石流以及活动断裂等不良地质作用，场地稳定。按照《建筑抗震设计规范》（GB 50011—2001）第4.1.1条规定，综合判定：场区的地段类别属于可进行建设的一般场地。

二、地基土层的物理力学参数建议

根据原位测试和室内土工试验成果，并结合现场鉴别、区域地质资料以及地区经验，综合确定地基土层的物理力学参数的建议值，具体详见表10－12所示。

表 10－12　地基土层物理力学参数建议值表（一）

（总装备部工程设计研究总院提供）

地层	地层	粘粒含量	含水率	密度	比重	重型动力触探锤击数	承载力标准值
		ρc	ω	ρ	Gs	$N_{63.5}$	f_{ka}
编号	名称	（%）	（%）	（g/cm³）		（击）	（kPa）
②	灰土垫层						300
③	粘质粉土	14.5	23.7	1.99	2.70		170
③₁	粉质粘土		23.8	1.98	2.71		140
③₂	钙质结核					100.0	350
④	粉质粘土		23.5	2.01	2.72		150
⑤	粉质粘土		22.6	2.04	2.72		170
⑤₁	粉砂						200
⑥	粘质粉土		22.6	2.01	2.71		170
⑦	粉砂						250
⑧₁	粘土		33.6	19.00	2.75		170
⑧	粘质粉土		22.1	2.05	2.71		210
⑨	重粉质粘土		23.9	2.01	2.73		210
⑩₁	细中砂						300
⑩	卵石					46.0	400
⑪	卵石					100.0	450

续表 10-12　地基土层物理力学参数建议值表（二）

地层编号	地层名称	孔隙比 e	饱和度 Sr（%）	液限 ωL（%）	压缩系数 a（MPa⁻¹）	
					P0－P0＋1	P0－P0＋2
②	灰土垫层					
③	粘质粉土	0.66	94.0	26.5		
③₁	粉质粘土	0.694	92.9	29.1	0.299	0.255
③₂	钙质结核					
④	粉质粘土	0.675	94.7	27.1	0.316	0.262
⑤	粉质粘土	0.639	96.0	30.5	0.215	0.189
⑤₁	粉砂					
⑥	粘质粉土	0.65	94.2	27.2	0.218	0.188
⑦	粉砂					
⑧₁	粘土	0.932	97.6	43.5	0.256	0.234
⑧	粘质粉土	0.618	97.0	27.9	0.126	0.115
⑨	重粉质粘土	0.678	96.0	34.1	0.120	0.111
⑩₁	细中砂					
⑩	卵石					
⑾	卵石					

续表 10-12　地基土层物理力学参数建议值表（三）

地层编号	地层名称	压缩系数 a（MPa⁻¹）		压缩模量 Es（MPa）		标贯击数 N（击）
		P0－P0＋1	P0－P0＋2	P0－P0＋1	P0－P0＋2	
②	灰土垫层			20.00		
③	粘质粉土			7.50		10.5
③₁	粉质粘土	0.299	0.255	5.64	6.61	
③₂	钙质结核			25.00		
④	粉质粘土	0.316	0.262	5.42	6.41	
⑤	粉质粘土	0.215	0.189	7.69	8.99	
⑤₁	粉砂			18.00		26.3
⑥	粘质粉土	0.218	0.188	7.36	8.48	
⑦	粉砂			25.00		34.0
⑧₁	粘土	0.256	0.234	7.33	7.99	
⑧	粘质粉土	0.126	0.115	13.72	14.95	
⑨	重粉质粘土	0.120	0.111	14.74	15.88	
⑩₁	细中砂			33.30		168.8
⑩	卵石			40.00		
⑾	卵石			45.00		

续表 10 – 12　地基土层物理力学参数建议值表（四）

地层编号	地层名称	轻便动力触探锤击数 N_{10}（击）
②	灰土垫层	
③	粘质粉土	60.7
③₁	粉质粘土	12.2
③₂	钙质结核	
④	粉质粘土	17.0
⑤	粉质粘土	
⑤₁	粉砂	
⑥	粘质粉土	
⑦	粉砂	
⑧₁	粘土	
⑧	粘质粉土	
⑨	重粉质粘土	
⑩₁	细中砂	
⑩	卵石	
⑪	卵石	

三、场地的标准冻结深度

根据北京市统一规定，场地的标准冻结深度为 0.8m。

四、场地的地震效应

（一）场地的地震烈度

按照《建筑抗震设计规范》（GB 50011—2001）附录 A 规定，场地的抗震设防烈度为 8 度。

（二）设计基本地震加速度及设计地震分组

按照《建筑抗震设计规范》（GB 50011—2001）附录 A 规定，设计基本地震加速度值为 0.2g，设计地震分组为第一组。

（三）场地土类型与场地类别

面波法测得场区地面以下 20 米范围内土层的等效剪切波速 $vse = 194.99$ 米/秒，$250 \geqslant vse \geqslant 140$ 米/秒；根据《北京地区建筑地基基础勘察设计规范》（DB 01 – 501 – 92）附录 Q，场地覆盖层厚度取 dov > 50 米，地震烈度为Ⅷ度，按照《建筑抗震设计规范》（GB 50011—2001）第 4.1 条规定，综合判定：场地土类型为中软土，场地类别为Ⅲ类。

（四）地震液化

按照《建筑抗震设计规范》（GB 50011—2001）第 4.3.2 条规定，需要评价场区地面下 15.0 米深度范围内饱和粉土和饱和砂土的地震液化问题。液化评价时的地下水位取近 3—5 年地下水的最高水位为高程为 44.80m，故需要评价、第③层粘质粉土、第⑤₁层粉砂、第⑥层粘质粉土以及第⑦层粉砂的地震液化问题。

1. 第③层粘质粉土

根据颗分试验，本层的粘粒含量 ρ_c 分别为 16%（土样扰 1—1）、13%（土样扰 1－2），均不小于 13%，根据《建筑抗震设计规范》（GB 50011—2001）第 4.3.3 条判断，该层在 8 度地震烈度下为不液化土。

2. 第⑤$_1$ 层粉砂

该层有三个标准贯入试验击数，分别为 14、23 和 43，根据计算，只有 2 号钻孔标贯击数 14 小于液化判别标准贯入试验锤击数临界值，而该钻孔该层符合《建筑抗震设计规范》（GB 50011—2001）第 4.3.3－1 式的条件，即：$du > d0 + db - 2$，所以综合判定该层在 8 度地震烈度下可不考虑液化影响。

3. 第⑥层粘质粉土

同样，该层符合《建筑抗震设计规范》（GB 50011—2001）第 4.3.3－1 式的条件，即：$du > d0 + db - 2$，综合判定该层在 8 度地震烈度下可不考虑液化影响。

4. 第⑦层粉砂

根据计算，该层标贯试验锤击数均大于液化判别临界值，判定为不液化土。

综合上述，可以判定：在 8 度地震烈度下，场区内的地层不存在地震液化问题。

（五）场地及塔体常时微动测试

本次勘察分别在地面及塔座布置常时微动测试点 DMD1、DMD2，测试结果列于表 10－13。

表 10－13　常时微动（卓越周期）测试成果表
（总装备部工程设计研究总院提供）

地　面（DMD1）		塔　座（DMD2）	
南北	0.355s	南北	0.360s
东西	0.345s	东西	0.360s
垂直	0.355s	垂直	0.335s

10.3.8　塔体结构勘察及分析

本节图表均由总装备部工程设计研究总院提供。

一、地震层析成像分析

（一）检测内容

本次勘察工作地震层析成像（CT）技术对西黄寺清净化城塔地下基础部分进行探测，主要目的是判断地下基础部分是否存在地下结构及规模。

为完成以上目标现场勘测中利用了塔周边布置的 4 个钻孔，钻孔位置见图 10－39。4 个钻孔分别命名为 A、B、C、D，其中 A、D 为一对，B、C 为一对。A、C 为激发井，B、D 为接收井，即当 A 井放置电火花震源时，在 D 井放置井下三分量检波器；当 C 井放置电火花震源时，在 B 井放置井下三分量检波器。由于井深均为 11 米，所以各井的激发点和接收点为 12 个（包括地表的一个）。检测中先将井下三分量检波器放置于 D 井井下 11 米处，A 井中的电火花震源由井底逐米激发直到地表；而后井下三分量检波器上提 1 米，A 井中电火花震源再由井底逐点激发至地表，重复以上过程直到三分量检波

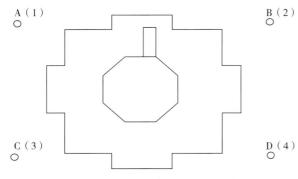

图 10－39　地震层析测试孔平面布置

器提升至地表的最后一个接收点为止。另一对井的检测顺序与此相同。这样每对井可以得到 144 条射线，两对井共得射线 288 条。

（二）检测仪器设备基本原理

此次西黄寺地震层析成像检测使用的主要仪器为吉林大学工程技术研究所生产的 SE2404EX 型（24 通道）综合工程探测仪，配合此仪器做为激发源的是由北京电工研究所生产的井中电火花震源。

所谓地震层析成像（CT），在利用弹性波原理方面与其他几种地震勘探方法相比并无不同之处，只是检测方法及后期数据处理过程有所区别。

地震波层析成像技术是利用人工场源激发地震或超声波而重建地下物理参数图像。由于能对目标体从更近的位置、更多的方位、更高的精度进行观测，并能以更精确的方法对采集的数据进行处理和图像重建，较一般地球物理勘探方法能获得更多信息，对地下构造物质具有很高的分辨率。

此次检测采用的是跨孔激发和接收观测系统。即在一孔逐点激发，在另一孔逐点接收，得到一个致密的射线网。观测系统示意如图 10－40。

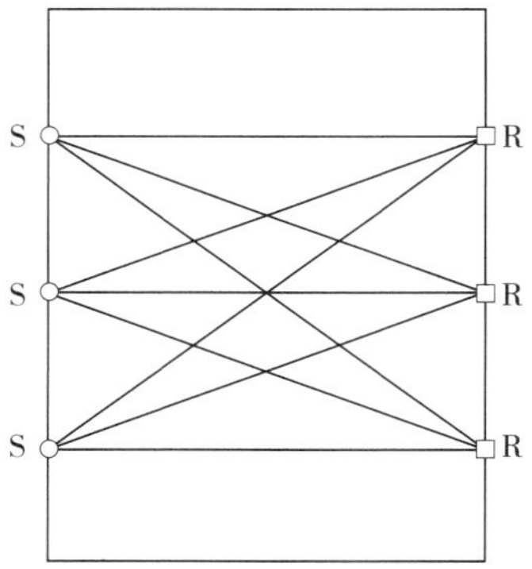

（三）数据处理和解释

野外数据采集完成后，首先在室内对所得资料进行了拆分组

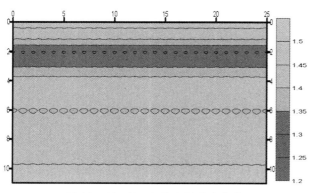

图 10－40　测试井间观测系统示意图

合整理，然后对各条射线纵波的初至时间进行了读取。对所得射线纵波时间值用层析成像软件进行反演成像，两对钻孔所得结果进行比较分析，可见其纵向速度结构非常一致。由上至下岩土体纵波速度呈由低向高的过度态势，但在浅表层由于塔基深部基础的致密呈现高速。速度成像图如图 10－41、图 10－42。

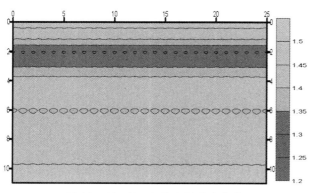

图 10－41　D、A 钻孔间速度成像

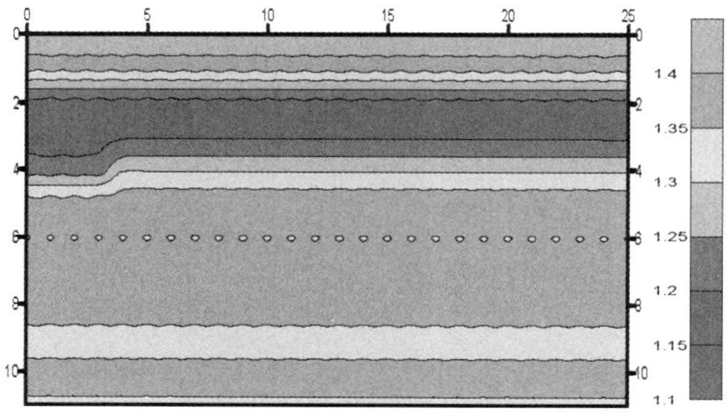

图 10－42　C、B 钻孔间速度成像

由以上两图可见，表层由塔基深部基础引起的高速层厚度约在 1.8 米左右。

（四）检测结果及分析

在数据采集过程中，由于 C、B 钻孔对 B 井中的井下三分量检波器靠壁装置未能打开，致使此对钻孔的资料不如 A、D 对的资料可靠，只能做为参考。所以解释时以 A、D 钻孔资料为主。

经与钻孔资料对比分析，可以确认两对钻孔所呈现出的纵向速度变化是与场地岩土体纵向物性变化相吻合的。即表层 1.8 米左右为呈高速的深部塔基，塔基以下的岩土体由浅到深呈速度上升趋势，到地下 9.5 米以下速度明显升高，说明岩土体在此位置物性有较显著变化。由钻探资料可知粉质粘土与粉砂层分界面大约在地表以下 13 米左右，就是说在 9.5 米处的速度升高应是由浅表水水位引起的。

由以上分析可得如下结论：

此次用地震层析成像方法对西黄寺清净化城塔地下部分的探测结果表明，除地层纵向速度分层外，没有发现其它异常反映，所以说明西黄寺清净化城塔下不存在大型的地下结构。但是由于无法靠近塔身钻孔，钻孔间距达 25 米，使得探测目标的分辩率不可能太高，因此目前仍不能完全排除存在小规模地下结构的可能性。

二、地质雷达扫描分析

(一) 检测内容

本次勘察工作地质雷达扫描技术对西黄寺清净化城塔体进行探测，主要目的是通过对塔身及塔基的检测，探明塔体内部结构，为抗震稳定性分析服务。

为完成以上目标现场勘测共布置测线 25 条，塔身 3 条，塔基 5 条，台基 17 条。详见图 10 - 43、10 - 44、10 - 45。

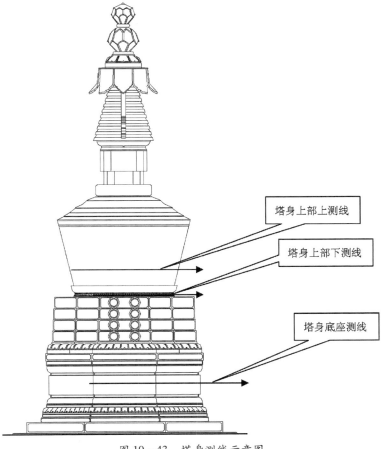

塔身上部上测线

塔身上部下测线

塔身底座测线

图 10 - 43　塔身测线示意图

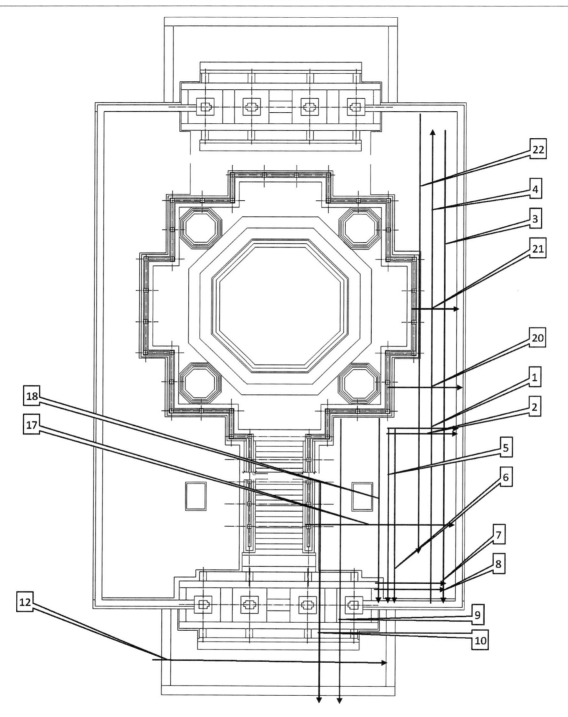

图 10 - 44　台基测线平面示意图

（二）检测仪器设备基本原理

　　地质雷达与探空雷达相似，利用高频电磁波（主频为数十至数百乃至数千兆赫）以宽频带短脉冲形式，由地面通过天线传入地下，经地下地层或目的物反射后返回地面，被另一天线接收。脉冲波旅行时间为 T。当地下介质的波速已知时，可根据测到的准确 T 值计算反射体的深度。雷达系统的基本组成及原理如图 10 - 46 所示。

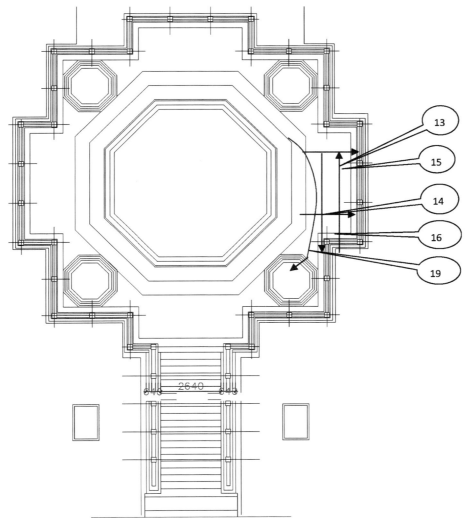

图 10 - 45　塔基测线平面示意图

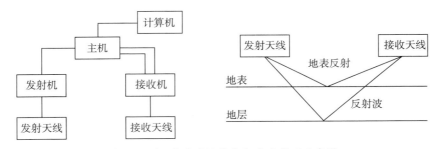

图 10 - 46　雷达系统基本组成及原理示意图

　　电磁波的传播取决于物体的电性，物体的电性主要有电导率 μ 和介电常数 ε，前者主要影响电磁波的穿透（探测）深度，在电导率适中的情况下，后者决定电磁波在该物体中的传播速度，因此，所谓电性介面也就是电磁波传播的速度介面。不同的地质体（物体）具有不同的电性，因此，在不同电性的地质体的分界面上，都会产生回波。

地质雷达在勘察中的基本参数描述如下。

1. 电磁脉冲波旅行时

$$t = \sqrt{4z^2 + x^2}/v \approx 2z/v \qquad\qquad\text{公式 10.1}$$

式中：z—勘查目标体的埋深；x—发射、接收天线的距离（式中因 z > x，故 X 可忽略）；v—电磁波在介质中的传播速度。

2. 电磁波在介质中的传播速度

$$v = c/\sqrt{\varepsilon_r \mu_r} \approx c/\sqrt{\varepsilon_r} \qquad\qquad\text{公式 10.2}$$

式中 c—电磁波在真空中的传播速度（0.29979m/ns）；ε_r—介质的相对介电常数，μ_r—介质的相对磁导率（一般 $\mu_r \approx 1$）

3. 电磁波的反射系数

电磁波在介质传播过程中，当遇到相对介电常数明显变化的地质现象时，电磁波将产生反射及透射现象，其反射和透射能量的分配主要与异常变化界面的电磁波反射系数有关：

$$r \approx \frac{(\sqrt{\varepsilon_2 \mu_2} - \sqrt{\varepsilon_1 \mu_1})^2}{(\sqrt{\varepsilon_2 \mu_2} + \sqrt{\varepsilon_1 \mu_1})^2} \approx \frac{(\sqrt{\varepsilon_2} - \sqrt{\varepsilon_1})^2}{(\sqrt{\varepsilon_2} + \sqrt{\varepsilon_1})^2} \qquad\qquad\text{公式 10.3}$$

式中 r — 界面电磁波反射系数；ε_1—第一层介质的相对介电常数；ε_2—第二层介质的相对介电常数。

4. 地质雷达记录时间和勘查深度的关系

$$z = \frac{1}{2}vt = \frac{1}{2} \cdot \frac{c}{\sqrt{\varepsilon_r}} \cdot t \qquad\qquad\text{公式 10.4}$$

式中 z — 勘查目标体的深度；t — 雷达记录时间。

（三）测试方法

由于不同频率天线的测深能力不同，频率越低，探测深度越大，但是分辨率会降低，频率越高，探测深度越浅，分辨率会很高。此次检测的有效深度在 2—5 米以内，因此在测试深度合适的情况下选择分辨率较高的 500MHZ 的天线；查找塔身内部结构等，由于岩石、填土、混凝土、水及空气介电常数不同，且变化较大，选择 500MHZ 天线是适宜的。

参数设置：探测选用 RAMAC/GPR 的天线为 500MHZ 的频蔽天线，40—100ns 的采集时窗，自动迭加，距离触发测试方式，道间距为 0.02 米。

（四）数据处理和解释

探测的雷达图形常以脉冲反射波的波形形式记录，以波形或灰度显示探测雷达剖面图。地质雷达探测资料的解释包括两部分内容：一为数据处理，二为图像解释。由于地下介质相当于一个复杂的滤波器，介质对波的不同程度的吸收以及介质的不均匀性质，使得脉冲到达接收天线时，波幅减小，波形变得与原始发射波形有较大的差异。另外，不同程度的各种随机噪声和干扰，也影响实测数据。因此，必须对接收信号实施适当的处理，以改善资料的信噪比，为进一步解释提供清晰可变的图像。对于异常的识别应结合已知到未知，从而为识别现场探测中遇到的有限目的体引起的异常，以及对各类图像进行解释提供了依据。

图像处理包括消除随机噪声压制干扰，改善背景；进行自动时变增益或控制增益以补偿介质吸收和抑制杂波，进行滤波处理除去高频，突出目的体，降低背景噪声和余振影响。

　　图像解释是识别异常，这是一个经验积累的过程，一方面基于地质雷达图像的正演结果，另一方面由于工程实践成果获得。只有获得高质量的地质雷达图像并能正确的判别异常才能获得可靠、准确的地质解释结果。

　　识别干扰波及目标体的地质雷达图像特征是进行地质雷达图像解释的核心内容。地质雷达在地质和地表条件理想的情况下，可得清晰、易于解释的雷达记录，但在条件不好的情况下，地质雷达在接收有效信号的同时，也不可避免地接收到各种干扰信号。产生干扰信号的的原因很多，结构检测常见的干扰有结果内部的电缆、导管、金属物体等以及天线耦合不好的情况，干扰波一般都有特殊形状，易于辨别和确认。

（四）检测结果及分析

1. 塔身底座

（1）测线图像

详见图 10 - 47。

（2）结论

塔身内部和外部的结构不是一样的，内部为圆柱状的构筑形式，材质均匀分为两层；塔身外部为石材。具体见示意图 10 - 48：

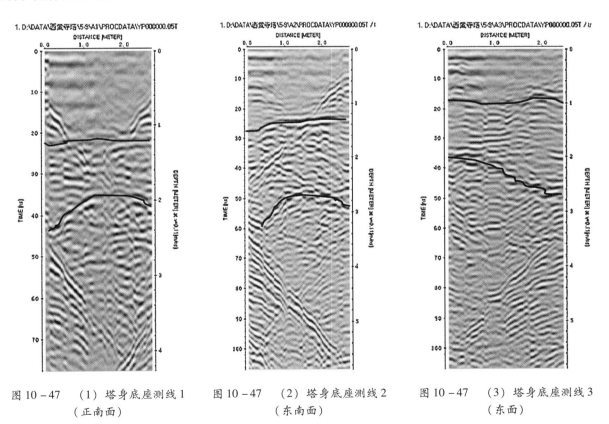

图 10 - 47　（1）塔身底座测线 1　　图 10 - 47　（2）塔身底座测线 2　　图 10 - 47　（3）塔身底座测线 3
（正南面）　　　　　　　　　　　　　　（东南面）　　　　　　　　　　　　（东面）

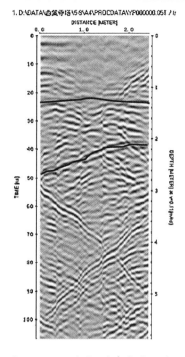

图 10-47 （4）塔身底座测线 4
（东北面）

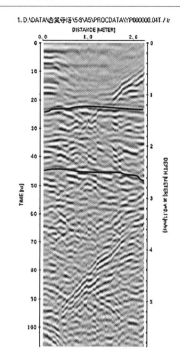

图 10-47 （5）塔身底座测线 5
（北面）

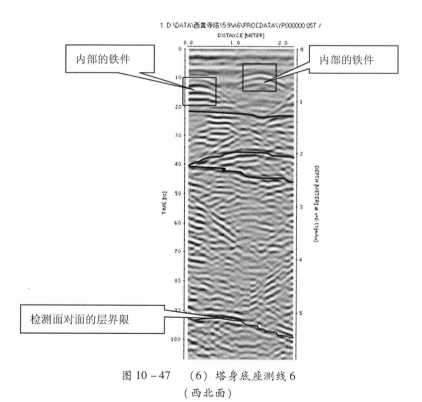

图 10-47 （6）塔身底座测线 6
（西北面）

图 10-47 （7）塔身底座测线 7
（西面）

根据电磁波在层面反射来回时间的计算公式 10.5 可求得内层面的位置。

$$t = \sqrt{4z^2 + x^2}/v \approx 2z/v \qquad\qquad\text{公式 10.5}$$

式中：z—白塔内层面的埋深；x—发射、接收天线的距离（式中因 z > x，故 X 可忽略）；v—电磁波在白塔汉白玉中的传播速度，采用经验值 120mm/ns。

计算结果见表 10 - 14。

表 10 - 14　塔座厚度统计表

测线名称	第一层厚（米）	第二层厚（米）	测线名称	第一层厚（米）	第二层厚（米）	第一层平均厚度	第二层平均厚度
1	1.35	0.66	5	1.35	0.66		
2	1.47	0.47	6	1.34	0.77		
3	1.59	0.47	7	1.30	0.56	1.41	0.58
4	1.48	0.47	8				

说明：由于现场无法验证电磁波的速度，汉白玉的电磁波速是采用的经验值，因此通过公式 10.5 计算的厚度值只能做为参考值。

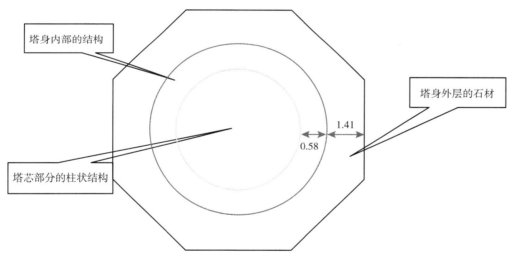

图 10 - 48　塔身底座内部结构示意图

2. 塔身上部

（1）下测线图像

详见图 10 - 49。

（2）下测线探测结论

外部为石材，与内部结构有明显的界限，故内部为另一种材质结构。具体见示意图 10 - 51。

（3）上测线图像

详见图 10 - 50。

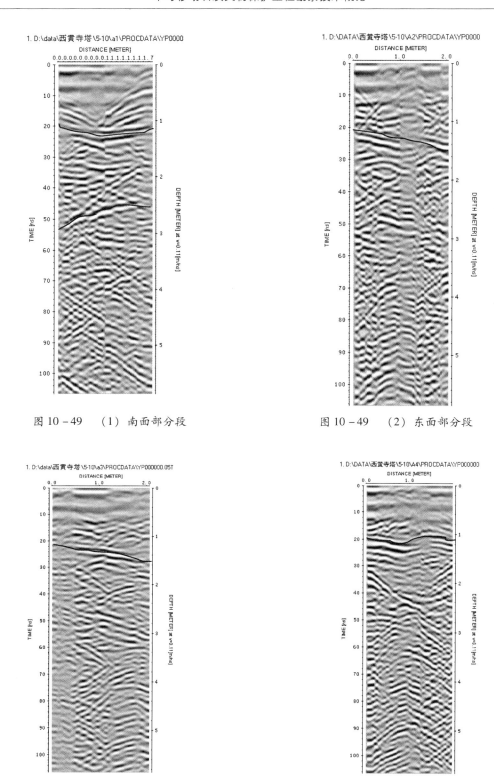

图 10 – 49　　（1）南面部分段　　　　　　　图 10 – 49　　（2）东面部分段

图 10 – 49　（3）北面部分段　　　　　　图 10 – 49　（4）西面部分段

图 10 – 49　塔身上部下测线图像

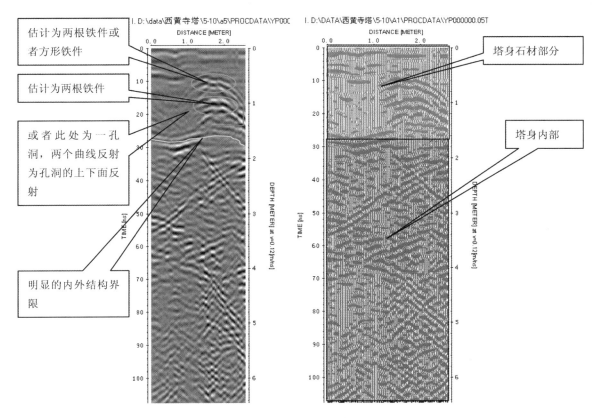

估计为两根铁件或者方形铁件

估计为两根铁件

或者此处为一孔洞，两个曲线反射为孔洞的上下面反射

明显的内外结构界限

塔身石材部分

塔身内部

图 10－50 （1）南面部分段

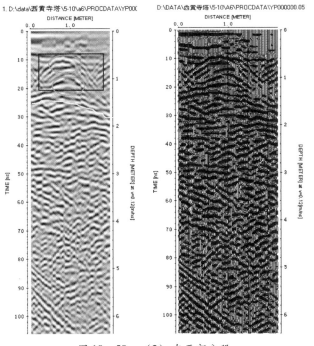

图 10－50 （2）东面部分段

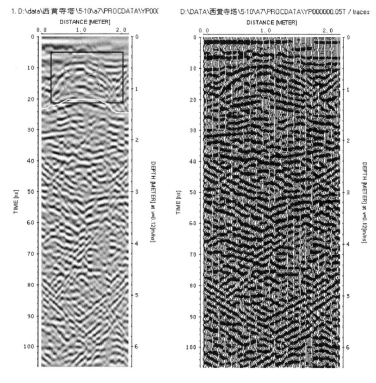

图 10 – 50 （3） 北面部分段

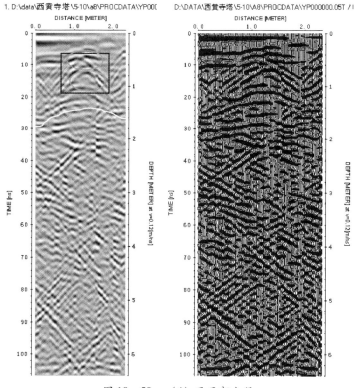

图 10 – 50 （4） 西面部分段

注明：东面、北面、西面的内部情况与南面相同。

（4）上测线探测结论

从塔身上部的上测线可以看出在外部石材的内部存在东西南北四个方向的铁件或者是垂直的孔洞，上下垂直布置于石材内部；塔身的内部与外部石材是不同的材质，分界线非常明显，内部结构应该为柱状，材质均匀。具体见示意图10-52。

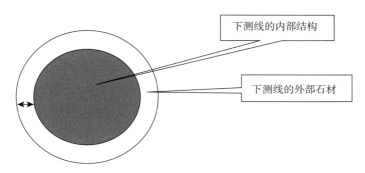

图10-51 塔身上部的下测线内部结构示意图

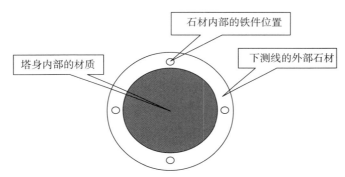

图10-52 塔身上部的上测线内部结构示意图

（5）结论

① 由于现场的条件的限制，塔身上部的上下测线都是只在东西南北四个方向测试了部分段，四个方向的测线并不相连续。

②根据公式10.5计算结果见表10-15。

表10-15 塔身厚度统计表（单位：米）
（总装备部工程设计研究总院提供）

塔身上测线	外层结构厚度值	平均值	塔身下测线	外层结构厚度值	平均值
南面部分段	1.98		南面部分段		
东面部分段	1.99	2.00	东面部分段		1.33
北面部分段	2.02		北面部分段		
西面部分段	1.99		西面部分段		

说明：由于现场无法验证电磁波的速度，汉白玉的电磁波速采用的是经验值，因此通过以上公式

计算的厚度值只能做为参考值。

3、塔基及台基部分

（1）塔基测试结果

1）测线图像

详见图 10 - 53。

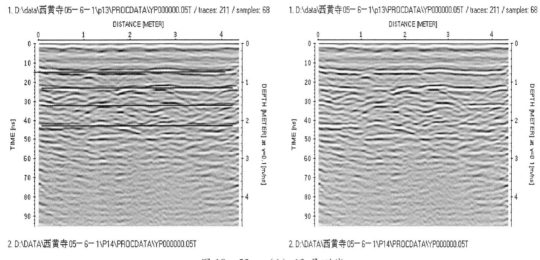

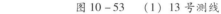

图 10 - 53 （1）13 号测线

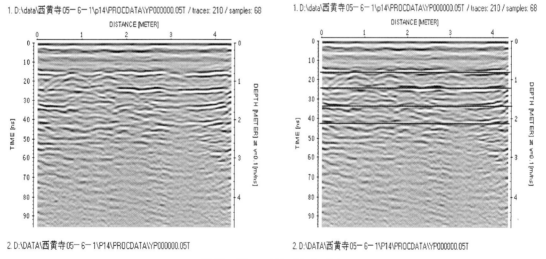

图 10 - 53 （2）14 号测线

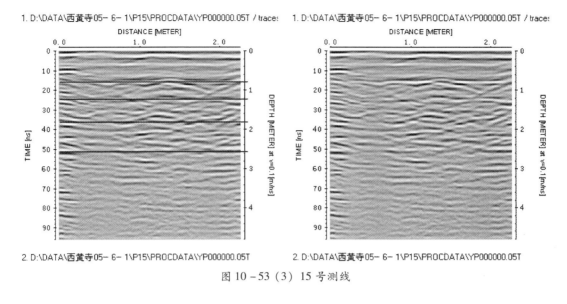

图 10 – 53 （3）15 号测线

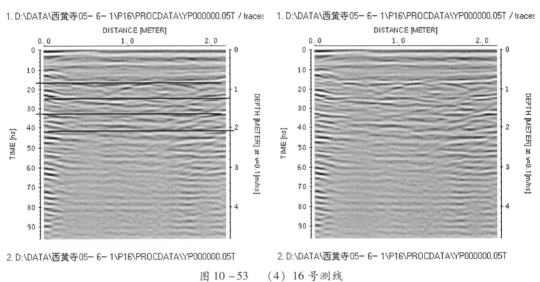

图 10 – 53　（4）16 号测线

2）结论

通过以上四条测线我们可以清楚的看到，整个上塔基在台面 2 米以下的范围基本是由花岗岩的条石砌成的（2 米以下信号衰减很大），通过塔基北面探槽测试，第一层花岗岩上表面是在 0.57 米深的位置（图 10 – 54），由于没有做波速校正，所以雷达图上的第一层界限稍深，原因是由于在 0.57 米以上的层内存在灰土层，电磁波在此层中波速是低于 100mm/ns 的，而雷达图是以 100mm/ns 的波速定义的。

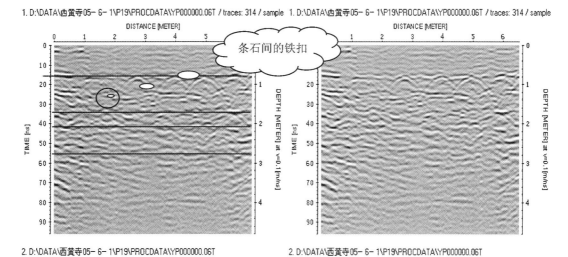

图 10 - 53 　（5）19 号测线

T3 塔座条石基础（红框内为增加整体性设置的铁扣件）　　T4 条石塔基（红框内为增加整体性设置的铁扣件）

图 10 - 54 　塔基探槽

（2）台基测试结果

1）测线图像

详见图 10 - 55。

1. D:\DATA\西黄寺05－6－1\P1\PROCDATA\YP000000.06T / traces: 351 / samples: 690

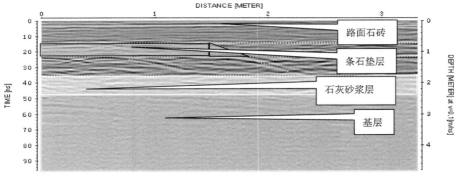

2. D:\DATA\西黄寺05－6－1\P1\PROCDATA\YP000000.06T

图 10 - 55　　（1）1 号测线

1. D:\DATA\西黄寺05－6－1\P2\PROCDATA\YP000000.06T / traces: 356 / samples: 691

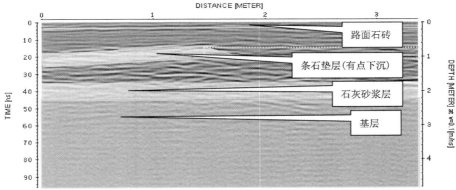

2. D:\DATA\西黄寺05－6－1\P2\PROCDATA\YP000000.06T

图 10 - 55　　（2）2 号测线

（总装备部工程设计研究总院提供）

1. D:\DATA\西黄寺05－6－1\P4-1\PROCDATA\YP000000.06T / traces: 2410 / samples: 689

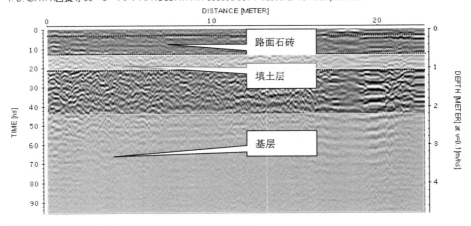

2. D:\DATA\西黄寺05－6－1\P4-1\PROCDATA\YP000000.06T

图 10 - 55　　（3）4 号测线

1. D:\DATA\西黄寺05-6-1\P5\PROCDATA\YP000000.06T / traces: 459 / samples: 691

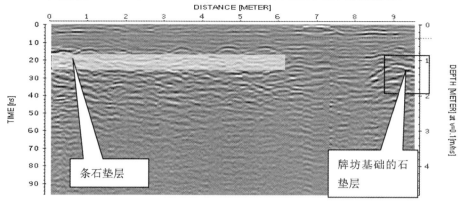

2. D:\DATA\西黄寺05-6-1\P5\PROCDATA\YP000000.06T

图 10-55 （4）5 号测线

1. D:\DATA\西黄寺05-6-1\P9\PROCDATA\YP000000.06T / traces: 734 / samples: 691

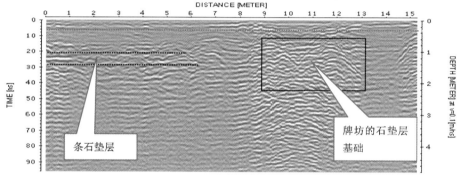

2. D:\DATA\西黄寺05-6-1\P9\PROCDATA\YP000000.06T

图 10-55 （5）9 号测线

1. D:\DATA\西黄寺05-6-1\P10\PROCDATA\YP000000.06T / traces: 876 / samples: 690

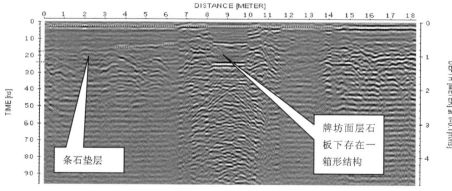

2. D:\DATA\西黄寺05-6-1\P10\PROCDATA\YP000000.06T

图 10-55 （6）10 号测线

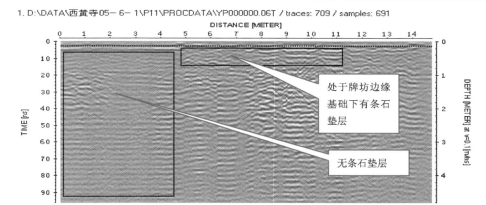

图 10 - 55　　（7）11 号测线

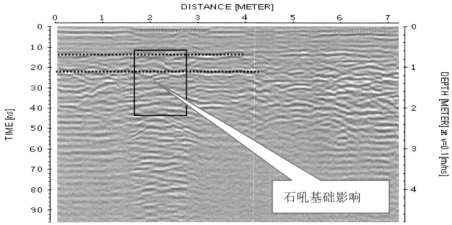

图 10 - 55　　（8）17 号测线

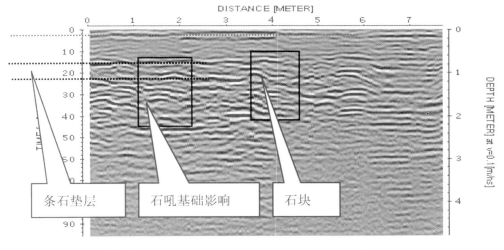

图 10 - 55　　（9）18 号测线

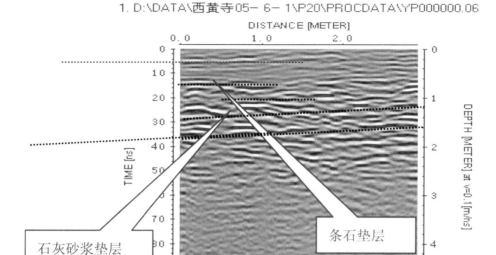

图 10 -55　（10）20 号测线
（以上图件总装备部工程设计研究总院提供）

2）结论

通过以上雷达图像的分析可知塔下的条石垫层并不是全部铺满了整个台基，而是由塔基的基座向四周延伸到一定的距离，深度为 0.5 米左右，这与探槽探测结果是一致的（图 10 -56），台基条石垫层平面分布如图 10 -57，图 10 -57 台基条石垫层范围分布示意图（红色区域表示条石垫层）；而位于台基 1.7 米的深度经打孔验证了为石灰砂浆垫层，是铺满了整个下台基的。

T1 台基座落于灰土垫层上（红框内）　　　　　　T2 第一层平台基落于灰土垫层上（红框内）

图 10 -56　台基探槽
（总装备部工程设计研究总院提供）

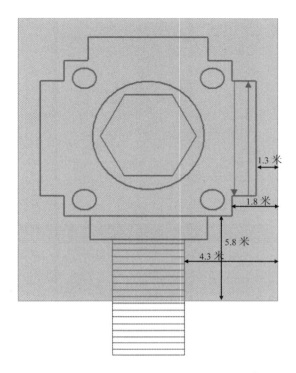

图 10 - 57　台基条石垫层范围分布示意图（红色区域表示条石垫层）
（总装备部工程设计研究总院提供）

10.3.9　塔体相关结构病害情况调查

本节图表均由中国矿业大学（北京）提供。

一、塔体各部分名称及位置编号

西黄寺清净化城塔塔体由于建造年代已久，已经表现出不同程度的破坏迹象，主要表现在三方面：一是塔体受应力作用块石产生了裂纹、裂缝及局部碎裂、脱落等现象；二是石材受水及大气等作用沿层理构造面产生溶蚀裂隙；三是石质文物表层雕刻艺术面层劣化。本节重点描述第一种情况的破坏现状，为详细全面的反映该文物建筑的劣化，对第二种情况的破坏也编入本节，此部分不涉及第三种情况。

本次对破坏的宏观调查力争详实，以详细准确的客观描述与结构稳定性相关的病害为目的，为了详细描述此类病害的形态、位置及程度，采用大量的现场原位图，对塔体破坏的描述从上到下分四部分进行（图 10 - 58）。

（Ⅰ）塔刹及十三天；

（Ⅱ）塔瓶（圆瓶形塔身）；

（Ⅲ）塔阶（十三棱形塔身）；

（Ⅳ）须弥座。

以上四部分分别按东（E）南（S）西（W）北（N）四个方位进行描述，为了描述方便和规范化：

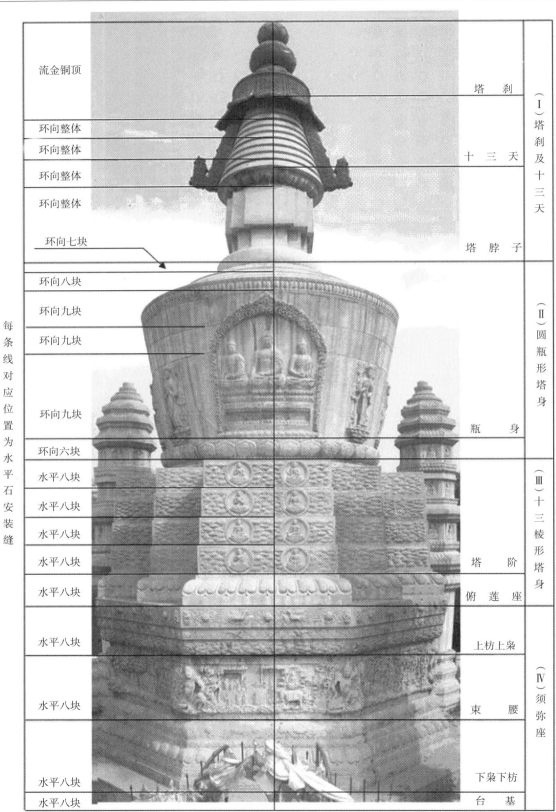

流金铜顶

环向整体
环向整体
环向整体
环向整体

环向七块

环向八块
环向九块
环向九块

环向九块

环向六块
水平八块
水平八块
水平八块
水平八块
水平八块

水平八块

水平八块

水平八块
水平八块

每条线对应位置为水平石安装缝

塔刹

十三天

塔脖子

瓶身

塔阶

俯莲座

上枋上枭

束腰

下枭下枋

台基

（Ⅰ）塔刹及十三天

（Ⅱ）圆瓶形塔身

（Ⅲ）十三棱形塔身

（Ⅳ）须弥座

图 10-58　清净化城塔主塔塔体竖向破坏描述分区、石材安装缝及各部名称示意图
中国

塔刹及十三天在东南西北各方向上分别编号为（ⅠE）（ⅠS）（ⅠW）（ⅠN）；

塔瓶在东南西北各方向上分别编号为（ⅡE）（ⅡS）（ⅡW）（ⅡN）；

塔阶在东南西北各方向上分别编号为（ⅢE）（ⅢS）（ⅢW）（ⅢN）；

须弥座在东南西北各方向上分别编号为（ⅣE）（ⅣS）（ⅣW）（ⅣN）。

对以上四部分基本情况描述见表10-16至表4-19。

二、塔体可见病害描述

塔体各部分可见病害描述以大量的现场原位图为主，图反映了病害的位置、形态等信息，同时结合列表对病害进行客观描述。

（一）塔刹及十三天

塔刹及十三天可见破坏位置共5处，其中3处有与应力有关的特征，此3处中两处分布在北偏东位置，一处分布在东侧，北侧位置编号为04处的破坏"石材边缘崩落及裂纹"因瞬时应力集中，使石材沿石缝边缘崩裂脱落。塔刹及十三天部分各处病害见图10-59至10—66，描述见表10-16。

表10-16　塔刹及十三天破坏情况一览表

竖向位置	水平方位	图片编号	破坏位置编号	图片编号	破坏描述
（Ⅰ） 塔刹及 十三天	（ⅠE）	图10-59	01	图10-60	应力裂纹
			02	图10-61	岩溶裂隙
	（ⅠW）	图10-62	03	图10-63	岩溶裂隙
	（ⅠN）	图10-64	04	图10-65	石材边缘崩落及裂纹
			05	图10-66	岩溶应力裂隙

图10-59　塔刹及十三天东侧破坏位置编号

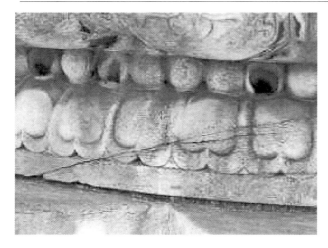

图 10 – 60 （01）破坏放大图

图 10 – 61 （02）破坏放大图

图 10 – 62 （ⅠW）塔刹及十三天西侧破坏位置编号

图 10 – 63 （03）破坏放大图

图 10 – 64 （ⅠN）塔刹及十三天北侧破坏位置编号

图 10 - 65 （04）破坏放大图

图 10 - 66 （05）破坏放大图

（二）塔瓶（圆瓶形塔身）

塔瓶部分可见破坏位置共 27 处，其中 16 处有与应力相关的特征，其中南侧较大的整体块石中下部位置编号为 11 的破坏较严重。此 16 处三处分布在东侧位置，五处分布在南侧，五处分布在西侧，三处分布在北侧。塔瓶部分各处病害见图 10 - 67 至 10 - 97，描述见表 10 - 17。

表 10 - 17　塔瓶破坏情况一览表

竖向位置	水平方位	图片编号	破坏位置编号	图片编号	破坏描述
（Ⅱ）圆瓶形塔身	（ⅡE）	图 10 - 67	06	图 10 - 68	应力裂隙
			07	图 10 - 69	岩溶浅部大裂隙
			08	图 10 - 70	应力裂隙
	（ⅡS）	图 10 - 73	09	图 10 - 71	未断应力裂缝，最大 1MM
			10	图 10 - 72	发育岩溶裂隙
			11	图 10 - 74	南面三佛像中部右端应力碎裂
			12	图 10 - 75	石缝变位增大，最大 8 - 10MM
			13	图 10 - 76	岩溶裂隙断裂，最大 0.5MM
			14	图 10 - 77	经过修补的岩溶应力剥落
			15	图 10 - 78	应力裂纹
			16	图 10 - 79	应力裂隙
			17	图 10 - 80	应力裂纹
	（ⅡW）	图 10 - 81	18	图 10 - 82	角部应力断裂
			19	图 10 - 83	应力裂缝
			20	图 10 - 84	应力裂隙
			21	图 10 - 85	角端应力裂隙，最大 2MM
			22	图 10 - 86	岩溶裂隙
			23	图 10 - 87	应力裂纹

续表 10－17

竖向位置	水平方位	图片编号	破坏位置编号	图片编号	破坏描述
（Ⅱ）圆瓶形塔身	（ⅡN）	图 10－88	24	图 10－89	石缝侧边角部裂缝及裂纹
			25	图 10－90	岩溶应力裂纹
			26	图 10－91	石缝侧边角部裂缝及裂纹
			27	图 10－92	应力断裂，最大宽度 1.5mm
			28	图 10－93	轻微应力裂隙
			29	图 10－94	岩溶剥落
			30	图 10－95	石角崩落
			31	图 10－96	岩溶裂隙
			32	图 10－97	应力裂纹

图 10－67　（ⅡE）圆瓶形塔身东侧破坏位置编号

图 10－68　（06）破坏放大图

图 10－69　（07）破坏放大图

图 10 – 70　（08）破坏放大图

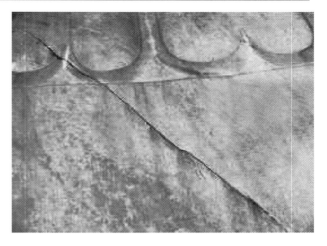

图 10 – 71　（09）破坏放大图

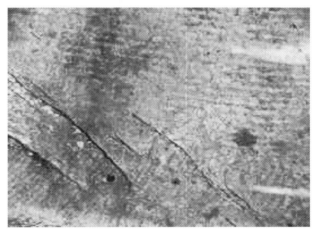

图 10 – 72　（10）破坏放大图

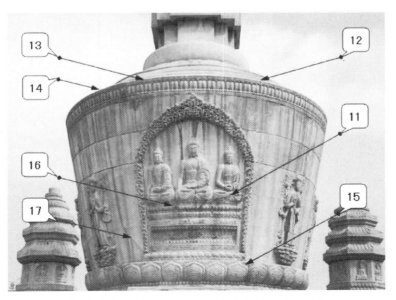

图 10 – 73　（ⅡS）圆瓶形塔身南侧破坏位置编号

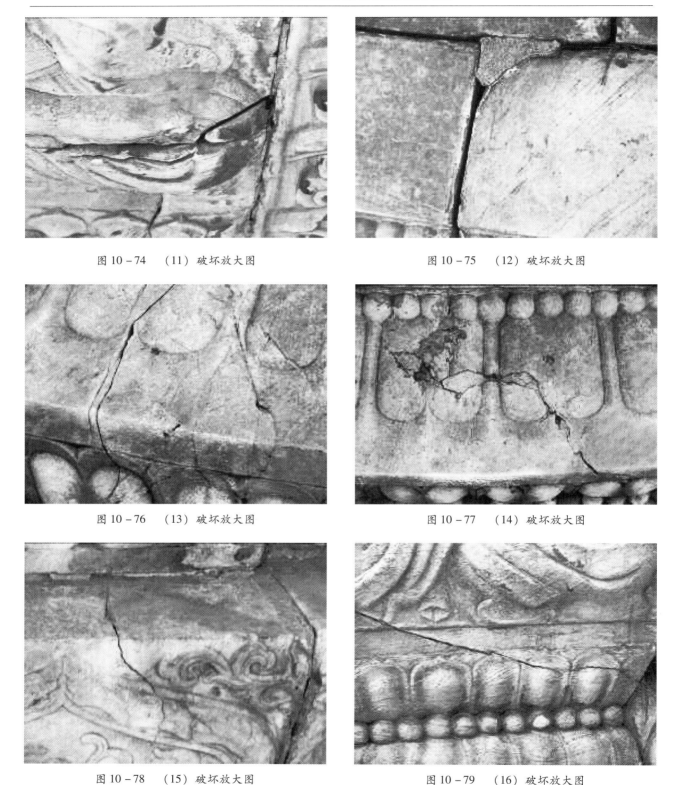

图 10 - 74　（11）破坏放大图　　　　　　　图 10 - 75　（12）破坏放大图

图 10 - 76　（13）破坏放大图　　　　　　　图 10 - 77　（14）破坏放大图

图 10 - 78　（15）破坏放大图　　　　　　　图 10 - 79　（16）破坏放大图

图 10 – 80　（17）破坏放大图

图 10 – 81　（ⅡW）圆瓶形塔身西侧破坏位置编号

图 10 – 82　（18）破坏放大图

图 10 – 83　（19）破坏放大图

图 10 - 84　（20）破坏放大图

图 10 - 85　（21）破坏放大图

图 10 - 86　（22）破坏放大图

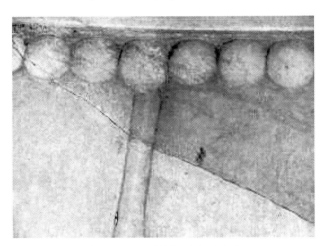

图 10 - 87　（23）破坏放大图

图 10 - 88　（ⅡN）圆瓶形塔身北侧破坏位置编号

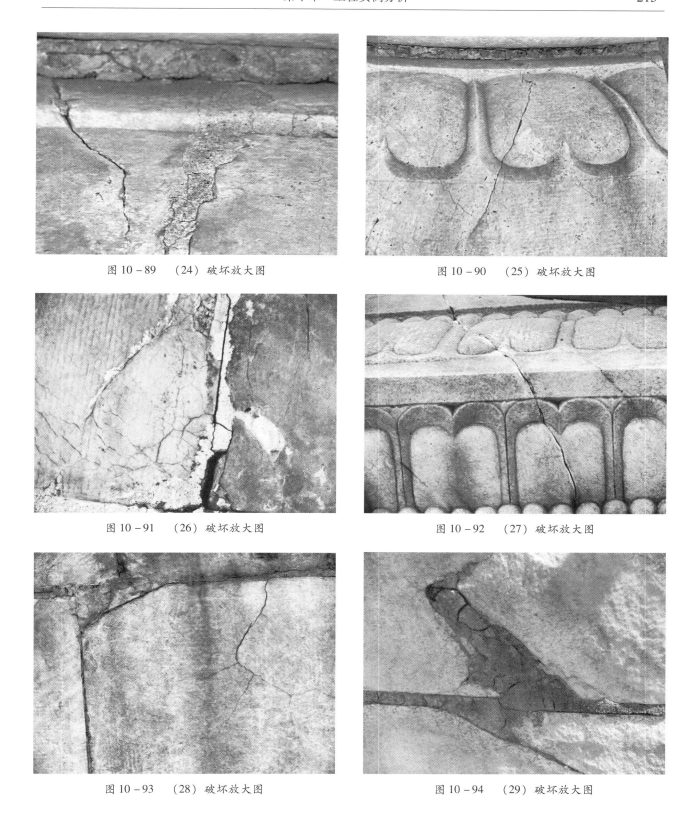

图 10 - 89　　（24）破坏放大图　　　　　　　　图 10 - 90　　（25）破坏放大图

图 10 - 91　　（26）破坏放大图　　　　　　　　图 10 - 92　　（27）破坏放大图

图 10 - 93　　（28）破坏放大图　　　　　　　　图 10 - 94　　（29）破坏放大图

图 10 - 95　（30）破坏放大图

图 10 - 96　（31）破坏放大图

图 10 - 97　（32）破坏放大图

（三）塔阶（十二棱形塔身）

塔阶部分可见破坏位置共 15 处，其中 13 处有与应力相关的特征，东侧偏北位置具有明显的应力破坏特征且较集中，位置编号为 45 及 46 的破坏具有因地震等瞬时作用的特点。塔阶部分各处病害见图 10 - 98 至 10 - 116，描述见表 10 - 18。

表 10 - 18　塔阶破坏情况一览表

竖向位置	水平方位	图片编号	破坏位置编号	图片编号	破坏描述
（Ⅲ）塔阶	（ⅢE）	图 10 - 98	33	图 10 - 99	应力及岩溶裂纹
			34	图 10 - 100	应力裂纹
	（ⅢS）	图 10 - 101	35	图 10 - 102	应力裂缝、富含水，最大 3MM
			36	图 10 - 103	应力裂纹
			37	图 10 - 104	应力裂纹

续表 10 - 18

竖向位置	水平方位	图片编号	破坏位置编号	图片编号	破坏描述
（Ⅲ）塔阶	（ⅢW）	图 10 - 105	38	图 10 - 106	岩溶、应力裂隙，最大 3MM
			39	图 10 - 107	角部应力崩落及裂纹
			40	图 10 - 108	应力碎裂
			41	图 10 - 109	应力裂纹
			42	图 10 - 110	边角应力裂缝
	（ⅢN）	图 10 - 111	43	图 10 - 112	岩溶裂隙
			44	图 10 - 113	层理构造
			45	图 10 - 114	应力及风化碎裂
			46	图 10 - 115	应力集中沿层理碎裂
			47	图 10 - 116	应力断裂

图 10 - 98　　（ⅢE）十二棱形塔身东侧破坏位置编号

图 10 - 99　　（33）破坏放大图

图 10 - 100　　（34）破坏放大图

图 10 – 101　（ⅢS）塔阶南侧破坏位置编号

图 10 – 102　（35）破坏放大图

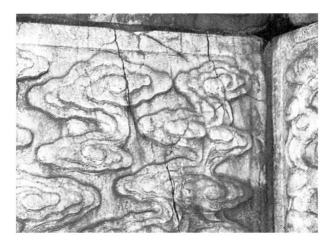

图 10 – 103　（36）破坏放大图

图 10 – 104　（37）破坏放大图

图 10 – 105　（ⅢW）塔阶西侧破坏位置编号

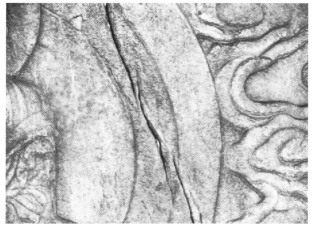

图 10 – 106　（38）破坏放大图

图 10 – 107　（39）破坏放大图

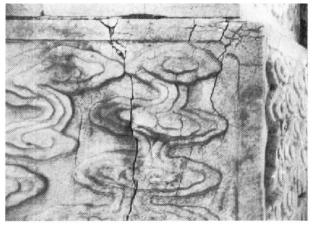

图 10 – 108　（40）破坏放大图

图 10 – 109　（41）破坏放大图

图 10 – 110　（42）破坏放大图

图 10 - 111　　（ⅢN）塔阶北侧破坏位置编号

图 10 - 112　　（43）破坏放大图

图 10 - 113　　（44）破坏放大图

图 10 - 114　　（45）破坏放大图

图 10 - 115　　（46）破坏放大图

图 10 – 116 （47）破坏放大图

（四）须弥座

须弥座部分可见破坏位置共 13 处，其中 12 处有与应力相关的特征，此 12 处五处分布在东侧位置，一处分布在南侧，三处分布在西侧，三处分布在北侧。须弥座部分各处病害见图 10 – 117 至 10—33，描述见表 10 – 19。

表 10 – 19 须弥座破坏情况一览表

竖向位置	水平方位	图片编号	破坏位置编号	图片编号	破坏描述
（Ⅳ）须弥座	（ⅣE）	图 10 – 117	48	图 10 – 118	应力裂纹
			49	图 10 – 119	边角应力崩脱
			50	图 10 – 120	应力断裂裂纹
			51	图 10 – 121	应力断裂裂纹
			52	图 10 – 122	应力裂纹
			53	图 10 – 123	水平层理裂纹
	（ⅣS）	图 10 – 124	54	图 10 – 125	应力裂纹
	（ⅣW）	图 10 – 126	55	图 10 – 127	应力裂纹
			56	图 10 – 128	应力断裂裂纹
			57	图 10 – 129	应力断裂裂纹
	（ⅣN）	图 10 – 130	58	图 10 – 131	深部及表层应力断裂
			59	图 10 – 132	应力断裂
			60	图 10 – 133	角部应力断裂

图 10 - 117 　（ⅣE）须弥座东侧破坏位置编号

图 10 - 118 　（48）破坏放大图

图 10 - 119 　（49）破坏放大图

图 10 - 120 　（50）破坏放大图

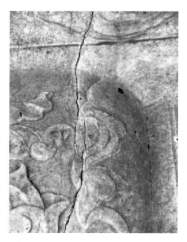

图 10 - 121 　（51）破坏放大图

图 10 – 122　（52）破坏放大图　　　　　　　　　图 10 – 123　（53）破坏放大图

图 10 – 124　（ⅣS）须弥座南侧破坏位置编号

图 10 – 125　（54）破坏放大图

图 10 – 126　　（ⅣW）须弥座西侧破坏位置编号

图 10 – 127　　（55）破坏放大图

图 10 – 128　　（56）破坏放大图

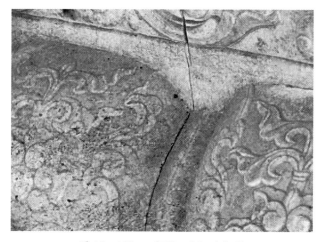

图 10 – 129　　（57）破坏放大图

图 10 - 130 （ⅣN）须弥座北侧破坏位置编号

图 10 - 131 （58）破坏放大图

图 10 - 132 （59）破坏放大图

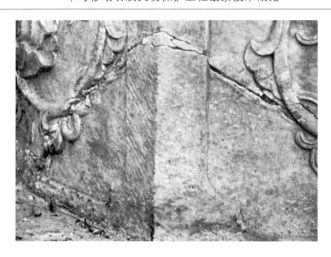

图 10 – 133　（60）破坏放大图

10.3.10　基座结构病害调查与描述

　　西黄寺清静化城塔主塔下有基座，外表观察基座沿高度方向由七层条石砌成，沿基座周围顶部有白色大理石栏杆。为了便于描述基座部分的破坏情况，将基座各侧面进行编号，各侧面平面位置编号如图 10 – 134。

　　本章节对基座的破坏调查，以可能对塔体造成稳定危害的病害为主，根据这一原则，对各侧面的病害汇总见表 10 – 20。

表 10 – 20　基座破坏情况一览表

所在侧面位置编号	图片编号	破坏位置编号	图片编号	破坏描述
01	图 10 – 135	61	图 10 – 136	条石边角压溃，楔形破坏
		62	图 10 – 137	条石边角压溃，楔形破坏，底部外移约 10mm
03	图 10 – 138	63	图 10 – 139	条石边角压溃剥落
		64	图 10 – 140	局部外移约 5MM，顶部围栏沿此缝脱开
04	图 10 – 141	65	图 10 – 142	局部外移约 10mm
		66	图 10 – 143	石柱顶部沿原生裂隙楔形压裂
05	图 10 – 144	67	图 10 – 145	条石外移约 30mm
		68	图 10 – 146	条石外移约 10MM，有新近错位移动迹象
06	图 10 – 147	69	图 10 – 148	条石一端外倾
07	图 10 – 149	70	图 10 – 150	外移约 5MM
		71	图 10 – 151	外移约 5MM
08	图 10 – 152	72	图 10 – 153	外移约 25MM
		73	图 10 – 154	石柱外倾，石缝加大，现宽约 20mm
		74	图 10 – 155	石柱外倾，石缝加大，现宽约 15mm

续表 10 - 20

所在侧面位置编号	图片编号	破坏位置编号	图片编号	破坏描述
09	图 10 - 156	75	图 10 - 157	条石外倾约 15mm
		76	图 10 - 158	条石内倾约 30mm
10	图 10 - 159	77	图 10 - 160	所围区域条石外移，最大处约 20mm
12	图 10 - 161	78	图 10 - 162	条石边角压溃，楔形破坏
14	图 10 - 163	79	图 10 - 164	条石底部外移约 10MM，上端内倾，与石柱缝隙约 30mm
		80	图 10 - 165	条石边角压溃，外移约 10mm
15	图 10 - 166	81	图 10 - 167	条石底部外移，上端内倾
17	图 10 - 168	82	图 10 - 169	条石边角压裂
		83	图 10 - 170	条石底部外移约 15mm
19	图 10 - 171	84	图 10 - 172	条石底部外移约 5MM，上端内倾
21	图 10 - 173	85	图 10 - 174	石柱外倾，石缝加大，上部缝宽约 30mm

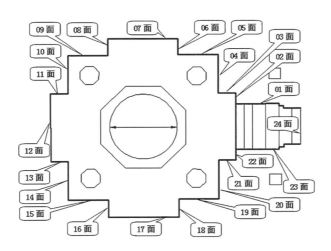

图 10 - 134　清净化城塔基座各侧面编号示意图

图 10 - 135　基座（01 面）破坏位置及编号

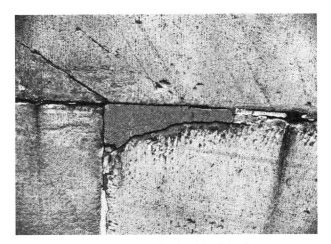

图 10 - 136　（61）破坏放大图

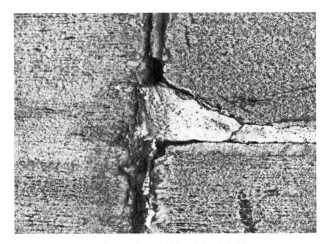

图 10 - 137　（62）破坏放大图

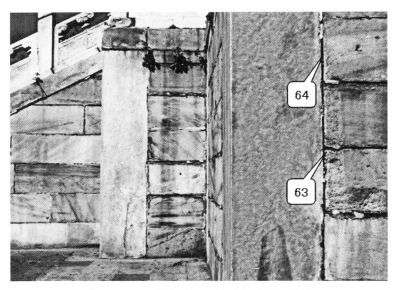

图 10 - 138　基座（03 面）破坏位置及编号

图 10 - 139　（63）破坏放大图

图 10 - 140　（64）破坏放大图

图 10-141　基座（04 面）破坏位置及编号

图 10-142　（65）破坏放大图

图 10-143　（66）破坏放大图

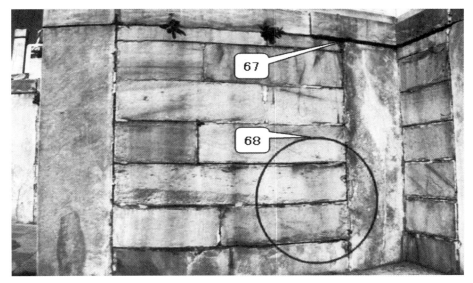

图 10-144　基座（05 面）破坏位置及编号

图 10 – 145　（67）破坏放大图

图 10 – 146　（68）破坏放大图

图 10 – 147　基座（06 面）破坏位置及编号

图 10 – 148　（69）破坏放大图

图 10 - 149　基座（07 面）破坏位置及编号

图 10 - 150　（70）破坏放大图

图 10 - 151　（71）破坏放大图

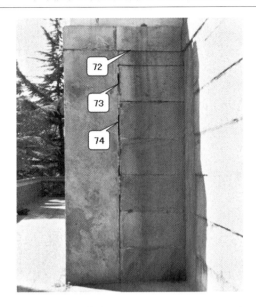

图 10 - 152　基座（08 面）破坏位置及编号

图 10 - 153　（72）破坏放大图

图 10 - 154　（73）破坏放大图

图 10 - 155　（74）破坏放大图

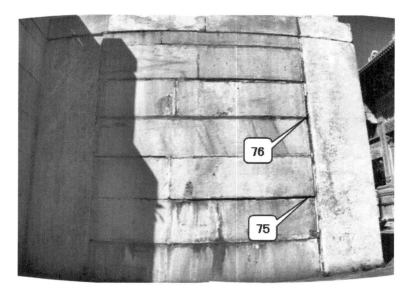

图 10 - 156　基座 (09 面) 破坏位置及编号

图 10 - 157　(75) 破坏放大图

图 10 - 158　(76) 破坏放大图

图 10 - 159　基座（10 面）破坏位置及编号

图 10 - 160　（77）破坏放大图

图 10 - 161　基座（12 面）破坏位置及编号

图 10 - 162　（78）破坏放大图

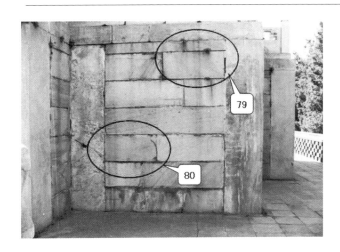

图 10 – 163　基座（14 面）破坏位置及编号

图 10 – 164　（79）破坏放大图

图 10 – 165　（80）破坏放大图

图 10 – 166　基座（15 面）破坏位置及编号

图 10 - 167　　（81）破坏放大图

图 10 - 168　　基座（17 面）破坏位置及编号

图 10 - 169　　（82）破坏放大图

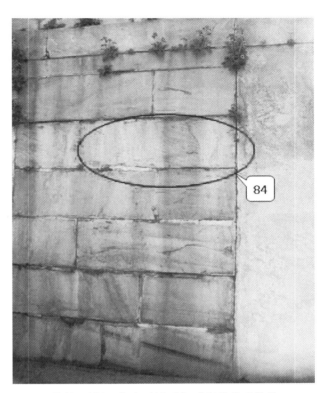

图 10 – 170　（83）破坏放大图

图 10 – 171　基座（19 面）破坏位置及编号

图 10 – 172　（84）破坏放大图

图 10 - 173　基座（21 面）破坏位置及编号

图 10 - 174　（85）破坏放大图

10.3.11　稳定性相关病害简析

一、主塔塔体与稳定性相关的病害主要类型

1. 石材边角压溃（裂缝、碎裂、崩脱等）。
2. 少部分石材断裂，出现裂缝或裂纹。
3. 沿着石材原生层理构造出现的裂隙。
4. 石材受大气降水等影响出现的溶蚀裂隙使强度降低。
5. 石材表层因风化作用使强度降低。

二、基座与稳定性相关的病害主要类型

1. 石材边角压溃，呈现楔形断裂。
2. 部分条石外移，与其它条石呈相对错位。
3. 部分条石上端内倾，下端外移。
4. 角部柱石与条石之间砌缝增大，呈现上大下小状态。
5. 基座顶周边栏杆接头部位轻度拉脱。

三、病害原因分析

塔体、基座石材边角压溃所产生的断裂、碎裂和崩落，这些病害类型具有因地震等造成应力集中破坏的特征；基座条石的内倾及外倾、石缝增大、栏杆接头脱开表明与地震、重力和沉降的综合作用相关。

10.3.12　塔体结构破坏机理及抗震稳定性评价

三、说明

本节未特别说明出处的图表均由总装备部工程设计研究总院提供。

一、建筑内部结构判断

（一）内部结构及材料构成的判断依据

1. 根据地质雷达探测原理，分界面相邻材料应在物理性质上有明显差异。
2. 依据地质雷达探测的结论。因塔身底座测线第二层界面不具连续性，而且界面两侧物性具有相似性，所以塔体内部结构主体应有两层组成。
3. 根据现状情况，其最外层为石砌体。
4. 材料选取必须达到建筑力学性能特点和要求。

依据中国古代建造同类型塔的作法和目前建筑整体的保存现状，推测内层中心应有芯柱存在。因为芯柱作为结构的核心构件将在抗震功能上发挥作用，主要用于提高结构的延性和抗震稳定性，这一点和现代建筑结构中的抗震芯柱的功能类似。但可能由于芯柱被砌筑于内层材料中，断面较小所以地

质雷达未能探测到其界面。通过现场调查，我们发现在圆瓶形塔身以上塔脖及十三天处，均有整块石料水平叠加砌筑而成，这种结构如内部无芯柱，则在烈度较高的情况下，极易沿水平向产生剪切破坏，而经过 1976 年地震后现主体建筑顶部保存完好，无明显变形，因此，该建筑内部应存在芯柱结构。能够发挥这一功效的材料唯有抗拉抗剪能力较高材料，而木材作为最为理想的材料被广泛作为中国古代塔类建筑的芯柱使用。

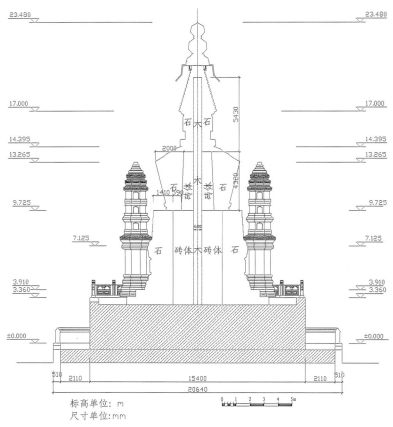

图 10-175 清净化城塔内外结构组成示意图
（中国文化遗产研究院测绘）

从探测结果内外物性的比较和建筑力学的定性分析，内部为砖砌体的可能性极大。原因作为联系外层块石砌体和木芯柱的结合层刚度不应该降低很多，同时该层和外层块石砌体直接承受塔身以上结构的竖向载荷，其泊松比应该不大，应该和块石砌体接近，否则该层材料会因竖向载荷的长期作用而产生较大的侧向位移，进而对外围砌体结构产生破坏。灰土或类似土体结构因其刚度很小和泊松比较大（一般在 0.35—0.45 之间），与砖、块石结构不在一个量级上，所以是很难达到此功能要求。

据此分析，西黄寺清净化城塔内外结构组成如图 10-175 所示。

（二）材料物理力学指标

依据材料试验报告同时结合材料的常规取值，确定材料的物理力学指标如表 10-21 所示。

表 10-21　材料的物理力学指标

项目	密度 (吨/m³)	弹性模量 (kN/m²)	泊松比	备注
块石砌体	2.7	7.3e6	0.25	考虑块石和块石之间的砂浆接缝
条石砌体	2.7	1.0e7	0.25	考虑条石石和块石之间的砂浆接缝
砖砌体	2.0	5.0e6	0.26	
木芯柱	0.6	1.05e7	0.17	

二、底部剪力法抗震分析

西黄寺清净化城塔为竖向分段结构，依据实体建模分析结果（详见第三节），该结构基本振型为水平侧摆（图 10-176），结构基本自振周期为 0.131s。结构主体建筑形式为砌体结构。

采用底部剪力法计算时，各段可取一个自由度，结构分段如图 10-177。

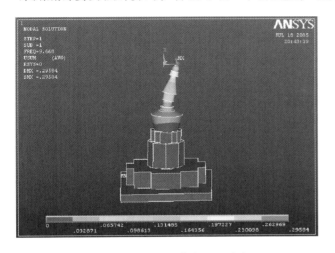

图 10-176　结构基本振型模态

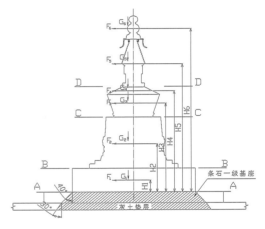

图 10-177　结构分段示意

北京抗震设防烈度 8 度，设计基本加速度为 0.2g，设计地震分组为第一组，三类场地，场地特征周期 $T_g = 0.45s$。依据地震影响系数曲线，多遇地震的条件下 $\alpha 1 = \alpha_{max} = 0.16$，罕遇地震的条件下 $\alpha_1 = \alpha_{max} = 0.9$。各分段水平地震标准荷载及应力计算见表 10-22—表 10-25。

表 10-22　水平地震标准荷载计算（对应 A—A、B—B 截面）单位：力 - kN 尺寸 - m 弯矩 - kNm

项目	Gi 分段 重力	Hi A 距	Geq 结构等效重力	Fek 多遇	Fek 罕遇	Gi * Hi	Fi 水平地震 作用标准 值多遇	Fi 水平地震 作用标准 值罕遇	M 对 A 截面 弯矩多遇	M 对 A 截面 弯矩罕遇
1	15687.00	1.66	13333.95	2133.43	12000.56	26040.42	481.81	2710.16	799.80	4498.87
2	7950.30	6.34	6757.76	1081.24	6081.98	50412.85	472.73	2659.08	2997.56	16861.26
3	1851.80	12.20	1574.03	251.84	1416.63	22582.70	49.32	277.45	601.50	3383.45
4	401.00	14.05	340.85	54.54	306.77	5632.05	2.66	14.98	37.41	210.45

续表 10 - 22

项目	Gi 分段重力	Hi A 距	Geq 结构等效重力	Fek 多遇	Fek 罕遇	Gi * Hi	Fi 水平地震作用标准值多遇	Fi 水平地震作用标准值罕遇	M 对 A 截面弯矩多遇	M 对 A 截面弯矩罕遇
5	560.14	17.50	476.12	76.18	428.51	9802.45	6.48	36.43	113.33	637.49
6	37.00	22.60	31.45	5.03	28.31	836.09	0.04	0.21	0.82	4.64
合计	26487.24			3602.26	20262.74	115306.56			4550.43	25596.15

表 10 - 23　水平地震标准荷载计算（对应 C—C 截面）单位：力 - kN 尺寸 - m 弯矩 - kNm

项目	Gi 分段重力	Hi A 距	Geq 结构等效重力	Fek 多遇	Fek 罕遇	Gi * Hi	Fi 水平地震作用标准值多遇	Fi 水平地震作用标准值罕遇	M 对 C 截面弯矩多遇	M 对 C 截面弯矩罕遇
1	1851.80	1.97	1574.03	251.84	1416.63	3648.05	94.59	532.08	186.35	1048.20
2	401.00	3.82	340.85	54.54	306.77	1531.82	8.60	48.38	32.86	184.82
3	560.14	7.28	476.12	76.18	428.51	4075.02	31.96	179.78	232.52	1307.93
4	37.00	12.37	31.45	5.03	28.31	457.76	0.24	1.33	2.93	16.50
合计	2849.94			387.59	2180.20	9712.65			454.66	2557.45

表 10 - 24　水平地震标准荷载计算（对应 D—D 截面）单位：力 - kN 尺寸 - m 弯矩 - kNm

项目	Gi 分段重力	Hi A 距	Geq 结构等效重力	Fek 多遇	Fek 罕遇	Gi * Hi	Fi 水平地震作用标准值多遇	Fi 水平地震作用标准值罕遇	M 对 D 截面弯矩多遇	M 对 D 截面弯矩罕遇
1	560.14	2.61	476.12	76.18	428.51	1461.97	63.75	358.62	166.40	936.00
2	37.00	7.70	31.45	5.03	28.31	284.90	0.78	4.39	6.01	33.83
合计	597.14			81.21	456.81	1746.87			172.41	969.83

表 10 - 25　面应力计算单位：力 - kN 尺寸 - m 弯矩 - kNm 应力 - kPa

项目	A 截面面积	I 截面惯矩	Y 截面边缘至中心轴距	G 重力	M 截面弯矩多遇	M 截面弯矩罕遇	σt G/A
D 截面	2.55	0.52	0.90	597.14	172.41	969.83	234.63
C 截面	16.33	21.22	2.28	2849.94	454.66	2557.45	174.52
B 截面	43.25	160.20	3.61	10800.24	1986.96	11176.63	249.72
A 截面	175.00	2467.80	7.45	26487.24	4550.43	25596.15	151.36
条石基座底	256.30	5338.27	8.71	35004.44	6069.98	34143.62	136.58
灰土垫层底	284.32	6559.21	9.46	39535.14	7285.62	40981.59	139.05

续表 10 - 25

项目	σm 地震引起弯曲正应力多遇	σm 地震引起弯曲正应力罕遇	σt + σm 多遇	σt—σm 多遇	σt + σm 罕遇	σt—σm 罕遇	
D 截面	301.30	1694.85	535.93	- 66.67	1929.48	- 1460.22	
C 截面	48.85	274.79	223.37	125.67	449.31	- 100.27	
B 截面	44.81	252.07	294.53	204.90	501.78	- 2.35	
A 截面	13.74	77.27	165.09	137.62	228.63	74.08	
条石基座底	9.91	55.72	146.48	126.67	192.29	80.86	
灰土垫层底	10.51	59.11	149.56	128.54	198.16	79.95	

通过计算分析，在多遇地震作用下，灰土垫层底（粉土层顶）最大应力 149.56kPa，基底均未出现拉应力；罕遇地震作用下，灰土垫层底（粉土层顶）最大应力 198.16kPa，基底均未出现拉应力。灰土垫层下粉土层地基承载力特征值为 140kpa，地基土的抗震承载力调整系数为 1.1，粉土层地基修正后的基底平均承载力为 154kPa，基底边缘最大承载力为基底平均承载力乘以 1.2，为 184.8kPa。

粉土层地基承载力满足多遇地震作用下结构对地基承载力的需求，而在罕遇地震作用下结构略为超限（超限 7.2%）。灰土垫层地基承载力特征值为 300kPa，满足要求。

在多遇地震作用下，A—C 截面均未出现拉应力，D 截面出现 - 66.67kPa 的拉应力，拉应力尚小；罕遇地震作用下，B—D 截面出现拉应力，A 截面未出现拉应力，其中 D 截面拉应力较大，C 截面次之，B 截面最小。如果 D 截面附近外层区域为块石砌体结构，则由此判断截面 D—D 为结构的最薄弱环节；如果 D 截面以上区域为整体石料作为凸榫插入其下层台体，则应能够承受此罕遇地震所产生的拉应力。

各截面的最大正压应力均远小于块石砌体的抗压强度，结构的受压能力没有问题。

由于底部剪力法一般对于竖向刚度均匀且以剪切变形为主的结构有较好的适应性，而对竖向刚度变化较大，且结构反应以弯拉为主的清净化城塔结构，其适用性尚不足以确信，尚应进一步进行反应谱分析和时程分析。

三、反映谱分析

（一）结构建模和重力场分析

利用大型结构分析软件 ANSYS 对结构进行实体建模分析，单元采用 SOLI95 块体单元，建模时采用映射和扫掠技术，确保单元具有良好的形状。整个结构共划分 7664 个单元和 25009 个节点。同时考虑到结构的内外分层，不同的结构赋予不同的材质，单元模型图及分析见图 10 - 178、图 10 - 179 和图 10 - 180 所示。ANSYS 模型单位体系为米、吨、千牛。

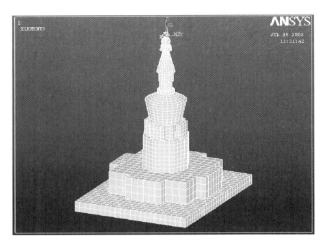

图 10 – 178　清净化城塔模型

图 10 – 179　清净化城塔模型剖面（显示不同材质）

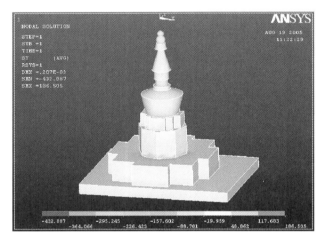

图 10 – 180A　重力作用下结构竖向应力分布

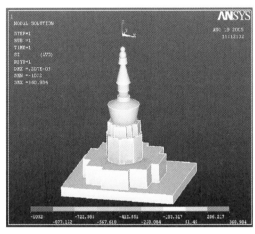

图 10 – 180B　重力作用下的结构环向应力分布

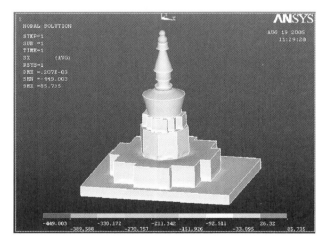

图 10 – 180C　重力作用下的结构径向应力分布

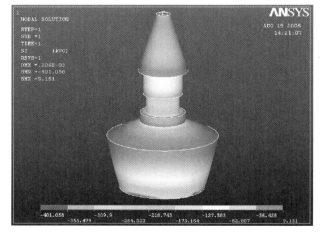

图 10 – 180D　部分结构在重力作用下的竖向应力分布

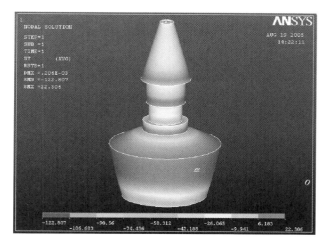

图 10 – 180E 部分结构在重力作用下的环向应力分布

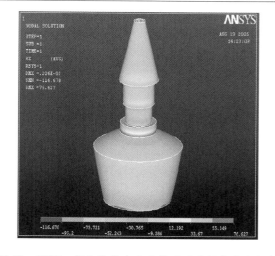

图 10 – 180F 部分结构在重力作用下的径向应力分布

由以上云图可以看出，在重力作用下，结构各部分受力以竖向受压为主，由于泊松比的影响，结构外层出现较小的环向拉应力，径向受力则以受压为主。

（二）结构振动模态分析

结构振动模态分析是反映谱分析的基础，同时也是结构固有振动特性的反映。本项目在分析时考虑了重力场对结构固有模态的影响。各阶振型形态和自振频率见表 10 – 26 所示，同时给出了前十二阶振型图（图 10 – 181—图 10 – 192）。

表 10 – 26 振动频率和振型形态表

序号	自振频率	振型
1	7.6226	Y 向侧摆
2	7.7330	X 向侧摆
3	13.873	XY 向侧摆
4	14.024	XY 向侧摆
5	25.775	扭转
6	33.048	Y 向蛇形侧摆
7	33.255	X 向蛇形侧摆
8	33.265	竖向
9	38.828	Y 向蛇形侧摆
10	51.382	X 向蛇形侧摆
11	51.399	顶部竖向
12	53.856	顶部竖向 + 底部扭转
13	59.694	Y 向蛇形侧摆
14	59.918	X 向蛇形侧摆
15	62.221	竖向
16	67.636	顶部侧摆 + 底部扭转

续表 10 - 26

序号	自振频率	振型
17	74.187	Y 向蛇形侧摆
18	74.245	X 向蛇形侧摆
19	85.009	X 向蛇形侧摆
20	85.443	Y 向蛇形侧摆

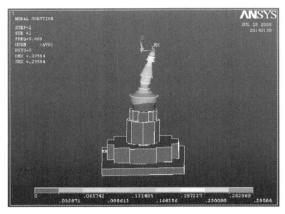

图 10 - 181　一阶模态（Y 向侧摆）

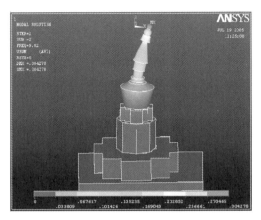

图 10 - 182　二阶模态（X 向侧摆）

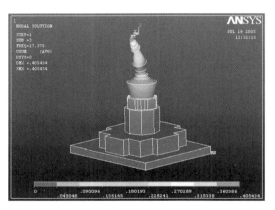

图 10 - 183　三阶模态（XY 向侧摆）

图 10 - 184　四阶模态（XY 向侧摆）

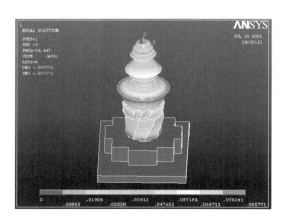

图 10 - 185　五阶模态（扭转）

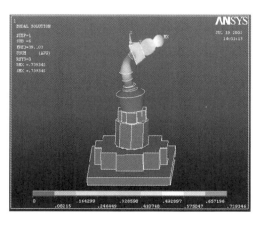

图 10 - 186　六阶模态（Y 向蛇形侧摆）

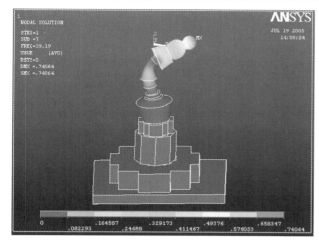

图 10 - 187　七阶模态（X 向蛇形侧摆）

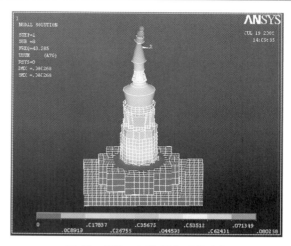

图 10 - 188　八阶模态（竖向）

图 10 - 189　九阶模态（Y 向蛇形侧摆）

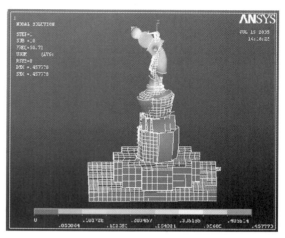

图 10 - 190　十阶模态（X 向蛇形侧摆）

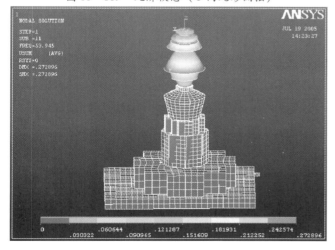

图 10 - 191　十一阶模态（顶部竖向）

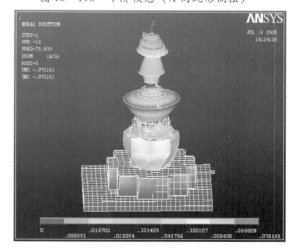

图 10 - 192　十二阶模态（顶部竖向 + 底部扭转）

　　从以上各图中可以看出，清净化城塔基频模态为侧摆，在前五阶模态中侧摆模态占据 80%。结构的基频频率较高，反应了结构的整体刚度较大。

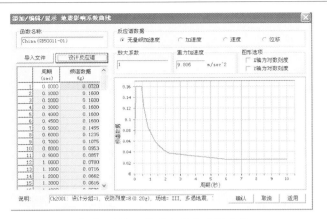

图 10 - 193　多遇地震反映谱曲线

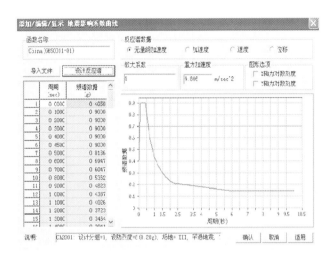

图 10 - 194　罕遇地震反映谱曲线

（三）反映谱分析

反映谱分析分多遇和罕遇地震两种情况分析，多遇地震反映谱和罕遇地震反映谱曲线分别如图 10 - 193 和图 10 - 194 所示。本案例谱分析采用了前五十阶振型组合，结构效应采用 SRSS（平方和求开方）形式给出。

多遇地震和罕遇地震作用下，结构的反映谱分析结果见图 10 - 195—图 10 - 207 所示。

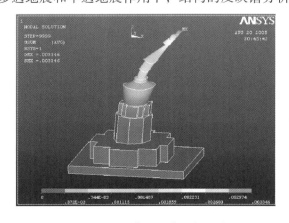

图 10 - 195　多遇地震结构位移

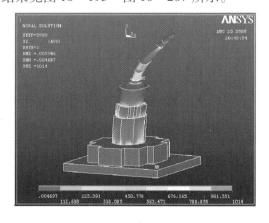

图 10 - 196　多遇地震结构竖向应力分布

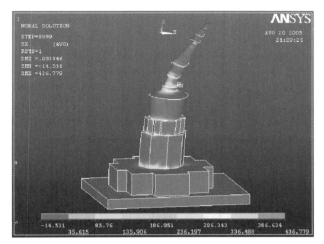

图 10 – 197　多遇地震径向应力分布

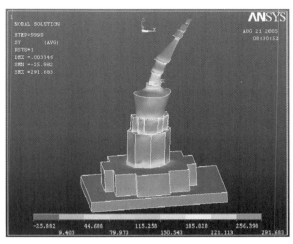

图 10 – 198　多遇地震结构环向应力分布

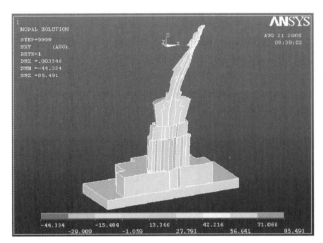

图 10 – 199　多遇地震结构环 – 径剪应力分布
（显示内部）

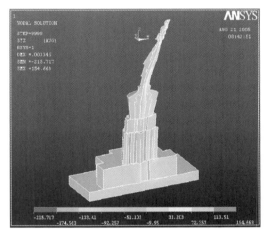

图 10 – 200　多遇地震结构环 – 竖剪应力
（显示内部）

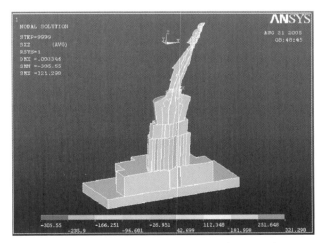

图 10 – 201　多遇地震结构径—竖剪应力分布
（显示内部）

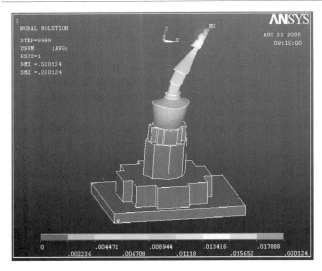

图 10 – 202 罕遇地震结构位移

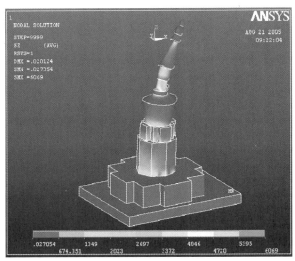

图 10 – 203 罕遇地震结构竖向应力

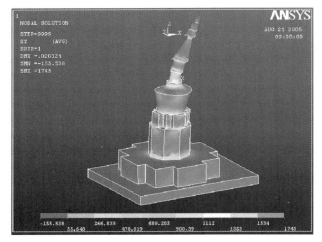

图 10 – 204 罕遇地震结构环向应力分布

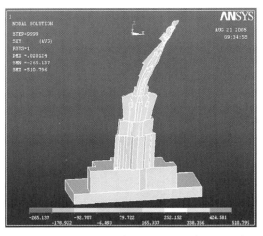

图 10 – 205 罕遇地震结构环 – 径剪应力分布
（显示内部）

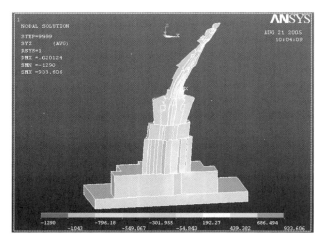

图 10 – 206 罕遇地震结构环 – 竖剪应力
（显示内部）

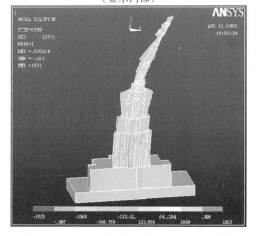

图 10 – 207 罕遇地震结构径 – 竖剪应力
（显示内部）

由以上结构反应云图可知：

1. 多遇地震作用下

（1）塔顶最大水平位移为 5.3mm，说明结构整体侧向刚度较大。

（2）在不同尺寸结构连接处，具有折点的断面呈现应力集中的现象，而光滑平顺的截面形式则没有这一现象，在承载能力极限状态，这一刚化的集中应力并不具有表征性。

（3）结构较大的竖向应力一般出现在不同结构的连接处的上层结构的根部，从根部向内向上成放射状折减，折减梯度较大。

（4）竖向最大应力出现在 D—D 截面上，最大竖向应力为 796kPa（扣除结构重力竖向应力），已超出了砌体结构沿通缝的弯拉强度，会造成结构沿通缝开裂；

（5）在几何尺寸剧烈变化的其他截面附近，竖向应力在 112kPa—405kPa 之间，扣除结构重力的竖向应力，该部分截面不至于出现造成结构沿通缝破坏的弯拉应力。

（6）结构产生的水平（环径方向）剪应力较小，最大值为 85kPa，环—竖向和径—竖向剪应力相对较大，环—竖向最大应力 154 kPa，径—竖向最大应力 321 kPa，最大剪应力集中在结构根部的外缘部位，从外至内跌减很快，环—竖向应力和径—竖向应力峰值的位置和结构竖向应力峰值的位置吻合，说明该两部分的剪应力伴随竖向应力产生，反应出结构受力以弯拉为主。结构一般不会出现剪应力破坏。

（7）结构反应以弯拉受力为主，剪切应变较小，结构的初始破坏以结构截面突变附近沿通缝抗拉破坏为主。

（8）以上结构的判定结论基于结构主体为块石砌体结构，包括结构截面（D—D）颈缩的塔上柱部分，若结构截面颈缩的塔上柱部分为竖向整体石料插入下层塔体，则因整体石料的抗拉强度较大（根据岩石单轴抗压试验结果，石料的极限强度在 80MPa 左右，对应的抗拉极限强度应在 6MPa 左右），D—D 截面不会出现弯拉裂缝，相反 D—D 截面以下的塔体由于受到"抱箍"的作用，会受到自内向外的积压而变形，由于该部分为砌体结构，可能会因砌块之间的接缝强度不足而出现小范围破坏。不管怎样。

2. 罕遇地震作用下：

（1）顶最大水平位移为 20.1mm。

（2）竖向最大应力出现在 D—D 截面上，最大竖向应力为 5816kPa（扣除结构重力竖向应力）；远超出砌体结构沿通缝的弯拉强度。

（3）在截面急剧变化的其他断面，竖向应力在 600kPa—1200kPa，已超出了砌体结构沿通缝弯拉的强度，会造成结构沿通缝弯拉开裂。

（4）结构产生的水平剪应力（环径方向）最大值为 511kPa，大于砌体结构的抗剪强度。

总之，无论在多遇地震作用下，还是罕遇地震作用下，结构的最大应力（包括水平剪应力和竖向应力）集中在结构截面剧烈变化处，而且集中在结构的外层砌体结构上，从内到外，结构应力迅速折减。实际上，结构外层因弯拉应力超过材料的抗拉强度开裂后，会马上退出工作，截面将发生应力重分布，内部结构将发挥作用，在结构破坏后期，结构的内核心柱将发挥作用。

四 、时 程 分 析

时程分析采用 EI—CENTOR 波，经调幅至和 8 度地震影响相当，分罕遇加速度和多遇加速度两种情况。时间历程加速度曲线见图 10 – 208 所示。

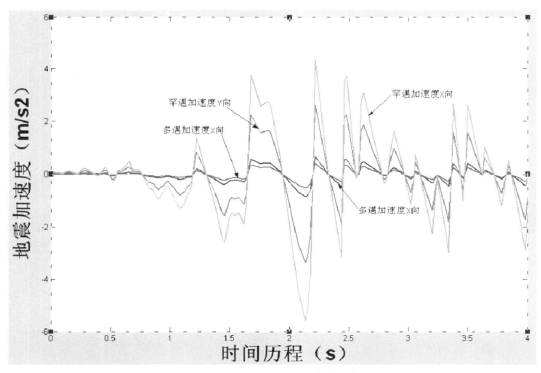

图 10 – 208　时间历程加速度曲线

时间间隔 0.02s，分为 200 步，计算持时 4s。建立观测面和观测点如图 10 – 209 和图 10 – 210 所示。观测面选取变截面处，在观测面再选取特征点进行时程反应特性跟踪。

在塔顶建立位移观测点。

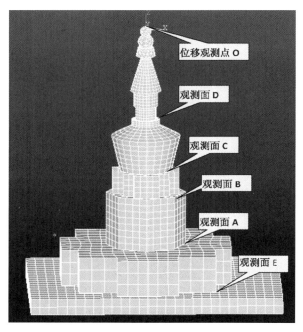

图 10 – 209　观测点和观测面

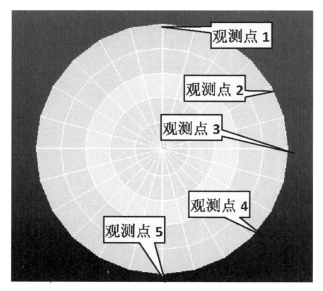

图 10 – 210　观测面的观测点分布示意

（一）多遇地震时程分析

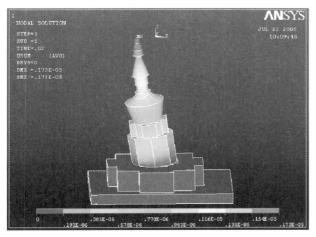

图 10 – 211　t = 0.02s 结构位移

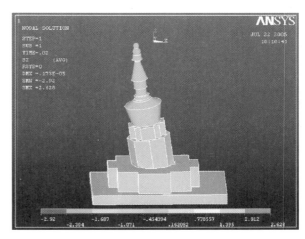

图 10 – 212　t = 0.02s 结构应力（竖向）

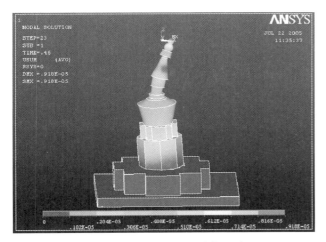

图 10 – 213　t = 0.46s 结构位移

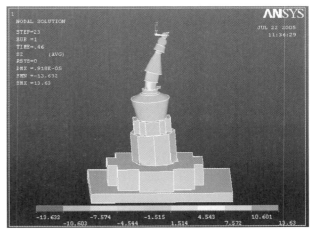

图 10 – 214　t = 0.46s 结构应力（竖向）

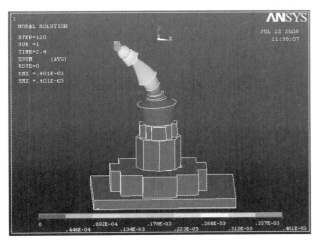

图 10 – 215　t = 1.02s 结构位移

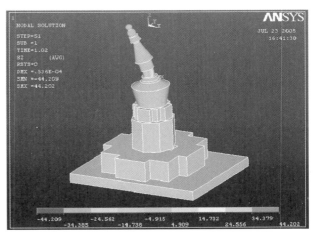

图 10 – 216　t = 1.02s 结构应力（竖向）

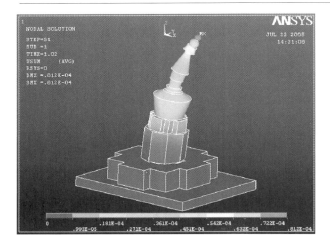

图 10 - 217　t = 2.14s 结构位移

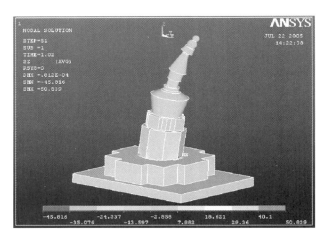

图 10 - 218　t = 2.14s 结构应力（竖向）

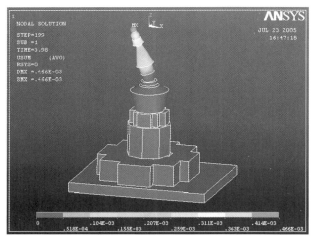

图 10 - 219　t = 3.98s 结构位移

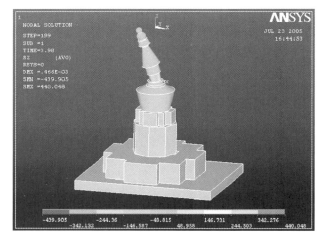

图 10 - 220　t = 3.98s 结构应力（竖向）

多遇地震作用下，分别选取 t = 0.02s，0.46s，1.02s，2.14s 和 3.98s 时刻的结构位移和应力反应，见图 10 - 221 至图 10 - 241 所示。

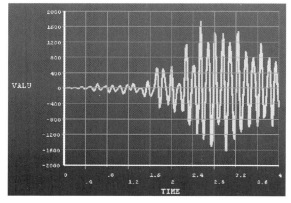

图 10 - 221　观测面 D 中最大竖向应力
时程曲线

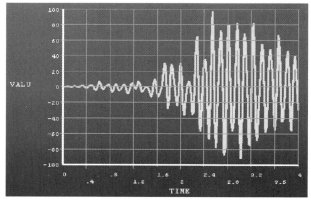

图 10 - 222　观测面 D 中最大水平（径环向）
剪应力时程曲线

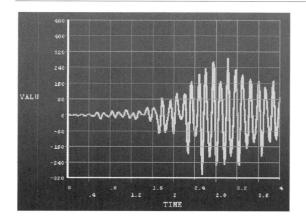

图 10-223 观测面 D 中最大环竖向
剪应力时程曲线

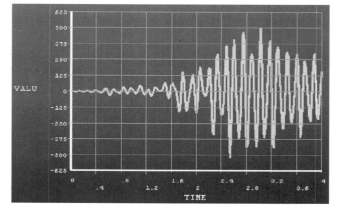

图 10-224 观测面 D 中最大径竖向
剪应力时程曲线

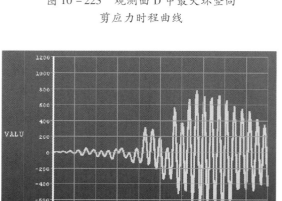

图 10-225 观测面 C 中最大竖向应力时程曲线

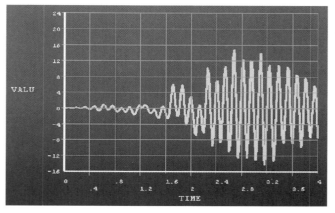

图 10-226 观测面 C 中最大水平（径环向）
剪应力时程曲线

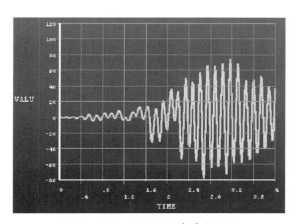

图 10-227 观测面 C 中最大环竖
向剪应力时程曲线

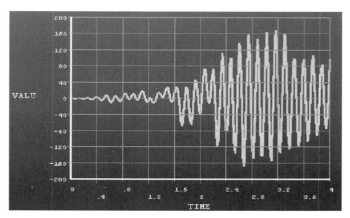

图 10-228 观测面 C 中最大径竖
向剪应力时程曲线

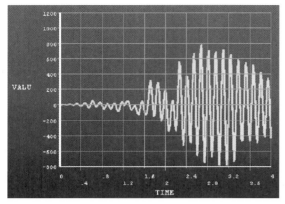

图 10－229 观测面 B 中最大竖向应力时程曲线

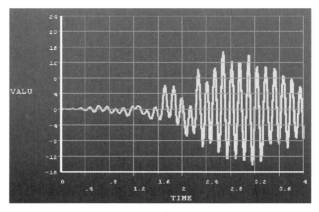

图 10－230 观测面 B 中最大水平（径环向）剪应力时程曲线

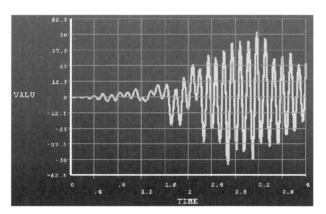

图 10－231 观测面 B 中最大环竖向剪应力时程曲线

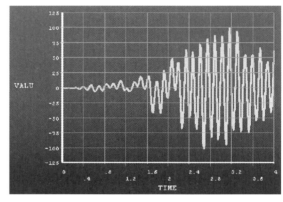

图 10－232 观测面 B 中最大径竖向剪应力时程曲线

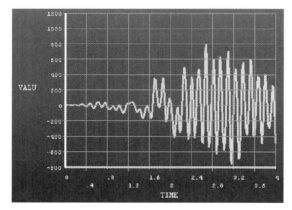

图 10－233 观测面 A 中最大竖向应力时程曲线

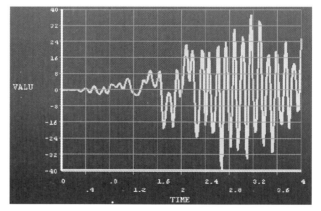

图 10－234 观测面 A 中最大水平（径环向）剪应力时程曲线

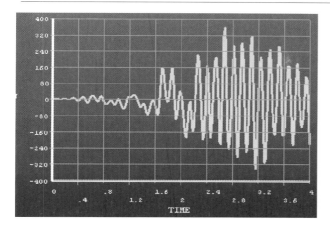

图 10-235　观测面 A 中最大环竖向剪应力时程曲线

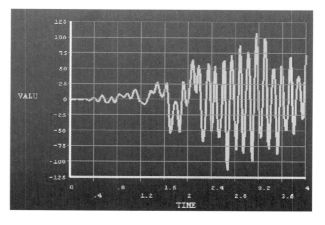

图 10-236　观测面 A 中最大径竖向剪应力时程曲线

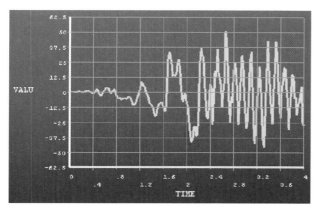

图 10-237　观测面 E 中最大竖向应力时程曲线

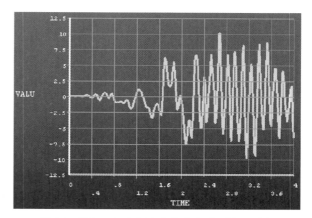

图 10-238　观测面 E 中最大水平（径环向）
剪应力时程曲线

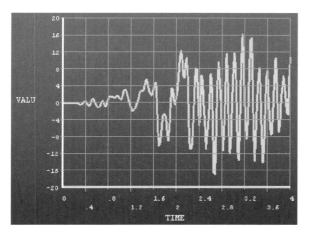

图 10-239　观测面 E 中最大环竖向剪应力时程曲线

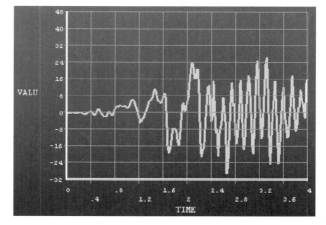

图 10-240　观测面 E 中最大径竖向剪应力时程曲线

由以上结构反应云图和各截面的时程反应曲线可知：

多遇时程地震作用下

（1）塔顶最大水平位移为 7.2mm，和反应谱计算结果相当。

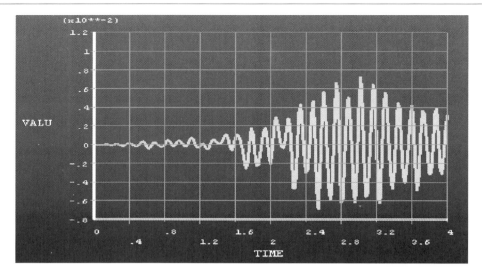

图 10-241　塔顶径向位移时程曲线

（2）竖向最大应力出现在 D—D 截面上，最大竖向拉应力为 1280kPa（扣除结构重力竖向应力），已超出了砌体结构沿通缝弯拉的强度，会造成结构沿通缝开裂；该值相对反应谱计算结果较大。

（3）观察 C、B、A 截面的竖向应力，截面在地震反应剧烈的时刻出现 150—780kPa 左右的拉应力，扣除结构重力的竖向应力和应力集中的影响，并考虑到结构应力由外到内衰减梯度较大，该部分截面不至于出现造成结构沿通缝破坏的弯拉应力。

（4）E 截面的各项应力值很小。

（5）结构各截面的水平（径—环向）剪应力均很小，环—竖向和径—竖向的剪应力较大，其中 D 截面的剪应力最大。

（6）结构反应以弯拉受力为主，剪切变形为辅，结构的初始破坏以在结构截面变化附近沿通缝抗拉破坏为主。

（8）与反应谱分析结论中第八条结论基本相同。

（二）罕遇地震时程分析

见图 10-242 至图 10-255 所示。

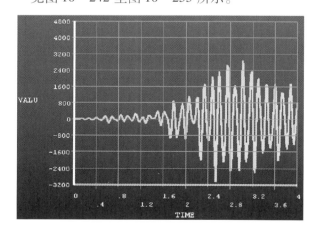

图 10-242　观测面 D 中最大环竖向剪应力时程曲线

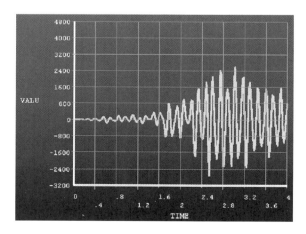

图 10-243　观测面 D 中最大径竖向剪应力时程曲线

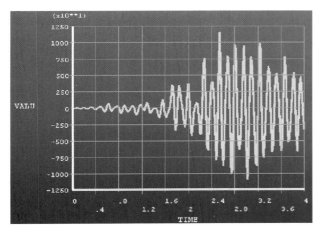

图 10-244 观测面 D 中最大竖向应力时程曲线

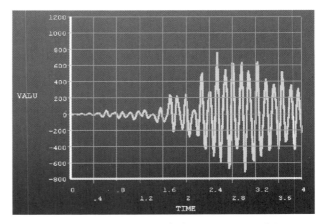

图 10-245 观测面 D 中最大水平（径环向）剪应力时程曲线

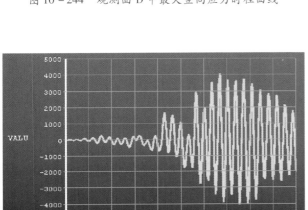

图 10-246 观测面 C 中最大竖向应力时程曲线

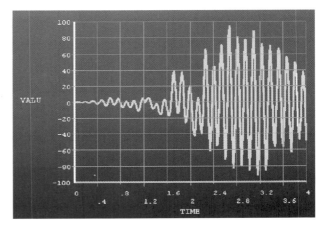

图 10-247 观测面 C 中最大水平（径环向）剪应力时程曲线

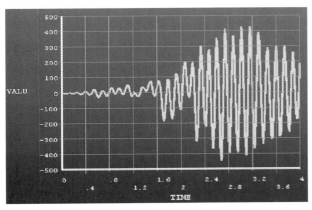

图 10-248 观测面 C 中最大环竖向剪应力时程曲线

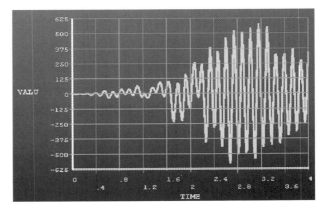

图 10-249 观测面 C 中最大径竖向剪应力时程曲线

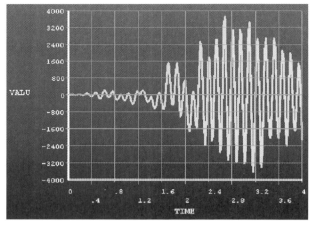

图 10 – 250　观测面 B 中最大竖向应力时程曲线

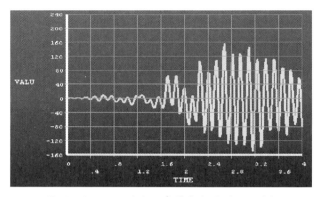

图 10 – 251　观测面 B 中最大水平（径环向）
剪应力时程曲线

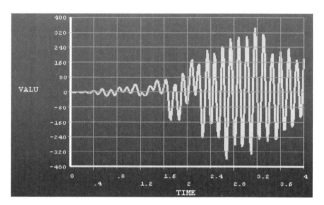

图 10 – 252　观测面 B 中最大环竖向剪应力时程曲线

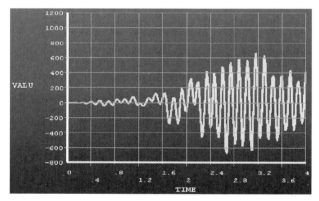

图 10 – 253　观测面 B 中最大径竖向剪应力时程曲线

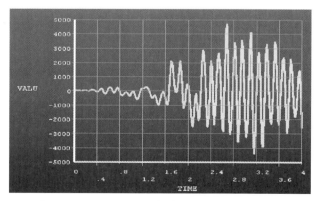

图 10 – 254　观测面 A 中最大竖向应力时程曲线

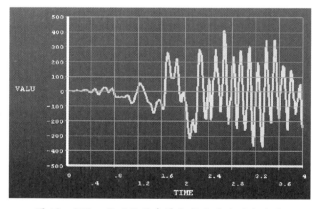

图 10 – 255　观测面 E 中最大竖向应力时程曲线

由以上结构时程反应曲线可知：

罕遇地震作用下：

（1）竖向最大应力出现在 D—D 截面上，最大竖向应力为 8832kPa（扣除结构重力竖向应力），远超出砌体结构沿通缝弯拉的强度。

（2）C—C 截面，竖向应力在 1600kPa—3900kPa 之间，已超出了砌体结构沿通缝的弯拉强度，会造成结构沿通缝弯拉开裂。

（3）B—B 截面，竖向应力在 1200kPa—3600kPa 之间，已超出了砌体结构沿通缝的弯拉强度，会造成结构沿通缝弯拉开裂。

（4）A—A 截面，竖向应力在 1200kPa—4800kPa 之间，已超出了砌体结构沿通缝的弯拉强度，会造成结构沿通缝弯拉开裂。

（5）E—E 截面，竖向应力在 200kPa—420kPa 之间，扣除重力影响，接近砌体结构沿通缝的弯拉强度。

（7）除 D—D 截面外，其余截面的水平（环—径向）剪应力均较小，各截面的径—竖向和环—竖向剪应力相对较大。

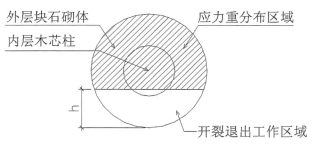

图 10 - 256　D—D 截面应力重分配示意图

五、截面开裂后截面应力重分配分析

基于 D - D 截面以上柱体为砌块砌体的推断，D—D 截面在多遇地震作用下出现裂缝后将发生应力重分配的现象，进行分析，判断该截面在应力重分配后是否在安全的范围内。应力重分配示意图见图 10 - 258 所示。

取该断面扣除重力影响后边缘最大应力为 796kPa 进行计算，反算截面的弯矩，计入截面以上重力效应，利用 matlab 编程循环迭代，最终求得截面内力重分布的区域，该区域距离开裂边缘 h = 0.313m，未开裂边缘最大压应力为 1051kPa，内层核心柱位尚未进入受拉区。

10.4 将军坟稳定性评价及保护对策研究

10.4.1 项目概况

一、文物概况

将军坟位于集安市城区北东约 7.5 公里的果树厂乡毕家村龙山脚下，位于洞沟古墓群禹山墓区的东部，为洞沟古墓群中现存最完整的大型石坟，外观呈方坛阶梯型，被誉为"东方金字塔"，系高句丽积石墓较晚的类型之一（图 10 – 257）。据推断将军坟是高句丽第二十代长寿王的陵墓，建造于公元五世纪初。1961 年被列入第一批国家重点文物保护单位。

图 10 – 257 将军坟西南立面

二、勘察研究单位及主要完成人

中国文化遗产研究院：李宏松、顾军

总装备部工程设计研究总院：杨国兴、孙崇华、杨林春

中国矿业大学（北京）岩土工程研究所研究所：何满潮、王树仁

三、说明

本案例未特别说明出处的图表均由总装备部工程设计研究总院提供。

10.4.2 工程勘察主要内容

根据项目的要求，项目的主要勘察研究内容包括以下几方面。

1. 将军坟的工程地质调查。

2. 将军坟的现状调查。

（3）将军坟的地基土体的物理力学性质分析。

（4）将军坟的建筑材料的物理力学性质分析。

（5）将军坟的变形破坏机理计算分析。

（6）将军坟的稳定性评价与防护对策研究。

10.4.3　工程勘察工作主要技术方法

根据项目勘察研究的主要内容，项目所采取的技术路线及主要技术方法见图 10 – 258 所示。

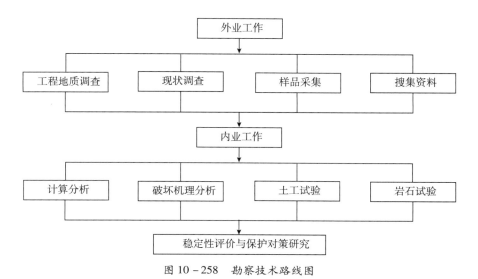

图 10 – 258　勘察技术路线图

10.4.4　工作量

本项目外业和试验所完成的工作量见表 10 – 27 所示。

表 10 – 27　外业和试验工作量

编　号	项　目	单　位	数　量
1	数码照片	张	860
2	素描	张	7
3	钻孔数量	个	18
4	钻探进尺	米	145.7
5	探坑数量	个	3
6	探坑进尺	米	1.8
7	标准贯入试验	次	9
8	重型动力触探试验	米	14.7
9	取土样	件	33
10	取水样	件	2
11	取岩样	件	7
12	室内土工试验	件	33

续表 10 - 27

编 号	项 目	单 位	数 量
13	室内水质分析试验	件	2
14	室内岩石试验	件	7
15	面波剖面	条	7
16	微振动测试	点	6

10.4.5　工程地质条件

一、地形地貌

集安市位于鸭绿江北岸，地貌形态为山地和河谷，自北向南至鸭绿江依次为中低山、三级阶地、二级阶地、一级阶地、河漫滩以及河床。中低山的总体走向为北东向。

将军坟位于鸭绿江及其支流的三级阶地，地形相对平坦，整体上呈北高南低，绝对高程 260.0m—265.0m 左右；好太王碑位于鸭绿江及其支流的二级阶地，经后期改造，整体上呈缓坡地形，呈西北高东南低，碑体周围相对平坦，绝对高程 189.50m—190.20m 左右。好太王陵位于鸭绿江及其支流的二级阶地，地形略有起伏，整体上呈东南高西北低，绝对高程 196.0m—198.5m 左右（图 10 - 259）。

二、地层岩性

根据地貌形态，自北向南至鸭绿江出露的地层依次为燕山晚期的花岗斑岩（$\gamma\pi_5^{3-1c}$）、中更新统三级阶地冲积砂、砾石（Q_2^{al}）、上更新统二级阶地冲积砂、砾石（Q_3^{al}）、全新统一级阶地砂质粘土及含砾砂质粘土（Q_4^{1al}）以及全新统河床及河漫滩堆积砂、砾石（Q_4^{2al}）。具体为：

图 10 - 259　将军坟区域地形地貌

1. 燕山晚期的花岗斑岩（$\gamma\pi_5^{3-1c}$）：燕山晚期的花岗斑岩为灰白色—肉红色，具有斑状结构，基质为显微球粒嵌晶结构，块状构造。斑晶含量一般在 10—40% 之间，主要由斜长石、碱长石、黑云母等组成。基质由斜长石、碱长石和石英组成，可见绿泥石化、高岭土化、绢云母化等蚀变。

2. 中更新统三级阶地冲积砂、砾石（Q_2^{al}）：主要由含砾的粘性土层和含砾砂质粘性土层组成。

3. 上更新统二级阶地冲积砂、砾石（Q_3^{al}）：主要由砂质粘性土层、含砾砂质粘性土层、粘性土层、粉砂层以及含砂砾石层组成。

4. 全新统一级阶地砂质粘土及含砾砂质粘土（Q_4^{1al}）：主要由砂质粘性土层、粉砂层与含砾砂质粘性土层组成。

5. 全新统河床及河漫滩堆积砂、砾石（Q_4^{2al}）：主要由砂层、砂砾石层、砾石层以及卵石层组成。

6. 将军坟场区地层为第四系中更新统冲、洪积阶地堆积物（Q_2^{al}），岩性呈现出明显的阶地二元结构，上部为细粒部分，主要为含砂、砾石粘性土、细砂，下部为卵石。

三、地质构造

（一）构造型式

将军坟周围主要的构造为凉水—太平—集安断裂，在其所处阶地的西北侧通过。该断裂起自通天沟经凉水镇，大致沿北东 40°—50°方向，过榆树林子、太平、斜沟岭、麻线村、集安，向北东方向继续延伸，全长数十公里，为鸭绿江断裂带中规模最大的断裂，属于华夏系（式）构造。沿途随处可见规模不等的矽化破碎带，地貌上线性特征十分明显。断裂为压扭性断层，断层面倾向于南东方向，即其主动盘在断层的南东侧。区域构造体系见图 10-260。

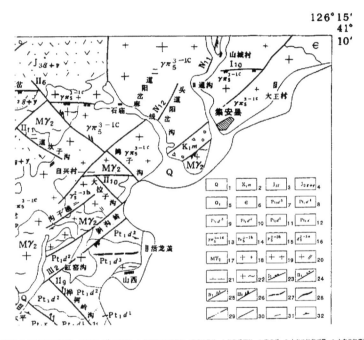

1.第四系 2.白垩系下统摩绦沟组 3.侏罗系上统林子头组 4.侏罗系上统泉松组、同哩拉子组 5.集陶系下统 6.寒武系 7.大东岔组第五段 8.大东岔组第四段 9.大东岔组第三段 10.大东岔组第二段 11.大东岔组第一段 12.新开河组 13.γπ$_5^{3-1c}$燕山晚期第一阶段第三次侵入岩体 14.燕山晚期第一阶段第二次侵入岩体 15.燕山早期第二阶段第三次侵入岩体 16.燕山早期第三阶段第一次侵入岩体 17.五台期投入岩体 18.花岗斑岩 19.晶洞花岗岩 20.二长花岗岩 21.闪长岩 22.混合花岗岩 23.混合岩 24.东西向断裂 25.北西向断裂 26.北东向断裂 27.北东向断裂 28.背斜 29.缓片解释断层 30.张性—张扭性断层 31.地层产状 32.片理产状 33.船长点

图 10-260 区域构造体系图

（二）构造应力

自元古代以来，本区构造应力场的作用方式和我国东部地壳运动的方式和方向是一致的，即由南北的水平挤压运动转化为南北向的水平扭转作用。这不仅反映了应力作用的定向性，而且也反映了地壳组成的不均一性，亦即物质本身性质和形状的不同，在作用力不平衡、地壳组成不均一的情况下，导致了应力场的变化，从而形成了各种构造体系。其中凉水—太平—集安断裂所属的华夏系（式）构造即由南北向的水平扭转作用的构造应力形成。

（三）构造运动和新构造运动

凉水—太平—集安断裂所属的华夏系（式）构造，形成于中生代的燕山期，高峰在燕山晚期，延续至新生代的喜山期。中生代燕山期地壳活动频繁，以猛烈的火山喷发和多期次的岩浆侵入活动为特点。在燕山运动的作用下，地壳运动方式以断块升降作用为主，大陆相对海洋一侧向南或南西、海洋一侧向北或北东方向移动，由此分解出北西—南东向作用力，从而形成了华夏系（式）构造。进入新生代的喜山期以后，地壳仍不断地抬升，即存在新构造运动。新构造运动一方面表现为断裂作用，进一步加强华夏系（式）构造，使鸭绿江断裂带继续活动；另一方面表现为抬升作用，使河谷抬升，河流下切，形成阶地，阶地上沉积第四系覆盖层。不过本区的新构造运动的运动方式是和缓平静的。

四、地表水系

集安市主要为鸭绿江水系，区内主要河流呈南北向、北北东向和北西向，由北向南汇入鸭绿江。鸭绿江，其最深约 8.2m，江面最宽处约 507m，最大流速约 5.28m/s，最大流量约 7740 m³/s，最高水位约 93.32m，最低水位约 85.74m，有时受雨季和旱季影响，水位亦有所变化。

五、地下水

将军坟场区地下水可分为两层：

1. 上层滞水：含水层为第③层粉质粘土，仅在 1 号孔及 6 号孔分布，静止水位埋深 3.65m（高程 260.93m）；6 号孔静止水位埋深 4.00m（高程 257.92m），主要补给途径为大气降水，主要排泄途径为大气蒸发。

2. 潜水：含水层为第⑧层细砂和第⑨层卵石，静止水位埋深 16.70—17.0m（高程 245.38—246.96m），主要为径流补给排泄。

10.4.6 结构现状调查

将军坟外观呈方坛阶梯型，底部平面约呈方形，基线（即各角基础石外角点的连线）边长约 31.72～32.61m，角线（即第一层阶坛第一级石块下角的连线）边长约 30.21～31.17m，高约 11.31—12.70m。由 1100 多块二长花岗岩石块砌成，底部为一层基础石，其上为七层阶坛，顶部覆盖一块盖顶石。除第一层阶坛由四级石块砌成以外，其余各层阶坛均由四级石块砌成，内部充填漂石、卵石、砂砾石土等。另外，每面立三块护坟石倚护，现存 11 块（其中东北立面仅存两块）。墓室建在第五层阶坛中央，墓室约呈方形，边长约 5.43—5.53m，高约 4.99—5.05m，内置两座石棺床（现仅存两座石棺底座）。墓室通道开口方向约南西232°。墓顶上亦呈方形，边长约 13.04—13.58m。

根据本次现状调查结果可知，将军坟现包括约 1146 块二长花岗岩石块、石英二长花岗岩石块和 16 块水泥块：其中基础石 58 块，外立面 1000 块（含水泥块 16 块）（含与墓室及通道重合者），墓室及通道 93 块（不含与外立面重合者），护坟石 11 块。据集安市文物局资料，水泥块系 1984 年维修时砌成。

本次在对将军坟进行现状调查时，对每一块石块都进行了编号，规则如下。

基础石，采用字母 F 和三位数字表示：十位数字和个位数字表示块号（数字沿逆时针方向增加），百位数表示级号（因只有一级，故数字为 1）；

护坟石，采用字母 P 和两位数字表示：十位数字和个位数字表示块号（数字沿逆时针方向增加）；

将军坟外立面，采用四位数字表示：十位数字和个位数字表示块号（数字沿逆时针方向增加），百位数字表示级号（数字沿竖向自下而上增加），千位数字表示层号（数字沿竖向自下而上增加）；

墓室及通道，采用字母 C 和三位数字表示：十位数字和个位数字表示块号（数字沿顺时针方向增加），百位数表示级号（数字沿竖向自下而上增加；对于墓室内顶板和墓室通道顶板而言，因只有一级，故数字为 1）。

本次现状调查发现，将军坟具有以下两个特点：

一是基础石以及上部结构通过卵、漂石人工垫层与地基土衔接。据集安市文物局资料，卵、漂石人工垫层厚约 1.2m（图 10 - 261、图 10 - 262）。

二是各层阶坛（第一层阶坛除外）的第一级石块下所垫的卵、漂石的顶面均有刻槽，即顶面的外缘有几厘米高的凸起（图 10 - 263）；其它各层阶坛的每一级石块（最高的一级除外）的顶面也均有刻槽，即顶面的外缘有约几厘米高、约 10cm 宽的凸起（图 10 - 264）。

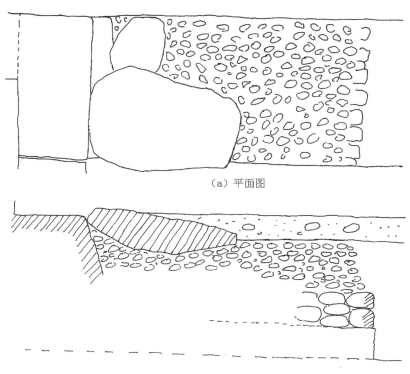

（a）平面图

（b）剖面图

图 10 - 261　将军坟基础石下人工垫层，垫层材料为卵、漂石
（集安市文物局 1994 绘制，2003 年提供）

图 10 - 262　将军坟东北立面探坑 T1 揭示基础石下
人工垫层，垫层材料为卵、漂石
（摄于 2003 年）

图 10 - 263　将军坟东南立面 6101 石块下垫的卵、
漂石顶面刻槽
（摄于 2003 年）

图 10 - 264　将军坟东北立面 5111 石块顶面石槽
（摄于 2003 年）

一、将军坟西南立面现状

将军坟西南立面（图 10 - 257），走向约南东 142°，共 289 块，包括 273 块二长花岗岩石块、石英二长花岗岩石块和 16 块水泥块：其中基础石 13 块（其中与西北立面重合者 1 块，与东南立面重合者 1 块）；外立面 273 块（含水泥块 16 块）（其中与西北立面重合者 22 块；与东南立面重合者 22 块（含水泥块 2 块）；与墓室及通道重合者 7 块）；护坟石 3 块。

二、将军坟东南立面现状

将军坟东南立面（图 10 - 265），走向约北东 66.5°，共 283 块，包括 271 块二长花岗岩石块、石英二长花岗岩石块和 2 块水泥块：其中基础石 16 块（其中与西南立面重合者 1 块；与东北立面重合者 1 块）；外立面 264 块（含水泥块 2 块）（其中与西南立面重合者 22 块（含水泥块 2 块）；与东北立面重合者 22 块）；护坟石 3 块。

图 10 - 265　将军坟东南立面
（摄于 2003 年）

三、将军坟东北立面现状

将军坟东北立面（图10－266），走向约北西325°，共295块二长花岗岩石块和石英二长花岗岩石块：其中基础石16块（其中与东南立面重合者1块；与西北立面重合者1块）；外立面277块（其中与东南立面重合者22块；与西北立面重合者22块）；护坟石2块。

图10－266　将军坟东北立面
（摄于2003年）

四、将军坟西北立面现状

将军坟西北立面（图10－267），走向约南西266°，共294块二长花岗岩石块、石英二长花岗岩石块：其中基础石17块（其中与东北立面重合者1块；与西南立面重合者1块）；外立面274块（其中与东北立面重合者22块；与西南立面重合者22块）；护坟石3块。

图10－267　将军坟西北立面
（摄于2003年）

图10－268　将军坟东北立面沉陷倾斜，追踪张裂
（摄于2003年）

五、将军坟墓室及通道现状

将军坟墓室及通道，共 100 块二长花岗岩石块、石英二长花岗岩石块，包括墓室内四个立面、墓室内顶板（盖顶石）、墓室内外通道以及墓室通道顶板，其中：

图 10－269   将军坟东北立面右侧沉陷倾斜，追踪张裂，石块间缝隙加宽，局部充填物外露
（摄于 2003 年）

墓室内东北立面，走向约南东 139°，共 15 块；

墓室内东南立面，走向约南西 230°，共 15 块；

墓室内西南立面，走向约北西 318°，共 14 块：其中与墓室内通道东南立面重合者 3 块；与墓室内通道西北立面重合者 3 块；与墓室通道顶板重合者 1 块；

墓室内西北立面，走向约北东 50°，共 15 块；

墓室内顶板（盖顶石），共 1 块；

墓室内通道东南立面，走向约南西 223.5°，共 10 块：其中与墓室内西南立面重合者 3 块；

墓室外通道东南立面，走向约南西 223.5°，共 13 块：其中与西南立面重合者 3 块；

墓室通道顶板，走向约南西 223.5°，共 3 块：其中与墓室内西南立面重合者 1 块；与西南立面重合者 1 块；

墓室内通道西北立面，走向约南西 232°，共 10 块：其中与墓室内西南立面重合者 3 块；

墓室外通道西北立面，走向约南西 232°，共 11 块：其中与西南立面重合者 3 块。

10.4.7 变形破坏特征及原因

一、变形破坏特征

将军坟的变形破坏主要有以下几个特征：沉陷倾斜、追踪张裂、地面隆起，块石断裂、块石剥落、块石外移以及块石倾斜等，前三个特征属于整体变形破坏，主要发生在将军坟的东北立面和西北立面；而后四个特征则属于局部变形破坏，在将军坟的四个外立面与墓室及通道均有不同程度发生。现分述如下。

（一）沉陷倾斜

沉陷倾斜表现为多层阶坛整体沉陷倾斜，属于整体变形破坏特征之一。主要表现在将军坟的东北立面的右侧（即北侧）和西北立面的左侧（即北侧）（图 10 - 270、图 10 - 271）。

图 10 - 270　将军坟东北立面沉陷倾斜，追踪张裂
（摄于 2003 年）

图 10 - 271　将军坟西北立面左侧沉陷倾斜，追踪张裂，石块间缝隙加宽，局部充填物外露
（摄于 2003 年）

图 10 - 272　将军坟东北立面右侧护基石隆起
（摄于 2003 年）

（二）追踪张裂

追踪张裂与沉陷倾斜伴生，其特征是石块间的缝隙加宽，追踪而上，局部伴随压裂现象，充填物从石块间的缝隙处外露（图10-270、图10-271），属于整体变形破坏特征之一。主要表现在将军坟的东北立面的右侧（即北侧）（图10-269）。

（三）地面隆起

地面隆起由沉陷倾斜引起，表现为对应部位的护基石隆起（图10-272、图10-273），属于整体变形破坏特征之一。主要分布于将军坟的东北立面的右侧（即北侧）和西北立面的左侧（即北侧）地面。

图10-273　将军坟西北立面左侧护基石隆起

（摄于2003年）

（四）块石断裂

块石断裂，属于局部变形破坏特征之一，在将军坟的四个外立面和墓室及通道内都普遍存在。断裂方向多为竖向，且多发生在石块的角部（图10-274）；有些断裂则沿节理面发展，断裂方向受节理面控制（图10-275）。

图10-274　将军坟西南立面1203石块右端断裂，方向为竖向，缝宽约0.8cm

（摄于2003年）

图 10 - 275　将军坟东北立面 1105 石块沿 X 型节理开裂
(摄于 2003 年)

（五）块石崩落

块石崩落，属于局部变形破坏特征之一，在将军坟的四个外立面和墓室及通道内都普遍存在。剥落主要表现为沿石块顶面外缘凸起的内侧向外向下发展的崩落，且多发生在石块的边角部，崩落面的倾角约为 30—70°（图 10 - 276）；有些崩落则沿节理面发展，剥落面的方向受节理面控制（图 10 - 277、图 10 - 278）。

图 10 - 276　将军坟西南立面 2115 石块左端
崩落，崩落面的倾角约为 63°
(摄于 2003 年)

图 10 - 277　将军坟西南立面 4104 石块右端
崩落，崩落面沿节理面发展，近直立
(摄于 2003 年)

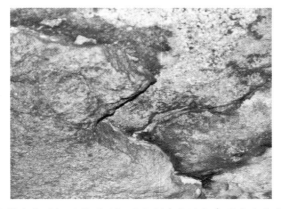

图 10 - 278　将军坟墓室内顶板（盖顶石）西南侧中部沿与表面成小角度斜交的节理面崩落
(摄于 2003 年)

（六）块石外移

块石外移，属于局部变形破坏特征之一，在将军坟的四个外立面普遍存在，移距从几厘米到几十厘米不等。有些石块是整体外移（图10－279）；有些石块只是一端外移（图10－280）；有些石块则是一端外移，而另一端内移（图10－281）；有些石块的外移同时带动了刻槽卯、漂石的外移（图10－282）。局部石块的外移在整体上表现为整级石块的外移（图10－283）。

图10－279 将军坟西南立面3206石块整体外移，
相对移距约6.5cm。
（摄于2003年）

图10－280 将军坟西北立面5204—5206石块左侧外移，
相对移距约3—7cm。
（摄于2003年）

图10－281 将军坟西北立面4201石块左侧外移、
右侧内移，相对移距约8cm。
（摄于2003年）

图10－282 将军坟东南立面6101石块下刻槽卯、
漂石外移，相对移距约4cm。
（摄于2003年）

（七）块石倾斜

块石倾斜，属于局部变形破坏特征之一，主要发生在将军坟的东北立面和西北立面，在西南立面和东南立面也有发生，倾斜角度从几度到几十度不等。倾斜主要表现为内倾（图10－284）；有些也表现为外倾、左倾以及右倾。

图 10 - 283　将军坟东北立面第 1 层阶坛第 4 级
石块整体外移。
（摄于 2003 年）

图 10 - 284　将军坟西北立面 1401—1404 石块内倾，
顶面倾角分别为 7°、27°、34° 和 26°。
（摄于 2003 年）

二、变形破坏原因

（一）整体变形破坏原因

将军坟东北立面和西北立面整体变形破坏现象明显，主要机制是地基压密、积水软化、变形拉裂、沉陷隆起。即整个坟体在重力作用下，使所作用的地基土发生压密，阻挡北侧地表水向南渗流，形成积水，使北侧地基土发生软化，软化后的地基和上层坟体共同作用，使坟体本身石块之间发生变形拉裂，整个北侧棱坡沉降引起周围地表土体发生隆起。

（二）局部变形破坏原因

将军坟局部变形破坏的主要原因有以下几方面：

1. 应力集中：石块受整体变形破坏影响产生应力集中，导致石块边角部应力较大，块石断裂和崩落多发生在石块的边角部（图 10 - 276、图 5 - 277）。

2. 渗水，加剧风化。如将军坟墓室内顶板（盖顶石）大面积渗水（图 10 - 285），尤其沿节理面的渗水在冬季易产生冻涨劈裂。

图 10 - 285　将军坟墓室内顶板（盖顶石）东南角渗水
（摄于 2003 年）

图 10 - 286　将军坟上生长树木和杂草
（据吉林省考古研究所提供，摄于 1935 年）

3. 生物腐蚀，造成根劈破坏和岩石表面风化加剧。其吉林省考古所提供日本出版的《通沟》一书照片显示，将军坟顶部原有树木和杂草生长（图 10 - 286），使上部阶坛石块造成根劈破坏。将军坟大部分石块表面生长青苔（图10-287、图10-288），特别是沿石块节理面裂缝生长的青苔，易引起表面剥落或沿节理面的崩落。

图10-287　将军坟东北立面4210石块表面青苔发育。
（摄于2003年）

图10-288　将军坟东北立面5107石块左上内侧裂内生长青苔，加剧风化、开裂
（摄于2003年）

4. 雨水冲蚀：雨水冲刷使充填物外露并被搬运，导致内部形成空洞（图10-289、图10-290），产生局部沉陷。

图10-289　将军坟墓室外通道西北立面雨水冲蚀充填物，使充填物从石块接缝处外露。
（摄于2003年）

图10-290　将军坟东南立面4114石块下雨水冲蚀搬运充填物，形成空洞
（摄于2003年）

10.4.8 变形破坏机理分析及稳定性评价

本节图表均由中国矿业大学（北京）提供。

一、将军坟的地质模型

根据现场调研及工程勘察结果，概化将军坟的地质模型如图 10 - 291 所示。

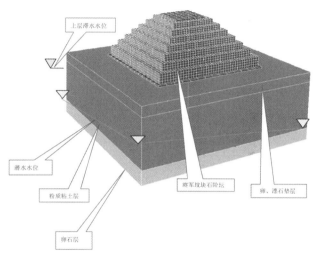

图 10 - 291 将军坟的地质模型图

二、将军坟的数值建模

构建将军坟三维计算模型，其计算范围下部地基长 50m，宽 50m，厚度取 20m；上部将军坟呈方坛阶梯型，底部基线边长 30m，七层阶坛加顶石高 12.40m。底部一层基础石，呈边长为 31.50m 的方形，厚为 0.45m。墓室建在阶坛顶部中央，墓室约呈方形，每边长约 5.5m，高约 5.0m。

将军坟石砌方坛阶梯模型见图 10 - 292 所示。

其内部结构分别见右侧剖面图 10 - 293、前侧剖面图 10 - 294 和后侧剖面图 10 - 295 所示。

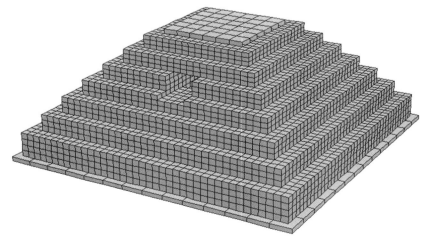

图 10 - 292 将军坟前侧剖面内部结构图

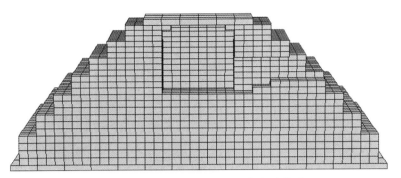

图 10 - 293　将军坟右侧剖面内部结构图

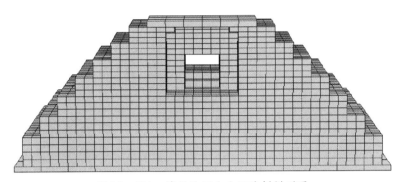

图 10 - 294　将军坟石砌方坛阶梯模型图

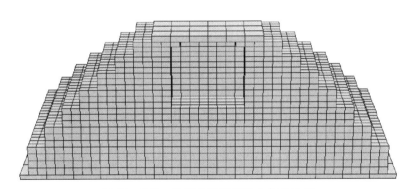

图 10 - 295　将军坟后侧剖面内部结构图

构建将军坟含地基与基础的数值模拟模型见图 10 - 296 所示。将军坟三维计算模型共划分 37992 个单元，42171 个节点。

（一）将军坟的数值模拟过程

1. 首先对模型进行自重应力场下的平衡计算；

2. 接着分析在上层积水条件下上部结构的变形破坏过程；

3. 然后分析下层潜水渗流作用对上部结构变形破坏的影响；

4. 最后分析在地震动荷载作用下上部结构的变形破坏趋势。

（二）数值模型分类及边界条件设置

为了全面、客观地揭示将军坟的变形破坏原因、再现将军坟的变形破坏过程及进一步预测将军坟的变形破坏趋势，构建了以下四类数值模型：

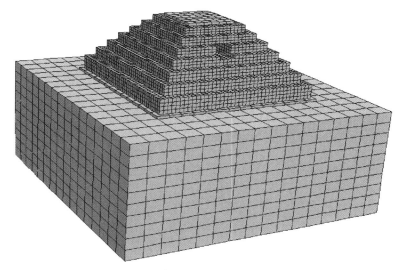

图 10 - 296 将军坟数值模型的网格剖分图

1. 将军坟在自重应力场作用下固结沉降的数值模型；

2. 粉质粘土层固结压密局部积水条件下的数值模型；

3. 底部卵石层在潜水渗流作用条件下的数值模型；

4. 考虑在三种地震动荷载作用条件下的数值模型。

计算模型侧面限制水平移动，底面限制垂直移动，模型其余部分为自由面。在渗流分析中，在模型底部设定的潜水面的最大水头差值为 1.6m。在动力分析中，地震动荷载的输入是沿着底部边界的水平方向，施加速度随时间的变化历程，为减少边界对入射地震波的反射，指定模型四周为自由场边界。

（三）数值模型参数分区及岩性参数

根据现场取样和岩土力学试验结果，并考虑到岩石的尺度效应，计算采用的岩土力学参数见表10 - 28。

表 10 - 28 岩土物理力学参数表

序号	代表符号	岩土名称	容重（kg/m³）	体积模量（MPa）	剪切模量（MPa）
1	block	二长花岗岩条石	2600	8000	6000
2	S1—S5	充填漂石、卵石、砂砾石土	2200	3000	2000
3	S6	卵、漂石垫层	2000	60	40
4	S7	粉质粘土层	1900	30	20
5	S8	卵石层	2150	70	50
6	S0	浸润填土层	2080	30	20
7	S9	浸润粘性土层	1950	20	10

数值计算模型岩性物理力学参数分区见图 10 - 297。考虑上层积水浸润影响的岩性物理力学参数

分区见图 10 - 298。

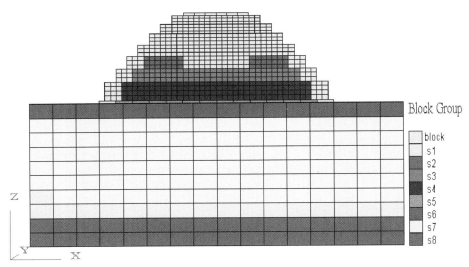

图 10 - 297　数值计算模型岩性物理参数分区图

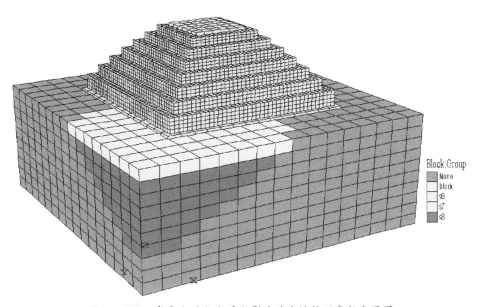

图 10 - 298　考虑上层积水浸润影响的岩性物理参数分区图

三、数值计算原理及 FLAC³ᴰ 计算程序简介

(一) 计算程序简介

本项目选用三维有限差分计算软件 FLAC³ᴰ（Fast Lagrangian Analysis of Continua）进行计算分析。该软件主要适用模拟计算地质材料和岩土工程的力学行为，材料通过单元和区域表示，根据计算对象的形状构成相应的网格。每个单元在外载和边界约束条件下，按照约定的线性或非线性应力—应变关系产生力学响应。由于 FLAC 软件主要是为岩土工程应用而开发的岩石力学计算程序，它包括了反映

地质材料力学效应的特殊计算功能，可计算地质类材料的高度非线性（包括应变硬化/软化）、不可逆剪切破坏和压密、粘弹（蠕变）、孔隙介质的应力—渗流耦合、热—力耦合以及动力学问题等。

FLAC3D 程序设有多种本构模型：

（2）各向同性弹性材料模型。

（2）横观各向同性弹性材料模型。

（3）莫尔－库仑弹塑材料模型。

（4）应变软化/硬化塑性材料模型。

（5）双屈服塑性材料模型。

（6）遍布节理材料模型。

（7）空单元模型。

FLAC 程序建立在拉格朗日算法基础上，采用显式算法来获得模型全部运动方程（包括内变量）的时间步长解，从而可以追踪材料的渐进破坏和垮落。本项目主要采用各向同性弹性材料模型进行计算。

（二）计算方法

数值模拟计算采用拉格朗日有限差分方法，其基本方程组和边界条件（一般均为微分方程）近似地改用差分方程（代数方程）来表示，即：由空间离散点处的场变量（应力，位移）的代数表达式代替。这些变量在单元内是非确定的，从而把求解微分方程的问题改换成求解代数方程的问题。

（三）计算流程

图 10–301 是显式有限差分计算流程图。计算过程首先调用运动方程，由初始应力和边界力计算出新的速度和位移。然后，由速度计算出应变率，进而获得新的应力或力。每个循环为一个时步，图 10–299 中的每个图框是通过那些固定的已知值，对所有单元和结点变量进行计算更新。

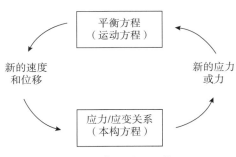

图 10–299　有限差分计算流程图

例如，从已计算出的一组速度，计算出每个单元的新的应力。该组速度被假设为"冻结"在框图中，即：新计算出的应力不影响这些速度。这样做似乎不尽合理，因为如果应力发生某些变化，将对相邻单元产生影响并使它们的速度发生改变。然而，如果我们选取的时步非常小，乃至在此时步间隔内实际信息不能从一个单元传递到另一个单元（事实上，所有材料都有传播信息的某种最大速度）。因为每个循环只占一个时步，对"冻结"速度的假设得到验证为相邻单元在计算过程中的确互不影响。当然，经过几个循环后，扰动可能传播到若干单元，正如现实中产生的传播一样。

由于显式有限差分法无需形成总体刚度矩阵，可在每个时步通过更新结点坐标的方式，将位移增量加到结点坐标上，以材料网格的移动和变形模拟大变形。这种处理方式称之"拉格朗日算法"，即：在每步计算过程中，本构方程仍是小变形理论模式，但在经过许多步计算后，网格移动和变形结果等价于大变形模式。

用运动方程求解静力问题，还必须采取机械衰减方法来获得非惯性静态或准静态解，通常采用动力松弛法，在概念上等价于在每个结点上联结一个固定的"粘性活塞"，施加的衰减力大小与结点速度成正比。

四、将军坟变形破坏的数值模拟结果及分析

（一）将军坟在自重应力场作用下固结沉降的位移场特征

如图 10-300 所示，在地基基础的固结过程中，由于坟体结构梯级收缩成金字塔型，将军坟在自重应力场作用下，位移场呈现为明显的中间大两头小的漏斗型不均匀下沉。该不均匀沉降的结果将进一步增大粉质粘土层固结挤压密实的程度，从而阻塞了地表浅部大气降水自北向南渗流的通道，最终造成了将军坟北部表土层的上部积水越来越多的趋势。

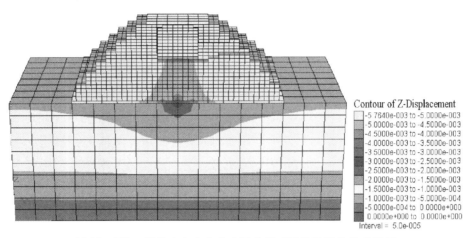

图 10-300　将军坟在自重应力场作用下固结沉降的位移场图

（二）粉质粘土层固结压密局部积水条件下将军坟的变形破坏特征

1. 将军坟在固结压密局部积水条件下的位移场特征

如图 10-301 所示，将军坟在固结压密局部积水条件下，由于积水的浸润软化作用，在将军坟重力荷载的作用下，将军坟北侧棱坡的位移场出现了梯度倾斜下沉、并且出现了坟体和地基沉降不协调的特征。即一方面造成了将军坟向北侧棱坡倾斜下沉、另一方面由于沉降不匀造成了护基石隆起的特征。数值模拟结果与现场的变形破坏现象是一致的。

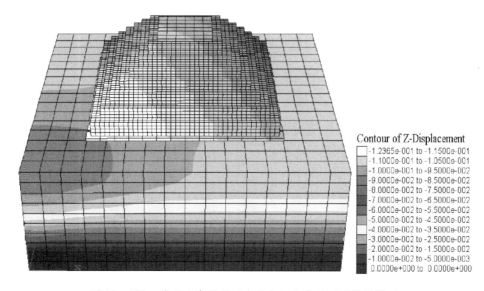

图 10-301　将军坟在固结压密局部积水条件下的位移场图

图 10 - 302 和图 10 - 303 分别是沿南北向对角线剖面的位移矢量场图和位移场图。图 10 - 304 和图 10 - 305 分别是沿东西向对角线剖面的位移矢量场图和位移场图。

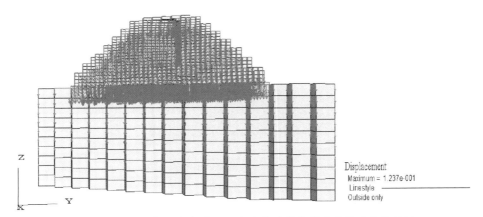

图 10 - 302　局部积水条件下沿南北向对角线剖面的位移矢量场图

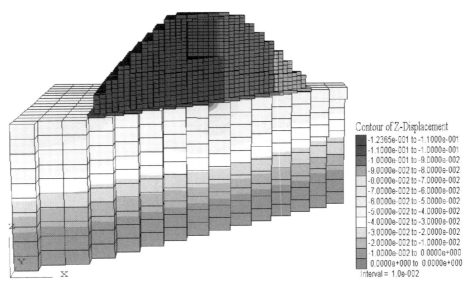

图 10 - 303　局部积水条件下沿南北向对角线剖面的位移场图

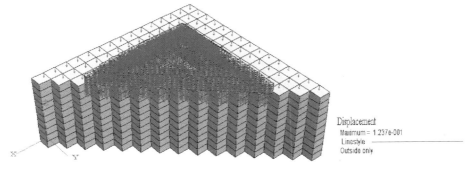

图 10 - 304　局部积水条件下沿东西向对角线剖面的位移矢量场图

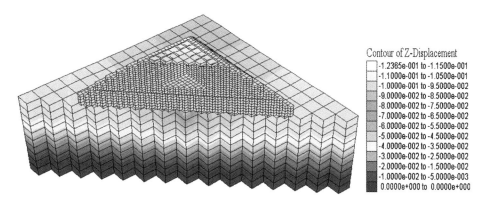

图 10 - 305　局部积水条件下沿东西向对角线剖面的位移场图

2. 将军坟在固结压密局部积水条件下的应力场特征

从数值模拟将军坟的最大主应力图（图 10 - 306）中可以看出，在坟体的北侧棱坡与基础石接触部位出现了拉应力，然后在东北与西北两立面，拉应力随阶坛向上逐渐向斜上方扩展，直至坟体的顶部，这与现场追踪张裂趋势是一致的；另外在坟体北侧棱坡从基础地面直致坟体顶部，出现了拉、压分区现象，最大拉破坏位置位于坟体上部阶坛，这与现场的块石间接触缝隙的大小变化情况是吻合的。

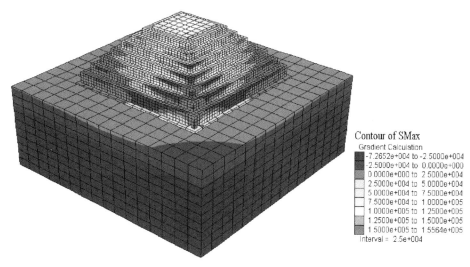

图 10 - 306　将军坟在固结压密局部积水条件下的最大主应力图

由沿南北向对角线剖面的最大主应力图（图 10 - 307）中可以看出，拉应力自坟体北侧棱坡向斜上方扩展，直至坟体的顶部，且表现为外部拉应力值高于内部拉应力值，这与现场的变形破坏现象也是吻合的。图 10 - 308 是将军坟在固结压密局部积水条件下的最大主应力矢量场图，用矢量形式展示了拉压区的分布范围。图 10 - 309 和图 10 - 310 分别是沿西北立面和沿东北立面的应力场图。

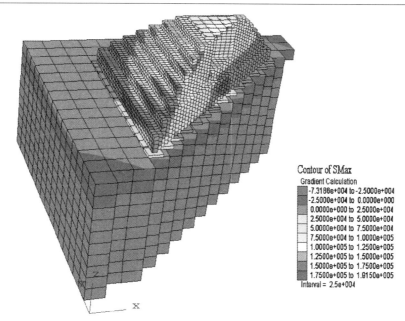

图 10 – 307　局部积水条件下沿南北向对角线剖面的最大主应力图

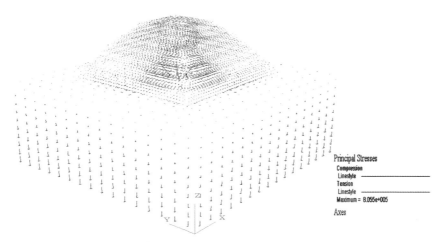

图 10 – 308　将军坟在固结压密局部积水条件下的最大主应力矢量场图

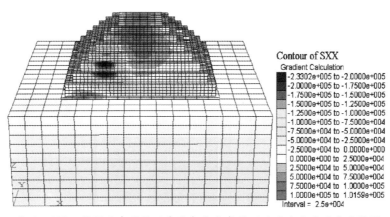

图 10 – 309　将军坟在固结压密局部积水条件下沿西北立面的应力场图

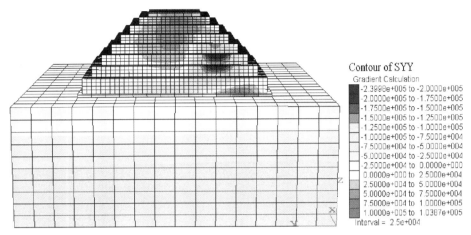

图 10 - 310　将军坟在固结压密局部积水条件下沿东北立面的应力场图

（三）将军坟在底部卵石层潜水渗流作用下的变形破坏特征

如图 10 - 309 所示，在底部卵石层潜水渗流作用下，将军坟的位移场同样出现了整体向北侧棱坡梯度沉陷倾斜的特征。但下沉的量值较小，最大下沉量只占粉质粘土层固结压密局部积水条件下下沉量值的四分之一左右，说明造成将军坟沉陷倾斜变形破坏的主要原因是粉质粘土层固结压密局部积水条件所致，而底部卵石层潜水渗流作用对将军坟的沉陷倾斜变形贡献较小、影响不大。

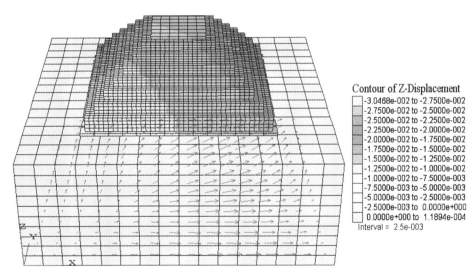

图 10 - 311　将军坟在底部卵石层潜水渗流作用下的位移场图

由图 10 - 311—图 10 - 313 也可看出，底部卵石层潜水渗流的方向，是沿着自北向南水头坡降的方向渗流的。

（四）考虑在三种地震动荷载作用条件下将军坟的变形破坏特征

为了预测将军坟在地震动荷载作用条件下的变形破坏程度和变形破坏趋势，按工程要求分别模拟了在地震烈度为Ⅴ度、Ⅵ度和Ⅶ度（在震源深度 5 公里以内，地震烈度Ⅴ度相当于 3 级地震；地震烈度Ⅵ度和Ⅶ度相当于 4 级地震）条件下的将军坟的变形破坏特征。

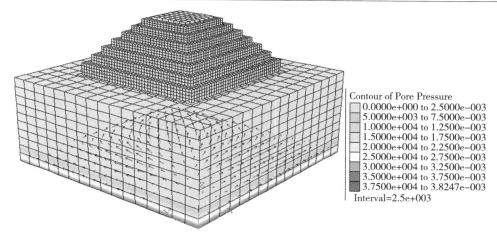

图 10 - 312　将军坟在底部卵石层潜水渗流作用下的北侧棱坡水头压力图

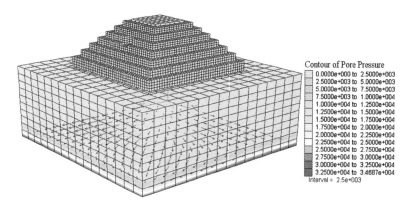

10 - 313　将军坟在底部卵石层潜水渗流作用下的南侧棱坡水头压力图

1. 将军坟在三种地震动荷载作用条件下的位移场特征

从图 10 - 314—图 10 - 316 可以看出，将军坟分别在地震烈度为Ⅴ度、Ⅵ度和Ⅶ度条件下，将军坟的位移场表现为整体下沉趋势，并且随着模拟地震烈度的增加，整体下沉的变形量值是逐渐增大的。

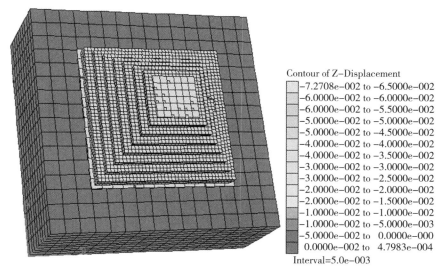

图 10 - 314　将军坟在地震烈度为Ⅴ度条件下的位移场图

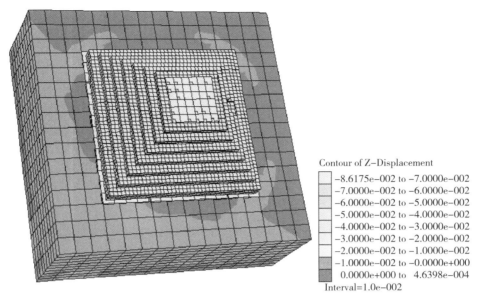

Contour of Z-Displacement
　□ −8.6175e−002 to −7.0000e−002
　□ −7.0000e−002 to −6.0000e−002
　□ −6.0000e−002 to −5.0000e−002
　□ −5.0000e−002 to −4.0000e−002
　□ −4.0000e−002 to −3.0000e−002
　□ −3.0000e−002 to −2.0000e−002
　□ −2.0000e−002 to −1.0000e−002
　□ −1.0000e−002 to −0.0000e+000
　□　0.0000e+000 to　4.6398e−004
　Interval=1.0e−002

图 10 − 315　将军坟在地震烈度Ⅵ度条件下的位移场图

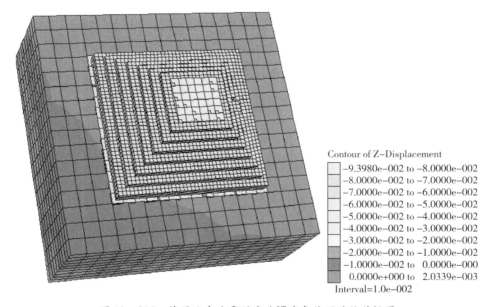

Contour of Z-Displacement
　□ −9.3980e−002 to −8.0000e−002
　□ −8.0000e−002 to −7.0000e−002
　□ −7.0000e−002 to −6.0000e−002
　□ −6.0000e−002 to −5.0000e−002
　□ −5.0000e−002 to −4.0000e−002
　□ −4.0000e−002 to −3.0000e−002
　□ −3.0000e−002 to −2.0000e−002
　□ −2.0000e−002 to −1.0000e−002
　□ −1.0000e−002 to　0.0000e−000
　□　0.0000e+000 to　2.0339e−003
　Interval=1.0e−002

图 10 − 316　将军坟在地震烈度为Ⅶ度条件下的位移场图

　　将军坟在三种地震动荷载作用条件下整体下沉的位移量，略小于粉质粘土层固结压密局部积水条件下下沉的量值，但远大于底部卵石层潜水渗流作用对将军坟的沉陷倾斜变形的影响。

　　2. 将军坟在三种地震动荷载作用条件下的质点速度特征

　　为了评判将军坟在不同地震动荷载作用下的震动效应，分别在将军坟的四个角设置了质点速度监测点，如图 10 − 317 所示。

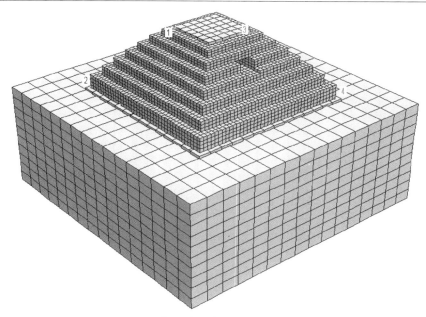

图 10 - 317　将军坟在地震动荷载作用下的速度监测点位置图

目前许多国家的研究者认为，质点振动速度是衡量振动强度最好的尺寸。由于地震波的破坏作用主要取决于质点振速，各国都制定了有关建筑物的安全振动标准，我国对一般建筑物规定的破坏振速是小于 50mm/s。

为建立质点振速和地震烈度的联系，现给出中国地震烈度表（部分）（1980），见表 10 - 29 所示。该表是根据人的感觉、建筑物的破坏、最大质点振速和其它自然现象综合评定的。

表 10 - 29　中国地震烈度表（部分）（1980）

烈度	人的感觉	大多数房屋震害程度	其它现象	水平方向速度（cm/s）
V度	室内普遍感觉。室外多数人感觉。多数人梦中惊醒。	门窗、屋顶、屋架颤动作响，灰土掉落，抹灰出现微细裂缝。	不稳定器皿翻倒。	3（2～4）
VI度	惊惶失措，仓皇逃出。	损坏个别砖瓦掉落，墙体微细裂缝。	河岸和松软土出现裂缝。饱和土上出现喷砂冒水。地面上有的砖烟囱轻度裂缝、掉头。	6（5～9）
VII度	大多数人仓皇逃出。	轻度破坏～局部破坏、开裂，但妨碍使用。	河岸出现坍方。饱和砂层常见喷砂冒水。松软土上地裂缝较多。大多数砖烟囱中等破坏。	13（10～18）

从图 10 - 318 可知，在地震烈度为 V 度条件下，各监测质点 X 方向的最大水平振动速度从大到小排序依次为 V2 > V4 > V1 > V3，且 V2 < 23 mm/s；在图 10 - 319 中，各监测质点 Y 方向的最大水平振动速度从大到小排序依次为 V'2 > V'4 > V'3 > V'1，且 V'2 < 19 mm/s。

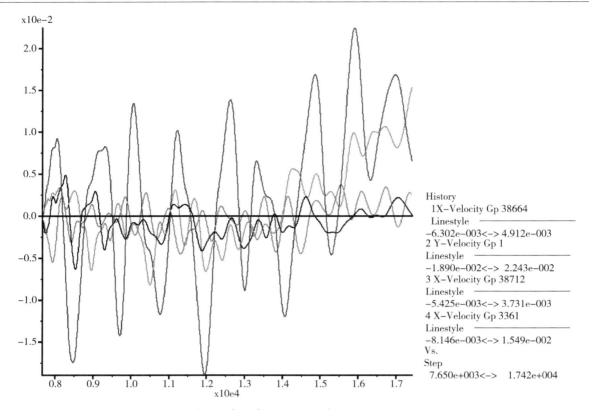

图 10－318　将军坟在地震烈度为 V 度条件下监测点 X 方向速度图

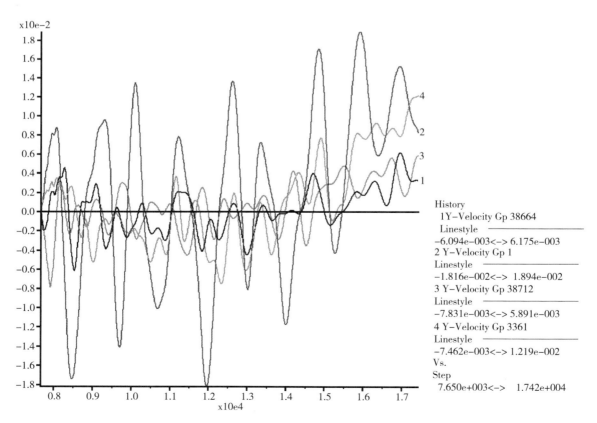

图 10－319　将军坟在地震烈度为 V 度条件下监测点 Y 方向速度图

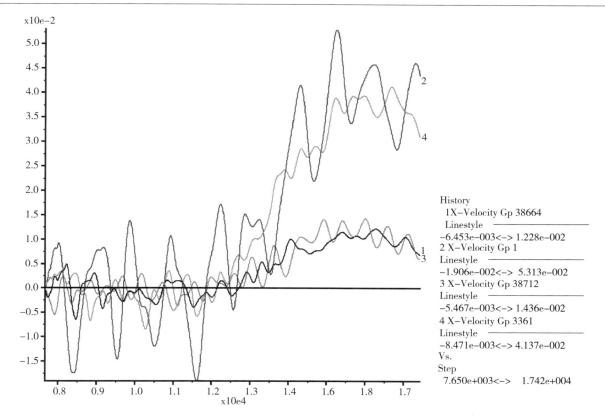

图 10-320 将军坟在地震烈度为Ⅵ度条件下监测点 X 方向速度图

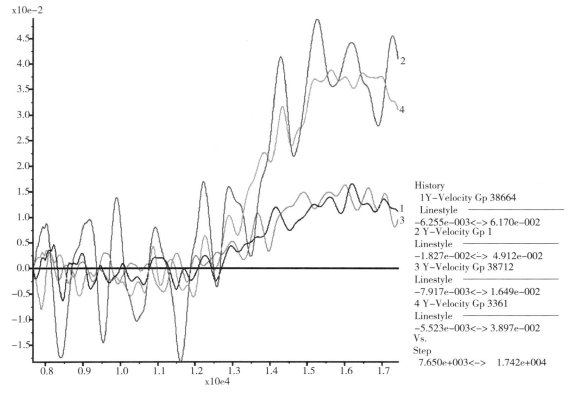

图 10-321 将军坟在地震烈度为Ⅵ度条件下监测点 Y 方向速度图

从图 10 - 320 可知，在地震烈度为Ⅵ度条件下，各监测质点 X 方向的最大水平振动速度从大到小排序依次为 V2 > V4 > V3 > V1，且 V2 < 53 mm/s；在图 10 - 321 中，各监测质点 Y 方向的最大水平振动速度从大到小排序依次为 V'2 > V'4 > V'1 > V'3，且 V'2 < 49 mm/s。

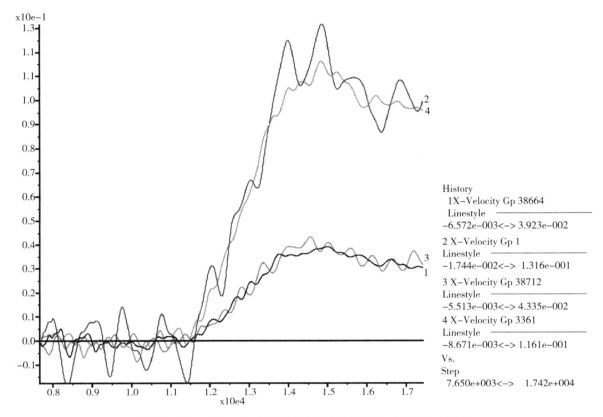

图 10 - 322　将军坟在地震烈度为Ⅶ度条件下监测点 X 方向速度

从图 10 - 322 可知，在地震烈度为Ⅶ度条件下，各监测质点 X 方向的最大水平振动速度从大到小排序依次为 V2 > V4 > V3 > V1，且 V2 < 132 mm/s；在图 10 - 323 中，各监测质点 Y 方向的最大水平振动速度从大到小排序依次为 V'2 > V'4 > V'3 > V'1，且 V'2 < 127 mm/s。

从上述排序统计分析中可知，在地震烈度为Ⅴ度条件下，没有超过破坏振速为 50 mm/s 的质点，说明将军坟整体是稳定的；在地震烈度为Ⅵ度条件下，只有将军坟北侧棱坡基础的一个监测点超过了破坏振速，说明将军坟整体是基本稳定的，仅在北侧棱坡基础局部出现了不稳定现象；在地震烈度为Ⅶ度条件下，将军坟基础监测点振速远远超过了破坏振速，虽然将军坟顶部监测点没有超过破坏振速，但该部位的振速也很大，说明将军坟整体已达到了不稳定状态。

由各监测点统计结果知：第一，将军坟基础振速大于将军坟顶部的振速，基础测点的振速是顶部测点的三倍左右，说明地震波从基础到顶部是逐渐衰减的。第二，各监测质点最大水平振动速度是随着地震烈度的增大而增大的。第三，各监测质点振动速度波形随着地震烈度的增大出现了明显的放大现象，这种波速突变放大作用对建筑物有很大损害影响。

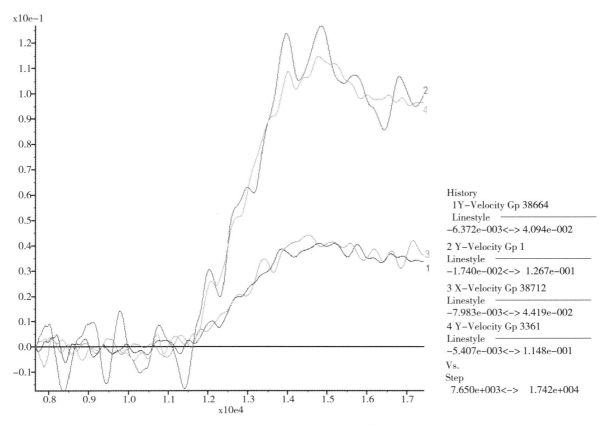

图 10-323 将军坟在地震烈度为Ⅶ度条件下监测点 Y 方向速度图

3. 将军坟基础在三种地震波作用下的孔隙水压力变化特征

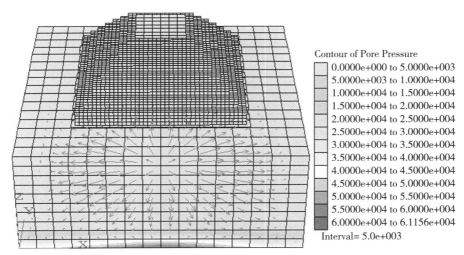

图 10-324 将军坟地基在地震烈度为Ⅴ度条件下孔隙水压力变化图

从图 10-324、图 6-326 和图 10-328 中可以看出，将军坟地基随着地震烈度的增大，孔隙水压力是迅速增大的。尤其当地震烈度为Ⅵ度和Ⅶ条件下，将军坟地基的孔隙水压力成倍增加。随着地震烈度的增大，孔隙水压力不断增大的结果，使承载土体在破坏面上的有向法向应力降低，土体自身的抗剪强度降低，从而降低地基的承载能力，对将军坟的稳定性造成一定的损伤影响。

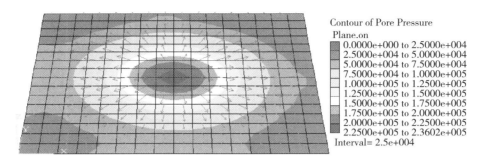

图 10 – 325　将军坟地基在地震烈度为Ⅴ度条件下孔隙水压力矢量变化图

从图 10 – 325、图 10 – 327 和图 10 – 329 中可看出，将军坟地基随着地震烈度的逐渐增大，孔隙水压力矢量场出现了由指向平面内变化到指向平面外向上的变化趋势。

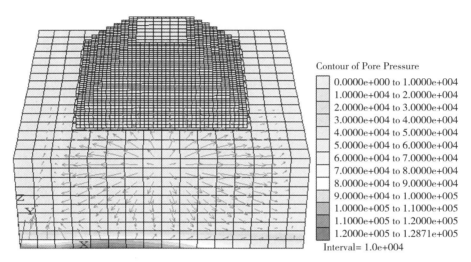

图 10 – 326　将军坟地基在地震烈度为Ⅵ度条件下孔隙水压力变化图

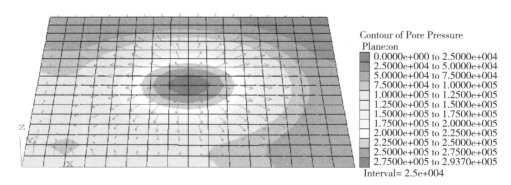

图 10 – 327　将军坟地基在地震烈度为Ⅵ度条件下孔隙水压力矢量变化图

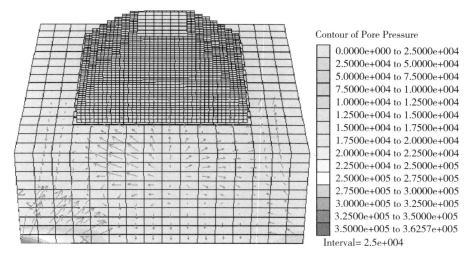

图 10-328　将军坟地基在地震烈度为Ⅶ度条件下孔隙水压力变化图

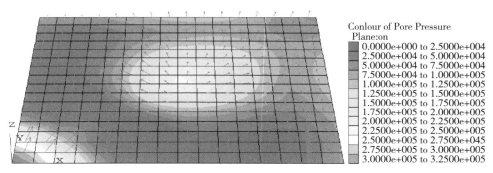

图 10-329　将军坟地基在地震烈度为Ⅶ度条件下孔隙水压力矢量变化图

10.4.9　基本结论与保护对策建议

一、基本结论

1. 将军坟变形破坏主要机制是：地基压密、积水软化、变形拉裂、沉陷隆起。即整个坟体在重力作用下，使所作用的地基土发生压密，阻挡北侧地表水向南渗流，形成积水，使北侧地基土发生软化，软化后地基和上层坟体共同作用，使坟体本身石块之间发生变形拉裂，整个北侧棱坡沉降引起周围地表土体发生隆起。

2. 石块受整体变形破坏影响产生应力集中，导致石块边角部应力较大，块石断裂和剥落多发生在石块的边角部；此外，长时期的风化、大气降水的浸润腐蚀等，也是造成条石块体沿节理面剥落、损伤的一个重要原因。

3. 渗水，加剧风化。如将军坟墓室内顶板（盖顶石）大面积渗水，尤其沿节理面的渗水在冬季易产生冻涨劈裂。

4. 造成将军坟整体倾斜变形破坏的主要原因是粉质粘土层固结压密后，形成局部积水软化地基所致，基础底部卵石层潜水的渗流作用对上部结构造成的沉降影响较小。

5. 由数值模拟结果知，在地震烈度为Ⅴ度时，将军坟整体是稳定性的；在地震烈度为Ⅵ度和Ⅶ条件下，将军坟体结构出现了局部失稳和整体失稳的变形破坏。

二、保护对策建议

1. 在将军坟北部布设地面排水系统，并建议恢复完善坟体的防水系统。

2. 在将军坟北部布置孔深达到卵石层的垂直排水孔，形成纵向排水系统。

3. 对将军坟的关键部位如盖顶石等要进行防水、防渗等的防护处理。

4. 根据《建筑抗震设计规范》（GB 50011 - 2001），吉林省集安市属不设防区，如考虑通化市地震局的建议，按地震烈度为Ⅵ度或Ⅶ度设防，建议对将军坟的地基基础和坟体结构，尤其是对变形破坏的部位采取抗震加固措施。

10.5　国内城城垣稳定性评价及保护对策研究

10.5.1　项目概况

一、文物概况

国内城位于吉林省集安市，地处鸭绿江中游右岸的通沟平原上。是东北亚地区中世纪时代城址中为数不多的地表保存有石筑城墙的平原城类型的都城城址，2001年，作为汉至魏晋时期古建筑，被国务院批准列入第五批全国重点文物保护单位名单，与丸都山城合并名称为丸都山城与国内城。

现国内城遗址位于集安市内，地处鸭绿江和通沟河交汇处。遗址东距龙山约6km；南有由东向西沿城垣外侧流向通沟河的天然水壕；遗址西过通沟河1.5km是七星山；禹山在遗址北约1km。

国内城遗址依山傍水，城西以通沟河为险，南、北、东各设壕沟。

二、勘察研究单位及主要完成人

中国文化遗产研究院：李宏松、葛川

总装备部工程设计研究总院：杨国兴、孙崇华、杨林春

中国矿业大学（北京）岩土工程研究所：何满潮

三、说明

本案例未特别说明出处的图片均由总装备部工程设计研究总院提供。

10.5.2　项目任务及要求

项目要求提供国内城遗址的工程地质条件、现状与变形破坏特征，并对城墙遗址进行变形破坏机理分析、稳定性评价与防护对策研究，为考古、保护加固设计提供依据。

10.5.3　项目研究内容

根据项目要求，项目勘察研究内容包括以下几方面。
1. 国内城城垣遗址所在场地的工程地质调查。
2. 国内城城垣遗址的现状及结构特征调查。
3. 地基岩土体与建筑材料的成分鉴定与物理力学性质试验。
4. 国内城城垣遗址的变形、破坏现状及成因分析。
5. 国内城城墙遗址变形破坏机理与稳定性评价。
6. 提出城垣本体非稳定区域的保护对策。

10.5.4　工作量

本项目外业和试验所完成的工作量如表10-30所示。

表 10 - 30　外业和试验工作量

编 号	项 目	单 位	数 量
1	数码照片	张	410
2	素描	张	16
3	钻孔数量	个	14
4	钻探进尺	米	90.0
5	探坑数量	个	10
6	探坑进尺	米	16
7	标准贯入试验	次	6
8	重型动力触探试验	米	3
9	取土样	件	30
10	取水样	件	3
11	取岩样	件	4
12	室内土工试验	件	20
13	室内水质分析试验	件	3
14	室内岩石试验	件	4

10.5.5　国内城城垣建筑特征

国内城城址略成方形，东墙长 554.70m，西墙长 664.60m，南墙长 751.50m，北墙长 715.20m。城周总长 2686m。国内城遗址残垣地面以上高 3—5m，宽 5—10m。城垣原有城门六处，南北各一处，东西各两处，均有瓮门。民国十年（公元 1921 年）重新修筑门三座，东曰"辑文门"，西曰"安武门"南曰"襟江门"（图 10 - 330）。自此之后，其余三门全被堵死。

图 10 - 330　国内城西南角楼旧貌
（集安市博物馆提供）

国内城遗址四面墙垣每隔一定距离筑有马面。城墙四面马面的数目不等，从残存的痕迹看，北墙八个，西墙、南墙、东墙各两个，共十四个。马面的长宽稍有差异，长 8—10m，宽 6—8m。城西北角、西南角和东北角略呈直角，在拐角处均建有凸出墙面的方台。东北角呈弧形，靠近墙垣折角处，东垣和北垣各有一个马面，相距 40m。

本次勘察研究的范围为从跃进桥向北至第一个马面间 185.50m 的西城墙和西南角向东的 28.50m 南城墙，如图 10－331、10－332 所示。

图 10－331　西城墙维修前西城垣全貌
（摄于 2003 年）

图 10－332　维修前西南角南城垣全貌
（摄于 2003 年）

研究范围内城墙遗址的建造方法、地基、基础及上部结构有如下特点。

一、砌筑方法

国内城城垣由长条形和方形石条垒砌，外部基础由下而上层层收分，一般每级内收 5－10 厘米，如图 10－333 所示。

国内城城垣的建造方式，大体可分为三种：

第一种采用精工细琢的方形或长方形石材垒砌，横行平直，缝隙均匀，石面略向外凸出。以这种方式构筑的，多见于墙基和接近墙基部分，东墙、北墙、西墙南段均属此种，应为高句丽时期城墙。

第二种采用的石材不甚规格，横行也不太平直，砌缝用碎石加垫补空。以这种砌筑方式多见于城墙的中上部，以及南墙和西墙北段的全部，很可能是后来修葺的城墙。

第三种是石材大小不一，砌法为乱插石，石质也不统一，分布在城墙的上部及内部。以这种方式构筑的城墙，可能是民国时期修缮的。

由于年久失修，加之战争的影响，城垣遗址多处已破坏，经调查，破坏的城墙遗址 1949 年以后也进行过部分维修。维修方法如下。

1. 清除破损墙体内的建筑垃圾，墙内换填与旧墙墙体材质相同的毛石，间隙用粘性土、碎屑混合物填充。

2. 为防止雨水下渗影响墙体稳定，在墙顶上铺50cm厚粘土、碎屑混合物并夯实，其上依次为SBS防渗层、50cm厚粉土并在其上种草。墙顶的结构如图10-334所示。

图10-333　国内城城墙基础逐级收分
（摄于2003年）

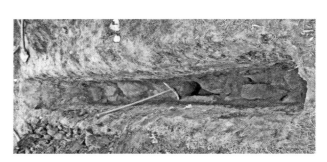

图10-334　维修后墙顶结构（墙顶探槽侧面）
（摄于2003年）

3. 外墙用条石砌筑，砌缝用粘土、碎屑混合物填充，为加强外墙与墙体的连接，每隔一定距离设拉接石一条。维修后的外墙如图10-335所示。

图10-335　维修后外墙正面（摄于2003年）

二、地基

研究范围内城墙遗址的地基主要有两种形式。

一为以块石作垫层型，这种形式的地基，基底为以块石为主的垫层，垫层厚0.5—1.0m，如图10-336所示。西城墙的地基以这种形式为主。

二为以卵石、漂石混土作垫层型，这种形式的地基，基底为以卵石、漂石混土作垫层，垫层厚0.5—0.8m，如图10-337所示。西南角南城墙的地基以这种形式为主。

三、基础

为查明研究范围内城墙遗址基础的构造及其稳定状况，在外墙外侧挖了6个探槽，其中西城墙4个，西南角南城墙2个。探槽揭示，研究范围内城垣基础具有下列特征。

图 10－336　块石垫层（1#探槽俯视）
（摄于 2003 年）

图 10－337　卵石、漂石混土垫层（5#探槽俯视）
（摄于 2003 年）

（一）西城墙

西城墙城墙墙垣遗址的基础有两种型式。一为多级台阶型，这种型式的基础从下至上逐级收分，每级收分 5—30cm，一般最上一级为 5cm，往下收分尺寸逐渐增大。台阶每级高 20—30cm，一般为五—六级，基底为块石、碎石、粗砂垫层，基础埋深 1.0—1.5m，如图 10－333、10—338 所示。二为基础前缘设护基石型，这种型式的基础上部设两级逐级收分的台阶，台阶高 25—70cm，宽 10—35cm，最下一级台阶前设护基石，基础埋深 1.0—1.2m，如图 10－339、10－340 所示。这两种型式的基础均用二长花岗岩条石筑成。

图 10－338　多级台阶型基础（2#探槽俯视）
（摄于 2003 年）

图 10－339　前缘设护基石型基础（3#探槽俯视）

图 10－340　前缘设护基石型基础（4#探槽俯视）
（摄于 2003 年）

（二）西南角南城墙

西南角南城墙的基础也以二长花岗岩砌成，直接置于卵石、漂石和粉土的混合物（土所占体积少于30%）上，基础埋深1.0—1.1m，如图10–341—图10–344所示。

图10–341　西南角南城墙墙基照片
（5#探槽俯视）
（摄于2003年）

图10–342　西南角南城墙墙基挖出物照片
（5#探槽）
（摄于2003年）

图10–343　西南角南城墙墙基照片
（6#探槽）
（摄于2003年）

图10–344　西南角南城墙墙基挖出物照片
（6#探槽）

四、上部结构

遗址外侧墙体用二长花岗岩为主的条石垒砌而成，西南角南城墙外墙如图10–332所示，西城墙外墙如图10–345所示。

图10–345　西城墙墙体外侧照片
（摄于2003年）

为探明内侧墙体及墙体内部部材料及结构，在西城墙顶沿横向挖了两个探槽。两个探槽均揭示，墙体内部砌筑方法为块石砌筑，石质以二长花岗岩为主，如图 10 - 346、图 10 - 347 所示。西南角南城墙内墙也以块石砌筑，如图 10 - 348 所示。城墙结构如图 10 - 349、10 - 350 所示。

图 10 - 346　西城墙墙体内部构造
（西城墙顶部 1# 探槽俯视）
（摄于 2003 年）

图 10 - 347　西城墙墙体内侧构造照片
（西城墙顶部 2# 探槽俯视）
（摄于 2003 年）

图 10 - 348　西南角南城墙墙顶、墙体内侧未维修前照片
（摄于 2003 年）

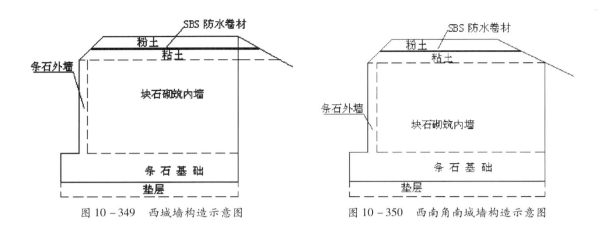

图 10 - 349　西城墙构造示意图　　　　　　　图 10 - 350　西南角南城墙构造示意图

10.5.6　工程地质条件

一、地形地貌

集安市位于鸭绿江北岸，地貌形态为山地和河谷，自北向南至鸭绿江依次为中低山、三级阶地、二级阶地、一级阶地、河漫滩以及河床。中低山的总体走向为北东向。

本次研究的城墙遗址位于通沟河左岸的一级阶地上，地形平坦，整体上呈北高南低，绝对高程174.3m—178.5m 左右。

二、地层岩性

为探明研究范围内城墙遗址的地层及岩性，本次野外勘察共布置钻孔十个，钻探揭示：研究范围内地层主要为杂填土和第四系中更新统冲、洪积阶地堆积物（Q_2^{al}）。上部为杂填土，其下依次为泥质砂或粘质粉土，卵石下伏基岩。

三、地质构造

同 10.4 有关内容。

四、地表水系

集安市主要为鸭绿江水系，区内主要河流呈南北向、北北东向和北西向，由北向南汇入鸭绿江。鸭绿江，其最深约8.2m，江面最宽处约507m，最大流速约5.28m/s，最大流量约7740 m3/s，最高水位约93.32m，最低水位约85.74m，有时受雨季和旱季影响，水位亦有所变化。由于集安市水文站没有通沟河的水文资料，经现场调查，通沟河的最高水位约173.55m，最低水位为河床高程。

五、地下水

国内城城垣遗址场区地下水为潜水，主要含水层为卵石层，静止水位埋深2.1—4.8m（高程171.2—174.3m）；主要补给途径为大气降水，主要排泄途径为径流排泄。

六、地震

根据通化市地震局提供的资料显示，在吉林省地震动参数区划工作图上，集安市的地震加速度小于0.05g，抗震设防烈度小于Ⅵ度，属不设防区。《"集安高句丽遗址保护工程工程地质调查及稳定性评价"》中考虑到将军坟、好太王碑与好太王陵处于中朝边境，为国际闻名的历史古迹，鸭绿江断裂中段历史上曾发生过中强地震，震源浅，破坏较强，因此建议将军坟、好太王碑与好太王陵场区按最低烈度为Ⅵ度或Ⅶ度设防为宜。国内城城墙遗址的保护也应考虑上述因素，在防护工程设计时采用适宜的抗震设防烈度。

10.5.7 国内城城垣遗址变形破坏特征

本次现场调查发现，城墙遗址的变形破坏主要有以下 6 种类型：基石内倾、外移，臌出变形，块石压裂，块石外突，坡面冲蚀、溜坍，植被和人为破坏等，其中外墙臌出变形是研究范围内墙体的主要变形形式，现分述如下。

一、基石内倾外移

这种变形形式见于旧墙基础，表现形式为局部地段墙基发生外移（西城墙段最大外移4cm，西南城墙段最大外移7cm），墙基与墙前地面的交线在平面上成弧线，如图 10-351、图 10-352 所示。此外，2 号探槽还发现基础内倾（产状65°∠25°），如图 10-353 所示。

图 10-351 西城墙墙基外移照片（侧视）
（摄于 2003 年）

图 10-352 西南角楼南城墙墙基外移照片（侧视）
（摄于 2003 年）

图 10-353 墙基内倾照片（2#探槽俯视）
（摄于 2003 年）

这种局部外移和内倾主要是由于城墙局部地段受墙体自重及渗流作用，引起地基、结构等变形，从而使基石内移或外倾。由于这种变形是局部的和轻微的，且目前已趋于稳定，所以，这种局部外移并不影响墙体的稳定。

二、外墙臌出

这种变形形式常见于西城墙外侧，表现形式为外侧墙体局部外臌，从而使外墙体表面成弧形，如图 10 - 354、10 - 355 所示。外臌最严重位置距地面 0.8—1.9m。

这种变形主要是由于墙顶在未做防水处理时，受降雨影响，渗入墙体的雨水排水不畅，从而产生较大的静水压力和渗透压力，因而在受力较大部分产生外臌。

图 10 - 354　西城墙外侧墙体局部外臌照片　　　　　图 10 - 355　西城墙外侧墙体局部外臌、外突照片
（西城墙正视）　　　　　　　　　　　　　　　　　（西城墙侧视）

三、块石压裂

这种破坏形式常见于外墙的中下部，表现形式为外侧墙体块石压裂破坏，如图 10 - 356 所示。

这种破坏主要是由于局部应力集中或块石内存在节理，在上部墙体自重、冻融和各种自然因素的共同作用下发生破坏。

四、块石外突

这种变形形式常见于旧墙中下部，表现形式为外侧墙体局部部位相邻条石产生 5—7cm 的水平位移，如图 10 - 357 所示。

图 10 - 356　西城墙外墙块石压裂照片　　　　　图 10 - 357　西城墙外侧墙体块石外突照片
（西城墙正视）　　　　　　　　　　　　　　　（西城墙侧视）

五、坡面冲蚀溜坍

这种破坏形式发生在墙顶和城墙内侧的土质坡面上。

坡面冲蚀表现形式为在墙顶和内墙的土质坡面上出现小的冲沟，如图 10 - 258、图 10 - 359 所示。

图 10 - 358　内墙土坡上的冲沟

图 10 - 359　外墙顶坡面上的冲沟

这种破坏主要是由于墙顶表土为松散的粉土，土粒间粘聚力较小，墙顶两端坡面较陡，因雨水的冲刷出现冲沟。

坡面溜坍表现为墙顶或内侧城墙的土质坡面表层发生溜坍或坡面后缘出现张拉裂纹，如图 10 - 360、10 - 361 所示。

图 10 - 360　西城墙外侧顶部土坡局部溜坍照片

图 10 - 361　西城墙内侧土坡上的张拉裂纹照片

这种破坏形式主要是由于局部土坡的坡度角（40°—45°）大于土体的天然休止角，在土体自重和大气降雨的共同作用下，局部地段发生溜坍或出现张拉裂纹。

六、植被和人为破坏

国内城城墙遗址在未修复前，部分民居紧靠城墙修筑，居民在墙顶的耕种以及墙内及其附近生长的树木、杂草均对城墙造成不同程度的破坏，如图 10 - 362、10 - 363、10 - 364 所示。

图 10 - 362　正在拆除的紧靠城墙的民房及墙顶的树木

图 10 - 363　破坏城墙结构的植被

图 10 – 364 墙顶的耕种行为对城墙结构的破坏

勘察研究范围内城垣遗址变形情况见表 10 – 31、10 – 32。

表 10 –31 国内城西城墙变形情况

序号	里程	变形情况
1	0.0—3.0	本段为旧墙，基础稳定，无倾斜和外移；外墙无外倾、无通缝、无外臌，砌缝不太均匀、但较平直；块石无压裂和外突。
2	3.0—9.0	本段为新墙，基础稳定，无倾斜和外移；外墙无外倾，但距墙顶 1.6m 处有轻微外臌，砌缝不太均匀，缝宽 3—8cm；块石无压裂和外突。
3	9.0—22.6	本段地面以上 1.8m 为新墙，基础稳定，无倾斜和外移；外墙无外倾，但有轻微外臌，砌缝均匀，平直，缝宽 3—5cm；块石无压裂和外突。
4	22.6 – 34.5	本段地面以上 1.9m 为新墙，基础稳定，无倾斜和明显外移；外墙无外倾，但有外臌，砌缝均匀，平直，块石无压裂和外突。墙顶土质坡面上有小的冲沟。
5	34.5 – 41.7	基础稳定，无倾斜和外移；外墙无外倾，但底部有外臌，砌缝不均匀，不平直；一块石压裂。墙顶坡面上有小的冲沟，局部有溜坍。
6	41.7 – 49.2	基础稳定，无倾斜和外移；外墙无外倾，无外臌，砌缝均匀，平直；但底部一块石外突 7cm。
7	49.2 – 62.7	本段为修复后的城墙，基础稳定，无倾斜和外移；外墙无外倾，但多处有明显的外臌，外鼓位置距地面 0.8—1.9m；砌缝不均匀；块石无压裂和外突。墙顶坡面上局部有溜坍。内墙坡面后缘有张拉裂纹。
8	62.7 – 64.8	本段为旧旧墙，基础稳定，无倾斜和外移；外墙无外倾，但有明显的外臌，外臌位置距地面 1.2m；砌缝均匀；外墙有两块块石压裂。
9	64.8 – 119.7	本段为旧墙，基础稳定，无倾斜，但在里程 80.0m、94.0m、110.0m 三处基础有轻微外移；外墙无外倾、外臌；砌缝均匀、平直；块石无压裂和外突。
10	119.7 – 145.0	基础稳定，无倾斜和外移；外墙无外倾、无通缝、无外臌，砌缝均匀、平直；块石无压裂和外突。
11	145.0 – 185.5	基础稳定，无倾斜和外移；外墙无外倾、无通缝、无外臌，砌缝均匀、平直；块石无压裂和外突。

注：本段里程以外墙的跃进桥端为里程计量的起点

表 10 - 32　国内城西南角楼南城墙变形情况

序号	里程	变形情况
1	0.0—11.7	基础稳定，无倾斜和外移；外墙无外倾、无通缝，中部有轻微外臌，砌缝不太均匀，但较平直；块石无压裂和外突。
2	11.7—14.5	基础稳定，无倾斜和外移；外墙无外倾；块石无压裂和外突。
3	14.5—24.5	基础稳定，无倾斜和外移；外墙无外倾，但中下部有明显外臌，砌缝不均匀，不平直，缝宽4—10cm；局部块石外突，无压裂。
4	24.5—28.5	基础稳定，无倾斜和外移；外墙无外倾，砌缝均匀，平直；块石无压裂和外突。

注：本段里程以西南角楼马面靠通沟河的一侧为里程计量的起点

10.5.8　国内城城墙变形破坏机理分析

一、工程地质分区

由现场调研及工程勘察结果，根据墙高及墙体的变形状况，拟将国内城西城墙及西南角城墙划分成 5m 墙高区、4m 墙高区和 3m 墙高区，共计四个工程地质分区。

二、工程地质力学模型

由国内城西城墙及西南角城墙工程地质分区特点，将各分区的城墙概化为高墙模型（5m 墙高）、中墙模型（4m 墙高）和低墙模型（3m 墙高）三种工程地质模型，各地质模型图分别如图 10 - 365—图 10 - 368 所示。模型材料分区特性分别见下面对应的数值计算模型参数分区图、表。

三、城墙遗址的数值模型

（一）计算软件的选择

同 10.4 相关内容

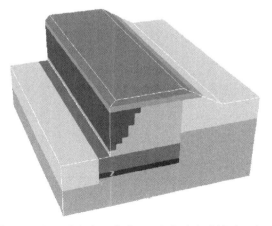

图 10 - 365　国内城西城墙 5m 墙高的地质模型示意图

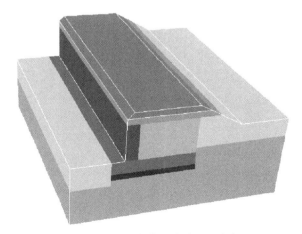

图 10 - 366　国内城西城墙 4m 墙高的地质模型示意图

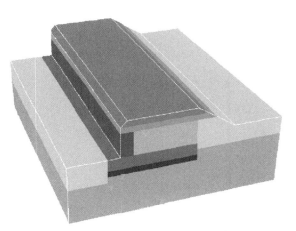

图 10 - 367 国内城西城墙 3m 墙高的
地质模型示意图

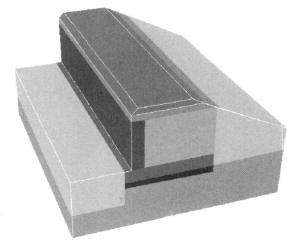

图 10 - 368 国内城西南角城墙 5m 墙高的
地质模型示意图

（二）计算模型的构建

国内城西城墙三维计算模型，计算范围下部地基长 20m，宽 17m，厚度取 5m；上部墙体墙高分别取为 5m 、4m 和 3m，墙宽分别为 6m 、5.5m 和 6m，墙体下基础石高取 1.0m，基础石下垫层厚取 0.5m。

国内城西南角城墙的三维计算模型，计算范围下部地基长 20m，宽 17m，厚度取 5m；上部墙高取为 5m，墙顶宽 4.5m 、下部墙体宽为 6.5m，墙体下基础石层高取 1.0m，基础石下垫层厚取 0.5m。

构建国内城西城墙及西南角城墙的数值计算模型，分别如图 10 - 369—图 10 - 372 所示。表 10 - 33 给出了不同计算模型分类及单元与网格划分情况的统计表。

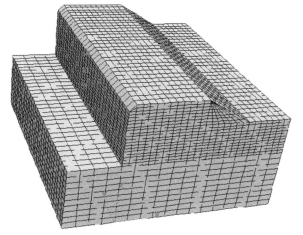

图 10 - 369 国内城西城墙 5m 墙高模型
网格划分图

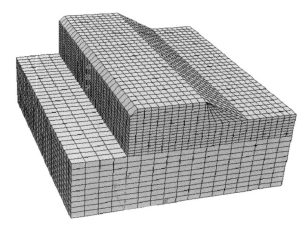

图 10 - 370 国内城西城墙 3m 墙高模型
网格划分图

图 10 - 371　国内城西城墙 4m 墙高模型
网格划分图

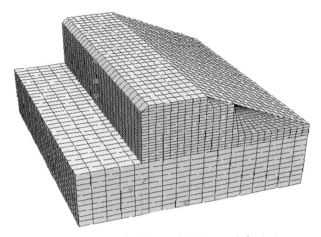

图 10 - 372　国内城西南角城墙 5m 墙高模型
网格划分图

为了全面、客观地揭示国内城城墙的变形破坏原因、再现其变形破坏过程及进一步预测国内城墙体的变形破坏趋势，进行以下四个方面的数值模拟分析：

1. 自重应力场下的固结沉降计算。

2. 分析潜水渗流作用下墙体的变形过程。

3. 分析暴雨入渗作用对墙体变形的影响。

4. 分析地震及地震与潜水渗流、暴雨入渗耦合作用下墙体变形破坏的趋势。

表 10 - 33　不同计算模型分类及单元划分情况统计表

城墙所属区域	计算模型分类	墙体（长×宽×高）m³	划分单元数	网格节点数
西城墙	5 m 墙高模型	20×6×5	19020	21266
	4 m 墙高模型	20×5.5×5	15660	17670
	3 m 墙高模型	20×6×5	12540	14353
西南角墙	5 m 墙高模型	20×6.5×5	18660	20615

（三）边界条件设定

计算模型侧面限制水平移动，底面限制垂直移动，模型其余部分为自由面。在潜水渗流分析中，模型底部设定的潜水水面的位置由钻探资料确定；在暴雨入渗分析中，模型横剖面两侧的标高即为自由水面的位置。在动力分析中，地震动荷载的输入是沿着底部边界的水平方向，施加速度随时间的变化历程，为减少边界对入射地震波的反射，指定模型四周为自由场边界。

（四）参数分区及确定

根据现场取样和岩土力学试验结果，并考虑到岩石的尺度效应，计算采用的岩土力学参数见表 10 - 34。各数值计算模型岩性物理力学参数分区分别如图 10 - 373—图 10 - 376 所示。

表 10 – 34　岩土物理力学参数表

序号	代表符号	岩土名称	容重（kg/m³）	体积模量（MPa）	剪切模量（MPa）
1	block	花岗岩砌石内墙体	2680	200	100
2	S0	花岗岩砌石外墙体	2600	100	60
3	S1	粉　土　层	1570	2.0	1.0
4	S2	粉质粘土层	1650	2.5	1.2
5	S3	杂填土层	1800	3.3	1.5
6	S4	基础石层	2550	60	35
7	S5	垫　　层	1950	40	20
8	none	卵　石　层	1850	35	18

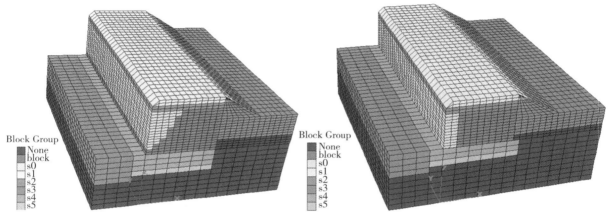

图 10 – 373　国内城西城墙 5m 墙高计算模型
岩性物理参数分区图

图 10 – 374　国内城西城墙 4m 墙高计算模型
岩性物理参数分区图

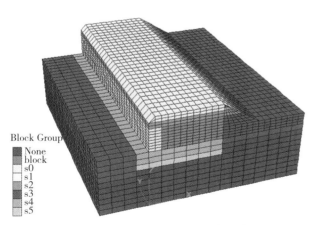

图 10 – 375　国内城西城墙 3m 墙高计算模型
岩性物理参数分区图

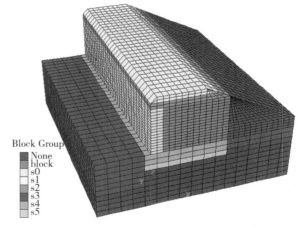

图 10 – 376　国内城西南角城墙 5m 墙高计算模型
岩性物理参数分区图

四、墙体工程稳定性分析

（一）高墙模型稳定性分析

1. 西城墙高墙模型

（1）自重应力场作用下模拟结果分析

1）自重应力场作用下的位移场特征

如图 10 - 377 和图 10 - 378 所示，国内城西城墙 5m 墙高模型在自重应力场条件下，墙体自上而下呈现楔形外移、倾斜下沉现象，墙体后护坡出现了较大的固结沉降变形。数值模拟结果与现场墙体塌滑的变形破坏现象是一致的。

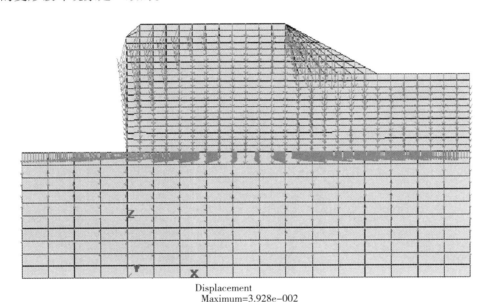

Displacement
Maximum=3.928e-002

图 10 - 377　国内城西城墙 5m 墙高模型横剖面固结沉降的位移场图

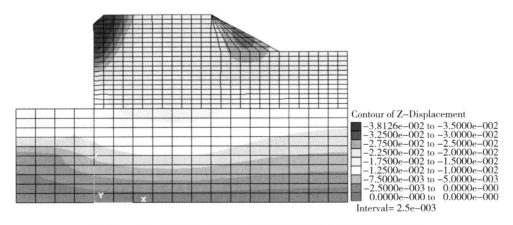

Contour of Z-Displacement
■ -3.8126e-002 to -3.5000e-002
■ -3.2500e-002 to -3.0000e-002
-2.7500e-002 to -2.5000e-002
-2.2500e-002 to -2.0000e-002
-1.7500e-002 to -1.5000e-002
-1.2500e-002 to -1.0000e-002
-7.5000e-003 to -5.0000e-003
-2.5000e-003 to 0.0000e-000
0.0000e-000 to 0.0000e-000
Interval= 2.5e-003

图 10 - 378　国内城西城墙 5m 墙高模型横剖面垂直沉降位移图

国内城西城墙 5m 墙高模型在自重应力场下固结沉降的位移量是 39mm。

2）自重应力场作用下的应力场特征

如图 10-379 所示，国内城西城墙 5m 墙高模型的最大主应力在墙角部集中，在墙体顶部及护坡表面出现了大面积呈梯级递减的拉应力区，与墙体顶部及护坡表面出现的沉降张裂缝现象是吻合的。另外在墙与基础的结合处也是拉应力区较集中的部位，这与现场勘察中，局部基础石发生了沿节理张拉破坏的现象是一致的。

如图 10-380 所示，国内城西城墙 5m 墙高模型的剪应力在墙角部位集中，这与墙角部位岩石块体变形破坏较严重的现象也是吻合的。

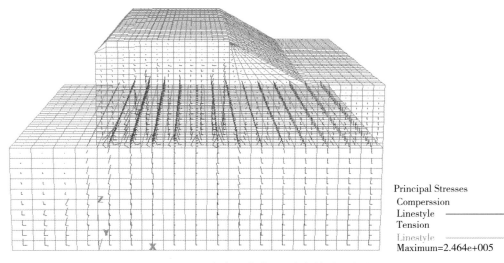

Principal Stresses
Comperssion
Linestyle ————
Tension
Linestyle --------
Maximum=2.464e+005

图 10-379　国内城西城墙 5m 墙高模型主应力图

（2）潜水渗流作用下墙体的变形特征

如图 10-381 所示，国内城西城墙 5m 墙高模型，在潜水渗流作用下，墙体尤其是外墙体呈现出"S"型变形现象，这与外墙中、下部出现的墙体砌石外臌、外突现象是吻合的。另外在外墙基础及地坪伴随有隆起和底臌现象，这与现场勘察中，局部基础石发生翘起臌出现象是一致的。

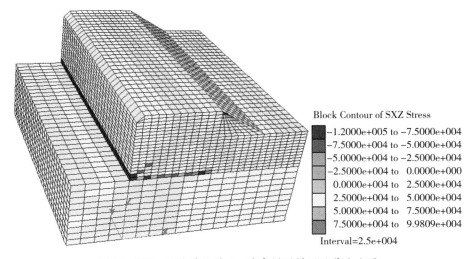

Block Contour of SXZ Stress

	-1.2000e+005 to -7.5000e+004
	-7.5000e+004 to -5.0000e+004
	-5.0000e+004 to -2.5000e+004
	-2.5000e+004 to 0.0000e+000
	0.0000e+004 to 2.5000e+004
	2.5000e+004 to 5.0000e+004
	5.0000e+004 to 7.5000e+004
	7.5000e+004 to 9.9809e+004

Interval=2.5e+004

图 10-380　国内城西墙 5m 墙高模型横剖面剪应力图

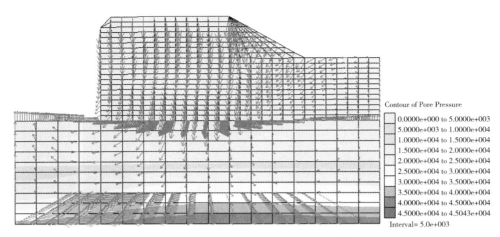

图 10 – 381   国内城西墙 5m 墙高模型横剖面潜水渗流下位移场图

（3）雨水渗流作用下墙体的变形特征

如图 10 – 382 所示，国内城西城墙 5m 墙高模型，在雨水渗流作用下，墙体尤其是外墙体也呈现出 "S" 型变形现象，这与外墙中、下部出现的墙体外臌、砌石外突现象是吻合的。另外在外墙基础及地坪伴随有隆起和底臌现象，这与现场勘察中，局部基础石发生翘起臌出现象是一致的。

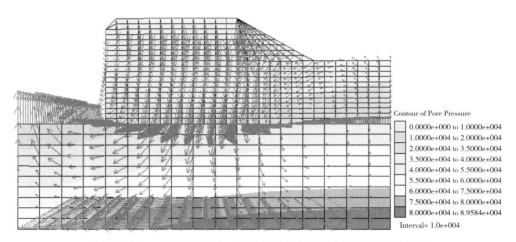

图 10 – 382   国内城西墙 5m 墙高模型横剖面雨水渗流下位移场图

（4）地震荷载作用下墙体的变形特征

为了预测国内城墙体在地震动荷载作用下的变形破坏程度和变形破坏趋势，

评判国内城墙体在不同地震动荷载作用下的震动效应，分别在国内城外侧墙体沿墙高设置了（2#、3#、4#）三个质点速度监测点。

目前许多国家的研究者认为，质点振动速度是衡量振动强度最好的尺寸。由于地震波的破坏作用主要取决于质点振速，各国都制定了有关建筑物的安全振动标准，我国对一般建筑物规定的破坏振速是大于 50mm/s。

为建立质点振速和地震烈度的联系，现给出中国地震烈度表（部分）（1980）。见附表 10 – 29。该表是根据人的感觉、建筑物的破坏、最大质点振速和其它自然现象综合评定的。

由图 10 - 383 和图 10 - 384 可知，国内城西城墙 5m 墙高模型，在地震烈度为 V 度条件下，各监测质点 X 方向的最大水平振动速度从大到小排序依次为 V4 > V3 > V2，且 V4 > 50 mm/s，V3 < 50 mm/s；在地震烈度为 Ⅵ 度条件下，各监测质点 X 方向的最大水平振动速度从大到小排序依次为 V4 > V3 > V2，且 V2 > 50 mm/s。

为了对墙体受地震影响的稳定程度进行描述和说明，特制定如下的评定准则，见表 10 - 35 受地震影响的墙体稳定程度评定表。

表 10 - 35　受地震影响的墙体稳定程度评定表

序号	墙体稳定程度评判标准	稳定程度分级
	测点水平速度超过 50 mm/s 的点数	
1	0	稳定
2	1	较稳定
3	2	稳定较差
4	3	不稳定

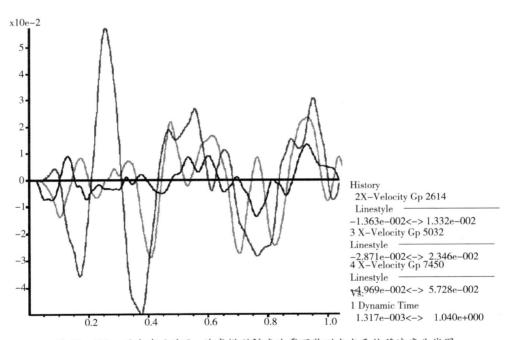

图 10 - 383　国内城西墙 5m 墙高模型 V 度地震下监测点水平位移速度曲线图

从上述排序统计分析可知：国内城西城墙 5m 墙高模型，在地震烈度为 V 度条件下，只有墙顶监测点超过破坏振速 50 mm/s，墙体较稳定；在地震烈度为 Ⅵ 度条件下，墙体所有监测点均超过破坏振速 50 mm/s，整个墙体已达到了不稳定状态。

（5）潜水渗流与地震耦合作用下墙体变形特征

由图 10 - 385 和图 10 - 386 可知，地震与地震 + 潜水渗流耦合两种工况下测点水平速度比较，地震 + 潜水渗流耦合作用对墙体变形失稳的影响程度要大于地震作用对墙体稳定性的影响。

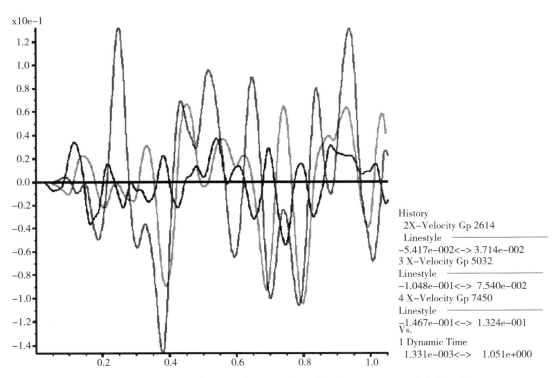

图 10－384　国内城西墙 5m 墙高模型Ⅵ度地震下监测点水平位移速度曲线图

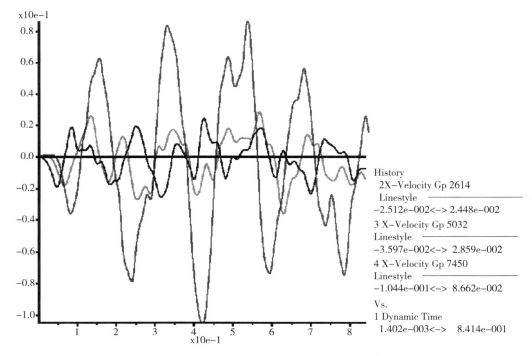

图 10－385　国内城西墙 5m 墙高模型潜水渗流与Ⅴ度地震耦合下监测点水平位移速度曲线图

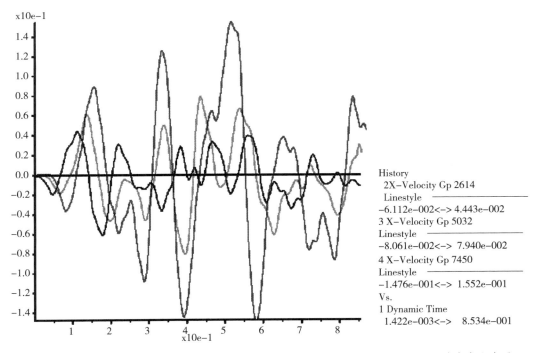

图 10-386　国内城西墙 5m 墙高模型潜水渗流与 Ⅵ 度地震耦合下监测点水平位移速度曲线图

（6）暴雨入渗与地震耦合作用下墙体变形特征

由图 10-387 和图 10-388 可知，地震 + 潜水渗流耦合与地震 + 暴雨入渗耦合两种工况下测点水平速度比较，地震 + 暴雨入渗耦合作用对墙体变形失稳的影响程度要大于地震 + 潜水渗流耦合作用对墙体稳定性的影响。

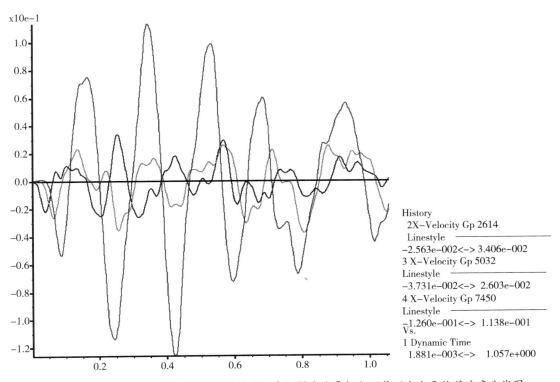

图 10-387　国内城西墙 5m 墙高模型暴雨入渗与 Ⅴ 度地震耦合下监测点水平位移速度曲线图

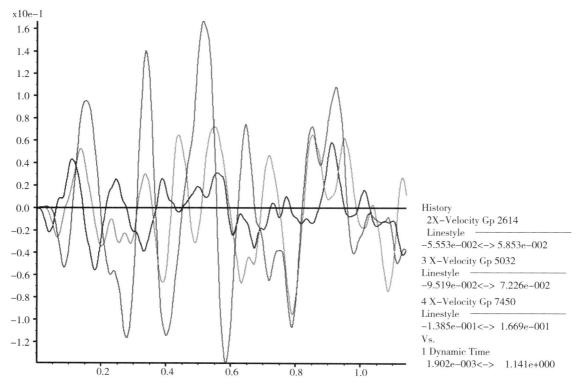

图 10 – 388　国内城西墙 5m 墙高模型暴雨入渗与Ⅵ度地震耦合下监测点水平位移速度曲线图

2. 西南角城墙高墙模型

（1）自重应力场作用下模拟结果分析

1）自重应力场作用下的位移场特征

如图 10 – 389 和图 10 – 390 所示，国内城西南角城墙 5m 墙高模型在自重应力场条件下，墙体自上而下呈垂直下沉现象，墙体后护坡出现了较大的固结沉降变形。

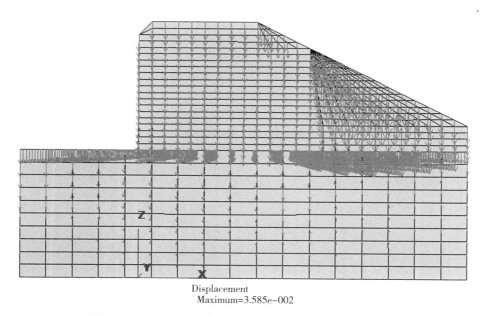

图 10 – 389　国内城西南角城墙 5m 墙高模型横剖面位移场图

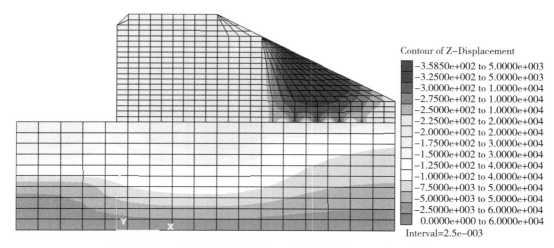

Contour of Z-Displacement

- −3.5850e+002 to 5.0000e+003
- −3.2500e+002 to 5.0000e+003
- −3.0000e+002 to 1.0000e+004
- −2.7500e+002 to 1.0000e+004
- −2.5000e+002 to 1.0000e+004
- −2.2500e+002 to 2.0000e+004
- −2.0000e+002 to 2.0000e+004
- −1.7500e+002 to 3.0000e+004
- −1.5000e+002 to 3.0000e+004
- −1.2500e+002 to 4.0000e+004
- −1.0000e+002 to 4.0000e+004
- −7.5000e+003 to 5.0000e+004
- −5.0000e+003 to 5.0000e+004
- −2.5000e+003 to 6.0000e+004
- 0.0000e+000 to 6.0000e+004

Interval=2.5e-003

图 10 - 390　国内城西南角城墙 5m 墙高模型横剖面垂直沉降位移图

国内城西南角城墙 5m 墙高模型在自重应力场下固结沉降的位移量是 36mm。

2）自重应力场作用下的应力场特征

如图 10 - 391 所示，国内城西南角城墙 5m 墙高模型的最大主应力也在墙角部集中，在墙体顶部及护坡表面、尤其在护坡的腰部出现了大面积拉应力区，与墙体顶部及护坡表面出现的沉降张裂缝现象是吻合的。另外在墙与基础的结合处也是拉应力区较集中的部位，这与局部基础石发生沿节理张拉破坏的现象是一致的。

如图 10 - 392 所示，国内城西南角城墙 5m 墙高模型的剪应力在墙角部位集中，这与墙角部位岩石块体变形破坏较严重的现象也是吻合的。

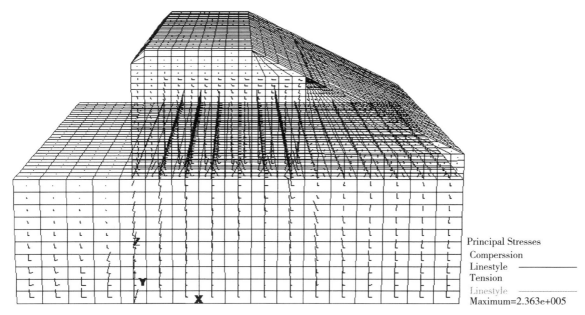

Principal Stresses
Comperssion
Linestyle ————
Tension
Linestyle ————
Maximum=2.363e+005

图 10 - 391　国内城西南角城墙 5m 墙高模型主应力图

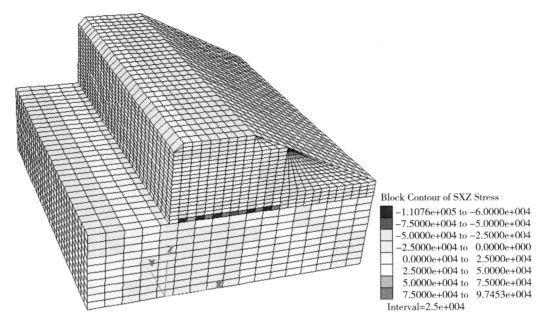

Block Contour of SXZ Stress
■	-1.1076e+005 to -6.0000e+004
▨	-7.5000e+004 to -5.0000e+004
▦	-5.0000e+004 to -2.5000e+004
□	-2.5000e+004 to 0.0000e+000
□	0.0000e+004 to 2.5000e+004
□	2.5000e+004 to 5.0000e+004
▨	5.0000e+004 to 7.5000e+004
▩	7.5000e+004 to 9.7453e+004

Interval=2.5e+004

图 10-392　国内城西南角墙 5m 墙高模型横剖面剪应力图

（2）潜水渗流作用下墙体的变形特征

如图 10-393 所示，国内城西南角城墙 5m 墙高模型，在潜水渗流作用下，墙体尤其是外墙体呈现出"S"型变形现象，这与外墙中、下部出现的墙体砌石外臌、外突现象是吻合的。另外在外墙基础及地坪伴随有隆起和底臌现象。

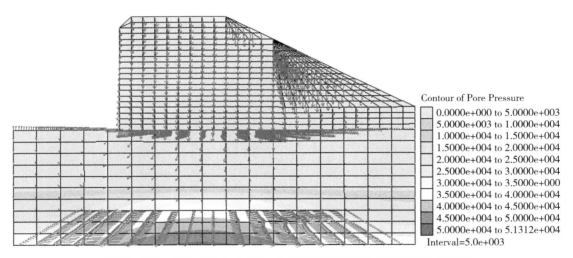

Contour of Pore Pressure
□	0.0000e+000 to 5.0000e+003
□	5.0000e+003 to 1.0000e+004
□	1.0000e+004 to 1.5000e+004
□	1.5000e+004 to 2.0000e+004
□	2.0000e+004 to 2.5000e+004
□	2.5000e+004 to 3.0000e+004
□	3.0000e+004 to 3.5000e+000
□	3.5000e+004 to 4.0000e+004
▨	4.0000e+004 to 4.5000e+004
▩	4.5000e+004 to 5.0000e+004
▨	5.0000e+004 to 5.1312e+004

Interval=5.0e+003

图 10-393　国内城西南角墙 5m 墙高模型横剖面潜水渗流下位移场图

（3）雨水渗流作用下墙体的变形特征

如图 10-394 所示，国内城西城墙 5m 墙高模型，在雨水渗流作用下，墙体尤其是外墙体也呈现出"S"型变形现象，这与外墙中、下部出现的墙体外臌、砌石外突现象是吻合的。另外在外墙基础及地坪伴随有隆起和底臌现象。

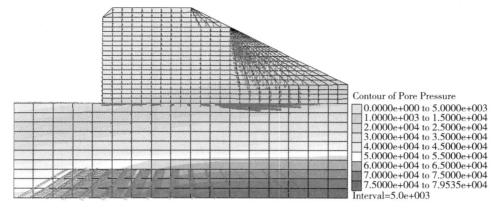

图 10-394　国内城西南角墙 5m 墙高模型横剖面雨水渗流下位移场图

（4）地震荷载作用下墙体的变形特征

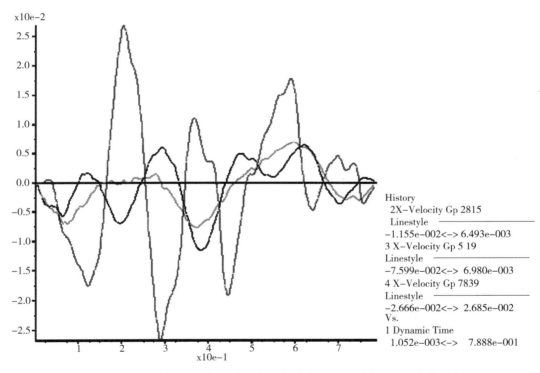

图 10-395　国内城西南角墙 5m 墙高模型 V 度地震下监测点水平位移速度曲线图

由图 10-395 和图 10-396 可知，国内城西南角城墙 5m 墙高模型，在地震烈度为 V 度条件下，各监测质点 X 方向的最大水平振动速度从大到小排序依次为 V4 > V2 > V3，且 V4 < 50 mm/s；在地震烈度为 VI 度条件下，各监测质点 X 方向的最大水平振动速度从大到小排序依次为 V4 > V2 > V3，且 V4 > 50 mm/s，V2 < 50 mm/s。

从上述排序统计分析可知：国内城西南角城墙 5m 墙高模型，在地震烈度为 V 度条件下，墙体所有监测点均没有超过破坏振速 50 mm/s，城墙整体是稳定的；在地震烈度为 VI 度条件下，只有墙顶一个监测点超过破坏振速 50 mm/s，墙体较稳定。

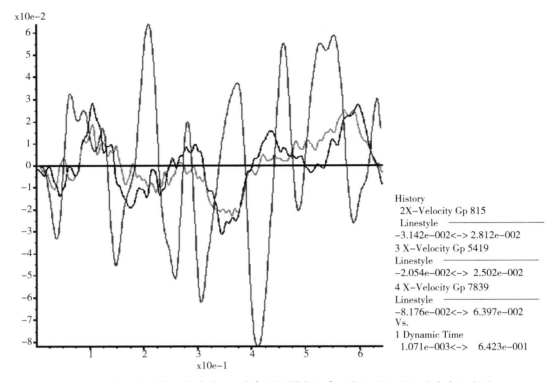

图 10 – 396　国内城西南角墙 5m 墙高模型 Ⅵ 度地震下监测点水平位移速度曲线图

（5）潜水渗流与地震耦合作用下墙体变形特征

由图 10 – 397 和图 10 – 398 可知，地震与地震 + 潜水渗流耦合两种工况下测点水平速度比较，地震 + 潜水渗流耦合作用对墙体变形失稳的影响程度要大于地震作用对墙体稳定性的影响。

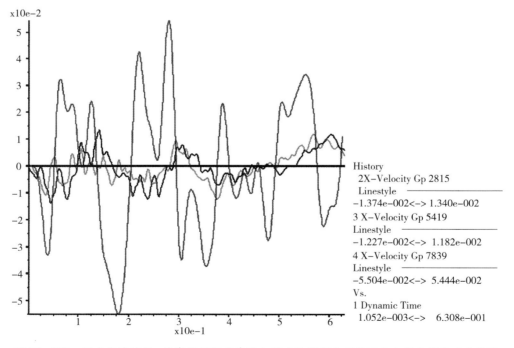

图 10 – 397　西南角城墙 5m 墙高模型潜水渗流与 Ⅴ 度地震耦合下监测点水平位移速度曲线图

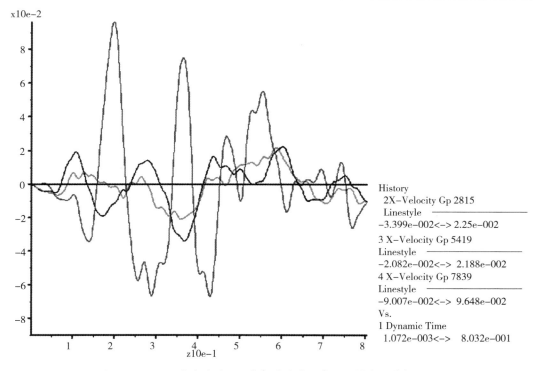

图 10 – 398　西南角城墙 5m 墙高模型潜水渗流与Ⅵ度地震耦合下
监测点水平位移速度曲线图

（6）暴雨入渗与地震耦合作用下墙体变形特征

由图 10 – 399 和图 10 – 400 可知，地震 + 潜水渗流耦合与地震 + 暴雨入渗耦合两种工况下测点水平速度比较，地震 + 暴雨入渗耦合作用对墙体变形失稳的影响程度要大于地震 + 潜水渗流耦合作用对墙体稳定性的影响。

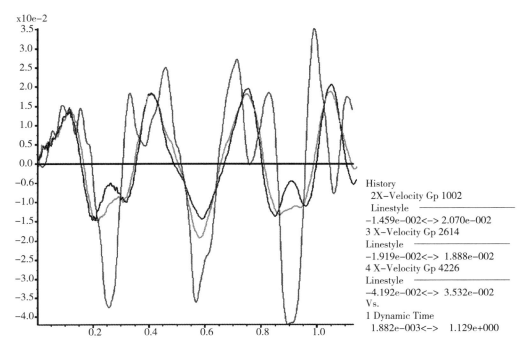

图 10 – 399　西南角墙 5m 墙高模型暴雨入渗与Ⅴ度地震耦合下监测点水平位移速度曲线图

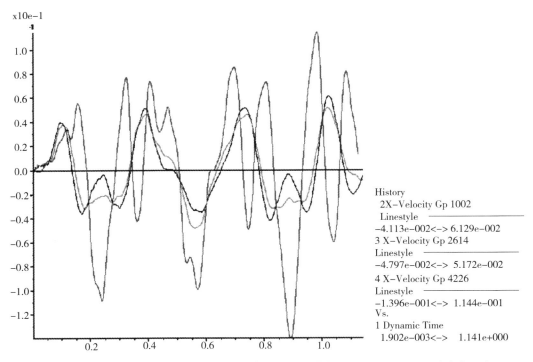

History
2X-Velocity Gp 1002
Linestyle
-4.113e-002<-> 6.129e-002
3 X-Velocity Gp 2614
Linestyle
-4.797e-002<-> 5.172e-002
4 X-Velocity Gp 4226
Linestyle
-1.396e-001<-> 1.144e-001
Vs.
1 Dynamic Time
1.902e-003<-> 1.141e+000

图 10-400 西南角墙 5m 墙高模型暴雨入渗与Ⅵ度地震耦合下监测点水平位移速度曲线图

（二）中墙模型模拟结果分析

1. 自重应力场作用下模拟结果分析

（1）自重应力场作用下的位移场特征

如图 10-401 和图 10-402 所示，国内城西城墙 4m 墙高模型在自重应力场条件下，墙体自上而下呈垂直下沉现象，墙体后护坡出现了较大的固结沉降变形。

国内城西城墙 4m 墙高模型在自重应力场下固结沉降的位移量是 23mm。

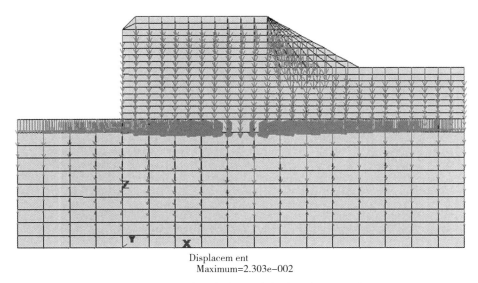

Displacem ent
Maximum=2.303e-002

图 10-401 国内城西城墙 4m 墙高模型横剖面位移场图

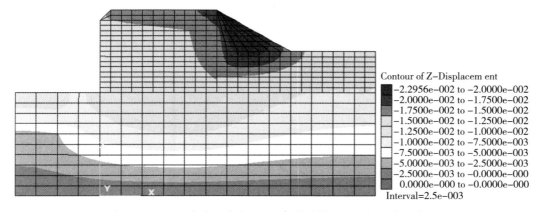

图 10 – 402　国内城西城墙 4m 墙高模型横剖面垂直沉降位移图

（2）自重应力场作用下的应力场特征

如图 10 – 403 所示，国内城西城墙 4m 墙高模型的最大主应力在墙角部集中，在墙体顶部及护坡表面出现了大面积呈梯级递减的拉应力区，与墙体顶部及护坡表面出现的沉降张裂缝现象是吻合的。另外在墙与基础的结合处也是拉应力区较集中的部位，这与现场勘察中，局部基础石发生了沿节理张拉破坏的现象是一致的。

如图 10 – 404 所示，国内城西城墙 4m 墙高模型的剪应力在墙角部位集中，这与墙角部位岩石块体变形破坏较严重的现象也是吻合的。

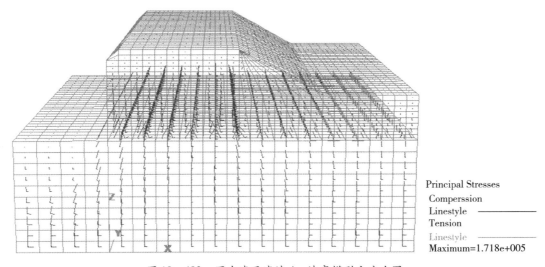

图 10 – 403　国内城西城墙 4m 墙高模型主应力图

2. 潜水渗流作用下墙体的变形特征

如图 10 – 405 所示，国内城西城墙 4m 墙高模型，在潜水渗流作用下，墙体尤其是外墙体呈现出"S"型变形现象，这与外墙中、下部出现的墙体砌石外臌、外突现象是吻合的。另外在外墙基础及地坪伴随有隆起和底臌现象。

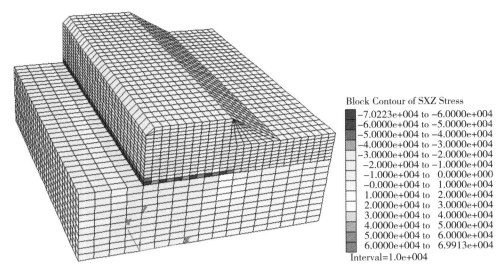

Block Contour of SXZ Stress

　　-7.0223e+004 to -6.0000e+004
　　-6.0000e+004 to -5.0000e+004
　　-5.0000e+004 to -4.0000e+004
　　-4.0000e+004 to -3.0000e+004
　　-3.0000e+004 to -2.0000e+004
　　-2.000e+004 to -1.0000e+004
　　-1.0000e+004 to 0.0000e+000
　　-0.000e+004 to 1.0000e+004
　　 1.0000e+004 to 2.0000e+004
　　 2.0000e+004 to 3.0000e+004
　　 3.0000e+004 to 4.0000e+004
　　 4.0000e+004 to 5.0000e+004
　　 5.0000e+004 to 6.0000e+004
　　 6.0000e+004 to 6.9913e+004
Interval=1.0e+004

图 10 - 404　国内城西墙 4m 墙高模型横剖面剪应力图

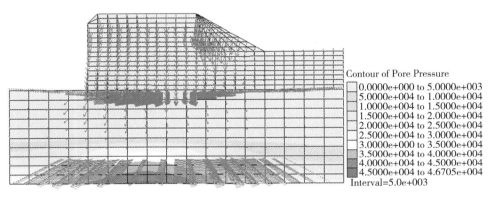

Contour of Pore Pressure

　　0.0000e+000 to 5.0000e+003
　　5.0000e+004 to 1.0000e+004
　　1.0000e+004 to 1.5000e+004
　　1.5000e+004 to 2.0000e+004
　　2.0000e+004 to 2.5000e+004
　　2.5000e+004 to 3.0000e+004
　　3.0000e+004 to 3.5000e+004
　　3.5000e+004 to 4.0000e+004
　　4.0000e+004 to 4.5000e+004
　　4.5000e+004 to 4.6705e+004
Interval=5.0e+003

图 10 - 405　国内城西墙 4m 墙高模型横剖面潜水渗流下位移场图

3. 雨水渗流作用下墙体的变形特征

如图 10 - 406 所示，国内城西城墙 4m 墙高模型，在雨水渗流作用下，墙体尤其是外墙体也呈现出"S"型变形现象，这与外墙中、下部出现的墙体外臌、砌石外突现象是吻合的。另外在外墙基础及地坪伴随有隆起和底臌现象。

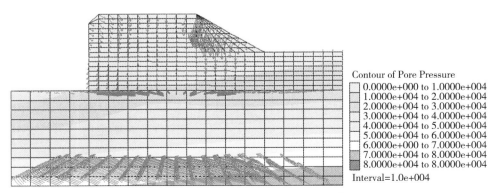

Contour of Pore Pressure

　　0.0000e+000 to 1.0000e+004
　　1.0000e+004 to 2.0000e+004
　　2.0000e+004 to 3.0000e+004
　　3.0000e+004 to 4.0000e+004
　　4.0000e+004 to 5.0000e+004
　　5.0000e+004 to 6.0000e+004
　　6.0000e+004 to 7.0000e+004
　　7.0000e+004 to 8.0000e+004
　　8.0000e+004 to 8.0000e+004
Interval=1.0e+004

图 10 - 406　国内城西墙 4m 墙高模型横剖面雨水渗流下位移场图

4. 地震荷载作用下墙体的变形特征

由图 10－407 和图 10－408 可知，国内城西城墙 4m 墙高模型，在地震烈度为 V 度条件下，各监测质点 X 方向的最大水平振动速度从大到小排序依次为 V4 ＞ V3 ＞ V2，且 V4 ＜50 mm／s；在地震烈度为 Ⅵ度条件下，各监测质点 X 方向的最大水平振动速度从大到小排序依次为 V4 ＞ V3 ＞ V2，且 V3 ＞50 mm／s，V2 ＜50 mm／s。

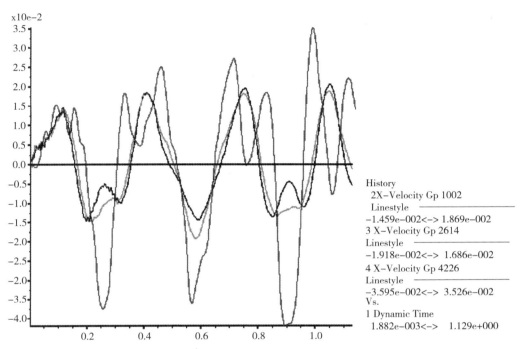

图 10－407　国内城西墙 4m 墙高模型 V 度地震下监测点水平位移速度曲线图

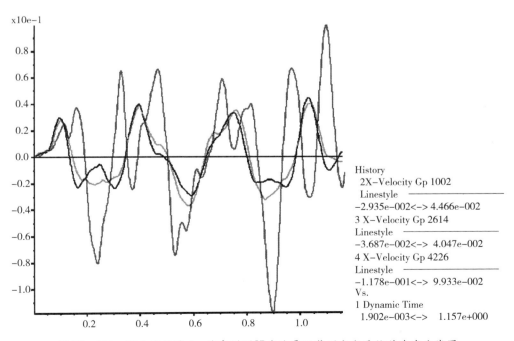

图 10－408　国内城西墙 4m 墙高模型 Ⅵ度地震下监测点水平位移速度曲线图

从上述排序统计分析可知：国内城西城墙 4m 墙高模型，在地震烈度为Ⅴ度条件下，墙体所有监测点均没有超过破坏振速 50 mm/s，城墙整体是稳定的；在地震烈度为Ⅵ度条件下，墙体两个监测点均超过破坏振速 50 mm/s，墙体稳定程度较差。

5. 潜水渗流与地震耦合作用下墙体变形特征

由图 10－409 和图 10－410 可知，地震与地震＋潜水渗流耦合两种工况下测点水平速度比较，地震＋潜水渗流耦合作用对墙体变形失稳的影响程度要大于地震作用对墙体稳定性的影响。

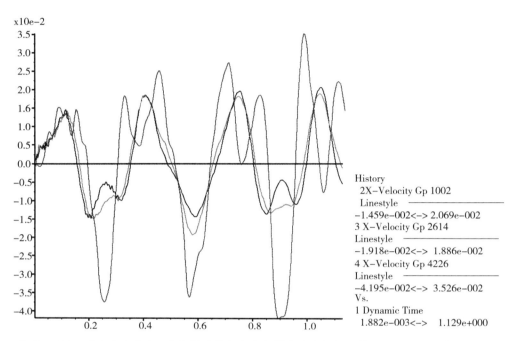

图 10－409　国内城西墙 4m 墙高模型潜水渗流与Ⅴ度地震耦合下监测点水平位移速度曲线图

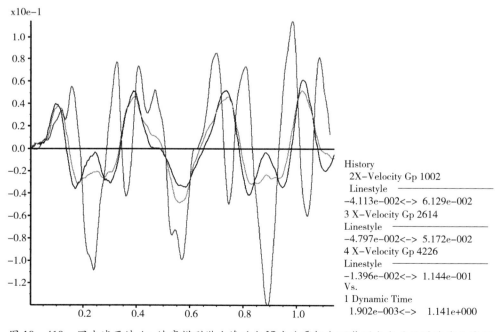

图 10－410　国内城西墙 4m 墙高模型潜水渗流与Ⅵ度地震耦合下监测点水平位移速度曲线图

6. 暴雨入渗与地震耦合作用下墙体变形特征

由图 10-411 和图 10-412 可知，地震 + 潜水渗流耦合与地震 + 暴雨入渗耦合两种工况下测点水平速度比较，地震 + 暴雨入渗耦合作用对墙体变形失稳的影响程度要大于地震 + 潜水渗流耦合作用对墙体稳定性的影响。

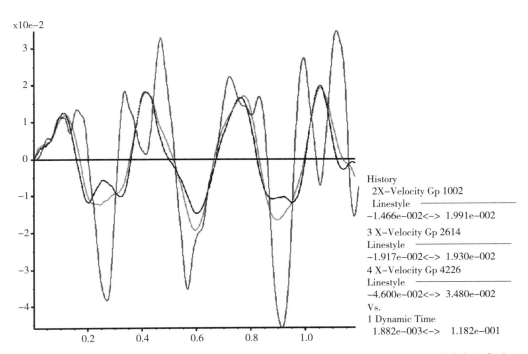

图 10-411　国内城西墙 4m 墙高模型暴雨入渗与 Ⅴ 度地震耦合下监测点水平位移速度曲线图

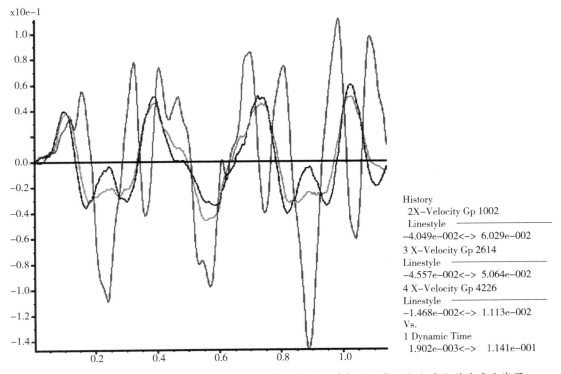

图 10-412　国内城西墙 4m 墙高模型暴雨入渗与 Ⅵ 度地震耦合下监测点水平位移速度曲线图

（三）低墙模型模拟结果分析

1. 自重应力场作用下模拟结果分析

（1）自重应力场作用下的位移场特征

如图 10 - 413 和图 10 - 414 所示，国内城西城墙 3m 墙高模型在自重应力场条件下，墙体自上而下呈垂直下沉现象，墙体后护坡出现了较大的固结沉降变形。

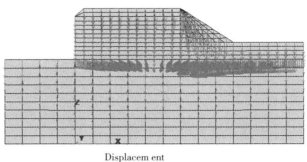

Displacem ent
Maximum=2.178e−002

图 10 - 413　国内城西城墙 3m 墙高模型横剖面位移场图

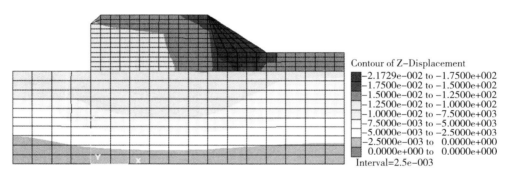

Contour of Z−Displacement
■ −2.1729e−002 to −1.7500e+002
■ −1.7500e−002 to −1.5000e+002
　 −1.5000e−002 to −1.2500e+002
　 −1.2500e−002 to −1.0000e+002
　 −1.0000e−002 to −7.5000e+003
　 −7.5000e−003 to −5.0000e+003
　 −5.0000e−003 to −2.5000e+003
　 −2.5000e−003 to　0.0000e+000
■　0.0000e+000 to　0.0000e+000
Interval=2.5e−003

图 10 - 414　国内城西城墙 3m 墙高模型横剖面位移场图

国内城西城墙 3m 墙高模型在自重应力场下固结沉降的位移量是 21mm。

（2）自重应力场作用下的应力场特征

如图 10 - 415 所示，国内城西城墙 3m 墙高模型的最大主应力在墙角部集中，在墙体顶部及护坡表面出现了小面积呈梯级递减的拉应力区。另外在墙与基础的结合处也是拉应力区较集中的部位。

如图 10 - 416 所示，国内城西城墙 3m 墙高模型的剪应力在墙角部位集中。

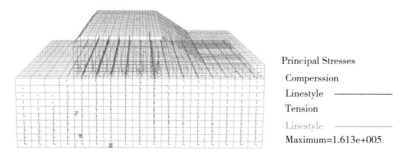

Principal Stresses

Comperssion

Linestyle ———————

Tension

Linestyle ———————

Maximum=1.613e+005

图 10 - 415　国内城西城墙 3m 墙高模型主应力图

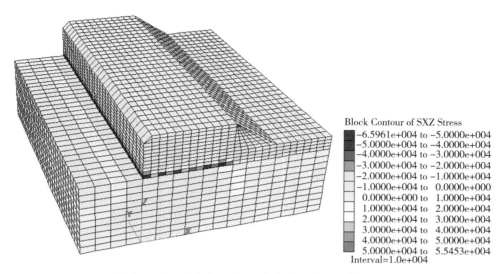

图 10 - 416　国内城西墙 3m 墙高模型横剖面剪应力图

2. 潜水渗流作用下墙体的变形特征

如图 5 - 417 所示，国内城西城墙 3m 墙高模型，在潜水渗流作用下，墙体尤其是外墙体呈现出"S"型变形现象。另外在外墙基础及地坪伴随有隆起和底臌现象。

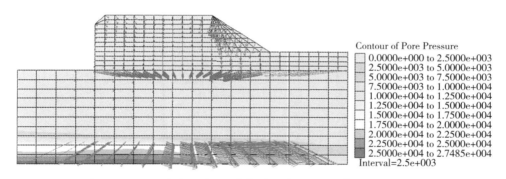

图 10 - 417　国内城西墙 3m 墙高模型横剖面潜水渗流下位移场图

3. 雨水渗流作用下墙体的变形特征

如图 10 - 418 所示，国内城西城墙 3m 墙高模型，在雨水渗流作用下，墙体尤其是外墙体也呈现出"S"型变形现象。

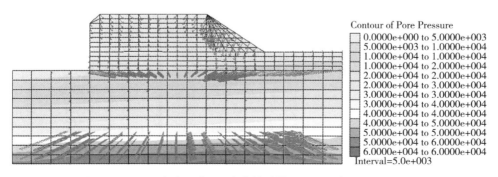

图 10 - 418　国内城西墙 3m 墙高模型横剖面雨水渗流下位移场图

4. 地震荷载作用下墙体的变形特征

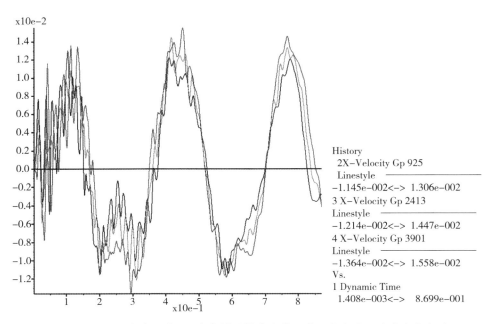

图 10 - 419　国内城西墙 3m 墙高模型 V 度地震下监测点水平位移速度曲线图

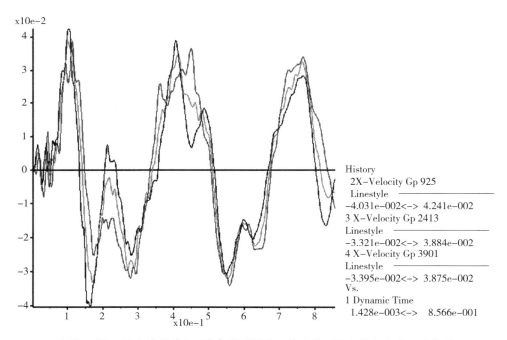

图 10 - 420　国内城西墙 3m 墙高模型 VI 度地震下监测点水平位移速度曲线图

由图 10 - 419 和图 10 - 420 可知，国内城西城墙 3m 墙高模型，在地震烈度为 V 度条件下，各监测质点 X 方向的最大水平振动速度从大到小排序依次为 V4 > V2 > V3，且 V4 < 50mm/s；在地震烈度为 VI 度条件下，各监测质点 X 方向的最大水平振动速度从大到小排序依次为 V4 > V2 > V3，且 V4 > 50 mm/s，V2 < 50 mm/s。

从上述排序统计分析可知：国内城西城墙 3m 墙高模型，在地震烈度为 Ⅴ 度条件下，墙体所有监测点均没有超过破坏振速 50 mm/s，城墙整体是稳定的；在地震烈度为 Ⅵ 度条件下，只有墙顶一个监测点超过破坏振速 50 mm/s，墙体较稳定。

5. 潜水渗流与地震耦合作用下墙体变形特征

由图 10-421 和图 10-422 可知，地震与地震+潜水渗流耦合两种工况下测点水平速度比较，地震+潜水渗流耦合作用对墙体变形失稳的影响程度要大于地震作用对墙体稳定性的影响。

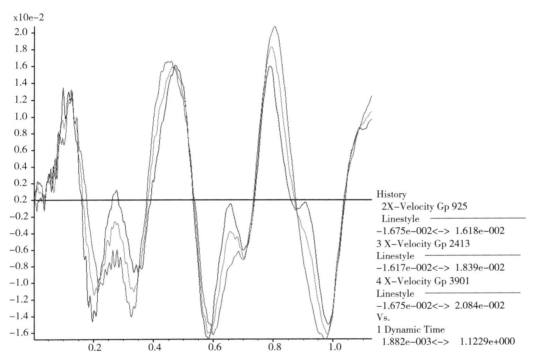

图 10-421　国内城西墙 3m 墙高模型潜水渗流与 Ⅴ 度地震耦合下监测点水平位移速度曲线图

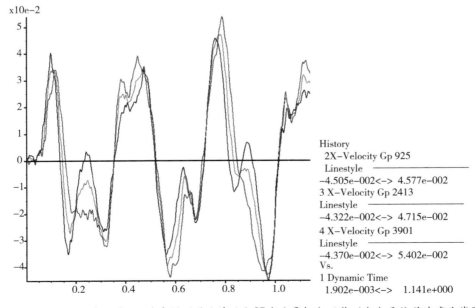

图 10-422　国内城西墙 3m 墙高模型潜水渗流与 Ⅵ 度地震耦合下监测点水平位移速度曲线图

6. 暴雨入渗与地震耦合作用下墙体变形特征

由图 10 - 423 和图 10 - 424 可知，地震 + 潜水渗流耦合与地震 + 暴雨入渗耦合两种工况下测点水平速度比较，地震 + 暴雨入渗耦合作用对墙体变形失稳的影响程度要大于地震 + 潜水渗流耦合作用对墙体稳定性的影响。

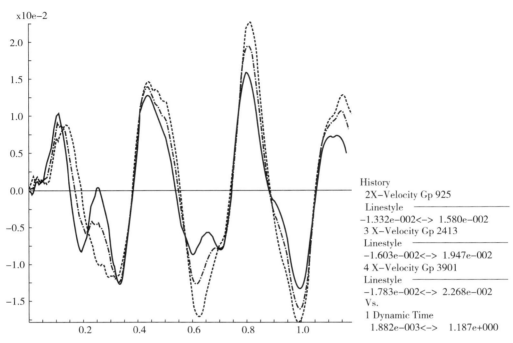

图 10 - 423　国内城西墙 3m 墙高模型暴雨入渗与 V 度地震耦合下监测点水平位移速度曲线图

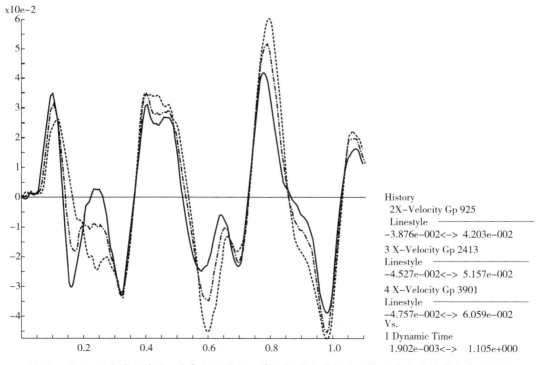

图 10 - 424　国内城西墙 3m 墙高模型暴雨入渗与 VI 度地震耦合下监测点水平位移速度曲线图

7. 小结

墙体受水渗流影响产生"S"型变形的程度随墙体由高到低呈现出梯级递减的趋势。

在潜水渗流作用下，墙体沉降变形的量值随墙体由高到低呈现出梯级递减的趋势。

在雨水渗流作用下，墙体沉降变形的量值随墙体由高到低呈现出梯级递减的趋势。相对的说，雨水渗流作用引起的地基和墙体的变形量值要大于潜水渗流作用对上部结构的影响。

由各监测点统计结果知：第一，国内城城墙顶部的振速大于墙体其它部位的振速，说明地震波对墙顶部的破坏作用较大。第二，各监测质点最大水平振动速度是随着地震烈度的增大而逐渐增大的。第三，按稳定状况由好到差对各模型排序为：西城墙 3m 墙高模型、西南角城墙 5m 墙高模型、西城墙 4m 墙高模型、西城墙 5m 墙高模型。

受地震影响的墙体的稳定程度评判结果见表 10 - 36 和表 10 - 37。

表 10 - 36　地震与地震 + 潜水渗流耦合两种工况下测点水平速度比较表

名称	墙高	烈度	地震（mm/s）			稳定状态评判	渗流 + 地震耦合（mm/s）			稳定状态评判
			2 测点	3 测点	4 测点		2 测点	3 测点	4 测点	
西城墙	5m	V	14	29	57	较稳定	25	36	104	较稳定
		Ⅵ	54	105	147	不稳定	61	81	155	不稳定
	4m	V	19	17	36	稳定	20	19	42	稳定
		Ⅵ	45	40	118	较稳定	60	50	140	不稳定
	3m	V	13	14	16	稳定	17	18	21	稳定
		Ⅵ	42	39	39	稳定	46	47	54	较稳定
西南墙	5m	V	12	8	27	稳定	13	12	55	较稳定
		Ⅵ	31	25	82	较稳定	34	22	96	较稳定

表 10 - 37　地震 + 潜水渗流耦合与地震 + 暴雨入渗耦合两种工况下测点水平速度比较表

名称	墙高	烈度	地震（mm/s）			稳定状态评判	渗流 + 地震耦合（mm/s）			稳定状态评判
			2 测点	3 测点	4 测点		2 测点	3 测点	4 测点	
西城墙	5m	V	25	36	104	较稳定	34	37	126	较稳定
		Ⅵ	61	81	155	不稳定	59	95	167	不稳定
	4m	V	20	19	42	稳定	21	19	46	稳定
		Ⅵ	60	50	140	不稳定	61	51	147	不稳定
	3m	V	17	18	21	稳定	16	19	23	稳定
		Ⅵ	46	47	54	较稳定	42	52	61	稳定较差
西南墙	5m	V	13	12	55	较稳定	21	19	42	较稳定
		Ⅵ	34	22	96	较稳定	61	52	140	不稳定

10.5.9　基本结论与防护对策建议

一、基本结论

1. 由现场勘察和计算结果可知，国内城城墙基础是稳定的；在自重场和潜水渗流作用下，国内城城墙是基本稳定的。

2. 在雨季雨水渗流作用下，国内城西城墙和西南角城墙 5m 墙高段出现了"S"型的外臌、外突等局部变形失稳趋势。

3. 由数值模拟结果知，在地震烈度为 V 度时，国内城城墙整体是稳定性的；在地震烈度为 VI 度条件下，国内城西城墙 4m 墙高段和 5m 墙高段结构分别出现了局部失稳和整体失稳的变形破坏。

二、防护对策建议

1. 在国内城城墙东西两侧布设地面排水系统，并恢复完善墙体的防排水体系。

2. 对国内城城墙已发生严重变形的关键部位要进行加固处理。

3. 在地震烈度为 VI 度下，建议对国内城西城墙 5m 墙高段，尤其是对变形严重的部位采取抗震加固措施。

4. 建立监测体系，加强对国内城城墙重点部位的位移及水文观测，随时掌握墙体的稳定性动态变化情况。

10.6　埔寨吴哥古迹茶胶寺保护工程勘察项目

10.6.1　项目概况

一、文物概况

茶胶寺位于柬埔寨西北部暹粒省首府暹粒市的北部，南距暹粒市约 10 公里，中心地理坐标东经 103°52′，北纬 13°26′。海拔高程约 20 米，茶胶寺属于著名的吴哥古迹的一部分，位于吴哥通王城胜利门外东约 7 公里处。其南侧和西侧紧临公路，暹粒河在茶胶寺西侧约 250 米处由南向北流过。

茶胶寺是按照印度教须弥山的意象选址、设计和建造的。平面呈方形，其主体建筑为五座方形石塔排列矗立在三层平顶金字塔基座之顶层之上。内外两道围墙将东、西、南、北四座门楼连接，庙山建筑外围有濠沟环绕，东侧门外建有神道，神道两侧对称设置两座水池。

外围角砾石围墙长 122m，宽 106m，高约 2 米，中央主塔塔顶距围墙外地面，通高约 44m，见图 10-425 及图 10-426。

茶胶寺是吴哥古迹最雄伟的庙山建筑之一，其主塔四面皆出抱厦及回廊平面格局的出现开创了吴哥建筑新的建筑形制，巨型石材的使用为同类建筑中罕见，在吴哥建筑艺术和技术研究上具有极高的价值。

图 10-425　茶胶寺鸟瞰图

图 10-426　茶胶寺全景

二、勘察研究单位及主要完成人

中国文化遗产研究院：刘建辉、葛川、温玉清

总装备部工程设计研究总院：杨国兴、张立乾

10.6.2　工作目的和任务

本次勘察工作的目的是为茶胶寺保护工程提供基础的工程地质以及水文地质资料，包括以下三个部分。

一、场区的岩土工程勘察

1. 查明场区内不良地质作用的类型、成因、分布范围、发展趋势及其危害程度，并评价场地的稳定性。

2. 查明场区内地基土层的岩性特征、空间分布及其物理力学性质。

3. 查明场区内地下水的类型、埋藏条件、静止水位及其腐蚀性。

4. 提供设计所需的地基土层的物理力学参数。

5. 评价场地的地震效应，划分场地土类型与建筑场地类别，并评价地震液化问题。

二、茶胶寺地基与基础结构调查

1. 调查茶胶寺地基基础现状。

2. 调查茶胶寺回填土空间分布及其物理力学性质。

3. 调查茶胶寺须弥座结构变形破坏现状，分析其破坏原因。

三、数值计算与评价

1. 整体稳定性计算与评价。

2. 关键部位（四个角部）稳定性计算与评价。

10.6.3　勘察工作布置及完成工作量

　　根据工作目的及任务要求，本项目采取工程钻探、坑探以及工程物探相结合的方法，工程钻探采用钻探、原位测试、取土试样与室内试验相结合的方法，钻探采用北京铲钻进；原位测试采用轻型动力触探、静力触探及微型贯入试验；室内试验包括常规试验、压缩试验、高压固结试验、直剪试验、颗粒分析试验、渗透性试验、击实试验，X光衍射试验以及扫描电镜试验。工程物探包括工程面波勘探及高密度电法勘探，现场工作情况见图 10－427。

静探测试　　　　　　面波测试　　　　　　电法测试　　　　　北京铲钻探

现场天然密度测试　　　　　　现场取土　　　　　　河水水位测量

图 10－427　现场工作情况

根据工程特点、任务要求、场地基本条件，本次勘察工作共布置了 18 个勘探点，其中取土钻孔 4 个，圆锥动力触探孔 6 个，鉴别孔 4 个，静力触探孔 3 个，由于第三层平台表面铺有条石，所以第三层平台上所布置的钻孔无法钻进；因此实际完成钻进钻孔 17 个。

同时，为了查明茶胶寺的基础形式及埋深，本次工作在茶胶寺周边，及平台上布置了 12 个探槽。

本次工程勘察所完成的工作量见表 10－38 所示。

表 10－38　勘察工作量

编　号	项　目	单　位	数　量
1	勘探点放线、孔口高程测量	个	18
2	钻探进尺	m	113.05
3	静力触探试验	次	33.9
4	轻型动力触探（N10）	m	20.4
5	工程面波	道	7
6	高密度电法	道	1
7	取土试样	件	23
8	土工试验	件	23
9	取水试样	件	2
10	水质分析	件	2

10.6.4　工程地质条件

一、地形地貌

茶胶寺所在场区除西南侧巴肯山地势较高外，总体地势平坦开阔，孔口相对高程在 91.73 米—92.38 米，属于冲洪积平原地貌。

二、气候概况

（一）降雨

据 1979—1993 年降雨资料，该区每年雨季和旱季交替出现，雨季为 5—10 月，旱季为 11—4 月，雨季多年月平均降雨量为 200mm，旱季多年月平均降雨量为 30mm，15 年年平均降雨量为 1400mm，年平均降雨量最小为 1984 年的 1082mm。

（二）风

根据 1989—1994 年记录，雨季的风比旱季的风更强一些，尽管平均月风速均小于 5m/s，但极大风速一般在 20m/s，最高可达 40m/s。雨季的优势风为西风，旱季的优势风是东风。

（三）温度

根据 1989—1994 年记录，该区全年温度变化不大，月平均最高温度为 4 月份 38.8℃到 10 月份 32℃，最低温度为 12 月份 16℃到 5 月份 23.6℃。

从以上吴哥区的气候特征可以看出，按降雨量划分，全年基本上可以划分为旱季和雨季，如果考虑温度，还存在一个较冷的季节（11 月—2 月）作为以上两个季节的过渡期。旱季干燥炎热，雨季潮湿多雨而且伴随大风。

三、土层的岩性特征及其空间分布

本次岩土工程勘察深度范围内的地层上部为填土、下部为第四系上更新统的砂土，下伏基岩埋深 80 米左右。以满足工程需要为原则，综合考虑时代成因、岩性特征与物理力学性质等诸多因素，将本次岩土工程勘察深度范围内的地层划分为 4 个工程地质主层，1 个工程地质亚层。其岩性特征见表 10－39 所示。

表 10－39　地基土层的岩性特征
（总装备部工程设计研究总院提供）

地层编号	地层名称	湿度	状态	密实度	其它性状描述
①	填土	湿		稍密	杂色；以粉细砂为主，含粘性土块，砖块
②	回填砂	稍湿		中密	褐黄色；以石英、长石为主，含少量粘性土、砾石及砂岩碎石，碎石粒径最大可达 10cm
③	粉土质砂	稍湿		密实	褐黄色夹灰白色；砂土以石英、长石为主，含少量粘性土
③₁	细中砂	很湿		中密	褐黄色，夹粘性土条带薄层
④	粘土质砂	很湿	可塑－硬塑	密实	褐黄－灰白；砂土以石英长石为主，粘性土含量较高，粘性土呈可塑－硬塑状态，局部含红色粘性土块，夹细中砂薄层。

10.6.5　水文地质条件

一、地下水的类型和埋藏条件

在本次岩土工程勘察期间，地下水位埋深为 6.6—8.9m，标高 83.14—85.27 m，属于潜水，含水层为第④层粘土质砂。勘察期间，测得暹粒河河水位为 82.64m，潜水面逐渐向暹粒河倾斜，表明在勘察期间地下水和暹粒河的水力联系是地下水补给暹粒河。据当地人介绍，暹粒河河水在雨季，水流量大时，河水水位会比目前水位抬高 3—4m，因此在雨季，地下水位会有一定程度的抬升，第③层粉土质砂也会成为含水层。本次工作在第③层粉土质砂中取了两个土样做了渗透性试验，垂直渗透系数为 5.11E－04cm/s 及 5.14E－04cm/s，渗透性介于粉土和粉砂之间。

二、地下水的腐蚀性

本次勘察在 SWK2 号孔采集地下水水样，在暹粒河取河水水样进行水质分析试验。按照《岩土工程勘察规范》（GB50021－2001）第 12.2 条，综合判定：地下水及暹粒河河水对混凝土结构及钢筋混凝土结构中的钢筋无腐蚀性，对钢结构有弱腐蚀性。

10.6.6　场区岩土工程分析与评价

一、场地的稳定性

根据场区的地形地貌、地基土层的岩性特征以及区域地质资料，综合判定：场区不存在岩溶、滑坡、危岩、崩塌、泥石流以及活动断裂等不良地质作用，场地稳定。按照《建筑抗震设计规范》（GB50011—2001）第4.1.1条规定，综合判定：场区的地段类别属于可进行建设的一般场地。

二、地基土层及回填土的物理力学性质

本次勘察工作采用原位测试、室内试验和工程物探等多种勘察手段结合现场鉴定综合确定地基土层及回填土的物理力学性质。

（一）原位测试

根据原位测试资料，按层统计测试数据，综合考虑圆锥动力触探、静力触探以及微型贯入等测试方法，确定的地基承载力值如表10－39所示。

表10－39　原位测试成果表

（总装备部工程设计研究总院提供）

地层编号	地层名称	原位测试成果			地基承载力（kPa）
		圆锥动力触探（击）	静力触探 Ps（MPa）	微型贯入（Pta）	
①	填土		1.89		
②	回填砂	26.6	10.66		200
③	粉土质砂	61.5	7.28	11	210
③₁	细中砂		9		230
④	粘土质砂	41.8	4.3		180

（二）室内试验

本次工作从现场取原状样及扰动样，做土工试验分析，由于条件限制，只取到了第③层粉土质砂的原状，其余地层的土样均为扰动样，扰动样做室内定名，实验项目主要为颗分及液塑限试验，原状样的实验项目包括常规试验、压缩试验、高压固结试验，直剪试验、及渗透试验，试验数据见土工试验成果报告表。物理力学参数根据室内试验，原位测试及现场鉴别综合考虑确定，建议值见表10－40所示。

表10－40　物理力学参数建议值表

（总装备部工程设计研究总院提供）

地层编号	地层名称	天然密度 ρ（g/cm³）	粘聚力 C（KPa）	摩擦角 φ（度）	压缩模量 E_s（0.1－0.2）（MPa）
①	填土				
②	回填砂		0	30°	

续表 10 - 40

地层编号	地层名称	天然密度 ρ（g/cm³）	粘聚力 C（KPa）	摩擦角 φ（度）	压缩模量 Es（0.1 - 0.2）（MPa）
③	粉土质砂	1.9	3.2	25	3.5
③₁	细中砂		0	30*	
④	粘土质砂	1.95	12	25	

注：1. 表中带"＊"号的为经验数据；

2. 由于土样受扰动而使得第③层砂的压缩模量试验数据偏小。

本次工作在 T2 探槽中，取了两个样做高压固结试验，由高压固结试验曲线可以看出，粉土质砂的先期固结压力大于上覆压力，固结比大于 1，因此为超固结土。可能由于当初修建茶胶寺时在周边堆放建筑材料，而导致先期固结压力大于上覆压力的缘故。

本次工作取茶胶寺内回填砂做室内击实试验，由击实试验可以看出，回填砂的最大干密度为 1.9g/cm³，最优含水量为 8.4%。

本次工作在第③层粉土质砂中选取 3 个样进行扫描电镜和 X 光衍射试验，扫描电镜成果见图 10 - 428 所示。可以看出土样主要成分为石英，样品较疏松，连通好，石英颗粒磨圆好，分选差，石英颗粒间由絮状蒙脱石和丝状伊利石充填。

150X   2720 X   260X

4050X

16 号

150X 1180X 1900X 263X

17 号

150X 1770X 223X 505X

21 号

图 10 - 428 扫描电镜照片
（总装备部工程设计研究总院提供）

根据全岩 X 光衍射试验，土样中矿物颗粒主要为石英及粘土矿物，粘土矿物含量占 5% ~ 9% ，粘土矿物主要由伊蒙混层矿物及高岭石组成，伊蒙混层矿物占粘土矿物成分的 31% ~ 35% ，混层比为 0.65—0.7。全岩 X 衍射及粘土 X 光衍射能谱图见图 10 - 429 所示。

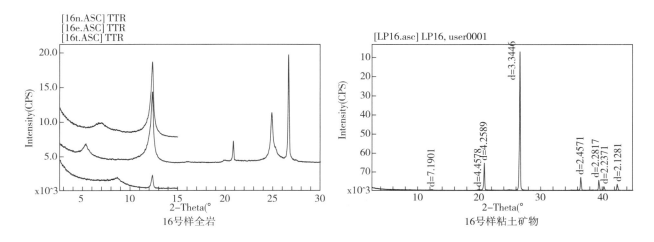

16号样全岩   16号样粘土矿物

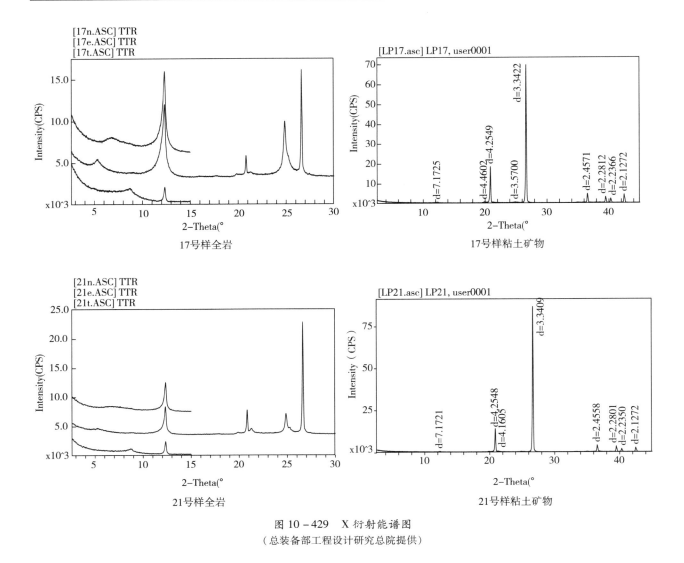

图 10 - 429　X 衍射能谱图
（总装备部工程设计研究总院提供）

（三）工程物探

本次工作工程物探主要包括面波测试及高密度电法测试，在茶胶寺周边及茶胶寺上共布置了 7 条面波剖面。

工程面波频散曲线图见图 10 - 430 所示，由频散曲线可以看出地基土层的剪切波速主要分布在 250m/s—500m/s，属于中硬土，而茶胶寺上部回填砂的剪切波速基本处于 200m/s—300m/s 之间，可见回填砂密实性不是很好。

高密度电法测量成果图见图 10 - 431 所示，由图可以看出，在 6—8m 左右的视电阻率变化较明显，反应该深度地层含水量变化较大，说明地下水埋深在 6—8m，跟现场实际钻孔揭示的地下水位是吻合的。

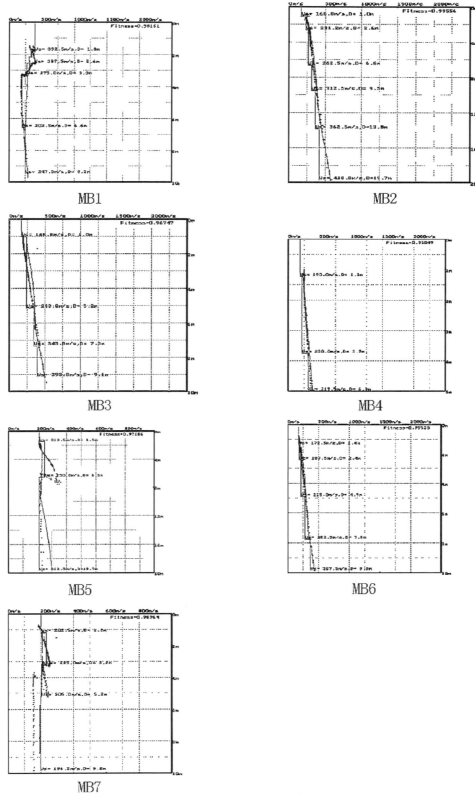

图 10 - 430 面波频散曲线图
(总装备部工程设计研究总院提供)

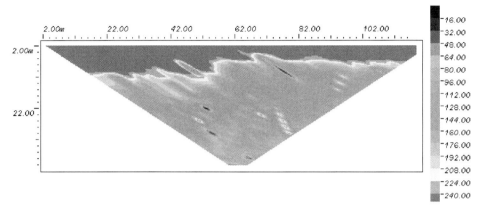

图 10 – 431　高密度电法测量成果图
（总装备部工程设计研究总院提供）

二、场地的地震效应

（一）场地土类型与建筑场地类别

按照《建筑抗震设计规范》（GB50011—2001）第4.1.5条规定，结合地面下20m范围内地基土层的名称和性状，土层的等效剪切波速范围属于 $500m/s \geqslant vse > 250m/s$。按照《建筑抗震设计规范》（GB 50011—2001）第4.1.3条规定判定：场地土类型为中硬土。根据《柬埔寨吴哥遗址周萨神庙岩土工程勘察报告》下伏基岩埋深80米左右。根据土层的等效剪切波速度和场地的覆盖层厚度，按照《建筑抗震设计规范》（GB 50011—2001）第4.1.6条规定判定：建筑场地类别为Ⅱ类。

（二）地震液化

根据钻孔资料揭示的地层岩性，场区内地层粘粒含量较高，不存在可能液化的地层，因而不存在地震液化问题。

10.6.7　茶胶寺地基与基础建筑形制

茶胶寺地基与基础建筑形制调查发现，由下至上第一层须弥座基础座落于由天然和人工回填组成的地基土之上，须弥座外部四周石墙由红色角砾岩块石砌筑，内部充填细中砂（从密实度推断为夯筑），顶面铺砌1—2层红色角砾岩条石，同时内部夯筑的细中砂层做为第二层须弥座的地基。第二层须弥座基础结构与第一层须弥座基础结构类似，同时其夯筑砂层做为第三层须弥座的地基。第三层须弥座基础结构调查时遇到一些问题，探槽开挖时发现须弥座顶面铺砌红色角砾岩条石大于两层，在作业面小的情况下未能开挖成功，但从工程物探无损测试数据看，须弥座内部充填土的波速数值与其它须弥座近似，充填土应为夯筑的细中砂，即第三层须弥座基础结构与第二层和第一层须弥座基础结构类似。明显的不同是第三层须弥座石砌墙体材料除角砾岩块石外，墙体外侧还包砌一层砂岩块石。同时其夯筑的砂层做为顶部五座塔楼的地基。具体调查情况与成果如下。

一、第一层须弥座地基与基础

现场在茶胶寺建筑底部——第一层须弥座周围布置了5个探槽，须弥座顶部布置1个探槽和2个钻孔（T1、T2、T3、T4、T5、T6，zk9、zk10），探槽照片见图10 – 432所示，探槽揭露情况见图10 –

433、10-434。探槽揭示的茶胶寺的基础形式为在天然粉土质砂层上铺设细中砂人工垫层，垫层厚120cm 左右，自墙体外侧推算砂垫层外延宽约2.5 米。在砂垫层上层层铺砌角砾岩条石，现基础埋深为80cm 左右；在最底部角砾岩条石外侧的砂垫层上铺设有一层厚10cm 左右的碎角砾石夯层，有可能是建筑散水的组成部分之一，或者做为砂垫层的顶部保护层。第一层须弥座基础的建筑方法主要是在砂垫层上采用干砌块石形成挡墙，内夯筑砂土形成须弥座平台。探槽T2 揭示的底层条石向内侧倾斜约10 度左右，探槽T5 揭示的底层条石向内倾斜约9 度左右，T2 基础条石表面标高见图10-433（T2 平面图）所示。

T1 T2 T3

T4 T5 T6

图10-432　茶胶寺周边探槽

T1

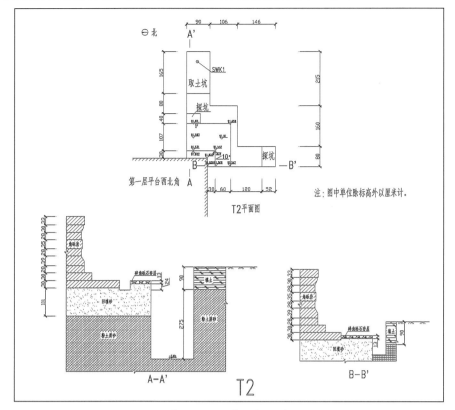

图 10-433 第一层须弥座调查探槽图 (T1、T2)

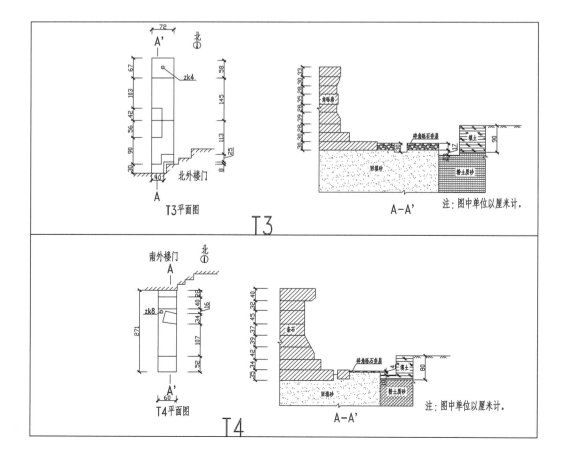

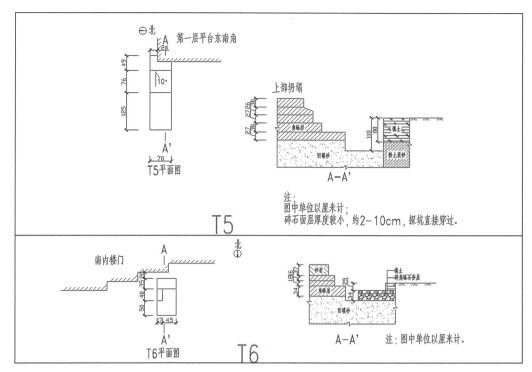

图 10 - 434 第一层须弥座调查探槽图 (T3、T4、T5)

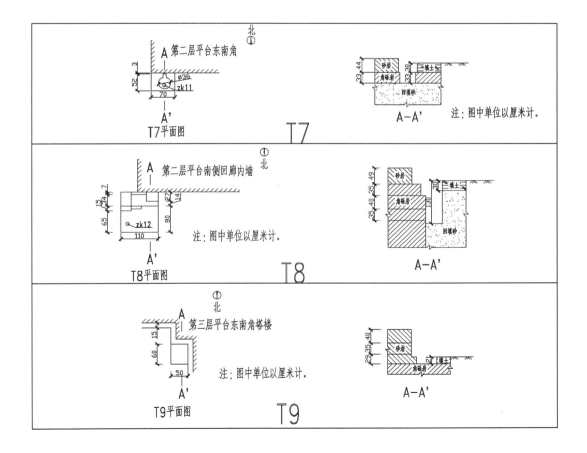

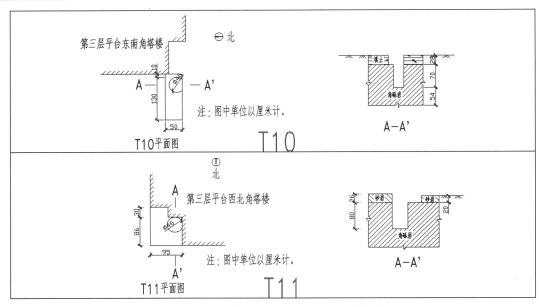

图 10-435   第二、三层须弥座调查探槽图

二、第二层和第三层须弥座地基与基础

为了查明茶胶寺第二层和第三层须弥座地基与基础建筑形制，本次工作在须弥座平台上布置了 2 个钻孔及 5 个探槽，探槽揭露情况见图 10-435 所示。探槽揭示第二层须弥座建筑方法主要是在第一层须弥座平台上采用干砌块石形成挡墙，内夯筑砂土形成第二层平台。然后在该平台上按照同样方法修筑第三层平台，最后在第三层平台上修筑五座塔楼。第二层和第三层须弥座地基与基础建筑形制与第一层须弥座类似。

10.6.8   茶胶寺地基与基础变形破坏特征与变形破坏原因初步分析

一、茶胶寺地基与基础变形破坏特征

茶胶寺主体结构整体基本保存完好，其地基与基础变形破坏主要有以下几个特征：角部沉陷倾斜，追踪张裂，地面隆起，角部坍塌，块石断裂，块石风化剥落，块石外移和倾斜等。前三个特征属于整体变形破坏，沉陷倾斜主要发生在茶胶寺第一层须弥座的四个角部和四个塔门处并伴随追踪张裂；地面隆起主要发现在第一层和第二层须弥座的顶面。而后四个特征则属于局部变形破坏，在茶胶寺的三个须弥座的四个外立面均有不同程度发生。现分述如下。

（一）角部沉陷倾斜

角部沉陷倾斜表现为第一层须弥座角部底层基础条石整体倾斜下沉，属于整体变形破坏特征之一。第一层须弥座西北角和西南角的角部发现底层基础条石整体倾斜下沉，但未发生坍塌现象（图 10-436）。

（二）追踪张裂

追踪张裂与沉陷倾斜伴生，其特征是石块间的缝隙加宽，追踪而上（图 10-436），局部伴随压裂现象，须弥座部位有充填物从石块间的缝隙处外露现象（图10-437），属于整体变形破坏特征之一。

图10-436　第一层平台角部整体倾斜下沉

（三）地面隆起

地面隆起由须弥座沉陷引起，表现为对应部位的表面铺砌的角砾岩块石隆起（图10-438），属于整体变形破坏特征之一。主要分布于第一层和第二层须弥座的顶面。

图10-437　冲填物流失　　　　　　　　图10-438　地表隆起

（四）角部坍塌

现场调查发现，茶胶寺几个平台的角部都不同程度的发生变形破坏，第一层平台的西北角保存最好，仅在角部出现贯通追踪张裂缝，其余角部和其它二、三平台的角部都发生不同程度的坍塌，见图10-439所示。角部坍塌特征又可细分为内推坍塌型、荷载压剪型、重力坍塌型。第一层须弥座东北角和东南角的角部坍塌属受沉陷倾斜控制的内推坍塌型，须弥座墙体外倾变形现象明显；第二层须弥座四个角部坍塌类型主要属荷载压剪型，角砾岩石块断裂面多属高倾角且石块断裂明显；第三层须弥座四个角部坍塌类型主要属重力坍塌型，角部突出部位的块石发生临空倾覆。角部坍塌具备整体变形破坏特征，但主要属于局部变形破坏特征。

东北角　　　西北角　　　西南角　　　东南角

一层平台

东北角　　　西北角　　　西南角　　　东南角

二层平台

东北角　　　西北角　　　西南角　　　东南角

三层平台上部

东北角　　　西北角　　　西南角　　　东南角

三层平台中部

东北角　　　西北角　　　西南角　　　东南角

三层平台下部

图 10 – 439　茶胶寺平台角部破坏情况

（五）块石断裂

块石断裂，属于局部变形破坏特征之一，在各级须弥座石砌墙体的四个外立面和各种类型的塔楼、门楼等都有发现。断裂方向多为竖向，且多发生在砂岩石块的角部和角砾岩石块的中部（图10 - 440）；有些断裂则沿节理面发展，断裂方向受节理面控制（图10 - 441）。

（六）块石风化剥落

块石风化剥落，属于局部变形破坏特征之一，在第三层须弥座表现最为突出，剥落主要表现为沿砂岩石块表面的风化，且多发生在石块的雕刻部分（图10 - 442）。

图10 - 440　主殿东门横梁断裂

图10 - 441　沿节理断裂

（七）块石外移和倾斜

块石外移和倾斜，属于局部变形破坏特征之一，在须弥座的四个外立面普遍存在。石块外移移距从几毫米到几十毫米不等，有些石块的外移发生在须弥座的上部（图10 - 443）；有些石块的外移发生在须弥座的底部。局部石块的外移在整体上表现为整级石块的外移。

图10 - 442　表面风化剥落

图10 - 443　块石外移

块石倾斜，在须弥座的上部和底部均有发生，倾斜角度一般在十度以下。倾斜主要表现为须弥座底部条石的内倾（图10－444），须弥座上部边沿有些石块也表现为外倾。

二、茶胶寺地基与基础变形破坏原因的初步分析

依据当前工作深度，仅根据茶胶寺须弥座存在的主要破坏特征分析其变形破坏原因，全面的分析还应建立地基与基础的数值模型，进行地基与基础的数值计算与分析，通过计算成果与变形破坏现象的耦合，验证与确认变形破坏的原因。

图 10－444　基础块石内倾

（一）整体变形破坏原因

茶胶寺第一层须弥座四个角部和四个塔门处有角部沉陷倾斜、追踪张裂等整体变形破坏现象，主要机制是地基压密沉降伴随墙体变形拉裂。即墙体和塔门在重力作用下，使所作用的地基土（主要是砂土垫层）发生压密，产生沉降使建筑本身石块之间发生变形拉裂。第一层和第二层须弥座的顶面处有地面隆起的整体变形破坏现象，主要机制是充填须弥座的欠压密砂垫层在重力作用下产生塑性变形，由基础沉降引起须弥座周围表面土体发生隆起。

（二）局部变形破坏原因

须弥座局部变形破坏的主要原因有以下几方面：

1. 第一层须弥座东北角和东南角的角部坍塌属受沉陷倾斜控制的内推坍塌型，须弥座顶部砌筑的回廊建筑产生的水平荷载，导致沉陷倾斜的须弥座产生进一步的劣化，发生内推坍塌。第二层须弥座四个角部坍塌类型主要属荷载压剪型，四个角部上部分别承载着四个塔楼的荷载，由周萨神庙工程的岩石力学资料可知，红色角砾岩的抗压强度和抗拉强度比较低，在压剪和拉张作用下，角砾岩的强度难以承担上部荷载，造成角部坍塌（这可以通过数值计算进行验证，并判定是压剪为主还是拉张为主）。第三层须弥座四个角部坍塌类型主要属重力坍塌型，该处须弥座石砌墙体断面形状成"『"型，重心靠上，在重力作用下宜自上部发生石块临空倾覆。各级须弥座角部变形破坏是茶胶寺遗迹最为显著的破坏现象，其变形破坏的原因除上述分析的诸因素外，还可能由几种类型的复合型造成的，风化作用、生物作用、人为破坏和排水失效也能劣化角部变形破坏的发育。

2. 应力集中：石块受整体变形破坏、上部荷载和自重等影响都会产生应力集中，导致建筑边角部和底部应力较大，造成块石断裂和剥落。

3. 水的作用：茶胶寺各级须弥座水的作用主要体现在两个方面，一是建筑排水失效，雨季水量丰富，积水造成墙体的沿开裂面的进一步劣化，并会冲蚀须弥座内部回填的砂土并被搬运，导致内部形成空洞，产生局部沉陷。在第一层须弥座顶部完成的 zk9 钻孔轻便动力触探成果是印证这一现象最好的例证。该钻孔位置紧邻须弥座石砌墙体的内侧，轻便动力触探的击数明显低于其它位置的轻便动力触探的击数。二是渗水加剧岩石风化，这一现象在第三层须弥座最为发育，第三层须弥座分三层平台砌筑，累计高度最高，且须弥座四周墙体上进行了雕刻，砂岩石砌墙体渗水现象明显（图10－445），

渗水造成砂岩表面干湿交替，加剧风化的程度。

4. 生物腐蚀，造成根劈破坏和岩石表面风化加剧。第一层须弥座受植物根系影响最大，植物根系伸入墙体之中，造成墙体变形破坏。须弥座大部分石块表面生长苔藓（图10-446），易引起表面剥落或沿节理面的崩解。

图10-445　墙体渗水

图10-446　表面苔藓

5. 动物掏蚀：须弥座有蚂蚁、蝎子、蜥蜴和蛇等出没，搬运掏蚀充填物，使内部形成空洞，产生局部沉陷。

除了以上分析的整体和局部变形破坏原因外，还可能存在地震影响因素。本次工作未能取得柬埔寨暹粒地区的地震资料，但影响茶胶寺变形破坏的外部原因不能不考虑地震的影响。在地震作用下，茶胶寺建筑遗迹会受到水平方向的作用力，使得水平方向约束差的平台角部和建筑的角部发生水平位移或者坍塌破坏；另外由于茶胶寺规模庞大，气势雄伟，通高达到44米，因此在茶胶寺的上部，地震的放大作用比较明显，而使得上部平台角部的破坏更加严重。

10.6.9　地基土承载力验算

根据茶胶寺三层须弥座的建筑形制，可以按挡土墙受力模式验算地基土的承载力。条石的容重取23KN/m³，砂土内摩擦角取30度。

第一层须弥座可以简化成高2.8m，墙宽2.67m的条石干砌挡墙，墙内回填砂土。

第二层须弥座可以简化为高5.4m，墙宽4.22m的条石干砌挡墙，墙内回填砂土，简化计算图见10-447所示

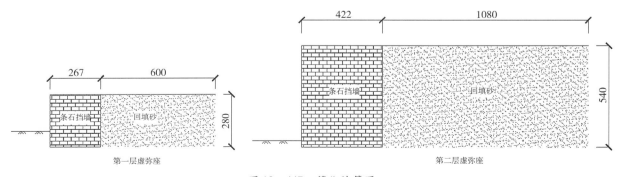

图10-447　简化计算图

采用库伦土压力理论计算土压力,第一层须弥座的基底最大压应力在墙趾处,为 77.082KPa 小于地基土的承载力 200KPa。第二层须弥座的基底最大压力为 162.870 KPa,同样小于地基土的承载力,因此地基土承载力满足要求。

第三层须弥座由于内部结构有待查明,计算条件不满足,因此此处不做承载力验算。

10.6.10　岩土工程勘察结论与建议

一、结 论

1. 本次岩土工程勘察未发现不良地质作用,场地稳定。

2. 地形基本平坦;属于冲洪积地貌。

3. 本次岩土工程勘察深度范围内的地层上部为填土、人工回填土,下部为第四纪沉积土,主要为粉土质砂及粘土质砂;主要地层的层位分布比较稳定,建筑物基础底面位于同一地质单元同一成因年代的土层上,地基持力层土层分布均匀,属于均匀地基。

4. 在本次调查期间,地下水位埋深 6.6—8.9m,标高 83.14—85.27 m,属于潜水;勘察期间,测得暹粒河水位为 82.64m,地下水和暹粒河的水力联系是地下水补给暹粒河。地下水和暹粒河河水对混凝土结构及钢筋混凝土结构中的钢筋无腐蚀性,对钢结构有弱腐蚀性。

5. 场地土类型为中硬土,建筑场地类别为 Ⅱ 类,场区内的地层不存在地震液化问题。

6. 茶胶寺地基与基础建筑形制为:第一层须弥座基础座落于由天然和人工回填组成的地基土之上,须弥座外部四周石墙由红色角砾岩块石砌筑,内部充填细中砂,顶面铺砌 1~2 层红色角砾岩条石,同时内部夯筑的细中砂层做为第二层须弥座的地基。第二层和第三层须弥座基础结构与第一层须弥座基础结构类似。第三层须弥座石砌墙体材料除角砾岩块石外,墙体外侧包砌一层砂岩块石。

7. 茶胶寺建筑遗迹主体结构整体基本保存完好,其地基与基础变形破坏主要有角部沉陷倾斜、追踪张裂和地面隆起等整体变形破坏特征,还有角部坍塌、块石断裂、块石风化剥落、块石外移和倾斜等局部变形破坏特征。

8. 茶胶寺第一层须弥座和第二层须弥座的地基土承载力满足荷载要求。

二、建 议

1. 鉴于须弥座作为地基与基础存在不均匀沉降和地面隆起等整体性变形破坏现象,建议在下一步工作中应结合观测地下水升降情况开展地基土的沉降观测,判定塑性变形是否在继续发展。

2. 本次工作未涉及各类岩石材料的现场测试和室内试验工作,未能取得岩石材料的物理化学和力学参数指标,要解决岩石风化和岩石强度等问题,建议在下一步工作中应给予补充。

3. 对茶胶寺须弥座变形破坏原因的分析缺乏验证,建议进行地基与基础的数值计算与分析,通过计算成果与变形破坏现象的耦合,验证与进一步分析变形破坏的原因。

4. 由于本次工作以地基及基础调查为主,未进行上部其它建筑遗迹的调查,建议在全面和整体调查与分析的基础上进行整体的稳定性评价,宜包括地震作用影响评估。

5. 在茶胶寺维修加固时,应选择新鲜,无节理或者节理不发育的石材作为主要受力构件,并验证第二层须弥座角部砌筑的角砾岩岩石强度是否满足上部荷载的作用。

6. 为了改善茶胶寺平台角部的受力状态，建议在平台角部维修时采用尺寸较大的条石砌筑，并增加表面粗糙度，以增加表面摩擦力，或采用其它措施增强水平拉结力，从而增加水平约束作用。

7. 鉴于水的作用对茶胶寺建筑遗迹变形破坏影响持久且明显，建议全面查清该建筑遗迹的排水系统，恢复或设计排水系统，使得排水通畅，减少积水冲蚀和渗入，有利于保护须弥座基础稳定和减轻岩石风化，阻止或延缓水对建筑结构的不良影响。

8. 建议重视动植物的生物作用，防止掏蚀、根劈等带来的变形破坏。

9. 本次工作未能收集到遗址区的气象水文资料和地震资料，建议在完成总报告时选用最新的当地气象水文资料，并判定自然环境因素对建筑遗迹的影响程度和影响范围。

10.6.11 数值计算分析与评价

一、整体稳定性计算分析

（一）整体模型

整体物理模型如图 10－448 所示。

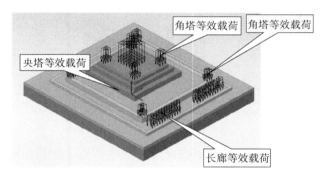

图 10－448 整体模型

（二）物理力学参数

具体见表 10－41。

表 10－41 岩土物理力学参数表

序号	代表色块	岩土名称	天然容重（kg/m³）	弹性模量（kPa）	粘聚力（kPa）	泊松比	内摩擦角（Pa）	体积模量（kPa）	剪切模量（kPa）	渗透系数（m/h）
1		地基（粉质土砂）	1900	4000	3.2	0.35	25	4444	1481	1.83E－02
2		填砂（细砂）	1800	3500	0	0.35	30	3888	1296	0.42
3		台阶（角砾岩）	2000	2.1E6	160	0.32	40	1.94E6	7.95E5	0.1
4		台阶（砂岩）	2400	5.0E6	160	0.27	40	3.62E6	1.96E6	0.1

说明：角砾岩和砂岩的粘聚力、内摩擦角、渗透系数的取值为块石干砌后形成结构体的综合取值。

（三）模型说明

模型主体按照结构物的真实尺寸建立，各层平台的建筑物按照其体积转化为压力载荷作用在平台表面。地基深度取值为地表下 16 米，平面范围为第一层台阶外推 16 米。计算单位采用 kN、m 制。地基底面和侧面 X、Y、Z 三个方向约束。

（四）单元划分

单元共划分为 74221 个（图 10 - 449），本构模型采用摩尔 - 库仑。

图 10 - 449　单元划分模型

（五）重力场分析

从图 10 - 450、10 - 451 图中可以看出，建筑地基在自重作用下，竖向产生一定的变形，塔基下方土基向下沉降，塔基周边土基向上隆起。造成这一现象的原因在于：建筑基座内部由松散细砂填筑而成，其较大的泊松比在承受竖向压力的同时，不可避免产生横向变形，塔基周侧表面无覆盖压力，造成塔基周侧地表向上隆起。如果塔基内部结构全部由块石砌筑而成，且埋入地下一定深度，块石砌体

图 10 - 450　重力场作用下的竖向应力

则会直接将上部荷载压力直接传入地下一定深度，其上土层的覆盖压力会消除或减弱塔基周侧土基的隆起现象。图 10 – 452 所揭示的竖向应力分布集中在中央塔的顶面、台阶、和基座处，符合分布规律，其最大的竖向应力未超出石材的抗压强度，地基承载力满足要求。图 10 – 453 揭示的最大塑性剪应变发生在塔基第二层平台和周侧土基衔接的部位，每层平台的基础和周侧土基衔接的部位也有塑性剪应变发生，符合作用规律，说明该部位在建筑荷载的作用下，在历史上出现过内力重分布，说明该部位是受力集中区域和相对薄弱区域。

图 10 – 451　重力场作用下的基础变位

图 10 – 452　重力场作用下的基础变位矢量图

图 10 – 453　重力场作用下的最大剪应变

（六）渗流场分析

设置塔顶和地层表面 2m 的压力水头，模拟在持续降雨的条件下，场地渗流场的分布情况。计算结果见图 10 – 454、10 – 455 所示。

图 10 – 454　渗流场孔隙压力水头

图 10 – 455　渗流场孔隙压力

由于塔基内部填料为细砂，外墙为干砌条石，均为渗透性较强的材料，在持续降雨的条件下，有条件形成渗流场，图 10 – 454、10 – 455 揭示了孔隙压力从上到下，从中心到外缘逐渐减弱的分布规律。

（七）重力场和渗流场耦合作用分析

由图 10 – 456、10 – 457、10 – 458 可以看出，考虑渗流场和重力场的耦合，中央塔塔基的竖向变形进一步增加，增加率在 14% 左右，央塔塔基底部的地基应力有所增加，增加率在 5—7% 左右。从而说明了渗流场的存在增加了地基的变形和应力。

图 10-456 重力场和渗流场孔耦合下的竖向变位云图

图 10-457 重力场和渗流场孔耦合下的基础变位矢量图

图 10-458 重力场和渗流场孔耦合作用下的竖向应力云图

二、角部稳定性计算分析

（一）一层平台角部稳定性计算分析

1. 计算模型的建立

计算模型如图 10 – 459 所示。

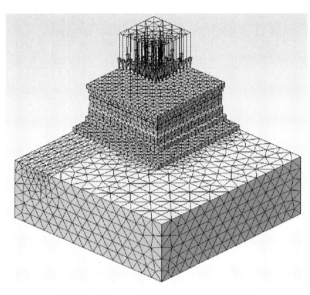

图 10 – 459　一层平台角部计算模型图

2. 物理力学参数

具体见表 10 – 42。

表 10 – 42　岩土物理力学参数表

序号	代表色块	岩土名称	天然容重（kg/m³）	弹性模量（kPa）	粘聚力（kPa）	泊松比	内摩擦角（Pa）	体积模量（kPa）	剪切模量（kPa）	渗透系数（m/h）
1		填砂（细砂）	1800	3500	0	0.35	30	3888	1296	0.42
2		台阶（角砾岩）	2000	2.1E6	160	0.32	40	1.94E6	7.95E5	0.1

说明：角砾岩的粘聚力、内摩擦角、渗透系数的取值为块石干砌后形成结构体的综合取值。

3. 分析

一层平台对应的长廊荷载施加于台阶后面的填砂上。从图 10 – 460 可以看出，在重力和渗流场作用下，角部的上部交角处平面变位最大，有向外被挤出的趋势，这和该部位后面的填砂在顶部荷载压力作用下产生侧胀变形有密切关系，正是填砂的较大泊松比和较低的弹性模量导致其在压力作用下发生较大的横向变形，横向变形受到角部墙体的约束，产生作用力，作用于角部墙体上，从而使角部墙体产生向外的运动趋势。这一点和现场勘察的结果较为吻合，现场从角部坍塌断面上，发现墙体有外倾位移现象。从 10 – 461 可以看出，角部的下部收分最凹处为最大的应力集中处，为结构最薄弱的部分。

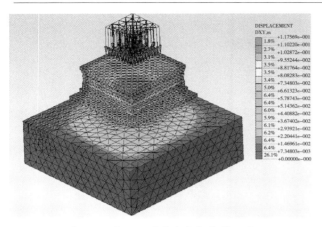

图 10 - 460　一层平台角部位移云图

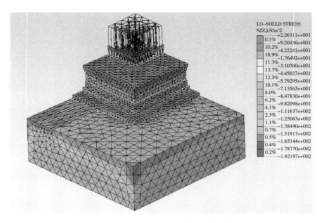

图 10 - 461　一层平台角部竖向应力云图

（二）二层平台角部稳定性计算分析

1. 计算模型的建立

计算模型如图 10 - 462 所示。

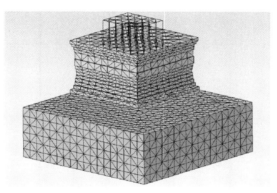

图 10 - 462　二层平台角部计算模型图

2. 物理力学参数

具体见表 10 - 43。

表 10 - 43　岩土物理力学参数表

序号	代表色块	岩土名称	天然容重（kg/m³）	弹性模量（kPa）	粘聚力（kPa）	泊松比	内摩擦角（Pa）	体积模量（kPa）	剪切模量（kPa）	渗透系数（m/h）
1		填砂（细砂）	1800	3500	0	0.35	30	3888	1296	0.42
2		填砂（细砂）	1800	3500	0	0.35	30	3888	1296	0.42
3		台阶（角砾岩）	2000	2.1E6	160	0.32	40	1.94E6	7.95E5	0.1

说明：角砾岩的粘聚力、内摩擦角、渗透系数的取值为块石干砌后形成结构体的综合取值。

3. 分析

对比图 10 –463、10 –464 以及图 10 –465、10 –466 不难发现，顶部角塔载荷的施加对角部的受力与变形有较大影响。在自重作用下，角部的受力是均匀的，施加顶部载荷后，角部的受力发生改变，在角部台阶向内收分最凹处的角线上出现应力集中（达 688kPa），并在该处产生最大的塑性剪应变。图 10 –467 的塑性剪应变分布预示了角部最不利受力区域，呈四面体锥形分布。并指明了角部破坏的形式为压剪破坏。

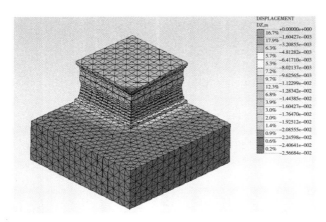

图 10 –463　二层平台角部位移云图（加顶部载荷）

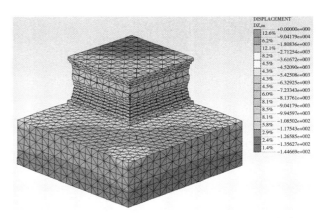

图 10 –464　二层平台角部位移云图（未加顶部载荷）

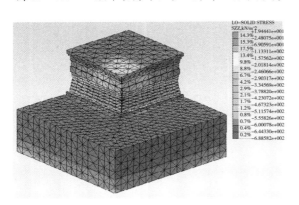

图 10 –465　二层平台角部应力云图（加顶部载荷）

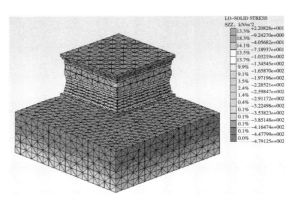

图 10 –466　二层平台角部应力云图（未加顶部载荷）

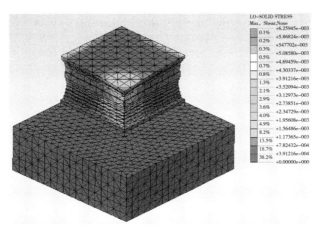

图 10 –467　二层平台角部最大塑性剪应变云图（加顶部载荷）

（三）三层平台稳定性计算分析

1. 计算模型的建立

计算模型如图 10 - 468 所示。

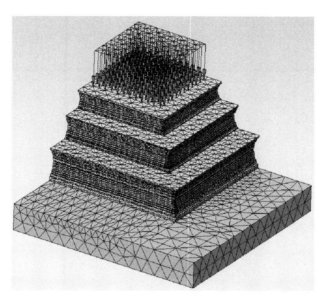

图 10 - 468　三层平台角部模型图

2. 物理力学参数

具体见表 10 - 44。

表 10 - 44　岩土物理力学参数表

序号	代表色块	岩土名称	天然容重（kg/m³）	弹性模量（kPa）	粘聚力（kPa）	泊松比	内摩擦角（Pa）	体积模量（kPa）	剪切模量（kPa）	渗透系数（m/h）
1		填砂（细砂）	1800	3500	0	0.35	30	3888	1296	0.42
2		台阶（角砾岩）	2000	2.1E6	160	0.32	40	1.94E6	7.95E5	0.1
3		台阶（砂岩）	2400	5.0E6	160	0.27	40	3.62E6	1.96E6	0.1

说明：角砾岩、砂岩的粘聚力、内摩擦角、渗透系数的取值为块石干砌后形成结构体的综合取值。

3. 分析

小结：从图 10 - 469、10 - 470 可以看出，在顶部载荷、自重、渗流的作用下，其整体位移以竖向位移为主，以水平向为辅。说明该部位承受竖向压力的材料以条石为主，如果承受竖向的压力材料为细砂，则会因其较大的泊松比，会产生较大的水平向位移。从 10 - 471 图中可以看出，三层台阶的中下部均承受了较大的竖向应力，说明三层台阶内凹形制减弱了台阶的应力收分作用，从而使每层台阶在最凹处承受较大的应力，同时在每层台阶的角部的交汇处的中部最凹处产生应力集中。

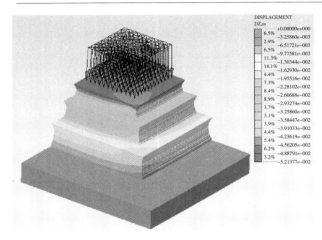

图 10 – 469　三层平台角部竖向位移云图

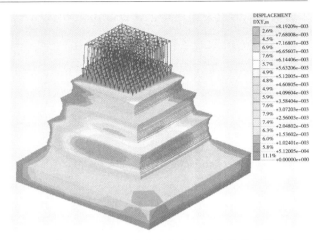

图 10 – 470　三层平台角部水平向位移云图

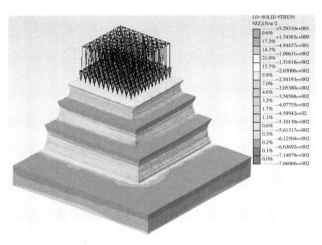

图 10 – 471　三层平台角部竖向应力云图

三、评价与结论

（一）整体稳定性评价

1. 整体模型分重力载荷以及重力载荷和渗流耦合两种工况计算，计算结果和现场勘察情况吻合较好。

2. 在重力载荷作用下，央塔塔基底部和回填细砂之间在历史上发生过塑性变形，导致塔基周侧土基隆起变形，塔基距离第二层台阶最宽处，隆起变形最大。导致这一现象的根源在于塔基承受的竖向应力直接作用于二层平台的砂层上，砂层填料所具有的较大的泊松比，导致其承载后较大的横向变形，塔基外无覆盖土层进行压重而为自由表面，进而导致向上隆起。如果塔基基础有一定的埋深，则会消弱甚至消除这一现象。这种隆起的塑性变形发生在建筑的施工过程和工后一定时间范围内，经过内力重分布，达到新的平衡，到现在早已稳定。但应注意局部恢复重建时，应尽量避免在局部出现地基内力重分布的发生。

3. 在重力场和渗流场耦合作用下，塔基的竖向应力和变形均有进一步增大的趋势。对于以细砂做为填料的塔基结构而言，其渗流场的存在好比增加了结构的重力，是不利的。计算表明，考虑渗流的情况下，其竖向位移和竖向应力分别增加14%和5~7%。有效的消除地基渗流是必要的。

4. 在重力场作用下，地基承载力能满足要求。

（二）角部稳定性评价

1. 一——三层平台角部出现的局部破坏，有一个共性：角部的顶部均有建筑载荷，一层平台的角部对应长廊，二层平台和三层平台的角部对应角塔。角部这些建筑载荷对角部的稳定产生了不利的影响。

2. 一层平台对应的长廊荷载施加于台阶后面的填砂上。在重力和渗流场作用下，角部的上部交角处平面变位最大，有向外被挤出的趋势，这和该部位后面的填砂在顶部荷载压力作用下产生侧胀变形有密切关系，正是填砂的较大泊松比和较低的弹性模量导致其在压力作用下发生较大的横向变形，横向变形受到角部墙体的约束，产生作用力，作用于角部墙体上，从而使角部墙体产生向外的运动趋势。和现场勘察的结果较为吻合，现场从角部坍塌断面上，发现墙体有外倾位移现象。角部的下部收分最凹处为最大的应力集中处，为结构最薄弱的部分。

3. 二层平台角部对应的角塔建筑载荷直接作用于角部的砌石上，顶部角塔载荷的施加对角部的受力与变形有较大影响。在自重左右下，角部的受力是均匀的，施加顶部载荷后，角部的受力发生改变，在角部台阶向内收分最凹处的角线上出现应力集中，并在该处产生最大的塑性剪应变。塑性剪应变分布预示了角部最不利受力区域呈四面体锥形分布，并指明了角部破坏的形式为压剪破坏。

4. 三层平台角部对应顶部角塔载荷，在顶部载荷、自重、渗流的作用下，其整体位移以竖向位移为主，以水平向为辅。说明该部位承受竖向压力的材料以条石为主，如果承受竖向的压力材料为细砂，则会因其较大的泊松比，会产生较大的水平向位移。三层台阶的中下部均承受了较大的竖向应力，说明三层台阶内凹形制减弱了台阶的应力收分作用，从而使每层台阶在最凹处承受较大的应力，同时在每层台阶的角部的交汇处的中部最凹处产生应力集中。

5. 经过角部数值计算分析，角部的顶部载荷对角部受力影响较大，角部的上突内凹形制成为结构的竖向应力分布与扩散的不利因素。根据不同位置的角部建筑形制和荷载对应关系，三层平台的角部破坏可概括为一下三种情况：（1）一层平台角部为墙后填砂作用下的主动土压力失稳破坏，破坏形式为外墙倾斜、角部坍塌。（2）二层平台为角塔压力载荷下的局部压剪破坏，角部的外突内凹形制在竖向压力载荷作用下不能形成合理的分散传力路径，导致角部的上半部临空受压剪，进而导致坍塌。（3）三层平台角部承受的角塔载荷较大，其三个台阶收分较为明显，每层台阶中下部承受了较大的竖向载荷，并在角部的交汇处的中部最凹处产生应力集中。每层台阶上部由于建筑形制形成较大的临空面，该部分在自重和结构载荷共同作用下，发生坍塌破坏。

另外值得一提的是角部的这种内凹外凸的建筑形制，必然导致其上部的临空部分受到重力载荷的弯剪作用，呈上拉下压、竖向受剪的受力模式。在建筑收分时，每层石料的重心应保证位于下层石料的外边缘的内部，同时在临空部分的顶部应设置向后延伸的通长的石料做为压顶受拉的承力构件，否则顶部在受拉作用下，单纯依靠石材之间的摩擦不足以维持结构的稳定。而这种通长受力的石料在顶部荷载作用下，一旦断裂，将不可避免的导致结构的失稳。角部是这种砌石结构的交汇处，有两个临空面，需要内部稳定机制更为复杂，加之角部的顶部建筑载荷的作用，致使角部成为整个建筑受力的最薄弱的环节。

四、保护对策与建议

基于前面的计算与分析，对该文物的保护对策及建议如下。

1. 从整体结构长期稳定的改善角度出发，建议在每层平台的填土表面进行防水设计，范围应涵盖围墙内部的全部填土表面以及向围墙以外延伸一定区域。目的是尽量阻止渗流场的形成，将雨水转化为地表径流直接排走。

2. 建议在作地表防水的基础上，按照最小途径原理，进行场地的地表排水统一规划和细部设计，将雨水按照合理的途径排出，而不是地表漫排。

3. 对于角部结构的修复工作，具体建议如下。

（1）一层平台角部的修复，应将其后的长廊基础采用实体块石或混凝土建立独立基础，基础应埋置于角部砌石结构基础面以下，这样就科避免原填砂基础对角部的侧胀效应。

（2）二层平台角部的修复，建议将其后的角设置实体块石或混凝土的独立基础，埋深至角部砌石结构基础表面以下，直接将塔体载荷传至一层平台表面。再做角部砌石结构，并注意其顶部条石的压顶和拉结。

（3）三层平台角部的修复，建议将其后的角塔临空部位采用通长压重石材修复，下部采用条石砌筑恢复。

10.7　重庆大足宝顶山千手观音造像保护工程详细勘察项目

10.7.1　项目概况

一、文物概况

大足宝顶山大佛湾南岩第 8 号龛千手观音造像雕凿于南宋中后期，该造像在 88 平方米崖面上刻有 830（2009 年以前一直盛传的数字是 1007）只手，集雕塑、彩绘、贴金于一体，造像采用纵横交错，上下重叠，反侧相承，深涉错落的布局，在 88 平方米的石崖上，雕出这 830 只手。造像龛高 7.7 米，宽 12.5 米。状如孔雀开屏，金碧辉煌，被誉为"天下奇观"。建成 800 多年来，千手观音造像因受风化等多种病害侵蚀，曾多次修复。最近一次大面积贴金约在清光绪 15 年，距今已 100 多年。二十一世纪以来大足千手观音造像风化和渗水病害日趋严重，已严威胁到千手观音造像的安全，需及时采取措施进行抢险保护。

2008 年国家文物局批准大足千手观音造像保护工程的立项，拟开展对千手观音造像本体实施抢险及全面修复加固工程。

由于千手观音造像赋存的岩体崖壁如果存在严重的渗水病害，将影响本体修复加固工程质量和效果。因此，造像岩体内地下水的分布和渗流规律，是专家们十分关注的问题。根据专家论证意见，需对千手观音造像区的岩土体进行详细勘察，这是本项目实施的基本背景情况。

二、勘察研究单位及主要完成人

中国地质大学（武汉）工程学院：方云、严绍军

三、说明

本案例未特别说明出处的图片均由中国地质大学（武汉）提供。

10.7.2　工作目的及技术路线

本次岩土工程勘察项目是在前期工作的基础上，重点查明千手观音所在水文地质单元内的地形地貌、区域地质构造、地层岩性、水文地质及工程地质条件，确定地下水补给、径流、排泄条件及向造像区的运移规律，为千手观音保护工程设计提供科学依据。

本次勘察采取以物探和钻、坑探相结合，多种技术手段交替使用、互相验证、综合分析的技术路线。为研究区的防渗工程设计提供科学依据。

10.7.3　工程地质测绘

1. 完成了大足宝顶山工程地质图（1：500）（图 10－472）。
2. 千手观音造像区实测工程地质剖面（图 10－473）。

图 10 - 472 大足宝顶山工程地质图 (1：500)

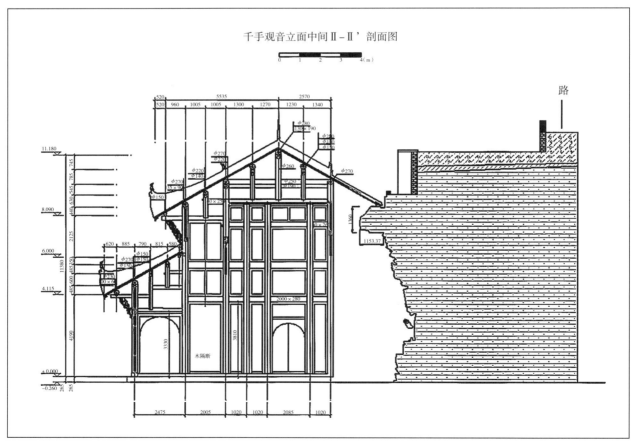

图 10 - 473 千手观音造像区实测工程地质剖面

10.7.4　钻探与坑探

1. 钻探深度 17.8—38.3m。终孔深度为千手观音造像底部以下 2m。共布置 3 条勘探线 8 个孔，总进尺 192m。

2. 坑探深度 1.8—2.8m，穿过第四系地层直至基岩。共布置 4 个探坑

3. 保留 3 个钻孔进行地下水长期观测，其余钻孔用水泥砂浆回填。探坑及时回填。钻孔及探坑位置分布图详见图 10-474。

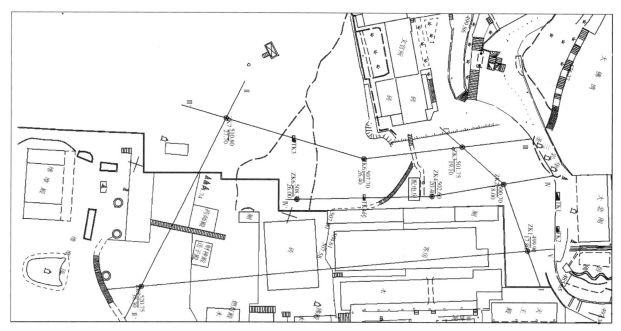

图 10-474　钻孔及探坑位置分布图

10.7.5　钻孔压水、注水试验

（一）试验完成情况

共完成 8 个钻孔，14 次压水试验，2 次注水试验。（图 10-475、图 10-476）。

图 10-475　钻孔压水试验现场

图 10-476　钻孔压水试验时石刻造像崖壁渗水观测

（二）ZK1 压水试验渗水观测成果

ZK1 位于千手观音崖顶右上方，圣寿寺院墙前。压水试验时，卧佛脚部泉水明显变混，其余部位无变化，说明圣寿寺一带地下水与卧佛泉水存在连通补给关系（图 10－477、图 10－478）。

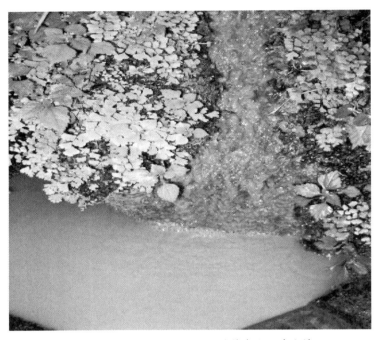

图 10－477　ZK1 钻孔压水试验卧佛泉水处渗水情况
中国地质大学（武汉）提供

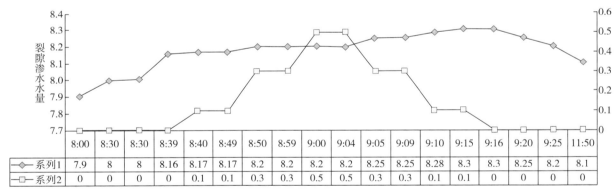

	8:00	8:30	8:30	8:39	8:40	8:49	8:50	8:59	9:00	9:04	9:05	9:09	9:10	9:15	9:16	9:20	9:25	11:50
系列1	7.9	8	8	8.16	8.17	8.17	8.2	8.2	8.2	8.2	8.25	8.25	8.28	8.3	8.3	8.25	8.2	8.1
系列2	0	0	0	0	0.1	0.1	0.3	0.3	0.5	0.5	0.3	0.3	0.1	0.1	0	0	0	0

图 10－478　ZK1 钻孔压水试验裂隙渗水量和实验压力变化曲线
（蓝色为裂隙渗水量，红色为实验压力）
中国地质大学（武汉）提供

（三）ZK2 压水试验渗水观测成果

ZK2 位于千手观音崖顶正上方，圣寿寺院墙拐角处。压水试验时，千手观音右侧裂隙渗水明显变混，其余部位无变化，说明千手观音顶部一带地下水与该渗水裂隙存在连通补给关系（图 10－479、图 10－480）。

（四）ZK3 压水试验渗水观测成果

ZK3 位于千手观音崖顶左上方。压水试验时，牧牛图侧门外石梯与岩面接触处产生渗水，华严三圣底部渗水点流量略有增大，其余部位无变化，说明华严三圣顶部一带地下水往牧牛图方向渗流（图10-481）。

图 10-479　ZK2 钻孔压水试验千手观音右侧裂隙渗水情况
中国地质大学（武汉）提供

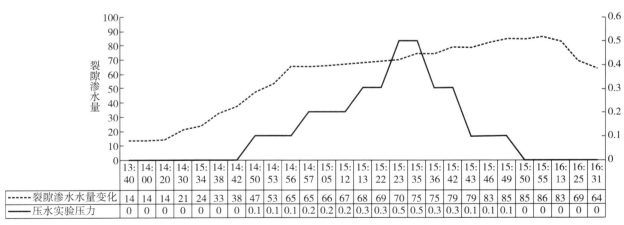

	13:40	14:00	14:20	14:30	14:34	14:38	14:42	14:50	14:53	14:56	14:57	15:05	15:12	15:13	15:22	15:23	15:35	15:36	15:42	15:43	15:46	15:49	15:50	15:55	16:13	16:25	16:31
----裂隙渗水水量变化	14	14	14	21	24	33	38	47	53	65	65	66	67	68	69	70	75	75	79	79	83	85	85	86	83	69	64
——压水实验压力	0	0	0	0	0	0	0	0.1	0.1	0.1	0.2	0.2	0.2	0.3	0.3	0.5	0.5	0.3	0.3	0.1	0.1	0.1	0	0	0	0	0

图 10-480　ZK2 钻孔压水试验裂隙渗水量和实验压力变化曲线
中国地质大学（武汉）提供

（五）结论

1. 千手观音造像区在 ZK1—ZK3 钻孔压水试验期间均无渗水，说明千手观音后部崖体完整性好，没有渗水构造裂隙存在。不受地下水的影响。其原因是千手观音至维摩顶一线为该区域地下水的分水岭，大气降水垂直下渗后分别朝东朝西渗流，不存在向北流向千手观音造像区的水流。

2. 由 ZK1、ZK2、ZK3 压水试验时千手观音造像区渗水变化推测千手观音石刻造像所处水文地质单元中地下水分区渗流图如图 10 - 482（渗流流向受裂隙产状所控制，此处推测与后期物探推测裂隙分布相吻合）。

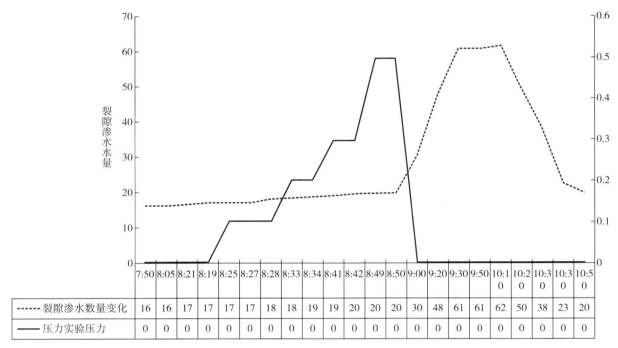

	7:50	8:05	8:21	8:19	8:25	8:27	8:28	8:33	8:34	8:41	8:42	8:49	8:50	9:00	9:20	9:30	9:50	10:10	10:20	10:30	10:50
------ 裂隙渗水数量变化	16	16	17	17	17	17	18	18	19	19	20	20	20	30	48	61	61	62	50	38	23	20
—— 压力实验压力	0	0	0	0	0	0	0	0	0	0	0	0	0	0	0	0	0	0	0	0	0	0

图 10 - 481　ZK3 钻孔压水试验裂隙渗水量和实验压力变化曲线
中国地质大学（武汉）提供

10.7.6　工程物探

（一）物探工作目的

1. 查明千手观音赋存的山体内砂岩和泥岩的分布规律。

2. 查明岩体中构造裂隙的分布规律，重点查明含水裂隙的位置。

3. 描绘岩体顶面起伏的高程等值线图。

4. 查明第四系覆盖层的厚度及含水体。

（二）井下电视法

井下电视法可用于探测井中岩层的裂隙、节理和破碎带、砂岩泥岩的分界等。使用全景式彩色电视可以探测钻孔四周及下部的全景图像，同时对远近景物无须调焦均呈清晰图像。根据图像的形态、颜色及光亮度等信息，可用于检测井壁的裂隙。最佳条件下分辨率可以达 0.1mm。井壁图像可用数字视频处理，保存至笔记本电脑中（图 10 - 483）。共完成 6 孔，探测总进尺 141.3m。

探测发现 ZK2 距孔口 5.50m 处一近垂直状张开裂隙；ZK8 距孔口 12.7m 处裂隙渗水；ZK7 距孔口 5.0——7.5m 处裂隙及破碎带；ZK4 距孔口 16.6m 处砂岩泥岩分界面。

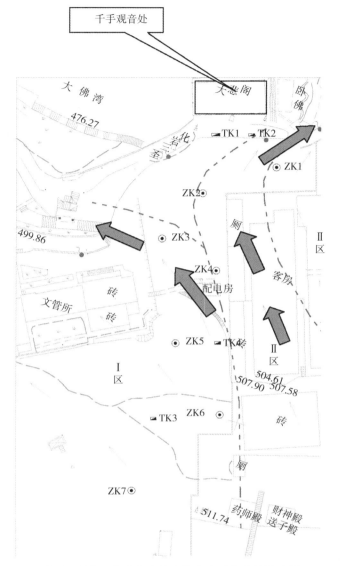

图 10-482 手观音石刻造像处地下水分区渗流图

图 10-483 井下电视探测现场

（三）地震反射法

为了查明崖壁顶部松散堆积层的厚度及岩体中裂隙的分布情况。

采用美国 Geometrics 公司的 StrataView R24 型高分辨数字地震仪。本次勘探采用高密度三分量多波浅层地震反射法为主和浅层地震折射法为辅的综合地震探测方法。本次勘察浅层地震多波反射法完成 13 条测线（纵、横波共线），累计测线长度 996m（其中反射纵波 498m、反射横波 498m），计物理点 2018 个（其中反射纵波 1009 个、反射横波 1009 个）（图 10 - 484），平面布置如图 10 - 485 所示。

图 10 - 484　浅层地震折射法探测工作现场

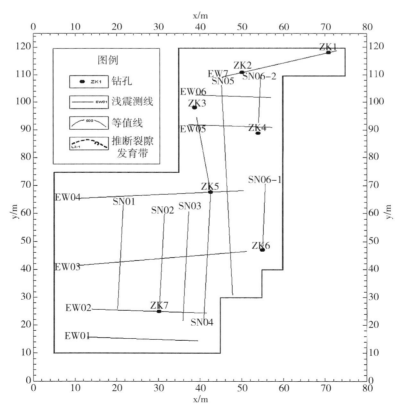

图 10 - 485　浅层地震测线布置图

（四）浅层地震测试深度剖面测试成果分析

本次探测共完成 26 条纵横波地震反射深度剖面（图 10 - 487），第四系覆盖层底板反射相对能量较强，连续性好，可进行全测区追踪对比解释（见剖面中的黄线）；裂隙反映明显，尤其是横波地震反射深度剖面（见剖面中的红虚线）（图 10 - 486、图 10 - 487）。根据地震反射波场特征解释解释和推断认为该区中主要存在走向近南北和东西向 LX - 1—LX - 9 裂隙 9 条，详见图 10 - 488 及表 10 - 45。浅层地震探测覆盖层探测分析成果见图 10 - 489、图 10 - 490、图 10 - 491 及图 10 - 492。

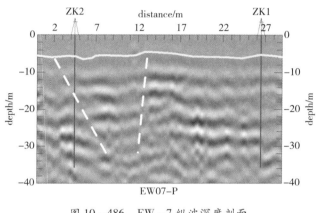

图 10 - 486 EW - 7 纵波深度剖面   图 10 - 487 EW - 7 横波深度剖面

表 10 - 45 裂隙调查成果表

编号	走向	倾向	倾角（°）	备注
LX - 1	近南北	东倾	70—75	
LX - 2	近南北	东倾	70—75	
LX - 3	近南北	东倾	70—75	
LX - 4	近南北	东倾	70—75	
LX - 5	近南北	东倾	70—75	
LX - 6	近南北	西倾	80—85	
LX - 7	近南北	西倾	80—85	
LX - 8	近东西	北倾	68—73	
LX - 9	近东西	北倾	68—73	

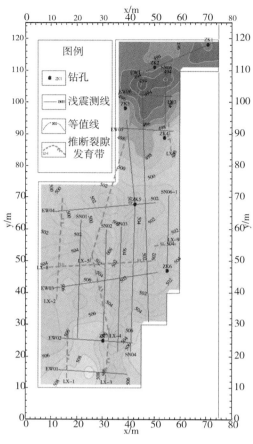

图 10-488　裂隙平面分布图

图 10-489　浅层地震探测覆盖层厚度等值线图

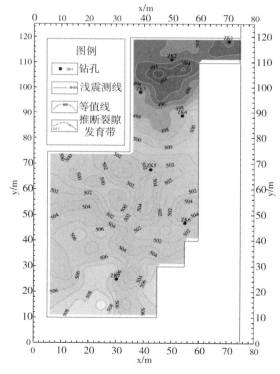

图 10-490　浅层地震探测覆盖层底板高程等值线图

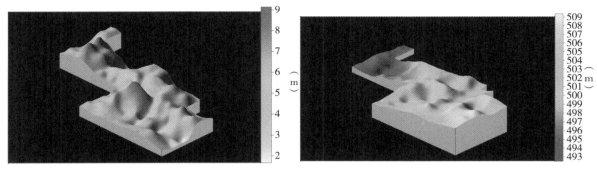

图 10-491　覆盖层厚度三维模型　　　　　　　图 10-492　覆盖层底板高程三维模型

（五）地质雷达法测试成果分析

本次探测采用加拿大探头与软件公司生产的 EKKO PRO 型低频探地雷达系统，分别采用中心频率为 100MHZ、200MHZ 的两种天线，接收与发射天线距分别为 1.0m 或 0.5 米；测点距分别为 0.5 或 0.2 米。测线布置及现场工作见图 10-493、图 10-494。探测目的在于一、查明第四系覆盖层厚度，二、查明崖壁完整性，及是否存在含水裂隙。

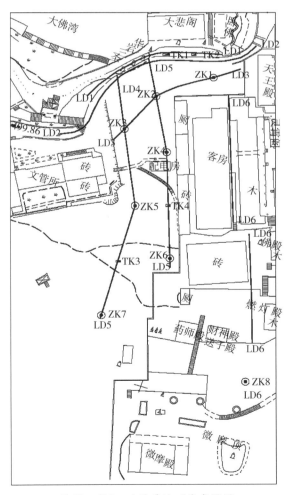

图 10-493　地质雷达测线布置图

1. 立壁石刻造像区地质雷达探测成果分析

采用中心频率为 200MHZ 的天线贴近"人间共仰图"、"千手观音"及"华岩三圣"石刻立壁表面进行探测（图 10 - 487、图 10 - 488）。

图 10 - 494　地质雷达探测现场工作照

（1）"人间共仰图"岩刻立壁地质雷达探测成果分析

代表性探测图谱见图 10 - 495。探测结果表明：立壁中部岩体探测波形稳定，岩体完整，壁面底部探测显示，两端波形变化相对大，推测为含水裂隙影响所致，与实际调查情况吻合。

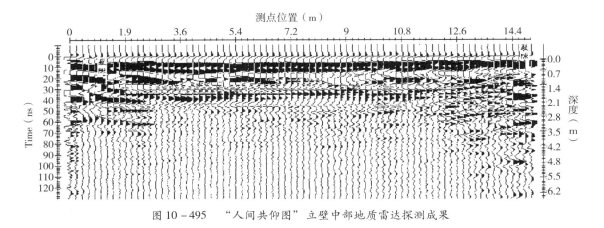

图 10 - 495　　"人间共仰图"立壁中部地质雷达探测成果

（2）千手观音造像区地质雷达探测成果分析

代表性探测图谱见图 10 - 496。探测结果表明：由以上四层地质雷达探测剖面可知，千手观音造像区整体波形变化不大，受脚手架、房屋等环境因素影响，局部波形稍微变化，结合勘探等资料综合分析，千手观音造像区岩体完整性好。

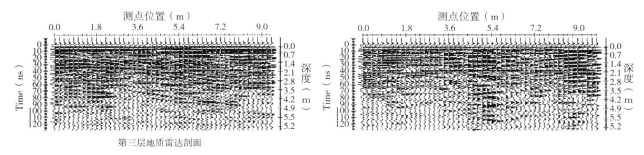

第三层地质雷达剖面

图 10 - 496　　千手观音造像区立壁表面地质雷达探测成果

（3）"华岩三圣"右侧造像区立壁表面地质雷达探测成果分析

代表性探测图谱见图10－497。探测结果表明："华岩三圣"东侧造像区上部波形变化稳定，岩体完整性好，下部探测波形相对上部有微小的变化，下部岩体中有夹层存在，完整性稍差。

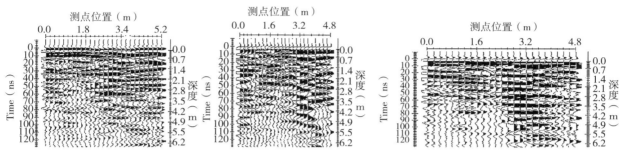

图10－497　"华岩三圣"造像区立壁表面地质雷达探测成果

2. 崖顶沿道路地质雷达探测成果分析

代表性探测图谱见图10－498。

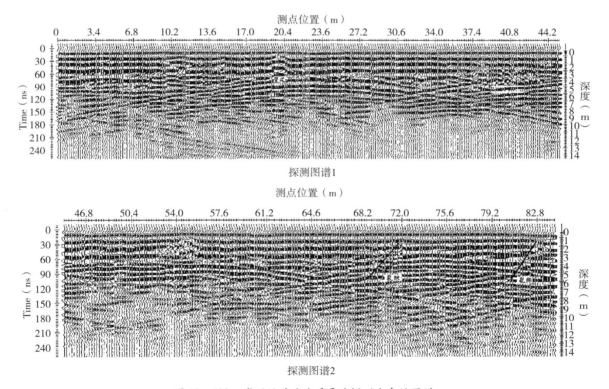

图10－498　崖顶沿道路地质雷达探测代表性图谱

沿千手观音崖顶景区道路布置的地质雷达剖面测试测试结果表明：由牧牛图侧门至千手观音造像西侧20m区间雷达波形较稳定，说明该段岩体完整性好。

在20.0m处的局部波形异常处推测为地下管道。

在探测线东段剖面线长72.0m与83.5m处分别有雷达波形异常，推测为地下掩伏裂隙。这两条裂隙分别与千手观音东侧渗水裂隙、卧佛脚泉水处裂隙相对应。

（六）钻孔电磁波 CT

本次勘察共完成 5 对孔电磁波 CT 的测试工作（其中 1 对为采用中频电磁波 CT），累计井长 87m（图 10 – 499）。

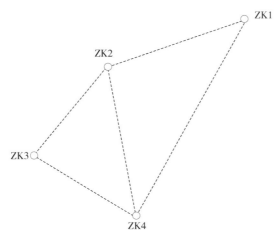

图 10 – 499　电磁波 CT 测试剖面和孔位分布示意图

1. ZK1 – 2 剖面

由图 10 – 500 推测 ZK1—2 之间 0.0—2.0m 深度范围为覆盖层；2.0m 以下为弱风化及完整的砂岩。7.0m 深度以下存在的局部电磁波高视吸收系数异常，推断为砂岩裂隙发育所致，且被泥沙、裂隙水等高视吸收系数物质所充填。

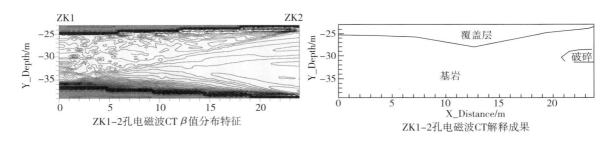

ZK1-2孔电磁波CT β值分布特征　　ZK1-2孔电磁波CT解释成果

图 10 – 500　ZK1 – 2 测试成果

2. ZK3 – 2 剖面

由图 10 – 501 推测 ZK3 – 2 之间 0.0m—3.0m 深度范围为覆盖层；自 3.0m 以下为弱风化及完整的砂岩。6.0m 深度附近存在局部电磁波高视吸收系数异常，推断为砂岩裂隙发育所致，且被泥沙、裂隙水等高视吸收系数物质所充填。

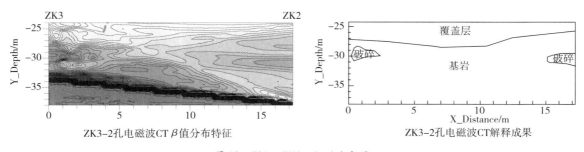

ZK3-2孔电磁波CT β值分布特征　　ZK3-2孔电磁波CT解释成果

图 10 – 501　ZK3 – 2 测试成果

3. ZK3 - 4 剖面

由图 10 - 502 推测 ZK3 - 4 之间 0.0m—3.0m 深度范围为覆盖层；自 3.0m 以下为弱风化及完整的砂岩。6.0m 深度附近存在局部电磁波高视吸收系数异常，推断为砂岩裂隙发育所致，且被泥沙、裂隙水等高视吸收系数物质所充填。

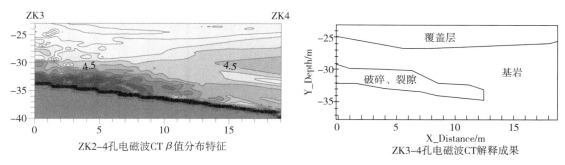

图 10 - 502　ZK3 - 4 测试成果

4. ZK2 - 4 剖面

由图 10 - 503 推测 ZK2 - 4 之间 0.0m—5.0m 深度范围为覆盖层；自 5.0m 以下为弱风化及完整的砂岩。8.0m 深度附近存在局部电磁波高视吸收系数异常，推断为砂岩裂隙发育所致，且被泥沙、裂隙水等高视吸收系数物质所充填。

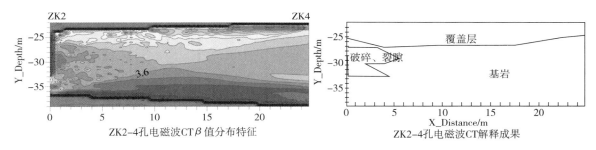

图 10 - 503　ZK2 - 4 测试成果

5. ZK1 - 4 剖面

由图 10 - 504 推测 ZK1—4 之间 0.0—4.0m 深度范围为覆盖层；4.0m 深度以下为弱风化及完整的砂岩地段。

综上分析，该区 ZK1—2、ZK2—3、ZK2—4、ZK3—4 电磁波 CT 剖面均出现异常，裂隙走向大致为 ZK2 与 ZK3 的连线方向，即北北东向，这与地震反射法所推断的结果基本吻合。

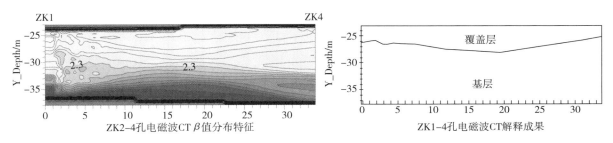

图 10 - 504　ZK1 - 4 测试成果

10.7.7 振动监测

振动监测工作按照《城市区域环境振动测量方法》和《场地微振动测量技术规程》进行。采用COINV大容量数据自动采集处理系统、891型测振仪和三分向拾震器。

地面微振动是外界各种振动在沿地层经过衰减，传播到接收点的综合反映。振动测试前，先通过测试得到大足石窟地区的自振卓越周期。然后选择3个对石窟影响最大的点位，进行振动测试。测试成果及分析见表10-46。

表10-46 振动监测成果

监测点	监测地点	振动最大速度 cm/s	影响评价
①	ZK1—ZK2 间	0.345	各测点振动最大速度均远小于引起建筑物破坏的下限值10cm/s，不会引起石刻造像的破坏
②	ZK2—ZK3 间	0.034	
③	坎下路边距陡坎 1.3m	0.027	
	坎下路边距陡坎 4.8m	0.021	

本次勘察工作中锤击或振动冲击的频率主要在10Hz以上，而大足石刻岩体的自振频率为3.5Hz，说明勘探工作产生的振动不会引起石刻造像的共振破坏。

与振源处的振动强度相比，水平向10m可衰减10倍，垂向2—3m可衰减100倍，在千手观音崖顶平台处振动影响基本消失。因此，本次布置的勘测线即使在离千手观音造像最近处也不会对石刻造像产生不利影响。

10.7.8 崖顶排水沟保存现状调查

千手观音崖顶砂岩与屋檐搭接处开凿有一条排水沟，下窄上宽呈倒梯形，下宽7—39cm，上宽27—50cm，排水沟北侧沟底至顶高8—23cm，南侧沟底至顶面41—68cm。其主要功能是导排大悲阁屋顶和上部陡坎的雨水。靠近挡墙的南侧堆置了一条宽12—15cm，高20cm左右的条石，用来遮挡上游的落叶流土。沟靠近屋檐的北侧顶部局部砌有砖瓦，进行了水泥砂浆抹面及修砌。目前排水沟保存基本完好，无破损。常年观察排水沟内没有明水从千手观音崖顶流入大悲阁内（图10-505）。

存在问题是：

1、排水沟不规整，两头太窄，排水不畅；

2、南侧条石没有防渗作用。

3、北侧水泥砂浆面层开裂，排水沟未作防渗处理，崖顶风化岩体吸水，长期潮湿，造成千手观音顶部风化加剧。

4、大悲阁东侧安防装置通过部位排水沟有一缺损处，暴雨时有水下漏。

千手观音处崖顶

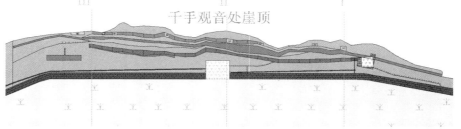

千手观音崖顶平面图

0　1　2　3　4(m)

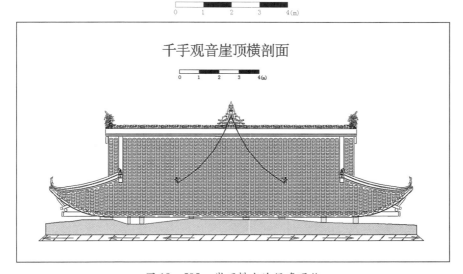

图 10−505　崖顶排水沟保存现状

10.8　龙门石窟潜溪寺渗水治理工程勘察

10.8.1　项目概况

一、文物概况

龙门石窟位于河南省洛阳市城南13km，石窟开凿在伊河两岸香山和龙门山的碳酸盐岩崖壁上。石窟保护区南北长约1km，面积约4km²。龙门石窟始凿于北魏（公元494年），历经东魏、齐、北周、隋、唐和北宋，前后达400多年。龙门石窟开凿大小窟龛2300余个，佛塔40余座，碑刻题记3600余块，造像10万余尊。龙门石窟是世界闻名的中国三大石窟之一，丰富多彩的龙门石窟艺术，为研究中国的佛教历史和古代雕刻艺术提供了重要的实物资料。1961年龙门石窟被国务院公布为第一批全国重点文物保护单位，1999年被列入世界文化遗产目录。

潜溪寺是龙门石窟西山北端第一个大洞窟。高、宽各约九米多，进深近七米，开凿于唐高宗年间（公元650－683年），窟内造一佛二弟子、二菩萨、二天王。本尊阿弥陀佛，著褒衣博带袈裟、坦胸、盘膝正坐于叠涩须弥方座上，窟顶藻井为浅刻大莲花（图10－506）。目前窟内渗水严重，具体表现为雨后反应快、渗水量大、渗出时间长、对造像保存危害大（图10－507）。

图10－506　龙门石窟潜溪寺所在位置的地形地貌

图10－507　潜溪寺窟内渗水痕迹

二、勘察研究单位及主要完成人

中国地质大学（武汉）工程学院：方云、严绍军

三、说明

本案例未特别说明出处的图片均由中国地质大学（武汉）提供。

10.8.2　勘察目的

本次勘察目的在于查明窟内渗水的原因，为治理工程设计提供依据。

10.8.3　主要工作内容

为达到勘察目的，本次勘察工作主要包括测绘及病害调查、地质构造调查、3.历史防渗工程调查评估、物探工作、现场注水试验、钻孔压水试验等内容。

10.8.4　病害调查

窟内渗水（渗漏）病害调查成果见图10－508、图10－509、及图10－510、图10－511。

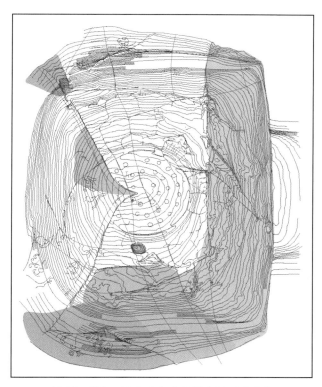

图10－508　洞窟顶面病害调查图（仰视）
龙门石窟研究院提供

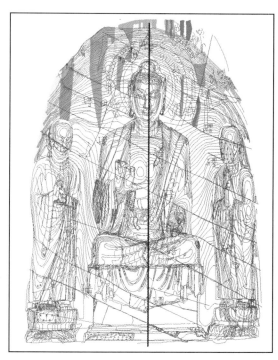

图10－509　西壁病害调查图
龙门石窟研究院提供

图 10-510　南壁病害调查图
龙门石窟研究院提供

图 10-511　北壁病害调查图
龙门石窟研究院提供

10.8.5　地质构造调查及裂隙统计

通过对潜溪寺窟内外裂隙调查（图 10-508 至图 10-512）表明：发育有 3—5 组结构面，其中一组为层面裂隙，产状 340°—350°∠24°—26°；一组为卸荷裂隙，产状与立壁面近平行；其它为构造裂隙。具体见表 10-47 及图 10-513。结构面产状基本服从正态分布，隙宽与迹长基本服从负指数分布。裂隙网络模拟结果见图 10-514。

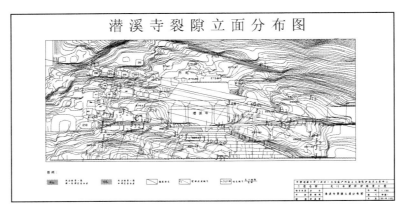

图 10-512　潜溪寺裂隙外立面分布图

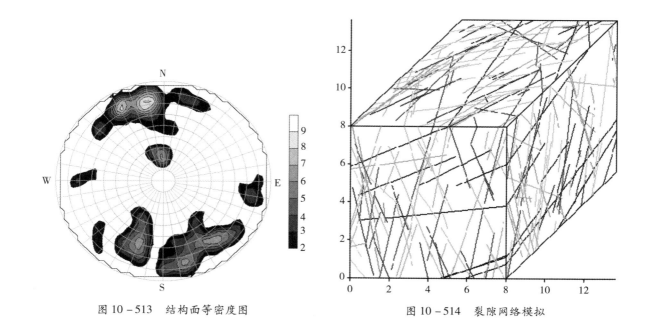

图 10-513 结构面等密度图　　　　图 10-514 裂隙网络模拟

表 10-47

窟名	地层岩性	分组	优势产状				半迹长（m）		间距（m）	隙宽（mm）	
			倾向	方差	倾角	方差	均值	方差		均值	方差
潜溪寺	白云岩	1（层面）	350	10.67	25	6.34	2.52	2.60	0.58	5.38	7.28
		2	348	5.52	78	13.24	1.38	1.34	0.92	6.62	15.3
		3	270	8.50	72	10.07	0.90	0.63	1.46	3.09	4.31
		4	160	13.31	70	15.66	1.47	2.03	0.58	8.97	19.30
		5	100	13.52	82	7.21	0.78	1.12	0.79	5.78	9.14

10.8.6 历史防渗工程调查评估

本次调查评估的主要对象是潜溪寺顶部防渗层，目的在于了解 20 世纪 80 年代末—90 年代初实施的顶部防渗工程目前的保存现状及，对其有效性提出评估意见。

本次调查工作主要集中在①窟檐顶部与岩体接合部位、②后缘排水沟及③后壁的陡坡防渗层三个方面（图 10-515）。

一、窟檐顶部与岩体接合部位

1. 顶部接合部位的水泥防渗层抹面已开裂，露出油毡层，并有下滑趋势（图 10-516）。

2. 立面水泥保护层保存完好。（图 10-517）。

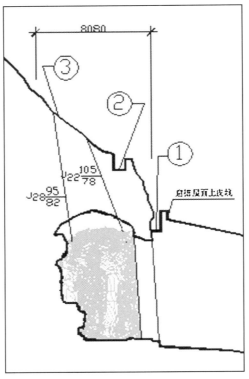

图 10 – 515　历史防渗工程调查部位示意图
（中国文化遗产研究院测绘）

图 10 – 516　窟檐顶部接合部位的水泥防渗层

图 10 – 517　立面水泥保护层
（中国文化遗产研究院摄于 2004 年）

二、后缘排水沟

1. 由于断面较大（800cm×750cm）其排水功能仍在发挥，未淤积，但沟底表面普遍龟裂，甚至有开裂现象同时沟壁顶部原防渗层上设置的覆土挂网保护层大部分已锈蚀，覆土有下滑趋势（图 10 – 518）。

图 10 – 518　后缘排水沟总体保存情况
（中国文化遗产研究院摄于 2004 年）

（一）做法调查

通过对该部分构造的详细解剖，得知防渗层从下至上由底部找平层、钢筋网、混凝土防护层及水泥砂浆抹平层构成（图 10 – 519）。目前，水泥砂浆抹平层大空隙最少，抗渗性较好，但厚度相对较小，下部结构疏松（图 10 – 520）。

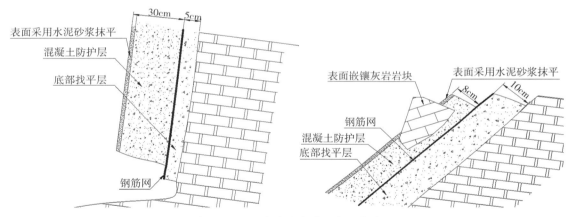

图 10 – 519　陡坡防渗层做法示意图

图 10 – 520　解剖处顶部防渗层保存情况

（二）回弹仪检测

通过回弹仪检测（点/0.0625m²），发现防渗层目前至少有19处空鼓区，其中南部平缓区有覆盖层的区域明显保存要好于其他区域（图10-521）。

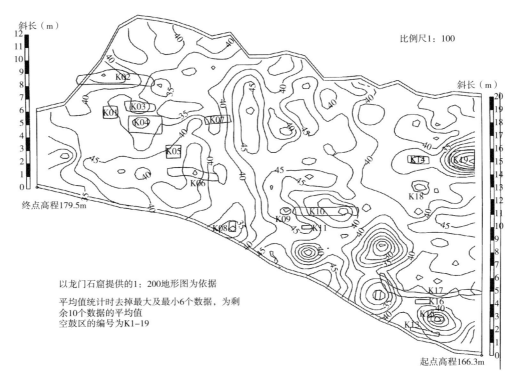

图 10-521　回弹仪检测结果

四、结 论

根据中国地质大学（武汉）对潜溪寺所处白云岩岩体裂隙统计的结果（见表10-47），潜溪寺所在岩体除一组层面节理外，其余四组均为高角度陡倾构造节理，平均倾角70-80°。通过调查发现影响潜溪寺窟内渗水的主要两条裂隙J22、J28也属于该类型（见图10-525），产状分别为105°∠78°，95°∠82°。按其倾角向上延伸趋势与顶面剖面线相交位置判断，其顶面补给区的宽度应在8m左右（从岩壁面算起），而这一区域正好在顶部陡坡防渗层的区域内，因此，自实施防渗工程后约有十年的时间里潜溪寺内的渗水问题是得到一定控制的，由此判断原顶部防渗的区域和技术措施当时具有一定的有效性。

就目前现场调查表明，原防渗层空鼓和内部混凝土材料的劣化是导致顶部防渗失效的主要原因。同时由于混凝土防护层破坏，局部区域钢筋网已外露锈蚀，而导致底部钢性防渗层直接暴露于外界环境中，温差变化、干湿交替、冻融作用致使底部防渗层表面龟裂，大气降水从这些薄弱部位进入岩体表面，再沿导水裂隙渗入窟内，从而再次诱发窟内渗水。

目前为有效抑制窟内渗水，必须重新铺设或维修顶部防渗层，考虑到龙门石窟地形特点，表面保护层覆盖难度较大，建议在优化保护层设计的同时，防渗材料应选用弹性材料，以克服刚性防渗层易开裂的缺点。

10.8.7　地震折射层析法与高密度电法检测

一、测线布置

测线布置如图 10 – 522 所示，其中编号 DZ 为地震折射层析法，GM 为高密度电法。

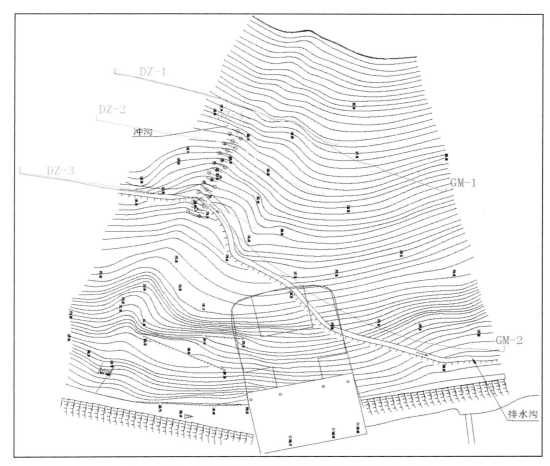

图 10 – 522　地震折射层析法及高密度电法测线平面布置图

二、地震折射层析法测试成果分析

地震折射层析法测试成果见图 10 – 523。测试结果表明：南侧岩体破碎，是较好的富水区域。

三、高密度电法测试成果分析

高密度电法测试成果见图 10 – 524。测试结果表明：①GM1（混凝土层顶部）6—10m 深度的低电阻率区，与构造裂隙分布一致；②GM2 低电阻率区与岩石破碎富水有密切关系，GM2 低电阻率区与地震波测试结果基本吻合。

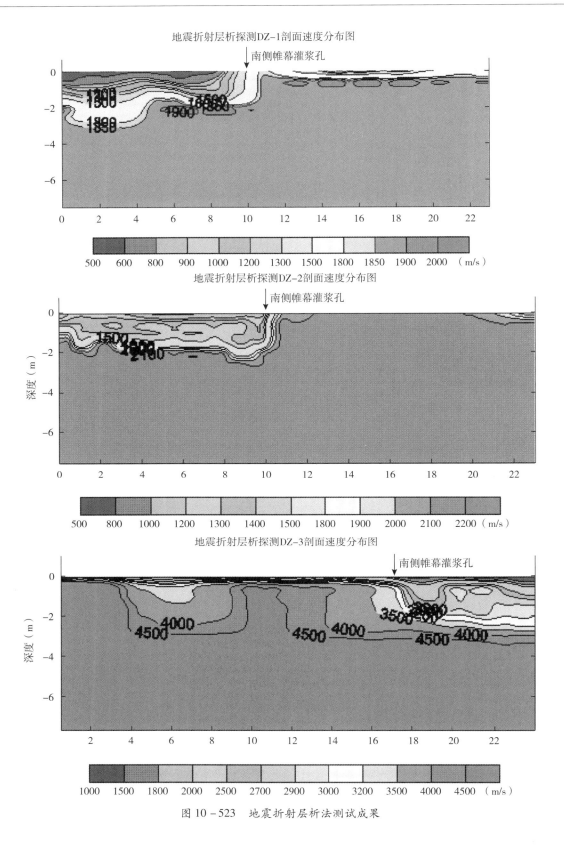

图 10-523　地震折射层析法测试成果

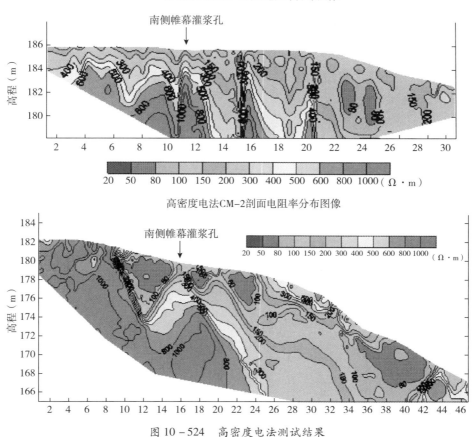

图 10 – 524　高密度电法测试结果

10.8.8　地质雷达

测线布置见图 10 – 525。测试结果表明：与地震折射层析法与高密度电法测试结果相似。南侧冲沟有 4—6m 的破碎带，C2 剖面 BDE 连线与层面坡向坡度一致。

图 10 – 525　地质雷达测线布置图

10.8.8 探槽

探槽布置于潜溪寺南部构造裂隙发育的密集带。揭露情况见图 10-526。

图 10-526　探槽揭露情况

揭露表明：①层面产状 358°∠25°，裂隙间距最小 0.15m，最大处达 5.10m。岩体多被层面裂隙切割成厚层—巨厚层状；②裂隙内部由浅黄色和灰白色岩溶沉淀物所充填；③132—155°∠60—74°分布最为广泛，隙宽 1—10mm，裂隙内充填有泥土，见植物根系；④岩石结构疏松 局部岩溶发育。

10.8.9 现场注水试验

探槽内布置了六个（1—6 号）渗水试验点。试验记录见表 10-48，窟内渗水点观测记录见表 10-49。测试结果表明：1#、2#、6#渗透速率相对较大；潜溪寺窟渗水点滴水速率增加；窟内滴水变化相应滞后约 8—12 小时；渗水位置主要集中在窟顶靠近窟门的正前方及靠近北壁的东北角；南侧小型洞窟层面裂隙贯穿性差；透水的层面裂隙越过了洞窟顶部；在南侧探槽中部有一段岩石完整性较好相对阻水层；上方岩石破碎且有结构面与洞窟顶部贯穿。

表 10 – 48　试验记录表

点号	渗水体积（L）	所耗时间（h）	渗透速率（L/h）
1	14	8.5	1.65
2	70	40	1.75
3	18.3	66	0.28
4	26	66	0.39
5	10	66	0.15
6	83.36	46.67	1.79

表 10 – 49　渗水点观测记录表

观测时间		渗水点平均滴水速率（s/滴）					备注
		S1	S2	S3	S4	S5	
11.03	10：50—12：00	3.29	2.49	6.14	1.13	0	观测前一天小雨，观测时探槽内 1—5# 试坑注满水。
11.04	9：40—10：00	3.10	2.62	19.37	2.23	0	1#已无水，2—5#均有水。
	12：50—14：00	0	0	0	5.14—0	0	1#注水 14L 后，2—5#无水。
	17：50—18：50	5.60	3.99	0	0	0	1—5#试坑均注满水。
11.05	8：30—9：30	3.57	2.76	0	5.06		1#已无水，2—5#均有水。
	12：50—14：00	0	0	0	3.25		1—2#已无水，3—5#均有水。
	17：00—18：30	6.64	5.48	0	0	0	1—2#已无水，3—5#均有水。
11.06	10：00—11：30	6.69	2.82	0	3.04	0	1—2#已无水，3—5#均有水
	12：30—14：00	0	0	0	8.80—0	0	1—2#已无水，3—5#均有水
11.07	8：30—10：30	4.08	3.06	0	10.60		1—2#已无水，3—5#均有水
	12：00—14：00	35.38	9.38	0	0		1—5#均无水
	17：00—18：30	0	10.17	0	0		1—5#均无水
11.08	8：30—10：30	4.05	4.71	0	0	0	天气大雾，1—5#均无水
	11：00—13：00	4.69	4.09	0	5.59	14.42	天气大雾，1—6#均无水
	17：00—18：30	5.32	4.47	0	13.09—0	14.88	天气大雾，1—6#均无水
11.09	8：00—9：00	5.00	5.18	0	0	0	阴转阵雨，1—6#均无水
	11：00—12：00	5.07	5.49	0	0	0	阴，1—5#均无水，6#有水
	17：00—18：00	4.87	1.20—5.99	0	0	0	阴，仅 6#有水，S2 滴水突然变快，后恢复
11.10	8：40—9：30	5.28	13.90	0	0	0	1—5#均无水，6#有水
	11：00—12：30	5.27	16.84	0	0	0	1—5#均无水，6#有水
	17：00—18：00	6.05	>43.02	0	0	0	1—5#均无水，6#有水

10.8.10　钻孔及压水试验

在窟南侧斜上方、窟顶正上方及窟顶上方后缘各布置了一个钻孔压水试验点。测试时结果如下。

1. 窟南侧斜上方：难以注水。
2. 窟顶正上方：水位保持稳定。
3. 窟顶上方后缘：可直接无压注水。

10.8.11　结论

潜溪寺渗水机理较复杂，主要可总结为：

1. 南侧冲沟极其构造裂隙发育带对潜溪寺未造成直接影响。
2. 虽然属于碳酸盐岩 但岩溶在潜溪寺渗水中并不是控制性因素。
3. 潜溪寺顶部为中厚层白云岩形成相对软弱层顺层错动集中带，劈理集中发育形成了破碎带，进一步形成透水层。
4. 构造裂隙、南侧层面、卸荷裂隙仅仅贯穿透水层形成渗水而已。
5. 南侧小型洞窟区积水对洞窟渗水影响很小。

10.9　西黄寺清净化城塔及其附属石质文物石材表面劣化机理分析及工程性能研究

10.9.1　项目概况

西黄寺清净化城塔位于北京市朝阳区安定门外黄寺大街，西黄寺建于顺治九年（1652年）。乾隆四十七年（1782年）为纪念在这里圆寂的六世班禅，在西黄寺西侧建造衣冠塔，命名为"清净化城塔"。清净化城塔院坐北朝南，平面呈南北向长方形，建筑面积900余平方米。该塔依照印度佛陀迦耶式塔样式，用汉白玉砌筑。中间主塔高约20米，建于3米多高的塔基上，塔的转角处刻有力士雕像。主塔四角各有一座高约10米的角塔，与主塔组成金刚宝座式塔。清净化城塔在历史上占有极高的地位，是汉族和藏族以及其他少数民族文化交流和友好交往的历史见证，具有重要的历史价值。2001年公布为第五批全国重点文物保护单位。

目前由于自然和人为因素的影响，塔体及其周边附属石质文物产生了不同程度的材质劣化问题。为了科学地制订保护方案，本次勘测的工作目的在于：研究塔体及其周边附属石质文物的表面劣化机理，客观评价其工程性能和影响因素，为石材表面保护工程设计提供科学依据。

一、勘察研究单位及主要完成人

中国文化遗产研究院：李宏松、颜华、张可、付永海
中国矿业大学（北京）岩土工程研究所：刘成禹、周旭荣、孙全、还祥生
中国地质大学（北京）工程学院：孙进忠

二、任务及要求

西黄寺清净化城塔及其附属石质文物表面劣化机理及工程性能评价研究项目，目的是为文物保护及后续保护方案的设计服务。项目要求对塔体及其周边附属石质文物的表面劣化机理进行研究并对其工程性能和影响因素进行客观评价，为石材表面保护工程的设计提供科学依据。

三、研究内容

本项目的主要研究内容包括①石材的岩石学定名；②石材的物理、化学、力学、水理性质及矿物成分测试；③影响石材风化的环境因素调查；④石材劣化机理分析；⑤石材表面工程性能评价；⑥提出岩石表面加固建议。

四、技术路线

根据项目的研究内容，所采取的技术路线如图10-527所示。

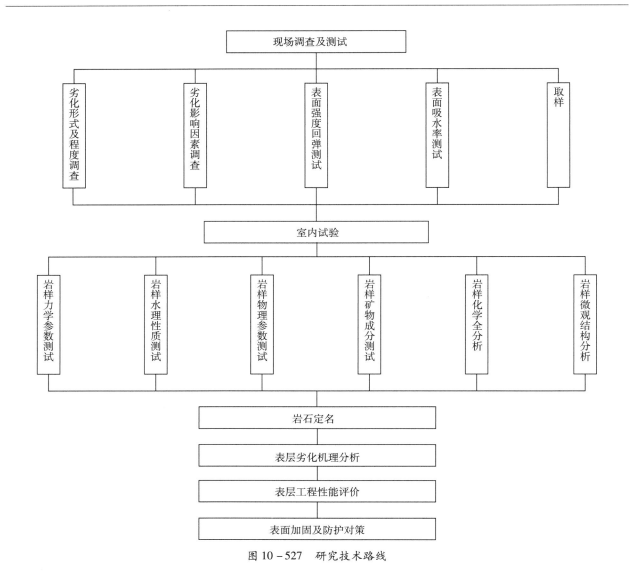

图 10 - 527　研究技术路线

五、主要工作量

本项目外业和试验所完成的工作量如表 10 - 50 所示。

六、说明

本案例未特别说明出处的图表均由中国文化遗产研究院和中国矿业大学（北京）共同提供。

表 10 - 50　主要工作量

编　号	项　目	单位	数量	编号	项　目	单位	数量
1	现场调查及检测			4	岩样化学分析	样	42
1.1	数码照片	张	240	5	岩样水理性质及孔隙分布试验		

续表 10－50

编　号	项　　目	单位	数量	编号	项　　目	单位	数量
1.2	素描	张	8	5.1	压汞试验	样	8
1.3	岩石表面回弹锤击测试	区	156	5.2	吸水率试验	样	8
1.4	岩石表面吸水率测试	点	39	5.3	饱和吸水率试验	样	8
2	岩石物理性质实验			6	岩石力学性质实验		
2.1	比重实验	样	4	6.1	单轴压缩变形实验	样	16
2.3	干容重测定	样	8	6.2	变角直剪实验	样	8
3	岩样矿物成分及结构分析试验			6.3	劈裂法实验	样	8
3.1	薄片鉴定	样	14	6.4	抗折实验	样	6
3.2	X 射线衍射	样	46	7	水质分析	样	2
3.3	扫描电镜（SEM）	样	57	8	空气分析	样	6

10.9.2　石材的基本性质

一、岩石定名

研究对象中岩石主要有两种，一种是微晶白云石大理岩，另一种是灰色中粒粘土质长石砂岩。研究区内这两种岩石的分布如表 10－51 所示，两种岩石的成分、结构、构造等特征见表 10－52、10—53 及图 10－522、10－523。

表 10－51　研究区两种岩石的分布

岩石名称	微晶白云石大理岩	灰色中粒粘土质长石砂岩
研究区分布	塔身、牌坊、正殿前丹陛、垂花门抱鼓石	塔基

表 10－52　微晶白云石大理岩鉴定结果

样品编号	Y－3	岩石名称	微晶白云石大理岩		
野外定名	大理岩	分析手段	肉眼观察；镜下鉴定		
肉眼观察结果					
颜色	白色	结构	微晶结构	构造	块状构造
镜下特征					
矿物名称和含量	碳酸盐矿物，微晶，高级白干涉色99%；长石，微晶，自形，一级灰 0.5%；透辉石，微晶，柱状，干涉色二级 0.5%。				
显微结构	等粒变晶结构				
显微构造	块状构造				

续表 10 - 52

样品编号	Y - 3	岩石名称	微晶白云石大理岩		
镜下照片（图 10 - 528 所示）					
底片编号	岩石定名	简单描述	装置特征	L（mm）	W（mm）
11A	微晶白云石大理岩	碳酸盐矿物	正交偏光	1.98	1.36
12A	微晶白云石大理岩	碳酸盐矿物、长石、透辉石	正交偏光	1.98	1.36
13A	微晶白云石大理岩	碳酸盐矿物、长石、透辉石	正交偏光	0.98	0.68

(a)　11A　　　　　　　　(b)　12A　　　　　　　　(c)　13A

图 10 - 528　微晶白云石大理岩偏光显微镜下照片

表 10 - 53　灰色中粒粘土质长石砂岩鉴定结果

样品编号	Y - 2	岩石名称	灰色中粒粘土质长石砂岩		
野外定名	长石砂岩	分析手段	肉眼观察；镜下鉴定		
肉眼观察结果					
颜色	灰色	结构	砂状结构	构造	层状构造
镜下特征					
显 微 结 构	中粒砂状结构，0.5mm 为主要碎屑，次棱角状				
碎　　　屑	含量 87%				
长 石 屑	55%；新鲜碎屑可见聚片双晶，复合双晶，二轴晶负光性一级灰；后期碳酸盐充填解理；粘土化颗粒较多失去光性。				
石 英 屑	40%；一级灰，一轴晶正光性，表面干净，棱角状 0.4mm。				
填 隙 物	含量 13%，孔隙式胶结，充填自生粘土、自生水云母。				
暗色矿物残余	少量				
镜下照片（如图 10 - 529 所示）					

续表 10 - 53

样品编号	Y - 2		岩石名称	灰色中粒粘土质长石砂岩		
底片编号	岩石定名	简单描述	装置特征	L（mm）	W（mm）
14A	灰色中粒长石砂岩	粘土化颗粒 砂状结构	正交偏光	1.98	1.36
15A	灰色中粒长石砂岩	粘土化颗粒 孔隙式胶结	单偏光	0.98	0.68
16A	灰色中粒长石砂岩	岩石 自生水云母	正交偏光	0.98	0.68

(a) 14A   (b) 15A   (c) 16A

图 10 - 529 灰色中粒粘土质长石砂岩偏光微镜下照片

二、物理性质

研究区内两种主要岩石的物理性质如表 10 - 54 所示。

表 10 - 54 研究区内两种岩石的物理参数

岩石名称	密度（g/cm³）		比重
	干密度	饱和密度	
微晶白云石大理岩	2.693	2.699	2.697
灰色中粒粘土质长石砂岩	2.829	2.840	2.834

三、力学性质

研究区内两种主要岩石的力学性质如表 10 - 55 所示。

表 10-55 研究区两种岩石的力学参数

岩石名称	单轴抗压强度σ_c（MPa）		弹性模量 E（GPa）		泊松比μ		抗剪强度		抗拉强度（MPa）	抗折强度（MPa）
	干燥	饱水	干燥	饱水	干燥	饱水	C（MPa）	φ（°）		
大理岩	86.10	81.10	27.51	22.74	0.256	0.372	20.00	41.63	7.22	9.16
长石砂岩	165.00	131.26	50.16	49.60	0.229	0.389	37.85	37.15	13.66	39.30

四、水理性质

研究区内两种主要岩石的水理性质如表 10-56 所示。

表 10-56 研究区两种岩石的水理性质

岩石名称	吸水率（%）		孔隙率（%）	渗透率（$10^{-3}\mu m^2$）	孔隙分布
	自然	饱和			
大理岩	0.267	0.289	0.193	0.0593	图 2-11
长石砂岩	0.116	0.139	0.131	0.0350	图 2-12

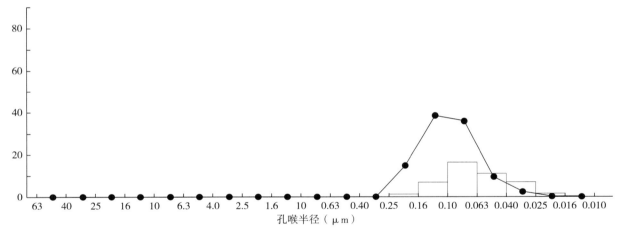

图 10-530 微晶白云岩大理岩孔隙分布

由表 10-56 及图 10-530、10-531 可看出：两种岩石的吸水率、孔隙率及渗透率均较低，白云石大理岩中的孔隙，半径以 0.025—0.16μm 的为主，灰色中粒粘土质长石砂岩中的孔隙，半径以 0.063—0.25μm 的为主，按已有研究结论"孔隙直径在 5μm 以下的岩石一般不发生冻融破坏"，因此，这两种岩石在未风化条件下不会发生冻融破坏。

五、矿物成分

研究区内两种主要岩石的矿物成分如表 10-57 所示。

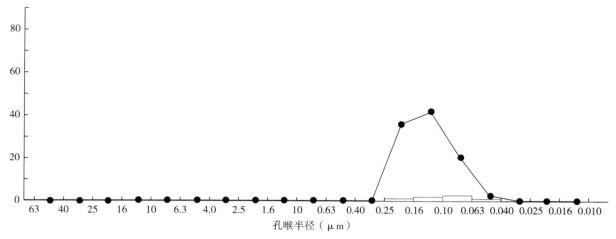

图 10-531　灰色中粒粘土质长石砂岩孔隙分布

表 10-57　研究区内两种岩石的主要矿物成分

岩石名称	矿物种类和含量（%）						
	石英	长石	方解石	白云石	石膏	粘土矿物	其它
大理岩	4.8	1.2		92.8		0.2	1.0
长石砂岩	35.1	18.1	14.7				32.1
砂岩内紫色结核	28.4	8.8			2.1		60.7
砂岩内红褐色结核	39.0	7.8	0.4		1.4		51.4

从表 10-57 可看出：微晶白云石大理岩的矿物成分以白云石为主，灰色中粒粘土质长石砂岩则以石英、粘土矿物、长石和方解石为主，砂岩中的结核则以石英和粘土矿物为主。

六、化学成分

研究区内两种岩石的主要化学成分及含量如表 10-58 所示。

表 10-58　研究区内两种岩石的主要化学成分及含量

岩石名称	主要化学成分及含量（%）								
	K_2O	Na_2O	CaO	MgO	SiO_2	Al_2O_3	FeO	Fe_2O_3	LOI
大理岩	0.28	0.02	26.92	19.48	10.42	0.52	0.23	0.16	41.33
长石砂岩	2.92	3.07	6.57	0.99	66.82	11.45	0.61	1.00	6.11
砂岩内紫色结核	6.02	1.00	2.12	2.01	63.79	16.40	0.41	3.53	3.32
砂岩内红褐色结核	5.13	0.55	0.93	2.04	70.58	12.86	0.48	3.79	2.80

从表 10-58 可看出：微晶白云石大理岩的氧化物中易溶性氧化物 CaO、MgO 的含量较高，说明它较易溶蚀；灰色粘土质长石砂岩中易溶性氧化物的含量较少，不易溶的氧化物 SiO_2、Al_2O_3 含量较高，说明它的抗溶蚀能力比微晶白云石大理岩的强。

10.9.3　影响石材劣化的环境因素

一、气象条件

北京属于暖温带半湿润季风型大陆性气候，四季分明：春季干旱多风，夏季炎热多雨，秋季天高气爽，冬季寒冷干燥多西北风。平原地区年平均气温 10—20℃。1 月平均气温 -5℃，平均最低气温 -10℃左右，极端最低气温 -27.4℃（1966 年 2 月 23 日）；7 月平均气温 25—26℃，平均最高气温 31℃，极端最高气温 43.4℃（1961 年 6 月 10 日）。多年日夜温差为 11.4℃。无霜期 190—200 天。北京年平均降水量为 470—660 毫米，平原地区年降雨日为 70 天左右，降水量集中月份为 7、8 二个月。平原区易出现沥涝。房山区东部葫芦垡为平原区暴雨强度最大地区，房山—丰台—朝阳—顺义一线稍次。北京地区蒸发量远大于降水量，年平均蒸发量 1800—2000 毫米，春季蒸发量最大，月最大值出现于 5 月，大于 290 毫米，冬季蒸发量最小。北京的风向有明显的季节变化，冬季多北和西北风，夏季多偏南风。北京有三个风口，形成三条风带，即康庄—八达岭—南口—温榆河谷、古北口—潮白河谷—天竺、永定河谷，风带内年平均风速大于 3 米/秒，最大可达 40 米/秒。

北京市的具体气象资料如表 10-59 及图 10-532—图 10-539 所示。

表 10-59　北京市气象台历史气象信息

月　份	1	2	3	4	5	6	7	8	9	10	11	12
平均气温（℃）	-3.7	-0.7	5.8	14.2	19.9	24.4	26.2	24.9	20.0	13.1	4.6	-1.5
平均降水量（mm）	2.7	4.9	8.3	21.2	34.2	78.1	185.2	159.7	45.5	21.8	7.4	2.8
平均相对湿度（%）	44	44	46	46	53	61	75	77	68	61	57	49
平均日照百分率（%）	65	65	63	64	64	59	47	52	63	65	62	62
极端最低气温（℃）	-18.3	-16.0	-15.0	-3.2	2.6	10.5	16.6	11.4	4.3	-3.5	-1.06	-15.6
极端最高气温（℃）	12.9	17.4	26.4	33.0	36.8	39.2	39.5	36.1	32.6	29.2	21.4	19.5
累年最多降水量（mm）	21.0	26.3	40.5	79.0	119.6	236.3	459.2	297.7	116.3	132.5	43.4	16.3
累年最少降水量（mm）	0	0	0	0.4	1.8	4.0	26.5	41.0	4.2	3	0	0

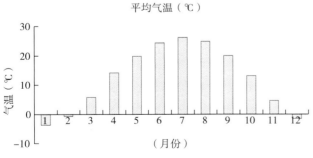

图 10-532　北京市各月平均气温图

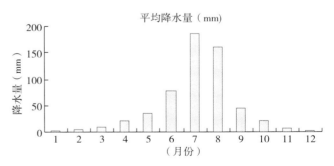

图 10-533　北京市各月平均降水量图

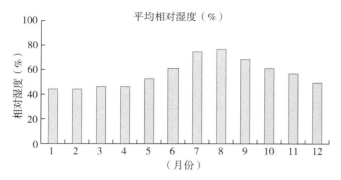

图 10-534　北京市各月平均相对湿度图

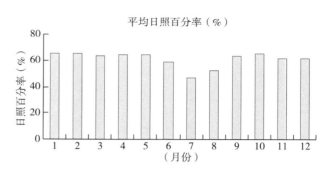

图 10-535　北京市各月平均日照百分率图

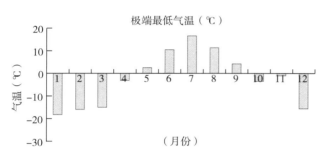

图 10-536　北京市各月极端最低气温图

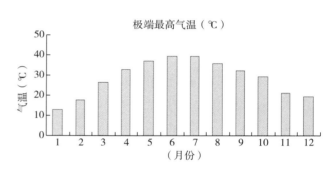

图 10-537　北京市各月极端最高气温图

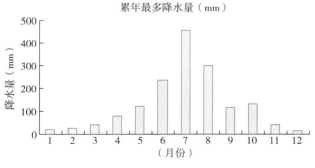

图 10-538　北京市各月累年最多降水量图

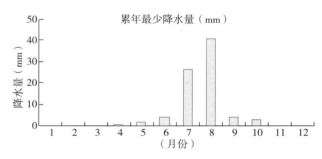

图 10-539　北京市各月累年最少降水量图

二、空气质量

大气中引起石材腐蚀的因素主要是二氧化硫。检测西黄寺和郊区（以北京市昌平区阳坊镇为例）大气中的二氧化硫含量，测试结果如表 10-60 所示。

表 10-60　二氧化硫含量的测试结果

样品组	取样高度（m）	吸光度	SO_2含量（μg）	SO_2浓度（mg/l）	SO_2浓度（ppm）
西黄寺	0.6	0.473	9.6626	0.000322	0.1126
	1.8	0.471	9.6214	0.000321	0.1121
	2.7	0.457	9.3333	0.000311	0.1088

续表 10 – 60

样品组	取样高度（m）	吸光度	SO₂含量（μg）	SO₂浓度（mg/l）	SO₂浓度（ppm）
昌平区阳坊镇	0.6	0.210	4.2510	0.000142	0.0495
	1.8	0.234	4.7448	0.000158	0.0553
	2.7	0.154	3.0988	0.000103	0.0361

将上列测试结果与居民区大气允许值对照表明：

虽然西黄寺大气中的二氧化硫浓度不超标，但含量明显比郊区高，对岩石材料具有腐蚀性，遇水后腐蚀更强烈。

② 采样高度越低，二氧化硫浓度越高，对石材的腐蚀性越强，即西黄寺石质建筑遭受二氧化硫的腐蚀底部比上部要强。

三、大气降雨

降雨中引起石材腐蚀的因素主要是酸。在项目研究期，恰遇降雨，取大气降雨水样进行水质分析，分析结果如表 10 – 61 所示。

表 10 – 61　大气降雨水质分析结果

样品编号	阳离子（mg/L）				阴离子（mg/L）						pH
	K⁺	Na⁺	Ca²⁺	Mg²⁺	F⁻	Cl⁻	NO₃⁻	SO₄²⁻	HCO₃²⁻	CO₃²⁻	
XH15	1.76	0.09	6.17	1.38	0.11	2.52	4.18	9.23	9.13	<0.05	5.75
	合计：9.40				合计：25.22						
XH16	1.23	0.01	2.68	0.96	0.05	1.42	1.41	3.81	5.71	<0.05	6.47
	合计：4.88				合计：12.45						

由测试结果可看出：大气降雨中阴离子的含量明显高于阳离子的含量，pH 值均略小于 7，说明大气降雨呈弱酸性，对石材有轻微腐蚀性。

10.9.4　石材表层劣化的主要形式及特征

一、劣化概念及分类

岩石材料在自然营力作用下，所发生的一切外观、物理性状、化学组份、矿物组构及内部结构变化的现象我们称之为风化。但是风化并不意味着材料功能性已达不到使用要求，它只表现为在相当长的一段时间里材料各种性能的缓慢降低。直到这种变化达到无法完成其功能角色的临界状态，于是材料便产生加速破坏，即所谓劣化阶段。因此，对于岩石材料工程性能的研究重点应着眼于劣化机理的分析。

从劣化程度上我们可将其分为表层完整性破坏、表面完整性损伤、表层微形态改造、表层颜色变化四大类，在此基础上可根据具体情况按表现形式分为若干亚类。

在对研究区内石质文物的详细调查的基础上，我们将研究区内石质文物表层的劣化分为四大类和十八个亚类。

第一类病害：表层完整性破坏

包括缺损、剥落和差异溶蚀三大亚类。其中剥落又可根据剥落形态分为片状、鳞片状和粒状三子类。

第二类病害：表面完整性损伤

包括分离、裂缝、断裂、碎裂、空鼓、微裂隙和鞍裂七大亚类。

第三类病害：表层微形态改造

包括结垢、结壳、针孔、溶孔四大亚类。

第四类病害：表层颜色变化

包括锈变、附积、结膜、斑迹四大亚类。

对每亚类的详细说明和典型病害照片在病害勘测图前我们专门编制了《北京市朝阳区西黄寺清净化城塔及其附属石质文物病害类型说明表》。

这四大类病害在西黄寺清净化城塔及其附属石质文物表面广泛分布，经过细致地调查，目前已详细地掌握了每个石质文物单体石材表面各个部位各亚类病害的发育情况，并通过相关的图例在实测图上进行了描述，并完成了病害图，下面是针对几类主要亚类病害特征的研究。

二、剥落

石质文物表层剥落指石材表层全部或部分在较小的外力条件下发生基本平行于壁面逐渐脱离母体的现象。根据剥落物的形态可分粒状剥落、鳞片状和片状剥落三种形式。研究区内砂岩的剥落形式以片状和鳞片状为主，大理岩则以粒状和鳞片状剥落为主。

（一）表层剥落对工程性能的影响

为了查明表层剥落对石材工程性能的影响，在研究区内布置了多个表面回弹测试区，用回弹仪对其表面强度进行了测试，测试结果如表 10 - 62 所示。

表 10 - 62　剥落区和未剥落区的回弹值及强度对比

岩石名称	测点编号	描述内容	回弹平均值	单轴抗压强度（MPa）
砂岩	S - J - 4 - 4 - 2	新鲜未剥落区域	56.08	182.25
		片状剥落区域	38.75	69.95
	S - J - 20 - 2 - 1	浅绿色未剥落区域	55.05	172.19
		浅绿色片状剥落区域	34.31	54.73
	S - J - 22 - 5	未剥落区域	48.26	118.29
		片状剥落区域	30.43	44.16
	S - J - 22 - 1	未剥落区域	55.43	175.87
		片状剥落区域	46.96	110.12
	S - J - 7 - 3 - 1	浅绿色未剥落区域	54.66	168.47
		暗紫色未剥落区域	50.88	136.72
		片状剥落区域	48.47	119.67
	S - J - 17 - 5 - 3	紫褐色未剥落区域	37.06	63.72
		紫褐色片状剥落区域	40.19	75.74

续表 10 – 62

岩石名称	测点编号	描述内容	回弹平均值	单轴抗压强度（MPa）
大理岩	W – J – 4 – WZ	未剥落区域	46.13	94.70
		粒状剥落区域	25.63	31.66
	W – J – 14 – EZ	未剥落区域	50.27	118.10
		粒状剥落区域	42.02	76.01
	W – L – 17 – 1B 地伏	未剥落区域	36.48	56.54
		粒状剥落区域	27.98	35.91

由表 10 – 62 可看出：表面剥落对石材表面强度有极大影响，剥落区与未剥落区相比，表面强度下降 20% —70%。

（二）表层剥落对水理性质的影响

为了查明表层剥落对石材水理性能的影响，在研究区内布置了多个自由表面吸水率测试区，用卡斯腾量瓶法（Karsten tube）现场对岩石的吸水性能进行了测试，测试时间为 2 小时，测试结果如表 10 – 63 所示。根据现场测试结果按下式计算毛细吸水系数 ω：

$$\omega = \frac{W}{\sqrt{t}} \hspace{4cm} 公式 10.6$$

式中：W —单位面积的吸水量（kg/m²）；

t —时间（h）。

从石质文物保护角度看，按照矿物材料的毛细吸水系数（ω）可将岩石表面的吸水性能分成四级，如表 10 – 64 所示。

表 10 – 63　剥落区和未剥落区的表面吸水率测试结果

岩石名称	测点编号	描述内容	毛细吸水系数 ω（kg·m⁻²·h⁻¹ᐟ²）
砂岩	y – 2	新鲜岩样	0.2401
	y – 2 风	粒状剥落	0.6890
	S – J – 4 – 2 – 1	片状剥落	0.4129
	S – J – 21 – 2	粒状剥落	0.9275
	S – Y – 后	油烟面去油烟后岩面	0.1071
大理岩	W – L – 21	新鲜岩样	0.2182
	W – L – 16	颗粒状剥落	1.9861
	W – L – 4 – 2，3	颗粒状剥落	0.7255
	W – L – 12 – 1 – 顶	颗粒状剥落	0.3879
	W – L – 12 – 2 顶	颗粒状剥落	0.4778
	W – L – 12 – 3	颗粒状剥落	0.8457
	W – L – 12 – 4 – 顶	颗粒状剥落	0.9701
	SF – W2 – 顶	颗粒状剥落	0.3629

续表 10 - 63

岩石名称	测点编号	描述内容	毛细吸水系数 ω（kg·m⁻²·h⁻¹ᐟ²）
砂岩	P2 - WN - Q	颗粒状剥落	0. 24622
	P2 - WN - 1	颗粒状剥落	0. 2531
	W - L - 7 - 4 - 顶	颗粒状剥落	0. 3056
	W - L - 17 - 2 - 外	片状剥落	0. 2989
	W - L - 15 - 1 - 外	片状剥落	1. 5844
	W - L - 20	片状剥落	10. 0034
	W - L - 4 - 2，3	片状剥落	0. 7255

表 10 - 64　材料吸水性能的分级

级别	毛细吸水系数（ω）kg·m⁻²·h⁻¹ᐟ²	评价
1	$\omega < 0.1$	不透水
2	$\omega = 0.1—0.5$	憎水
3	$\omega = 0.5—2$	厌水
4	$\omega > 2$	透水

测试结果表明：

1、研究区内砂岩发生粒状剥落和片状剥落后其毛细吸水系数为新鲜岩石的2—3倍，大理岩发生粒状剥落和片状剥落后其毛细吸水系数为新鲜岩石的1—50倍，这说明，岩石表面发生剥落后其表面吸水性明显增强，这主要是由于剥落后岩石表面孔隙增大、增多，结构变得疏松的缘故。

2、表面剥落对吸水性的影响，大理岩的影响程度比砂岩大。

3、就大理岩而言，片状剥落对其吸水性的影响比粒状剥落大。

（三）表层剥落在矿物成分上的表现特征

为了查明研究区岩石表面发生剥落区域岩样的矿物成分及其与未剥落区的差异，在研究区取了多组表层剥落代表性并进行了室内 X 射线衍射分析，测试结果如表 10 - 65、10 - 66 所示。

表 10 - 65　砂岩表层剥落区代表性岩样 X 射线衍射分析结果

岩石名称	剥落类型	样品编号	矿物种类和含量（%）						
			石英	长石	方解石	白云石	石膏	粘土矿物	其它
砂岩	新鲜岩样	Y - 2	35. 1	18. 1	14. 7			32. 1	
	片状剥蚀	S - J - 10 - 2	36. 2	19. 4	16. 4		0. 2	27. 8	
	片状剥蚀（灰褐色）	S - J - 17 - 5 - 3A1 （0 - 1mm）	36. 3	13. 0	0. 9	1. 0	1. 5	47. 3	
		S - J - 17 - 5 - 3A2 （1 - 2mm）	34. 2	15. 0	4. 4	0. 9	1. 5	44. 0	
		S - J - 17 - 5 - 3A3 （2 - 3mm）	36. 8	12. 4	7. 7	0. 6	1. 4	41. 1	

续表 10 - 65

岩石名称	剥落类型	样品编号	矿物种类和含量（%）						
			石英	长石	方解石	白云石	石膏	粘土矿物	其它
砂岩	片状剥蚀（灰白色）	S - J - 17 - 5 - 3B1（0 - 0.5mm）	36.4	13.4	1.4	1.2	1.6	46.0	
		S - J - 17 - 5 - 3B2（0.5 - 3mm）	38.9	11.7	12.5	0.3	1.2	35.4	
		S - J - 17 - 5 - 3B3（>3.0mm）	37.6	13.3	1.7	2.2	1.5	43.7	
	鳞片状剥蚀	S - J - 20 - 6 - 1A（0 - 3mm）	39.3	12.4	1.8	0.6	1.6	44.3	
		S - J - 20 - 6 - 1B（3 - 5mm）	35.5	12.0	7.5		1.3	43.7	

注：上表中"样品编号"栏中括号内的数值为所取样品距表面的深度。

　　从表 10 - 65 可看出：砂岩表面发生剥落的岩样与新鲜岩样的矿物成分相比，其长石、方解石的含量明显减少，长石含量由 18.1% 减少至 12.0—15.0%，方解石的含量由 14.7% 减少至 0.9% —12.5%；粘土矿物的含量由 32.1% 增至 35.4% —47.3%；此外，还新生了石膏，从剥落岩样与风化岩样矿物成分上的这些变化特征可看出，砂岩剥落不单是一个物理风化过程，在此过程中还发生了化学风化作用，它的化学风化主要表现为长石、方解石等易于风化的矿物发生分解、溶蚀从而产生石膏、粘土等次生矿物。

表 10 - 66　大理岩表层剥落区代表性岩样 X 射线衍射分析结果

岩石名称	剥落类型	样品编号	矿物种类和含量（%）						
			石英	长石	方解石	白云石	石膏	粘土矿物	其它
大理岩	新鲜岩样	散落构件 D（>50mm）	4.8	1.2		92.8		1.0	0.2
	粒状剥落	散落构件 A（0—10mm）	4.5	0.4	0.4	91.8	1.8	0.9	0.2
		散落构件 B（10—30mm）	4.8		0.5	93.3		1.0	0.4
		散落构件 C（30—50mm）	2.9			94.6		1.4	1.1
	鳞片状剥落	W - J - 11 - EZ	0.2	0.2	0.4	99.2		0.0	0.0
		W - J - 14 - EZ	1.8		0.4	97.2	0.1		

注：上表中"样品编号"栏中括号内的数值为所取样品距表面的深度。

从表10－66可看出：

1、大理岩表面发生剥落的岩样与新鲜岩样的矿物成分相比，其矿物成分基本无明显差异，这说明大理岩的剥落主要以物理风化作用为主；

2、大理岩散落构件A、B、C中易溶的白云石的含量从外向内逐渐增加，这说明大理岩的剥落还伴随白云石的溶蚀，从而表现出距表面越近的地方白云石的含量越少。

（四）表层剥落在微观结构上的表现特征

为了查明研究区岩石表面发生剥落后，岩样微观结构的变化，在研究区取了多组表层剥落代表性岩样进行了室内扫描电镜测试，在此基础上总结出砂岩剥落后砂岩微观结构上的变化特征如表10－67及图10－540—10－549所示，大理岩的如表10－68及图10－550—10－558所示。

表 10 －67　砂岩表层剥落区代表性岩样电镜扫描分析结果

岩石名称	样品编号	剥落类型	微观结构表现特征
砂岩	Y－2	新鲜样未剥落	新鲜岩样的层状结构（图10－540）
	S－J－10－2	片状剥蚀	裂纹变宽，表层有植物根须（图10－541）；孔隙变大（图10－542）
	S－J－17－5－3A1	片状剥蚀	粒表风化成粘土矿物（图10－543）、粒表蚀变成片状伊利石（图10－544）
	S－J－17－5－3A3	片状剥蚀	次生石膏（图10－545）
	S－J－17－5－3B1	片状剥蚀	产生有机质（图10－546）、次生膨胀性粘土矿物（图10－547）
	S－J－4－5B	片状剥蚀	产生穿晶裂纹（图10－548）
	S－J－20－6－1A	鳞片状剥蚀	长石表面风化成伊利石（图10－549）

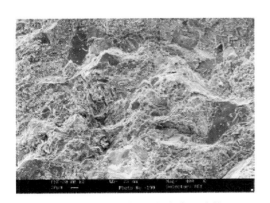

图 10 －540　新鲜砂岩的片状结构
（放大400倍，未见宽度或直径大于30um的裂隙或裂隙）

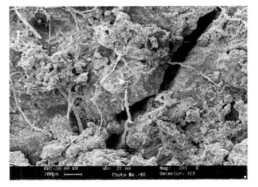

图 10 －541　风化砂岩裂隙变大
（放大285倍，裂隙宽度30um、
表层有植物根须）

图 10 - 542　砂岩风化岩样孔隙变大
（放大 655 倍，孔隙直径 100um）

图 10 - 543　砂风化岩样粒表风化成伊利石
（放大 1790 倍，图中 I 为伊利石）

图 10 - 544　砂岩风化岩样粒表蚀变成伊利石
（放大 495 倍，图中 I 为伊利石）

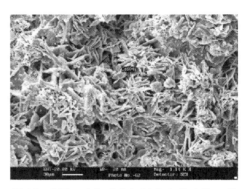

图 10 - 545　风化砂岩粒间次生针叶状石膏
（放大 1790 倍，图中 $CaSO_4$ 为石膏）

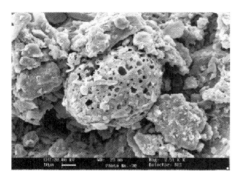

图 10 - 546　风化砂岩表层内的有机质球体
（放大 2510 倍）

图 10 - 547　砂岩风化岩样内次生的片状伊利石
I 及片絮状 I/S 混层
（放大 1830 倍）

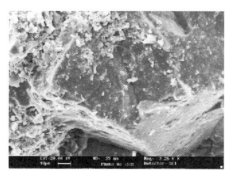

图 10 - 548　风化砂岩石英晶体内产生穿晶裂纹
（放大 2260 倍）

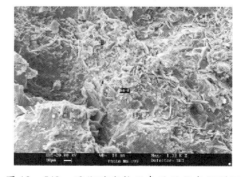

图 10 - 549　风化砂岩长石表面风化成伊利石
（放大 1320 倍）

从表 5 – 67 及图 10 – 540—10 – 549 可看出：砂岩表层剥落在微观结构上的变化主要表现为产生次生的粘土矿物、石膏、有机质，产生新的孔隙、裂隙或原有孔隙、裂隙变大，这些特征反映出砂岩的剥落既有物理风化又有化学风化。

表 10 – 68   大理岩表层剥落区代表性岩样电镜扫描分析结果

岩石名称	样品编号	剥落类型	微观结构表现特征
大理岩	散落构件 D（>50mm）	新鲜岩样	新鲜岩样的粒状结构，结构致密粒间缝 2um（图 10 – 550）
	散落构件 A（0—10mm）	粒状剥落	粒间裂纹变大，粒间缝 5—10um（图 10 – 551）
	散落构件 B（10—30mm）		粒间裂纹变大，粒间缝 5—10um（图 10 – 552）
	散落构件 C（30—50mm）		粒间裂纹变大，粒间缝 2—4um（图 10 – 553）
	W – J – 11 – EZ	鳞片状剥落	层间产生裂隙（图 10 – 554）
	W – J – 14 – EZ		表面龟裂（图 10 – 555）、表面有风化碎屑（图 10 – 556）产生穿晶裂纹（图 10 – 557）、表面有少量次生矿物（图 10 – 558）

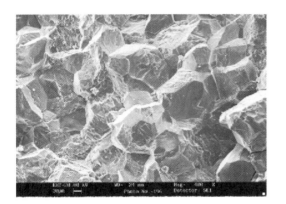

图 10 – 550 新鲜大理岩的粒状结构，结构致密
（放大 400 倍）

图 10 – 551 风化大理岩粒间裂隙变化
（放大 400 倍，裂纹宽度 5—10um

图 10 – 552 风化大理岩粒间裂隙变化
（放大 400 倍，裂纹宽度 5—10um）

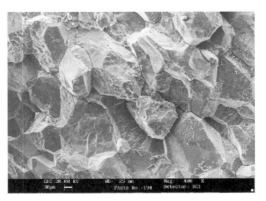

图 10 – 553 风化大理岩粒间裂隙变化
（放大 400 倍，裂纹宽度 2—4um）

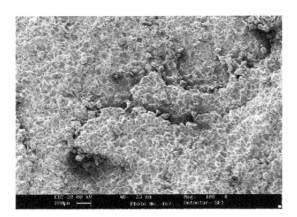

图 10-554　风化大理岩层间裂隙变化
（放大 100 倍）

图 10-555　风化大理岩表面龟裂
（放大 420 倍）

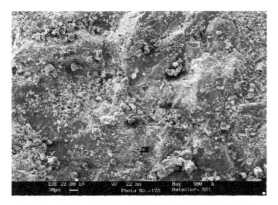

图 10-556　风化大理岩晶体表面有风化碎屑
（放大 400 倍）

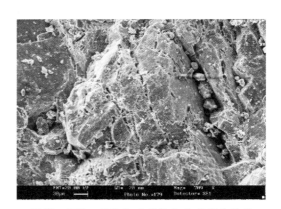

图 10-557　风化大理岩晶体内有穿晶裂纹
（放大 709 倍）

图 10-558　风化大理岩晶体表面有少量丝状伊利石
（放大 1670 倍）

　　从表 10-68 及图 10-550—10-558 可看出：大理岩表层的粒状剥落在微观结构上的变化主要表现粒间裂隙扩大；鳞片状剥落则表现为产生层状裂纹、龟裂、穿晶裂纹，表面有少量次生矿物等，这说明大理岩表面剥落过程以物理风化为主。

三、空鼓

空鼓指石材表层一定厚度的片板状体发生隆起变形，在片板状体后形成空腔的现象。腔内石材呈粉末状，并伴生虫害。该现象常是片板状剥落的中间过程。研究区内砂岩条石表面常见这种现象。

（一）表层空鼓在矿物成分上的表现特征

为了查明研究区砂岩表面发生空鼓处，岩样的矿物成分，在研究区取了多组代表性岩样并进行了 X 射线衍射分析，测试结果如表 10-69、10-70 所示。

表 10-69　砂岩表层空鼓代性岩样 X 射线衍射分析结果

剥落类型	样品编号	矿物种类和含量（%）						
		石英	长石	方解石	白云石	石膏	粘土矿物	其它
空鼓	S-J-4-5A	40.7	20.2	7.1		1.3	30.7	
	S-J-4-5B	34.5	19.5	13.8		1.1	31.1	
	S-J-19-3-1	34.7	13.0	15.7		1.4	33.5	1.7
	S-J-22-6	36.3	17.2	18.2		1.0	27.3	
	S-J-22-5	36.5	16.1	9.4		1.7	36.3	
	S-J-22-4	35.7	25.2	5.5		1.4	32.2	
	S-J-22-1	35.3	19.4	13.6		0.9	30.8	

表 10-70　砂岩表层空鼓代性岩样 X 射线衍射分析结果

样品编号	粘土矿物相对含量（%）						混层比（%）	
	S	I/S	I	K	C	C/S	I/S	C/S
S-J-19-3-1	5		95					

从表 10-69、10—70 可看出：发生空鼓的这些岩样均含有较多的膨胀性粘土矿物（粘土矿物和石膏，总量达 27%—36%，其中粘土矿物中伊利石的相对含量高达 95%，这说明发生空鼓的岩样含大量的强膨胀性粘土矿物。

（二）表层空鼓在化学成分上的表现特征

为了查明研究区砂岩表面发生空鼓处岩样的化学成分，在研究区取了多组代表性岩样并进行了化学分析，测试结果如表 10-71 所示。

表 10-71　砂岩表层空鼓代性岩样化学成分分析结果

样品编号	主要化学成分及含量（%）								
	K_2O	Na_2O	CaO	MgO	S_iO_2	Al_2O_3	FeO	Fe_2O_3	LOI
S-J-4-5A	3.02	2.62	4.73	1.10	69.79	11.50	0.36	1.45	5.07
S-J-4-5B	2.73	2.70	5.88	1.01	69.19	10.94	0.41	1.11	5.76
S-J-19-3-1	3.07	2.10	6.54	1.06	66.24	10.69	0.27	2.07	6.82
S-J-22-6	2.69	2.34	8.71	1.28	63.67	10.58	0.52	1.03	8.13

续表 10 - 71

样品编号	主要化学成分及含量（%）								
	K_2O	Na_2O	CaO	MgO	S_iO_2	Al_2O_3	FeO	Fe_2O_3	LOI
S - J - 22 - 5	3.02	2.13	7.92	1.27	64.24	10.99	0.41	1.41	7.71
S - J - 22 - 4	3.45	2.87	2.98	1.25	69.86	12.86	0.45	1.51	4.02
S - J - 22 - 1	3.00	2.12	6.94	1.57	64.40	11.10	0.47	1.84	7.50

从表 10 - 71 可看出：发生空鼓的岩样均含有较多的遇水易于膨胀性的氧化物 CaO，这也说明了发生空鼓的岩样有较强的遇水膨胀性。

（三）表层空鼓在微观结构上的表现特征

为了查明研究区砂岩表面发生空鼓岩样的微观结构，在研究区取了多组代表性岩样并进行了室内扫描电镜分析，结果如图 10 - 559—图 10 - 568 所示。从这些图可看出：发生空鼓的岩样具有层状结构，外侧表面溶孔发育，内侧有片状的膨胀性粘土矿物或石膏。

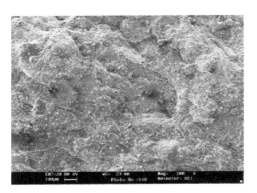

图 10 - 559　砂岩空鼓岩样的层状结构
（样品编号 S - J - 22 - 6 内侧，放大 200 倍）

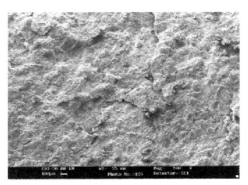

图 10 - 560　砂岩空鼓岩样的层状结构及溶孔
（样品编号 S - J - 22 - 4，放大 100 倍）

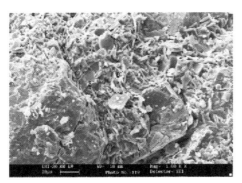

图 10 - 561　砂岩内长石风化成片状伊利石
（样品编号 S - J - 4 - 5A 内侧，放大 1600 倍）

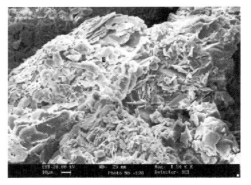

图 10 - 562　粒表的片状伊利石
（样品编号 S - J - 4 - 5B 内侧，放大 495 倍）

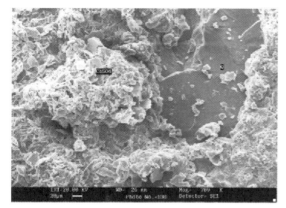

图 10－563　粒表的石膏
（样品编号 S－J－19－3 内侧，放大 709 倍）

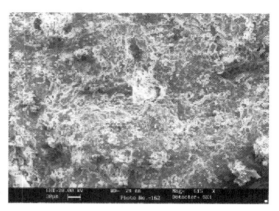

图 10－564　粒表溶孔及层状结构
（样品编号 S－J－22－4，放大 615 倍）

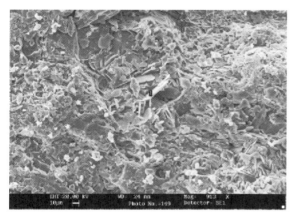

图 10－565　粒表片状伊利石
（样品编号 S－J－22－6 内侧，放大 913 倍）

图 10－566　表面溶孔发育
（样品编号 S－J－22－6 外侧，放大 100 倍）

图 10－567　层状结构及溶孔
（样品编号 S－J－22－5 内侧，放大 615 倍）

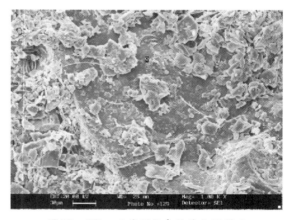

图 10－568　石英颗粒表面片状伊利石
（样品编号 S－J－4－5B 内侧，放大 1080 倍）

四、表层溶蚀

表层溶蚀指岩石内部的可溶性物质在雨水等的作用下发生溶解，溶解后的物质随水的流动而离开岩石，从而在岩石内产生溶孔、溶蚀裂隙进而使岩石变得结构松散，透水性变强，力学性质变差。研究发现，研究区内的砂岩、大理岩及条石间新老砌缝均存在比较明显的溶蚀现象。

（一）表层溶蚀对工程性能的影响

岩石表层发生溶蚀后，其表面孔隙必然增大、增多，结构变得疏松，进而使表面强度降低。为了揭示研究区岩石表面溶蚀后表面强度的改变，项目研究中对研究区发生表层溶蚀的代表性区域用回弹仪对表面强度进行了测试，并与新鲜岩石的表面强度进行对比，测试结果如表 10 – 72 所示。

表 10 – 72　新鲜岩石及代表性溶蚀区回弹测试结果

岩石名称	测区编号	回弹测试结果	单轴抗压强度（MPa）
砂岩	Y2 新鲜岩样	57.24	194.34
	S – J – 4 – – 4 – 2	56.08	182.25
	S – J – 20 – 2 – 1	55.05	172.19
	S – J – 22 – 1	55.43	175.87
	S – J – 7 – 3 – 1	54.66	168.47
	S – J – 17 – 3	54.81	169.93
	S – J – 22 – 7	53.36	156.80
	S – J – 22 – 6	55.91	180.52
	S – J – 22 – 5	48.26	118.29
大理岩	W1 新鲜岩样	50.86	121.89
	W – J – 14 – EZ	50.27	118.10
	北牌坊基座	44.69	114.52
	W – L – 2	49.93	116.61

由表 10 – 72 可看出：石材表层溶蚀对其表面强度有一定影响，与新鲜岩石相比，砂岩表层发生溶蚀后其表面强度降低 6%—20%，大理岩表面强度降低 4%—9%。

（二）表层溶蚀在矿物成分上的表现特征

从表 10 – 65 可看出：砂岩表面发生溶蚀的岩样与新鲜岩样的矿物成分相比，方解石的含量由 14.7% 减少至 0.9%—12.5%，这说明，研究区砂岩表面的溶蚀主要是其内的方解石在水的作用下发生溶蚀。

从表 10 – 66 可看出：随着距表面深度的增加，大理岩岩样中白云石的含量从外向内逐渐增加，而其它矿物成分的含量基本不变，这说明研究区大理岩的溶蚀主要是其内白云石在水的作用下发生溶蚀，从而表现出距表面越近的地方白云石含量越少。

（三）表层溶蚀在化学成分上的表现特征

为了查明研究区岩石表面发生溶蚀后，岩样化学成分上的变化，在研究区取了多组表层溶蚀代表性并进行了室内化学分析，测试结果如表 10 – 73、表 10 – 74 所示。

表 10-73　表面溶蚀砂岩代表性试样化学分析结果

距表面深度（mm）	主要化学成分及含量（%）								
	K_2O	Na_2O	CaO	MgO	S_iO_2	Al_2O_3	FeO	Fe_2O_3	LOI
S-J-17-5-3A1（0-1mm）	4.21	1.69	2.04	2.08	67.67	13.44	0.50	3.19	4.84
S-J-17-5-3A2（1-2mm）	4.44	1.68	2.62	1.96	67.41	13.55	0.50	3.21	3.92
S-J-17-5-3A3（2-3mm）	4.32	1.65	3.73	1.94	65.69	13.24	0.47	3.06	3.73
S-J-17-5-3B1（0-0.5mm）	4.20	1.54	3.17	2.17	66.08	13.27	0.65	3.16	5.43
S-J-17-5-3B2（0.5-3mm）	4.30	1.68	3.29	2.05	65.69	13.21	0.45	3.49	4.78
S-J-17-5-3B3（>3.0mm）	4.06	1.65	4.55	2.09	65.02	12.87	0.41	3.46	4.25
S-J-20-6-1A（0-3mm）	4.19	1.69	2.46	1.90	67.97	13.10	0.81	2.72	5.54
S-J-20-6-1B（3-5mm）	4.05	1.60	3.73	2.33	66.74	12.64	0.57	2.23	4.22

由表 10-73 可看出：随着深度的增加，易溶氧化物中 CaO 的含量逐渐增加，这说明研究区砂岩的溶蚀主要是其内钙化物在水的作用下发生溶蚀。由于方解石的主要化学成分为 CaO，所以砂岩的溶蚀主要是其内方解石发生溶蚀，化学成分上的变化与矿物成分上的变化所得结论是一致的。

表 10-74　表面溶蚀大理岩代表性试样化学分析结果

距表面深度（mm）	主要化学成分及含量（%）								
	K_2O	Na_2O	CaO	MgO	S_iO_2	Al_2O_3	FeO	Fe_2O_3	LOI
散落构件 A（0-10）	0.27	0.27	27.02	18.99	10.98	0.76	0.32	0.06	40.79
散落构件 B（10-30）	0.28	0.02	26.92	19.48	10.42	0.52	0.23	0.16	41.33
散落构件 C（30-50）	0.25	0.03	27.10	19.47	10.51	0.50	0.31	0.08	41.54
散落构件 D（50-70）	0.23	0.13	27.30	19.60	10.57	0.88	0.31	0.07	41.43

由表 10-74 可看出：随着深度的增加，易溶氧化物总量（K_2O、Na_2O、CaO、MgO）的总量逐渐增加，在这些易溶氧化中，CaO、MgO 的含量随深度变化最大，由于白云石的化学成分主要是 CaO、MgO，所以研究区大理岩的溶蚀主要是其内白云石在水的作用下发生溶蚀，化学成分上的变化与矿物成分上的变化所得结论是一致的。

（四）表层溶蚀在微观结构上的表现特征

为了查明研究区岩石表面发生溶蚀后，岩样微观结构的变化，在研究区取了多组岩样并进行了室内扫描电镜分析，在此基础上总结出岩石剥落后岩样微观结构上的变化特征如表 10-75、图 10-569—图 10-583。

表 10 - 75　砂岩表层剥落区代表性岩样电镜扫描分析结果

岩石名称	样品编号	劣化类型	微观结构表现特征
砂岩	S - J - 10 - 2	溶蚀	溶孔发育（图 10 - 563）
	S - J - 17 - 5 - 3A1	溶蚀	溶蚀孔隙（图 10 - 564）
	S - J - 17 - 5 - 3A3	溶蚀	溶蚀孔隙（图 10 - 565）
	S - J - 17 - 5 - 3B2	溶蚀	溶孔发育（图 10 - 566）
	S - J - 17 - 5 - 3B3	溶蚀	粒表溶孔（图 10 - 567）
	S - J - 20 - 6 - 1A	溶蚀	粒表溶坑（图 10 - 568）
	S - J - 19 - 3	溶蚀	长石溶蚀（图 10 - 569），方解石溶蚀（图 10 - 570）
	S - J - 22 - 1	溶蚀	溶孔及表层风化产生次生矿物（图 10 - 571）
大理岩	W - J - 11 - EZ	溶蚀	白云石晶粒表面溶孔及溶缝（图 10 - 572）
	W - J - 14 - EZ - A	溶蚀	白云石晶粒间溶孔（图 10 - 573）
	W - J - 14 - EZ - B	溶蚀	白云石晶粒内溶蚀缝（图 10 - 574），晶面溶孔（图 10 - 575）
砌缝砂浆	新砌缝	溶蚀	溶孔（图 10 - 576）
	老砂缝	溶蚀	溶孔发育（图 10 - 577）

从表 5 - 75 及图 10 - 569—图 10 - 583 可看出：砂岩的溶蚀在微观结构上主要表现方解石、长石表

图 10 - 569　砂岩表面的溶孔发育
（放大 400 倍，溶蚀直径 50—80um）

图 10 - 570　砂岩表面的溶蚀孔隙
（放大 400 倍，溶蚀直径 50—100um）

图 10 - 571　砂岩表面的溶蚀孔隙
（放大 400 倍，溶蚀直径 30—50um）

图 10 - 572　砂岩表面的溶孔发育
（放大 100 倍，溶蚀直径 10—300um）

面产生溶孔、溶坑或其晶体间产生溶缝；大理岩的溶蚀则主要表现为白云石表面产生溶孔；砌缝的溶蚀表现为其内部出现溶孔。

图 10 – 573　方解石表面溶孔
（放大 400 倍）

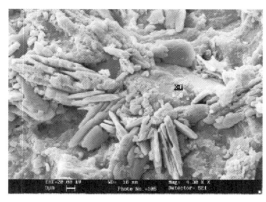

图 10 – 574　方解石表面溶蚀坑及坑中石膏
（放大 4300 倍）

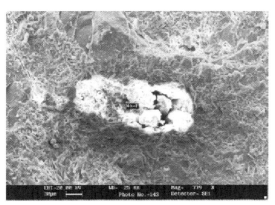

图 10 – 575　长石溶蚀
（放大 779 倍）

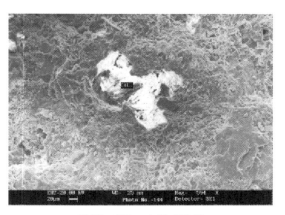

图 10 – 576　方解石溶蚀
（放大 594 倍）

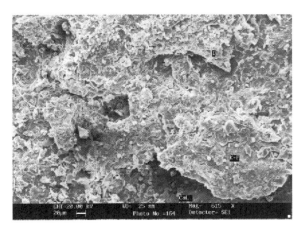

图 10 – 577　砂岩溶孔及表层风化
（放大 615 倍）

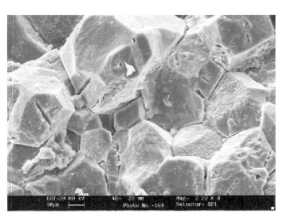

图 10 – 578　白云石表面溶孔及溶缝
（放大 2220 倍）

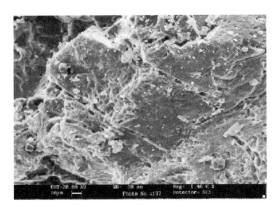

图 10 - 579　白云石晶体间溶孔及溶缝
（放大 1460 倍）

图 10 - 580　白云石晶体内溶蚀缝
（放大 867 倍）

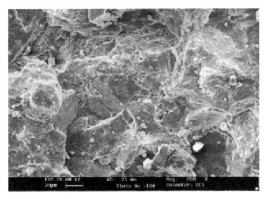

图 10 - 581　白云石晶面内溶孔及溶缝
（放大 858 倍）

图 10 - 582　新砌缝砂浆中的溶孔
（放大 100 倍）

图 10 - 583　老砌缝砂浆中溶孔发育
（放大 200 倍）

五、结垢

　　表面结垢指在石材表面渗水处形成具一定厚度沉淀物质的现象，物质内部呈灰白色，表面具波纹状。研究区在塔基条石砌缝下侧大多有灰白色结垢物，这种结垢物虽然对条石强度没有明显影响，但严重影响了建筑的美观。

（一）结垢物的矿物成分

为了查明研究区岩石表面结垢物的矿物成分，在研究区取了三组代表性结垢物试样进行了室内 X 射线衍射，测试结果如表 10 - 76 所示。

表 10 - 76　结垢物代表性试样 X 射线衍射分析结果

样品编号	矿物种类和含量（%）						
	石英	长石	方解石	白云石	石膏	粘土矿物	其它
S - J - 12 - 1 - 2A（灰黑）	3.2	2.5	87.7	1.2		5.4	
S - J - 12 - 1 - 2B（黑色）	5.1	2.1	83.9	2.6	0.1	6.2	
S - J - 12 - 1 - 2C（灰白）	5.5	3.4	85.1	1.1		4.1	0.8

从表 10 - 76 可看出：结垢物的矿物成分主要是方解石，此外结垢物还有少量的石英、长石、白云石和粘土矿物，其中易于风化或溶蚀的矿物（方解石、长石和白云石）总量达 90% 以上，这说明研究区内的白色结垢物性质不稳定，易于风化和溶蚀。

（二）结垢物的化学成分

为了查明研究区岩石表面结垢物的化学成分，在研究区取了三组代表性岩样并进行了室内化学分析，结果如表 10 - 77 所示。

表 10 - 77　结垢物代表性试样化学分析结果

样品编号	主要化学成分及含量（%）										
	K_2O	Na_2O	CaO	MgO	S_iO_2	Al_2O_3	FeO	Fe_2O_3	TiO_2	MnO	LOI
S - J - 12 - 1 - 2A（灰黑）	0.51	0.45	44.03	1.08	13.79	3.12	0.27	0.66	0.12	0.03	35.96
S - J - 12 - 1 - 2B（黑色）	0.37	0.42	45.86	0.93	10.26	2.33	0.56	0.18	0.14	0.01	38.77
S - J - 12 - 1 - 2C（灰白）	0.43	0.57	45.72	0.78	11.20	2.47	0.27	0.53	0.02	0.01	37.24

从表 10 - 77 可看出：结垢物的主要氧化物为 CaO、有机质及水（LOI），其中易溶性氧化物（K_2O、Na_2O、CaO、MgO）的总量达 47% 以上，这说明研究区内的白色结垢物特别易溶蚀，此外，在这些氧化物中 CaO 的含量达 45% 以上，由于方解石的主要化学成分为 CaO，所以结垢物的主要矿物应该是方解石，这与代表性试样矿物成分分析的结果是一致的。

（三）结垢物的微观结构

为了查明研究区岩石表面结垢物的微观结构，在研究区取了三组结垢代表性试样进行了室内扫描电镜分析，结果如图 10 - 584—图 10 - 589 所示。

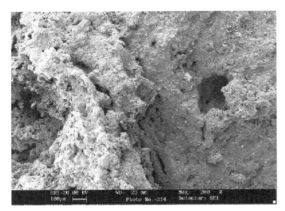

图 10 - 584　结垢物孔隙、溶孔发育
（样品编号 S - J - 12 - 1 - 2A，溶孔最大直径 200um，
放大 200 倍）

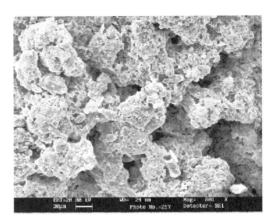

图 10 - 585　溶孔发育
（样品编号 S - J - 12 - 1 - 2A，放大 801 倍）

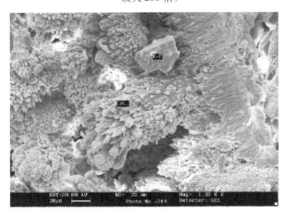

图 10 - 586　结垢物中束状方解石及块状钾长石
（样品编号 S - J - 12 - 1 - 2B，放大 1330 倍）

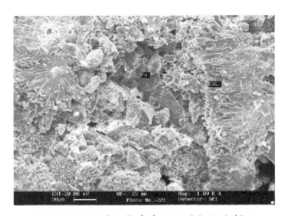

图 10 - 587　结垢物中束状及碎粒状方解石
（样品编号 S - J - 12 - 1 - 2B，放大 1090 倍）

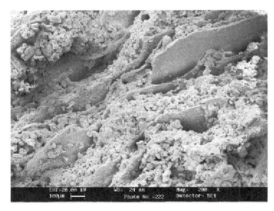

图 10 - 588　结垢物结构疏松
（样品编号 S - J - 12 - 1 - 2C，放大 200 倍）

图 10 - 589　结垢物中石英被束状方解石包裹
（样品编号 S - J - 12 - 1 - 2C，放大 2300 倍）

六、结壳

外界物质在石材表面形成大于 1mm 厚黑色或棕色硬壳层的现象。产生这种病害的原因可能与空气

降尘和酸雨影响有关。塔基条石、北牌坊、西次间檐口、主塔造像等的潮湿处都有黑色或棕色结壳，这种结壳虽然对条石强度没有明显影响，但严重影响了建筑的美观。

（一）结壳物的矿物成分

为了查明研究区岩石表面结壳物的矿物成分，在研究区取了三组代表性试样进行了室内 X 射线衍射，测试结果如表 10 - 78 所示。

表 10 - 78　结壳物代表性试样 X 射线衍射分析结果

样品编号	矿物种类和含量（%）						
	石英	长石	方解石	白云石	石膏	粘土矿物	其它
W - BF - WM - A（黑色）（结壳后期）	16.4	11.4			53.2	19.0	
W - BF - WM - B（棕色）（结壳中期）	4.2	6.5	30	46.7	11.0	1.6	
西次间檐口（结壳初期）	5.14	3.6		88.5	1.7	1.1	

从表 4 - 17 可看出：结壳物的矿物成分主要是白云石、方解石、长石和石膏，它们都是易风化的物质，随着结壳期的延长，这些易风化物质逐渐减少，，这说明研究区的结壳物总体性质是不稳定的，但随着结壳期的延长，其稳定性逐渐增加。

（二）结壳物的化学成分

为了查明研究区岩石表面结壳物的化学成分，在研究区取了三组代表性试样进行了室内化学分析，结果如表 10 - 79 所示。

表 10 - 79　结壳物代表性试样化学分析结果

样品编号	主要化学成分及含量（%）										
	K_2O	Na_2O	CaO	MgO	S_iO_2	Al_2O_3	FeO	Fe_2O_3	TiO_2	MnO	LOI
W - BF - WM - A（结壳后期）（黑色）	0.83	0.78	24.94	2.22	21.31	4.94	0.52	1.42	0.30	0.02	32.73
W - BF - WM - B（结壳中期）（棕色）	0.38	0.37	27.74	11.44	9.75	2.32	0.45	0.28	0.11	0.02	31.24
西次间檐口（结壳初期）	0.16	0.16	28.56	20.68	5.10	1.08	0.20	0.10	0.04	0.01	44.19

从表 10 - 79 可看出：结壳物的主要氧化物为 CaO、MgO 有机质及水（LOI），这说明研究区内的

结壳物总体上是易溶的，但随着结壳期的延长，易溶氧化物逐渐减少，这说明随着结壳期的延长，结壳逐渐变得不易溶蚀；此外，随着结壳期的延长，深色金属氧化物的含量逐渐增加，这正是结壳物颜色逐渐变深的原因。

10.9.5　石材表层劣化机理研究

一、表层剥落的形成机理

（一）砂岩表层剥落的形成机理

研究区砂岩表层剥落的主要形式为片状剥落，剥落前表层往往先发生空鼓（图 10 – 590）。

图 10 – 590　砂岩表层的空鼓及片状剥落

通过对研究区表层剥落岩样结构、构造、矿物成分、化学成分及微观结构的测试及研究得出，研究区砂岩表层剥落是由下列原因决定的：

1、研究区砂岩本身具有层状构造（岩样切片镜下鉴定的结果，见表 10 – 53）；

2、砂岩内含有大量遇水膨胀的粘土矿物和石膏（表 10 – 80、10—81），从表 10 – 80、10—81 可看出，发生表层剥落的砂岩粘土矿物含量大多在 40% 以上，粘土矿物中膨胀性粘土矿物蒙脱石和伊利石的含量均在 94% 以上。

3、膨胀性粘土矿物在剥落面上成片状存在，如图 10 – 591、图 10 – 592 所示。

4、发生剥落处岩石表层有大量的溶孔（图 10 – 594、10 – 595），为雨水的渗入提供了条件。

研究区砂岩的上述特征决定了其表面剥落的机理为：雨水的作用使其表面溶蚀，为水进入砂岩内部提供了条件，砂岩内部受水影响较大且膨胀性粘土矿物及石膏较多的部位遇水后发生急剧膨胀，产生较大的膨胀压力，由于粘土矿物及石膏较多的地方，岩层的联结强度较低，在膨胀压力的作用下发生剥落或空鼓；由于这些膨胀性粘土矿物及石膏以平行于剥落面的片状形式存在，所以表层剥落或空鼓均大致平行于岩石外表面。此外，岩石表层由于开采卸荷、加工破坏、应力集中作用及温度变化也加剧了表层剥落的产生。

表 10-80　砂岩表层剥落区代表性岩样 X 射线衍射分析结果

剥落类型	样品编号	矿物种类和含量（%）						
		石英	长石	方解石	白云石	石膏	粘土矿物	其它
片状剥蚀 （灰褐色）	S-J-17-5-3A1	36.3	13.0	0.9	1.0	1.5	47.3	
	S-J-17-5-3A2	34.2	15.0	4.4	0.9	1.5	44.0	
	S-J-17-5-3A3	36.8	12.4	7.7	0.6	1.4	41.1	
片状剥蚀 （灰白色）	S-J-17-5-3B1	36.4	13.4	1.4	1.2	1.6	46.0	
	S-J-17-5-3B2	37.6	13.3	1.7	2.2	1.5	43.7	
	S-J-17-5-3B3	38.9	11.7	12.5	0.3	1.2	35.4	
鳞片状 剥蚀	S-J-20-6-1A	39.3	12.4	1.8	0.6	1.6	44.3	
	S-J-20-6-1B	35.5	12.0	7.5		1.3	43.7	

表 10-81　砂岩表层空鼓代性岩样 X 射线衍射分析结果

样品编号	粘土矿物相对含量（%）						混层比（%）	
	S	I/S	I	K	C	C/S	I/S	C/S
S-J-17-5-3A1	10		87	2	1			
S-J-17-5-3A3	10		88	1	1			
S-J-17-5-3B1	15		79	4	2			
S-J-17-5-3B2	8		89	3				
S-J-20-6-1A	8		90	1	1			
S-J-20-6-1B	5		91	3	1			
S-J-19-3-1	5		95					
S-J-22-4	1		97	2				

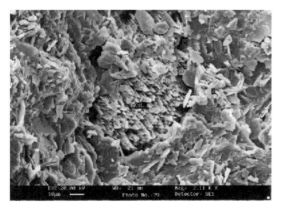

图 10-591　粒表片状伊利石及溶孔中石膏
（样品编号 S-J-17-5-3A2 内侧，放大 2110 倍）

图 10-592　粒表片状伊利石
（样品编号 S-J-17-5-1A 内侧，放大 3580 倍）

图 10 – 593　粒表石膏
（样品编号 S – J – 20 – 6 – 1A 内侧，放大 744 倍）

图 10 – 594　粒表溶孔
（样品编号 S – J – 17 – 5 – 3B1 外侧，放大 100 倍）

图 10 – 595　粒表溶孔
（样品编号 S – J – 17 – 5 – 3A1 外侧，放大 400 倍）

（二）　大理岩表层剥落的形成机理

研究区大理岩表层剥落的主要形式为粒状剥落和鳞片状剥落（图 10 – 596、10 – 597），其中粒状剥落一般发生在较干燥处，鳞片状剥落有的发生潮湿处（图 10 – 597a），有的发生在向阳干燥处（图10 – 597b）。

图 10 – 596　大理岩表层的粒状剥落

图 10 - 597 大理岩表层的鳞片状剥落

通过对研究区表层剥落岩样结构、构造、矿物成分、化学成分、微观结构测试及力学机制分析研究得出，研究区大理岩表层剥落是由下列原因决定的：

1、研究区大理岩本身具有粒状结构（岩样切片镜下鉴定的结果，见表 10 - 52；

2、研究区大理岩为微晶结构（切片鉴定结果，见表 10 - 52），其中石英、白云石颗粒总含量达 96% 以上（表 10 - 57 所示），所以其比表面积较大，而其胶结物较少（因其 96% 以上为石英和白云石颗粒），所以颗粒间的胶结物较少，图 10 - 598—10 - 600 的扫描电镜结果也证明了这一点。

研究区的大理岩的上述特征决定了其表面发生粒状剥落的机理为：由于颗粒间胶结物较少，胶结强度较低，岩石表层在开采卸荷、加工破坏、应力集中作用及温度变化等作用下表层颗粒胶结作用受到破坏，从而发生剥落。

由图 10 - 601—图 10 - 603 和表 10 - 82 可看出，鳞片状剥落的岩样中石英、白云石颗粒总含量达 99%，粒间胶结物更少，此外，发生剥落处岩样内侧还有遇水容易膨胀的石膏（图 10 - 598），所以潮湿环境下的大理岩除了胶结强度进一步降低外，石膏的膨胀作用加剧了它的破坏，潮湿环境下白云石还发生溶蚀，所以潮湿环境下它的剥蚀更加严重，表现为鳞片状剥落。

表 10 - 82 大理岩表层代性岩样 X 射线衍射分析结果

剥落类型	样品编号	矿物种类和含量（%）						
		石英	长石	方解石	白云石	石膏	粘土矿物	其它
粒状剥落	散落构件 A	4.5	0.4	0.4	91.8	1.8	0.9	0.2
	散落构件 B	4.8		0.5	93.3		1.0	0.4
	散落构件 C	2.9			94.6		1.4	1.1
	散落构件 D	4.8	1.2		92.8		1.0	0.2
鳞片状剥落	W - J - 11 - EZ	0.2	0.2	0.4	99.2		0.0	0.0
	W - J - 14 - EZ	1.8		0.4	97.2	0.1		

图 10 - 598　大理岩的粒状结构，粒间胶结物较少

（样品编号汉白玉 A，放大 400 倍）

图 10 - 599　大理岩的粒状结构，粒间胶结物较少

（样品编号汉白玉 B，放大 400 倍）

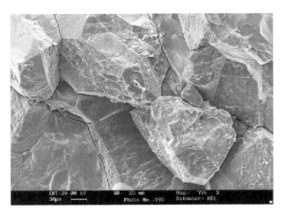

图 10 - 600　大理岩的粒状结构，粒间胶
结物较少，

（样品编号汉白玉 C，放大 776 倍）

图 10 - 601　大理岩的粒状结构，粒间胶结物较少

（样品编号汉白玉 D，放大 400 倍）

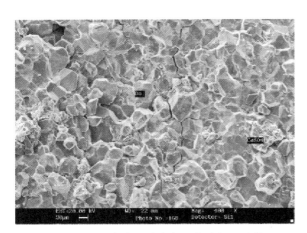

图 10 - 602　鳞片状剥落大理岩的粒状结构，
表面有少量石膏

（样品编号 W - J - 11 - EZ 内侧，放大 400 倍）

图 10 - 603　鳞片状剥落大理岩的粒状结构，
粒间胶结物少

（样品编号 W - J - 14 - EZ 内侧，放大 400 倍）

二、表层溶蚀的形成机理

（一）砂岩表层溶蚀的形成机理

研究区砂岩表层普遍存在溶蚀现象，溶蚀作用在岩石表层产生溶孔，它不仅破坏了表层结构，降低了颗粒间的联结强度，还为水汽进入岩石内部为内部风化创造了条件。

根据表10-65砂岩代表性试样X射线衍射测试的结果，作出方解石含量与深度的关系，如图10-604所示；同样，根据表10-73砂岩代表性试样化学分析的结果，作出CaO含量与深度的关系，如图10-605所示。

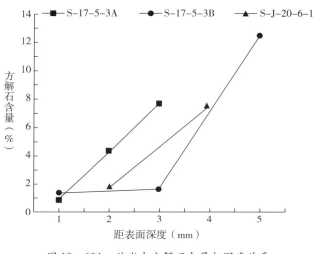

图10-604　砂岩中方解石含量与深度关系

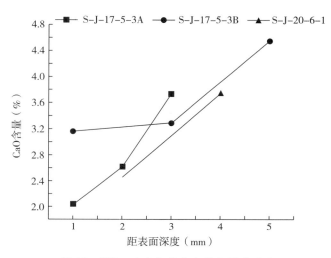

图10-605　砂岩中CaO含量与深度关系

由图10-604、10-605可看出：随着深度的增加，砂岩中方解石含量及CaO含量均随深度增加而增加，在表10-65中易溶矿物成分中方解石随深度的变化最大，这说明研究区内砂岩的溶蚀主要是方解石在水的作用下发生溶蚀；从表10-73也可看出，随着深度的增加，易溶氧化物中CaO的含量有非常明显的增加，这说明研究区砂岩的溶蚀主要是其内钙化物在水的作用下发生溶蚀，由于方解石的主要化学成分为CaO，所以化学成分的变化也说明砂岩的溶蚀主要是其内方解石发生溶蚀，矿物成分与化学成分上的变化所得结论是一致的。岩样微观结构的测试结果（图10-606、图10-607）也得出与上述相同的结论。

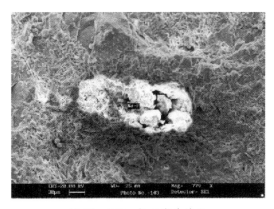

图10-606　长石发生溶蚀
（试样编号S-J-19-3外侧，放大779倍）

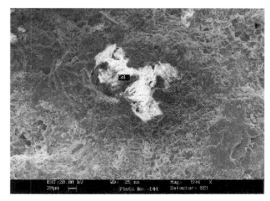

图10-607　方解石发生溶蚀
（试样编号S-J-19-3外侧，放大594倍）

综上所述，研究区砂岩的溶蚀主要是其内方解石在水的作用下发生溶蚀，此外砂岩内白云石在水的作用下发生少量溶蚀。

（二）大理岩表层溶蚀的形成机理

研究区大理岩也普通存在溶蚀现象。根据表 10 - 66 大理岩代表性试样 X 射线衍射测试的结果，作出白云石含量与深度的关系，如图 10 - 608 所示；同样，根据表 10 - 74 大理岩代表性试样化学分析的结果，作出易溶氧化物 CaO 和 MgO 含量之和与深度的关系，如图 10 - 609 所示。

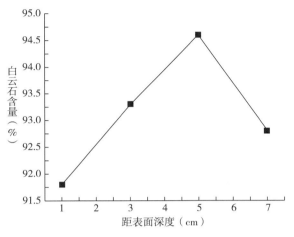

图 10 - 608　大理岩中白云石含量与深度关系

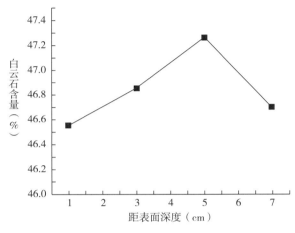

图 10 - 609　大理岩中（CaO + MgO）总量与深度关系

由图表 10 - 66 及 10 - 602 可看出：在距表面 5cm 内随着深度的增加，大理岩岩样中白云石的含量从外向内逐渐增加，而其它矿物成分的含量基本不变，这说明研究区大理岩的溶蚀主要是其内白云石在水的作用下发生溶蚀，从而表现出距表面越近的地方白云石含量越少。

由表 10 - 74 及图 10 - 603 可看出：在距表面 5cm 内随着深度的增加，大理岩岩样中 CaO 与 MgO 的总含量从外向内逐渐增加，而其它化学成分的含量基本不变，这说明研究区大理岩的溶蚀主要是其内 CaO 与 MgO 在水的作用下发生溶蚀，由于白云石的主要化学成分为 CaO 和 MgO，所以化学成分的变化也证明大理岩的溶蚀主要是其内白云石溶蚀，这一结论与矿物成分上变化所得结论是互相印证的。岩样微观结构的测试结果（图 10 - 610、10 - 611）也得出与上述相同的结论。

综上所述，研究区大理岩溶蚀的机理是，其内白云石在水的作用下发生溶蚀。

图 10 - 610　白云石中的溶孔
（试样编号 W - J - 11 - EZ 内侧，放大 2220 倍）

图 10 - 611　白云石中的溶孔
（试样编号汉白玉 A，放大 1510 倍）

三、表面结垢的形成机理

图 10 – 612　塔基砌缝下的结垢物

研究区的白色结垢物主要出现在塔基条石砌缝下侧，在出现白色结垢物处，其上的砌缝均可见明显的溶蚀现象（图 10 – 612）。从表 10 – 83、10 – 84 可看出结垢物与砌缝砂浆在矿物成分上非常接近，从表 10 – 85、10 – 86 也可看出，两者在化学成分上也无太大差异，这说明两者是同一种材料。

将上述结论与结垢物的分布特点及其上砌缝的溶蚀现象综合分析可得：研究区塔基条石上的白色结垢物的形成机理为，砌缝砂浆在水的作用下发生溶蚀，溶蚀形成的溶液流至其下条石经沉淀及重结晶形成白色结垢物。

表 10 – 83　结垢物代表性试样 X 射线衍射分析结果

样品编号	矿物种类和含量（%）						
	石英	长石	方解石	白云石	石膏	粘土矿物	其它
S – J – 12 – 1 – 2A（灰黑）	3.2	2.5	87.7	1.2		5.4	
S – J – 12 – 1 – 2B（黑色）	5.1	2.1	83.9	2.6	0.1	6.2	
S – J – 12 – 1 – 2C（灰白）	5.5	3.4	85.1	1.1		4.1	0.8

表 10 – 84　砌缝砂浆代表性试样 X 射线衍射分析结果

样品编号	矿物种类和含量（%）						
	石英	长石	方解石	白云石	石膏	粘土矿物	其它
老砌缝砂浆（内层）	8.2		87.3	3.7	0.8		

表 10 – 85　砌缝砂浆代表性试样化学分析结果

样品编号	主要化学成分及含量（%）										
	K_2O	Na_2O	CaO	MgO	SiO_2	Al_2O_3	FeO	Fe_2O_3	TiO_2	MnO	LOI
S – J – 12 – 1 – 2A（灰黑）	0.51	0.45	44.03	1.08	13.79	3.12	0.27	0.66	0.12	0.03	35.96
S – J – 12 – 1 – 2B（黑色）	0.37	0.42	45.86	0.93	10.26	2.33	0.56	0.18	0.14	0.01	38.77
S – J – 12 – 1 – 2C（灰白）	0.43	0.57	45.72	0.78	11.20	2.47	0.27	0.53	0.02	0.01	37.24

表 10 – 86　结垢物代表性试样化学分析结果

样品编号	主要氧化物成分种类和含量（%）									
	K_2O	Na_2O	CaO	MgO	S_iO_2	Al_2O_3	FeO	Fe_2O_3	TiO_2	MnO	LOI
老砌缝砂浆（内层）	0.14	0.19	46.10	3.48	8.50	0.96	0.32	0.14	0.07	0.01	39.43

图 10 – 613　万能材料显微镜下结壳物质附着情况　　　图 10 – 614　扫描电镜下溶孔发育情况

三、表面结壳的形成机理

大气测试结果与居民区大气允许值对照表明：① 虽然西黄寺大气中的二氧化硫浓度不超标，但含量明显比郊区高，② 采样高度越低，二氧化硫浓度越高，对岩石的腐蚀性越强，即西黄寺石质建筑遭受二氧化硫的腐蚀底部比上部要强。但是，大量试验和事实说明，岩石表面结壳物质的形成必须具备两个条件，一是含有二氧化硫污染物质的存在；但是大量实验和事实证明在没有水参与的条件下二氧化硫等污染物质和粉尘颗粒基本上是无法与岩石中的组分发生反应的，所以第二个条件是合适的温湿度环境，二氧化硫只有通过一系列的氧化和催化过程成为硫酸或硫酸根离子才能与岩石中的组分发生反应。具体过程见公式 10.，7、公式 10.8 及公式 10.9。

$$SO_2 + H_2O \rightarrow \quad H_2SO_3 \underline{\hspace{6cm}} 公式 10.7$$

$$2H_2SO_3 + O_2 \rightarrow \quad 2H_2SO_4 \underline{\hspace{6cm}} 公式 10.8$$

由雨水样测试结果可看出：pH 值均略小于 7，说明大气降雨呈弱酸性，对石质建筑有轻微腐蚀性。雨水中阴离子的含量明显高于阳离子的含量，其中硫酸根离子总体含量最高。碳酸盐类岩石主要矿物成分为方解石和白云石。它们在硫酸根离子的长期作用下会发生化学反应。生成硫酸钙附着于表面，即石膏，其化学反应过程如公式 10. 所示。这正是随着结壳期的延长，易风化物质逐渐减少，尤其是方解石和白云石两类矿物已几乎不存在，取而代之的是石膏含量急剧增高现象的原因之所在。通过对结壳物质 X – 衍射成分分析表明，其主要矿物成分中有大量的石膏存在；通过万能材料显微镜和扫描电镜观察，物质内部针叶状石膏普遍发育，晶体间 50 微米至 100 微米的裂隙和溶孔大量存在（图10 – 613、图 10 – 614）。

$$CaCO_3（方解石）+ H_2O + H_2SO_4 \rightarrow CaSO_4.2H_2O（石膏）+ CO_2\uparrow \underline{\hspace{3cm}} 公式 10.9$$

国外大量实验结果表明：由二氧化硫到硫酸的整个氧化和催化过程在冬天更容易进行。因为此时城市供暖而排放到大气中的二氧化硫大大增加，有时相对湿度也比较大，这更有利于水汽在岩石表面形成凝结。凝结有时不一定只在相对湿度达到100%时形成，在海洋性气候环境条件下，只要相对湿度达到75%时就能形成。这是由于海盐具有极强的吸湿性。比如氯化钠甚至能够使悬浮颗粒在夏天也能形成。如果说在干燥气候条件下，固体尘埃颗粒是靠空气湍流作用在岩石表面沉积，如附积现象，那么湿润环境会使沉积物数量大大增加。这是热电泳现象中的"斯蒂芬森效应（Stenfan effect）"。根据斯蒂芬森的理论，水分正在冷凝或蒸发的壁面附近的大气尘埃颗粒会受到其周边力场的作用：其会被正在蒸发的壁面所排斥，而被正在冷凝的壁面所吸引。即通过冷凝形成的薄水膜可将更多的带有污染性质（如二氧化硫）的尘埃颗粒汇集在一起。尘埃集中的速度取决于壁面和与其接触空气的温度差。所以我们发现结壳发现频率最多的位置多在易于形成凝结水的阴冷潮湿部位。所以在这些位置更易使二氧化硫产生新的氧化和催化，于是不断产生新的硫酸和石膏，速度也越来越快。黑色的结壳因此成为了基体，不断向其下的多孔岩石提供更多的石膏，石膏便不断向岩石深部侵入。因此覆盖在岩石表面的结壳物质不仅会影响石刻艺术品的美学价值，而且也会给文物岩石材料在露天环境中的长期保存带来极大威胁。

10.9.6 劣化评价

一、评价指标

为了对研究区不同风化类型的风化程度进行评价，在查阅国内外大量关于风化指数文献的基础上，选取表10-87所列风化指数进行计算，由于这些指数都有一定的适用条件，所以还不能直接用这些指数对研究区的风化程度进行评价。本研究中先根据代表性试样化学分析的结果计算表10-87所列的指数，然后再在所计算的指数中找出对本研究区风化较敏感的指数，最后以这些较敏感指数为评价标准对研究区的不同风化类型的风化程度进行评价。

表 10-87 风化指数及其计算公式

风化指数	计算公式	备注
SAR	SiO_2 / Al_2O_3	摩尔数比
Ba	$(K_2O + Na_2O + CaO) / Al_2O_3$	摩尔数比
ba_1	$(K_2O + Na_2O) / Al_2O_3$	摩尔数比
ba_2	$(CaO + MgO) / Al_2O_3$	摩尔数比
ba_3	$(K_2O + Na_2O + MgO) / Al_2O_3$	摩尔数比
B'	$I_{weathered} / I_{sound}$ $I = [(K_2O + Na_2O) / Al_2O_3]$	摩尔数比
a	K_2O / Na_2O	摩尔数比
b	Al_2O_3 / Fe_2O_3	摩尔数比
SR	$SiO_2 / (Al_2O_3 + Fe_2O_3 + TiO_2)$	摩尔数比
WPI	$100 (K_2O + Na_2O + CaO - H_2O^+) / (SiO_2 + Al_2O_3 + Fe_2O_3 + TiO_2 + CaO + MgO + K_2O + Na_2O)$	摩尔数比
PI	$100 SiO_2 / (SiO_2 + Al_2O_3 + Fe_2O_3 + TiO_2 + FeO)$	摩尔数比

续表 10 - 87

风化指数	计算公式	备注
WI	$100\left(I_{weathered}/I_{fresh}\right)$ $I=\left[\left(K_2O+Na_2O+CaO-H_2O^+\right)/\left(SiO_2+Al_2O_3+Fe_2O_3+TiO_2+CaO+MgO+K_2O+Na_2O\right)\right]$	摩尔数比
CIW	$100\,Al_2O_3/\left(Al_2O_3+Na_2O+CaO\right)$	摩尔数比
ALK	$K_2O/\left(K_2O+Na_2O\right)$	摩尔数比
CWI	$\left(Al_2O_3+Fe_2O_3+TiO_2+LOI\right)/all\ chemical\ components$	摩尔数比
Imob	$\left(I_{fresh}-I_{weathered}\right)/I_{fresh}$ $I=\left(K_2O+Na_2O+CaO\right)$	摩尔数比
CIA	$100\,Al_2O_3/\left(Al_2O_3+K_2O+Na_2O+K_2O\right)$	摩尔数比
K	$I_{weathered}/X_{sound}$ $I=SiO_2/Al_2O_3$ $X=\left(K_2O+Na_2O+CaO\right)/Al_2O_3$	摩尔数比

根据代表性试样化学分析的测试结果，按表 10 - 87 所列公式计算的化学风化指数如表 10 - 88—10 - 94 所示。

表 10 - 88 - 1 砂岩针孔状剥蚀风化指数（一）

样品编号	SA	Ba	ba_1	ba_2	ba_3	β	a	b	SR
S - J - 9 - 5 - 1 - 1	11. 68	1. 29	0. 645	1. 23	1. 23	0. 899	0. 79	15. 18	10. 61

表 10 - 88 - 2 砂岩针孔状剥蚀风化指数（二）

样品编号	WPI	PI	WI	CIW	ALK	CWI	Imob	CIA	LOI	K
S - J - 9 - 5 - 1 - 1	- 15. 91	90. 69	1. 638	49. 88	0. 440	0. 257	0. 351	43. 69	6. 49	6. 624

表 10 - 89 - 1 砂岩片状剥蚀风化指数（一）

样品编号	SA	Ba	ba_1	ba_2	ba_3	β	a	b	SR
S - J - 10 - 2	10. 21	1. 77	0. 661	1. 39	0. 94	0. 921	0. 64	16. 99	8. 53
S - J - 17 - 5 - 3A1 （0 - 1. 0 mm）	8. 56	0. 82	0. 547	0. 67	0. 94	0. 762	1. 64	6. 61	7. 11
S - J - 17 - 5 - 3A2 （1. 0 - 2. 0 mm）	8. 46	0. 91	0. 560	0. 72	0. 93	0. 780	1. 74	6. 62	7. 03
S - J - 17 - 5 - 3A3 （2. 0 - 3. 0 mm）	8. 43	1. 07	0. 559	0. 89	0. 93	0. 779	1. 73	6. 79	7. 04
S - J - 17 - 5 - 3B1 （0 - 0. 5 mm）	8. 47	0. 97	0. 534	0. 85	0. 95	0. 744	1. 80	6. 59	7. 00
S - J - 17 - 5 - 3B2 （0. 5 - 3. 0 mm）	8. 45	1. 02	0. 562	0. 85	0. 96	0. 784	1. 69	5. 94	6. 88
S - J - 17 - 5 - 3B3 （＞3. 0 mm）	8. 59	1. 20	0. 553	1. 06	0. 97	0. 771	1. 62	5. 83	6. 97

表 10 - 89 - 2　砂岩片状剥蚀风化指数（二）

样品编号	WPI	PI	WI	CIW	ALK	CWI	Imob	CIA	LOI	K
S - J - 10 - 2	- 13.02	89.10	1.340	39.77	0.389	0.277	0.030	36.08	6.87	5.791
S - J - 17 - 5 - 3A1 (0 - 1.0 mm)	- 7.55	87.19	0.778	67.42	0.622	0.225	0.452	54.85	3.92	4.855
S - J - 17 - 5 - 3A2 (1.0 - 2.0 mm)	- 5.92	87.08	0.610	64.26	0.635	0.220	0.388	52.31	3.73	4.797
S - J - 17 - 5 - 3A3 (2.0 - 3.0 mm)	- 9.02	87.11	0.929	58.20	0.633	0.247	0.297	48.26	4.84	4.784
S - J - 17 - 5 - 3B1 (0 - 0.5 mm)	- 9.69	86.88	0.998	61.50	0.643	0.246	0.363	50.77	4.78	4.802
S - J - 17 - 5 - 3B2 (0.5 - 3.0 mm)	- 7.27	86.88	0.749	60.14	0.628	0.235	0.335	49.60	4.25	4.795
S - J - 17 - 5 - 3B3 (>3.0 mm)	- 10.44	87.06	1.075	53.91	0.619	0.261	0.237	45.51	5.43	4.872

表 10 - 90 - 1　砂岩鳞片状剥蚀风化指数（一）

样品编号	SA	Ba	ba_1	ba_2	ba_3	β	a	b	SR
S - J - 20 - 2 - 1A1 (0 - 3.0 mm)	8.82	0.90	0.559	0.71	0.93	0.779	1.64	7.55	7.49
S - J - 20 - 2 - 1A2 (3.0 - 5.0 mm)	8.98	1.09	0.556	1.01	1.03	0.774	1.67	8.90	7.81

表 10 - 90 - 2　砂岩鳞片状剥蚀风化指数（二）

样品编号	WPI	PI	WI	CIW	ALK	CWI	Imob	CIA	LOI	K
S - J - 20 - 2 - 1A1 (0 - 3.0 mm)	- 8.20	87.45	0.844	64.34	0.621	0.228	0.415	52.59	5.54	5.003
S - J - 20 - 2 - 1A2 (3.0 - 5.0 mm)	- 11.89	88.09	1.225	57.28	0.625	0.255	0.315	47.77	5.07	5.09

表 10 - 91 - 1　砂岩空鼓风化指数（一）

样品编号	SA	Ba	ba_1	ba_2	ba_3	β	a	b	SR
S - J - 4 - 5A	10.32	1.41	0.660	0.99	0.90	0.919	0.76	12.44	9.32
S - J - 4 - 5 - B	10.75	1.66	0.677	1.21	0.91	0.943	0.67	15.40	9.90
S - J - 19 - 3	10.53	1.75	0.635	1.37	0.89	0.884	0.96	8.10	9.07
S - J - 22 - 6	10.23	2.14	0.640	1.81	0.95	0.891	0.76	16.08	9.40
S - J - 22 - 5	9.94	1.93	0.617	1.61	0.91	0.860	0.94	12.19	8.94
S - J - 22 - 4	9.23	1.08	0.658	0.67	0.91	0.917	0.79	13.36	8.34
S - J - 22 - 1	9.86	1.75	0.607	1.50	0.97	0.846	0.93	9.47	8.64

表 10 - 91 - 2　砂岩空鼓风化指数（二）

样品编号	WPI	PI	WI	CIW	ALK	CWI	Imob	CIA	LOI	K
S - J - 4 - 5A	- 8.33	89.96	0.858	47.08	0.432	0.231	0.197	41.51	5.07	5.852
S - J - 4 - 5 - B	- 9.67	90.42	0.996	41.93	0.400	0.243	0.103	37.65	5.76	6.099
S - J - 19 - 3	- 13.62	89.79	1.403	41.03	0.491	0.275	0.074	36.38	6.82	5.975
S - J - 22 - 6	- 16.09	89.83	1.657	34.92	0.431	0.299	- 0.121	31.85	8.13	5.803
S - J - 22 - 5	- 15.41	89.52	1.587	38.00	0.483	0.294	- 0.051	34.13	7.71	5.637
S - J - 22 - 4	- 5.92	88.87	0.610	55.89	0.442	0.213	0.312	48.07	4.02	5.238
S - J - 22 - 1	- 15.88	89.14	1.636	40.77	0.483	0.292	0.040	36.41	7.50	5.595

表 10 - 92 - 1　大理岩鳞片状剥蚀风化指数（一）

样品编号	SA	Ba	ba$_1$	ba$_2$	ba$_3$	β	a	b	SR
W - J - 11 - EZ	4.03	72.12	0.438	142.85	71.60	0.677	0.56	7.11	3.43
W - J - 14 - - WZ - B	13.94	108.77	0.284	214.21	106.01	0.439	0.44	30.70	12.86
W - J - 14 - EZ - A	22.18	76.01	0.432	151.24	76.09	0.667	0.60	12.29	19.48

表 10 - 92 - 2　大理岩鳞片状剥蚀风化指数（二）

样品编号	WPI	PI	WI	CIW	ALK	CWI	Imob	CIA	LOI	K
W - J - 11 - EZ	- 179.85	74.48	1.143	1.37	0.358	0.698	- 0.11	1.37	45.49	0.042
W - J - 14 - - WZ - B	- 170.32	92.09	1.082	0.91	0.305	0.687	- 0.102	0.91	44.09	0.147
W - J - 14 - EZ - A	- 163.34	93.26	1.038	1.30	0.375	0.676	- 0.032	1.30	42.78	0.234

表 10 - 93 - 1　大理岩粒状剥蚀风化指数（一）

样品编号	SA	Ba	ba$_1$	ba$_2$	ba$_3$	β	a	b	SR
W - L - 20 - 2	4.46	3.58	0.600	6.54	4.17	0.927	6.61	6.90	3.78
W - L - 24 - 2 - A	20.42	43.33	0.773	85.60	43.82	1.193	1.58	8.13	17.29
W - L - 24 - 2 - B	18.70	8.37	0.698	16.16	9.19	1.078	5.52	40.08	17.42

表 10 - 93 - 2　大理岩粒状剥蚀风化指数（二）

样品编号	WPI	PI	WI	CIW	ALK	CWI	Imob	CIA	LOI	K
W - L - 20 - 2	- 95.02	78.65	0.604	24.66	0.869	0.592	0.335	21.85	25.48	0.047
W - L - 24 - 2 - A	- 149.86	93.14	0.952	2.28	0.613	0.658	0.035	2.26	39.82	0.215
W - L - 24 - 2 - B	- 79.32	94.15	0.504	11.39	0.847	0.519	0.374	10.67	24.37	0.197

表 10 - 94 - 1　大理岩四个连续深度风化指数（一）

样品编号	SA	Ba	ba$_1$	ba$_2$	ba$_3$	β	a	b	SilicaR$_2$O$_3$	Leaching factor
散落构件 A（0—10mm）	24.56	65.73	0.970	128.47	64.69	1.498	0.66	18.52	21.91	2.078

续表 10 - 94 - 1

样品编号	SA	Ba	ba₁	ba₂	ba₃	β	a	b	SilicaR₂O₃	Leaching factor
散落构件 B （10—30mm）	35.73	100.25	1.530	198.02	100.83	2.362	0.55	10.39	30.47	2.252
散落构件 C （30—50mm）	20.42	57.03	0.527	113.30	57.32	0.813	1.17	21.08	18.72	1.357
散落构件 D （＞50mm）	34.07	95.51	1.217	189.82	96.74	1.879	0.92	4.96	26.72	1.879

表 10 - 94 - 2　大理岩四个连续深度风化指数（二）

样品编号	WPI	PI	WI	CIW	ALK	CWI	Imob	CIA	LOI	K
散落构件 A （0—10mm）	-153.69	93.46	0.976	1.51	0.397	0.664	-0.012	1.50	40.79	0.259
散落构件 B （10—30mm）	-156.70	94.57	0.996	0.99	0.355	0.666	-0.015	0.99	41.54	0.376
散落构件 C （30—50mm）	-154.98	92.78	0.985	1.73	0.539	0.665	-0.017	1.72	41.43	0.215
散落构件 D （＞50mm）	-156.76	94.71	0.996	1.04	0.480	0.667	-0.006	1.04	41.33	0.359

根据表 10 - 89 - 1 灰褐色砂岩（样品编号 S - J - 17 - 5 - 3A1、A2 及 A3）不同深度化学风化指数的计算结果，以深度为横座标，化学风化指数值为纵座标作出深度与化学风化指数间的关系曲线，如图 10 - 615 所示。

根据表 10 - 89 - 1 灰白色砂岩（样品编号 S - J - 17 - 5 - 3B1、B2 及 B3）不同深度化学风化指数的计算结果，以深度为横坐标，化学风化指数值为纵座标作出深度与化学风化指数间的关系曲线，如图 10 - 616 所示。

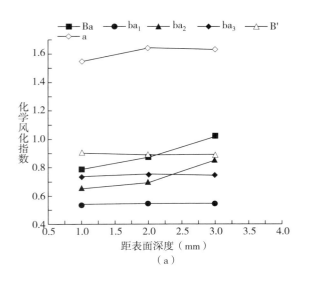

（a）

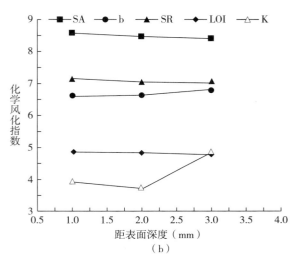

（b）

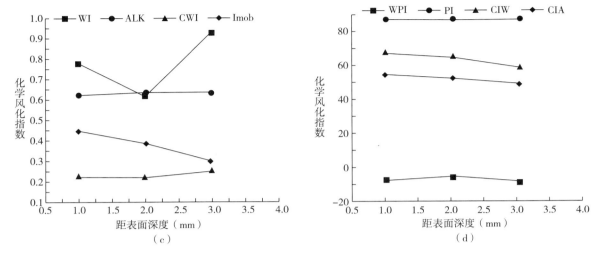

图 10－615　灰褐色砂岩深度与化学风化指数的关系

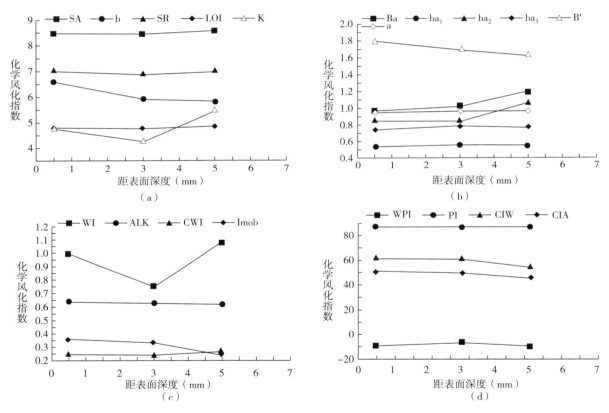

图 10－616　灰白色砂岩深度与化学风化指数的关系

　　根据表 10－90－1 灰绿色砂岩（样品编号 S－J－20－1A1、A2）不同深度化学风化指数的计算结果，以深度为横座标，化学风化指数值为纵座标作出其深度与化学风化指数间的关系曲线，如图 10－617 所示。

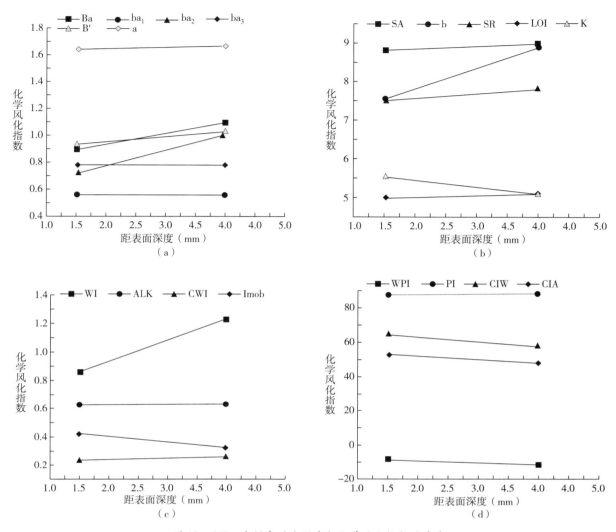

图 10 - 617　灰绿色砂岩深度与化学风化指数的关系

由图 10 - 615—10 - 617 可看出：研究区砂岩在所计算的化学风化指数中 Ba、ba1、CIW、CIA 及 I_{mob} 与深度均有较好的单调关系，在同一部位距表面越深的地方化学风化程度越低，这些指数与深度有单调关系，说明它们的数值可反映研究区砂岩化学风化程度的差异，因此，可以以上述指数作为评价研究区砂岩风化程度的指标。在这些指数中 Ba、ba1、I_{mob} 随化学风化程度的加剧而减小，CIW、CIA 随化学风化程度的加剧而增大。

根据表 10 - 94 大理岩（样品编号为落构件 A、B、C 及 D）不同深度化学风化指数的计算结果，以深度以横座标，化学风化指数值为纵座标作出深度与化学风化指数间的关系曲线，如图 10 - 618 所示。

从图 10 - 618 看出：对研究区大理岩而言，所列的化学风化指数均不能反映出其与深度的单调关系。究其原因，这主要是因为研究区大理岩的风化主要是物理风化，基本上未发生化学风化（10.9.4 结论），而化学风化指数反映的是化学风化的程度，所以它们对研究区基本未发生化学风化的大理岩不能反映出与深度的单调关系，这也从另一侧面印证了 10.9.4 研究区大理岩基本未发生化学风化的结论。

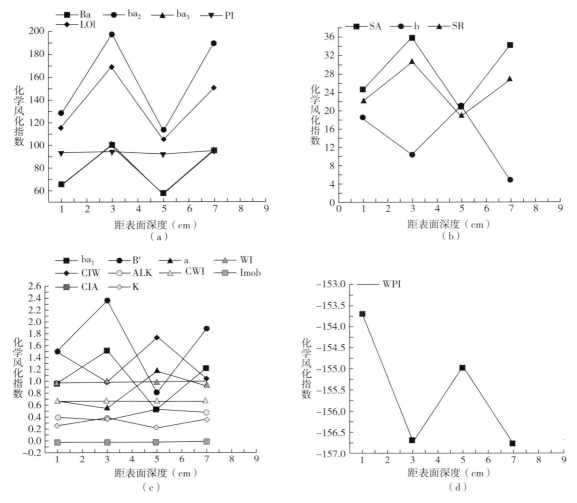

图 10 - 618　大理岩深度与化学风化指数的关系

二、劣化程度评价

以第一部分所得的与深度有较好单调关系的化学风化指数为评价指标可以对研究区砂岩不同劣化类型的劣化程度进行评价。研究区砂岩不同劣化类型的化学风化指数如表 10 - 95 所示。

表 10 - 95　砂岩不同风化类型的化学风化指数

劣化类型　　化学风化指数	针孔状剥蚀	片状剥蚀		鳞片状剥蚀（灰绿色）	空鼓
		灰褐色	灰白色		
Ba	1.29	0.82	0.97	0.90	1.67
ba2	1.23	0.67	0.85	0.71	1.31
CIW	49.88	67.42	61.50	64.34	42.80
CIA	43.69	54.85	50.77	52.59	38.00
I_{mob}	0.351	0.452	0.363	0.415	0.08

从表 10-95 可看出：

1. 对研究区砂岩而言，化学风化严重程度由高到低的排序为：①片状剥蚀；②鳞片状剥蚀；③针孔状剥蚀；④空鼓。

2. 砂岩的颜色对其化学风化也有一定影响，就剥蚀而言，研究区内灰褐色砂岩的最严重，灰绿色的次之，灰白色的最弱。

10.9.7 石材表层工程性能评价

一、强度

（一）未风化条件下岩石的强度

研究区两种新鲜岩样室内力学试验的结果如表 10-96 所示。

表 10-96 新鲜岩样力学试验结果

岩石名称	单轴抗压强度 σ_c（MPa）		弹性模量 E（GPa）		泊松比 μ		抗剪强度		抗拉强度（MPa）	抗折强度（MPa）
	干燥	饱水	干燥	饱水	干燥	饱水	C（MPa）	φ（°）		
大理岩	86.10	81.10	27.51	22.74	0.256	0.372	20.00	41.63	7.22	9.16
长石砂岩	165.00	131.26	50.16	49.60	0.229	0.389	37.85	37.15	13.66	39.30

由表 10-96 可看出：在未风化条件下，研究区长石砂岩的强度达到中上等，大理岩的达到中等，未风化条件下的强度是能满足建筑物对其强度要求的。

（二）风化对岩石表面强度的影响

建筑建成后，建筑石材即暴露在大气中，在气温变化、水汽等诸多因素共同作用下，岩石表层发生了不同程度的劣化，其强度随之降低。为查明研究区表层劣化对石材工程性能的影响，在研究区内布置了多个表面回弹测试区，重点对研究区表层剥落区的强度进行了测试，并用之与未剥落区的表面强度进行对比，从而找出风化剥落对其表面强度的影响，测试结果如表 10-97 所示。

表 10-97 剥落区和未剥落区的回弹值及强度对比

岩石名称	测点编号	描述内容	回弹平均值	单轴抗压强度（MPa）
砂岩	S-J-4-4-2	新鲜未剥落区域	56.08	182.25
		片状剥落区域	38.75	69.95
	S-J-20-2-1	浅绿色未剥落区域	55.05	172.19
		浅绿色片状剥落区域	34.31	54.73
	S-J-22-5	未剥落区域	48.26	118.29
		片状剥落区域	30.43	44.16
	S-J-22-1	未剥落区域	55.43	175.87
		片状剥落区域	46.96	110.12

续表 10 - 97

岩石名称	测点编号	描述内容	回弹平均值	单轴抗压强度（MPa）
砂岩	S - J - 7 - 3 - 1	浅绿色未剥落区域	54.66	168.47
		暗紫色未剥落区域	50.88	136.72
		片状剥落区域	48.47	119.67
	S - J - 17 - 5 - 3	紫褐色未剥落区域	37.06	63.72
		紫褐色片状剥落区域	40.19	75.74
大理岩	W - J - 4 - WZ	未剥落区域	46.13	94.70
		粒状剥落区域	25.63	31.66
	W - J - 14 - EZ	未剥落区域	50.27	118.10
		粒状剥落区域	42.02	76.01
	W - L - 17 - 1B 地伏	未剥落区域	36.48	56.54
		粒状剥落区域	27.98	35.91

由表 6 - 2 可看出：研究区石材表面剥落对石材表面强度有极大影响，剥落区与未剥落区相比，表面强度下降 20% —70%。

（三）其它因素对岩石表面强度的影响

岩石表面回弹测试还发现，除表面风化程度外，颜色、石英含量、空间位置等对岩石表面强度也有较大影响。

1. 颜色对石材表面强度的影响

研究区砂岩同一条石不同部位颜色就有明显差异，大理岩局部区域颜色也存在一定差异，现场工作中在这些颜色存在差异的代表性区域进行了回弹测试，测试结果如表 10 - 98 所示。

表 10 - 98　　不同颜色区域回弹值及强度对比

岩石名称	测点编号或位置	测试区岩石颜色	回弹平均值	单轴抗压强度（MPa）
砂岩	S - J - 3 - 4	黑色	44.97	98.63
		浅绿色	57.76	200.02
	S - J - 7 - 3 - 1	暗紫色	50.88	136.72
		浅绿色	54.66	168.47
	S - J - 1 - 4 - 1	褐色	28.51	49.16
		浅绿色	39.73	124.32
大理岩	东次间屋面东南翼	青褐色	45.05	89.38
		黑色	40.85	71.41
		灰白色	45.25	90.34

由表 6 - 3 可看出：同一块石材，颜色深的区域的单轴抗压强度要明显低于颜色浅的区域。产生这一结果的原因一方面是由于不同颜色区域其矿物成分有差异，因而其力学性质上也有一定差异；另一方面，清净化城塔及其附属石质文物均位于户外，受日照影响大，颜色较深的区域吸热较多，风化较

强，因而其表面强度偏低。

2. 砂岩内部结核的强度

研究区砂岩内部普遍存在结核，结核的颜色主要有褐红色、褐黄色、黑褐色三种，为评价其强度与原岩强度上的差异，对有这几种结核的代表性条石的表面强度用回弹仪进行了测试，测试结果如表10-99所示。

表 10-99　砂岩同一条石结核及非结核区强度对比

条石编号	结核颜色	表面回弹值		表面强度（MPa）	
		结核区	非结核区	结核区	非结核区
S-J-5-3-1	褐红色	59.18	56.08	216.33	182.25
S-J-12-4-3	褐红色	59.40	57.0	218.98	191.78
S-J-20-4	褐红色	61.17	55.05	241.48	172.19
S-J-7-4-3	褐黄色	59.92	55.17	225.36	173.30
S-J-9-3-2	黑褐色	59.00	56.68	214.19	188.39

由表10-99可看出：同一条石结核区的表面强度均比非结核区的大。这说明，研究区砂岩内部的结核对条石表面的工程性能没有不良影响。

3. 砂岩微层理的强度

研究区砂岩条石普遍存在微层理，这些微层理在颜色上与非层理区存在差异，为了查明这些微层理在强度上是否存在差异，现场工作中对微层理代表性条石的层理区和非层理区的表面强度用回弹仪进行了测试，测试结果如表10-100所示。

表 10-100　砂岩同一条石微层理区及非层理区强度对比

条石编号	微层理倾角	表面回弹值		表面强度（MPa）	
		层理区	非层理区	层理区	非层理区
S-J-1-2-1	30—45°	49.17	49.80	124.42	128.82
S-J-1-3-3	0—10°	51.86	53.00	144.35	153.74
S-J-1-1-3	交错层理	57.43	56.37	196.39	185.21

由表10-100可看出：同一条石层理区与非层理区的表面强度差异不大。这说明，研究区砂岩内部的微层理对条石表面的工程性能没有明显影响。

4. 岩石强度的方向性

为了查明研究区岩石强度是否存在各向异性，现场工作代表性条石的水平方向和垂直方向的表面强度用回弹仪进行了测试，测试结果如表10-101所示。

表 10 – 101　同一条石水平方向和垂直方向的强度对比

岩石名称	条石编号或位置	表面回弹值		表面强度（MPa）	
		水平方向	垂直方向	水平方向	垂直方向
大理岩	西南角塔基座	52.86	53.22	152.56	155.63
大理岩	W–L–19 北 1 柱	49.89	49.17	129.47	124.42
大理岩	主塔基座	53.60	54.60	158.93	167.96
大理岩	W–L–21	49.08	48.06	123.80	117.01
砂岩	西碑前台阶	55.05	55.91	172.19	180.57
风化砂岩	南碑坊前西侧台阶	39.46	36.75	72.75	62.63

由表 10 – 101 可看出：研究区大理岩和砂岩在不同方向上均具有一定的差异，但这种差异并不明显（大理岩最大相对差异为 5.4%，砂岩的最大相对差异为 13.7%），这说明研究区的这两种岩石均无明显的各向异性。

5. 石英含量对大理岩表面强度的影响

研究区大理岩有些区域分布有石英岩脉，在这些地方，石英的含量明显偏高，岩石的强度及抗风化、抗溶蚀的能力明显增强。为测试这些区域与普通区域岩石表面强度间的差异，现场工作中在这些石英含量存在差异的代表性区域进行了回弹测试，测试结果如表 10 – 102 所示。

表 10 – 102　石英含量不同区域回弹值及强度对比

测点编号或位置	描述内容	回弹平均值	单轴抗压强度（MPa）
北牌坊屋面北侧（明间）	灰黑色大理岩	42.79	87.44
	石英含量高区域	48.55	120.23
北牌坊屋面东侧（明间）	白色大理岩	46.92	109.88
	石英含量高区域	52.73	151.44
大理岩 W–L–1–4 外侧	石英含量少区域	47.74	103.21
	石英含量高区域	56.21	162.25
大理岩 W–ZT–2–WN	新鲜面	52.21	131.03
	石英含量高区域	57.96	178.13

由表 10 – 102 可看出：石英含量的高低对研究区大理岩的表面强度有很大影响，石英含量高的区域表面强度比低的区域高。

6. 大理岩的风蚀破坏

研究发现，风速对研究区大理岩的风化程度是十分明显的影响。这主要表现为风速愈大的地方，大理岩的风化程度愈强。这一特征在西南角塔及垂花门抱鼓石上有非常明显的表现。

为揭示空间位置及风速对岩石表面强度的影响，现场工作中对由同一种石材建造的清净化城塔西南角塔基座、塔身及檐口大理岩的表面强度进行了回弹测试，测试结果如表 10 – 103 所示。

表 10 - 103　西南角塔不同层面及不同方位回弹值及强度对比

测试部位	方位	回弹平均值	变异系数	单轴抗压强度（MPa）
基座 （距地面 0.8m）	东面	54.90	1.69	151.27
	南面	55.57	2.95	156.75
	西面	53.88	2.12	143.23
	北面	55.44	2.49	155.73
塔身一层 （距地面 3.0m）	东面	54.08	2.43	144.76
	南面	53.60	2.05	141.12
	西面	54.60	1.91	148.86
	北面	53.16	2.03	137.82
塔身二层 （距地面 5.0m）	东面	52.88	1.36	135.82
	南面	55.03	1.9	152.35
	西面	55.56	1.54	156.66
	北面	54.63	2.41	149.13
塔身三层 （距地面 6.1m）	东面	47.36	1.33	101.09
	南面	49.01	1.88	110.41
	西面	49.11	2.36	111.03
	北面	49.08	1.40	110.83
塔身四层 （距地面 7.1m）	东面	48.06	2.72	104.94
	南面	49.52	2.16	113.49
	西面	49.01	1.59	110.44
	北面	47.14	2.24	99.96
檐　口 （距地面 8.1m）	东面	44.36	1.70	86.12
	南面	43.98	2.33	84.40
	西面	41.64	2.37	74.51
	北面	44.41	2.59	86.38

　　以各测试位置距地面的高度为横座标，以表面强度为纵座标，作出表面强度与高度的关系如图 10 - 615 所示。

　　由表 10 - 103 及图 10 - 619 可看出：随着高度增加，岩石表面强度随之降低，这主要是由于研究区大理岩的风化主要是物理风化（前面的研究结论），随着高度增加风速、日照等引起岩石物理风化的因素增强的缘故；同一高度不同方位，岩石表面强度也有少许差异，这主要是由于不同方位风化微环境间的差异所致。

　　垂花门抱鼓石及其编号如图 10 - 620 所示，这四个抱鼓石的风化程度呈现出明显的差异性，如图 10 - 621—10 - 628 所示。四个抱鼓石的最大剥落深度及未剥落区的表面强度如表 10 - 104 所示。

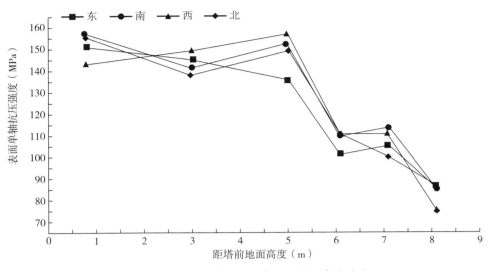

图 10 - 619　西南角塔岩石表面强度与高度关系

表 10 - 104　垂花门抱鼓石最大剥落深度及未剥落区表面强度

抱鼓石编号	1#		2#		3#		4#	
	东面	西面	东面	西面	东面	西面	东面	西面
最大剥蚀深度（mm）	0	2	6	16	20	10	4	0
未剥落区回弹值	50.53	46.80	35.38	29.29	23.71	32.00	33.00	43.64
未剥落区表面强度（MPa）	134.13	109.14	58.06	41.47	30.47	48.17	50.91	91.66

　　根据表 6 - 9 的测试结果作出各抱鼓石的最大剥落深度及未剥落区表面强度的直方图，如图 10 - 629、10 - 630 所示。

图 10 - 620　垂花门抱鼓石编号及位置

　　由图 10 - 623、10—624 可看出：从剥蚀深度上看，愈靠近正门的抱鼓石，其剥落深度愈深，从未剥落区表面强度上看，愈靠近正门的抱鼓石，其未剥落区的表面强度愈低；同一抱鼓石的不同侧面也明显呈现出上述特征。这说明，抱鼓石越靠近正门，风化越强。究其原因，这主要是由于正门常年打开，侧门则基本不开，所以愈靠近正门的地方风速愈快，从而使愈靠近正门的抱鼓石和同一抱鼓石靠近正门的侧面的风化程度明显比远离正门的抱鼓石或侧面严重。

图 10 - 621　1#抱鼓石东侧面

图 10 - 622　1#抱鼓石西侧面

图 10 - 623　2#抱鼓石东侧面

图 10 - 624　2#抱鼓石西侧面

图 10 - 625　3#抱鼓石东侧面

图 10 - 626　3#抱鼓石西侧面

图 10-627　4#抱鼓石东侧面

图 10-628　4#抱鼓石西侧面

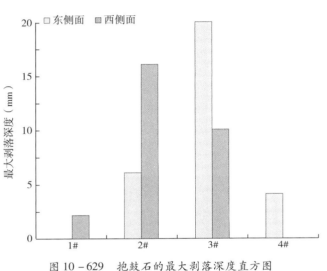

图 10-629　抱鼓石的最大剥落深度直方图

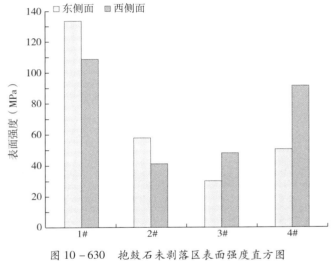

图 10-630　抱鼓石未剥落区表面强度直方图

西南角塔的劣化程度随高度增加而增强，垂花门抱鼓石距正门愈近劣化愈严重均说明风速对大理岩的劣化程度有十分重要的影响。

二、水理性质

（一）未风化条件下岩石的水理性质

研究区两种新鲜岩样室内水理性质试验的结果如表 10-105 所示。

表 10-105　研究区两种岩石未风化条件下的水理性质

岩石名称	吸水率（%）		孔隙率（%）	渗透率（$10^{-3}um^2$）
	自然	饱和		
大理岩	0.267	0.289	0.193	0.0593
长石砂岩	0.116	0.139	0.131	0.0350

由表 10-105 可看出：在未风化条件下，研究区两种岩石的吸水率、孔隙率及渗透率均较低；在未风化条件下，砂岩的吸水率、孔隙率及渗透率均比大理岩的低。

（二）风化后岩石的水理性质

建筑建成后，建筑石材即暴露在大气中，在气温变化、水汽等诸多因素共同作用下，岩石表层发生了不同程度的风化和溶蚀，其水理性质也相应发生了变化，为揭示风化后，岩石表面水理性质的变化，现场工作中用卡斯特瓶法对风化代表性岩样的表面吸水率进行了测试，测试结果如表 10 - 106 所示。

表 10 - 106　剥落区和未剥落区的表面吸水率测试结果

岩石名称	测点编号	描述内容	毛细吸水系数 ω（kg·m^{-2}·h$^{-1/2}$）	衰减率（%）
砂岩	y2	新鲜岩样	0.2401	94.8
	y - 2 风	粒状剥落	0.6890	96.6
	S - J - 4 - 2 - 1	片状剥落	0.4129	70.0
	S - J - 21 - 2	粒状剥落	0.9275	98.2
	S - J - 15 - 3	片状剥落	7.3074	80.0
大理岩	W1	新鲜岩样	0.2182	80.0
	W - L - 16	颗粒状剥落	1.9861	84.0
	W - L - 4 - 2，3	颗粒状剥落	0.7255	88.0
	W - L - 12 - 1 - 顶	颗粒状剥落	0.3879	85.0
	W - L - 12 - 2 顶	颗粒状剥落	0.4778	73.3
	W - L - 12 - 3	颗粒状剥落	0.8457	80.0
	W - L - 12 - 4 - 顶	颗粒状剥落	0.9701	84.0
	SF - W2 - 顶	颗粒状剥落	0.3629	83.5
	P2 - WN - Q	颗粒状剥落	0.24622	100.0
	P2 - WN - 1	颗粒状剥落	0.2531	100.0
	W - L - 7 - 4 - 顶	颗粒状剥落	0.3056	95.0
	W - L - 17 - 2 - 外	片状剥落	0.2989	96.0
	W - L - 15 - 1 - 外	片状剥落	1.5844	64.0
	W - L - 20	片状剥落	10.0034	33.3
	W - L - 4 - 2，3	片状剥落	0.7255	88.0

从表 10 - 106 可看出：

1. 研究区砂岩发生粒状剥落和片状剥落后其毛细吸水系数为新鲜岩石的 2—3 倍，大理岩发生粒状剥落和片状剥落后其毛细吸水系数为新鲜岩石的 1—50 倍，这说明，岩石表面发生剥落后表面吸水性明显增强，这主要是由于剥落后岩石表面孔隙增大、增多，结构变得疏松的缘故；

2. 表面剥落对吸水性的影响，大理岩的影响程度比砂岩的大；

3. 就大理岩而言，片状剥落对其吸水性的影响比粒状剥落的大。

根据现场测试记录，作出砂岩和大理岩部分测点吸水量及时段吸水率随时间的变化曲线，如

图 10 - 625—10 - 628 所示。

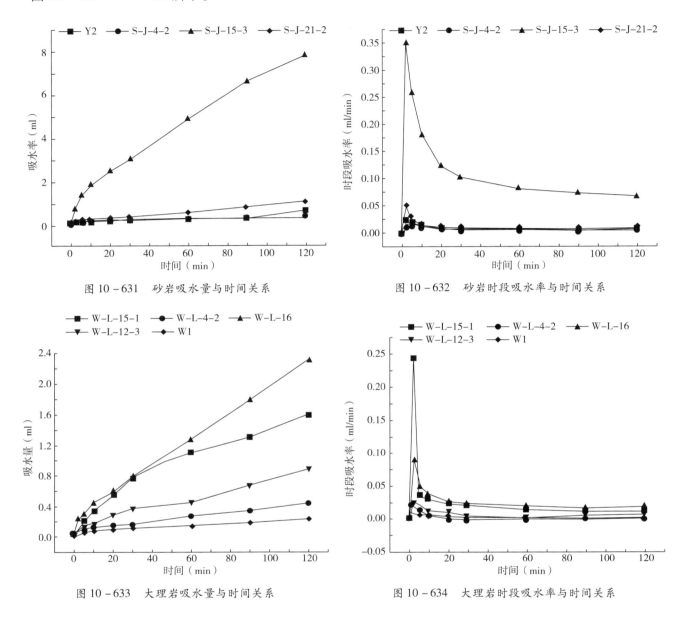

图 10 - 631　砂岩吸水量与时间关系　　　　图 10 - 632　砂岩时段吸水率与时间关系

图 10 - 633　大理岩吸水量与时间关系　　　图 10 - 634　大理岩时段吸水率与时间关系

由图 10 - 631—10 - 634 可看出：

1. 无论是砂岩还是大理岩，表层发生溶蚀岩石的毛细吸水率明显比新鲜岩石的大。

2. 无论是表层发生溶蚀的岩石还是新鲜岩石，其吸水过程均经历短暂加速吸水，吸水速度快速减缓和缓慢减速三个阶段；但溶蚀岩石与新鲜岩石相比，三阶段的时段吸水率均比新鲜岩石大，各阶段的持续时间也比新鲜岩石的长，新鲜岩石在吸水开始后 20 分钟即接近停止，而表面发生溶蚀的岩石在测试终止前仍未接近停止。

上述现象说明，岩石表层溶蚀后吸水能力均有不同程度的增长，增长程度随溶蚀程度的不同而不同。

三、耐候性

（一）软化

根据岩样室内干燥和饱和状态下单轴抗压强度的测试结果，可得出岩样的软化系数 K，如表 10 - 107 所示。

表 10 - 107　岩样的软化系数

序号	岩石名称	软化系数 $K_{软}$
1	砂岩	0.796
2	大理岩	0.942

从表 10 - 107 可看出：砂岩的抗软化能力比大理岩弱，这主要是由于砂岩含有大量膨胀性粘土矿物的缘故。

（二）冻融

由新鲜岩样压汞试验结果可知白云石大理岩中的孔隙，半径以 0.025—0.16um 的为主，灰色中粒粘土质长石砂岩中的孔隙，半径以 0.063—0.25um 的为主，按已有研究结论"孔隙直径在 5um 以下的岩石一般不发生冻融破坏"，这两种岩石在未风化条件下不会发生冻融破坏。但研究区的砂岩和大理岩风化和溶蚀后其孔隙体积和直径均有明显增大，其中风化岩样表面吸水率明显增大就是孔隙体积增大的证明；风化岩样扫描电镜结果（图 10 - 635、10 - 636）证明风化后岩样中部分孔隙的直径大于发生冻融破坏的临界直径，所以，研究区风化岩石表层仍有发生冻融破坏的可能。

图 10 - 635　砂岩表面的溶蚀孔隙
（溶孔直径 20 - 100um）

图 10 - 636　大理岩晶间溶孔及裂隙
（溶孔直径 100 - 120um）

10.9.8　结论及建议

一、主要结论

1. 作为本项目研究对象的岩石在研究区内主要有两种，微晶白云石大理岩和灰色中粒粘土质长石砂岩。

2. 研究区大气降雨呈弱酸性，对石质建筑有轻微腐蚀性。

3. 研究区砂岩的风化既有物理风化又有化学风化，化学风化为长石、方解石等矿物发生水解、溶蚀从而产生石膏、粘土等次生矿物。劣化形式主要有片状剥落、空鼓和溶蚀三种，它们形成的原因和机理如下。

（1）产生片状剥落和空鼓的原因为：砂岩本身具有层状构造，其内含有大量膨胀性粘土矿物和石膏，这些膨胀性粘土矿物在剥落面上以片状存在。此外，发生剥落处岩石表层有大量的溶孔，为雨水的渗入提供了条件。

（2）片状剥落和空鼓的形成机理为：雨水的作用使砂岩表面发生溶蚀，为水进入砂岩内部提供了条件，砂岩内部受水影响较大且膨胀性粘土矿物和石膏较多的部位遇水后发生急剧膨胀，产生较大的膨胀压力，由于粘土矿物及石膏较多的地方，岩层的联结强度较低，在膨胀压力的作用下发生剥落或空鼓；由于这些膨胀性粘土矿物及石膏以平行于剥落面的片状形式存在，所以表层剥落或空鼓均大致平行于岩石外表面。此外，岩石表层由于开采卸荷、加工破坏、应力集中以及温度变化也加剧了表层剥落的产生。

（3）砂岩的溶蚀主要是其内方解石在水的作用下发生溶蚀，方解石及 CaO 含量随深度增加而增大就是最好的证明。

4. 就研究区砂岩而言，化学风化严重程度由高到低的排序为：片状剥蚀，鳞片状剥蚀，针孔状剥蚀，空鼓。

5. 清净化城塔基础条石端角部均有不同程度的劣化，这是应力集中破坏与上述风化作用的共同结果。

6. 研究区大理岩的风化主要是物理风化。劣化形式主要有粒状、鳞片状剥落和溶蚀两种，它们形成的原因和机理如下。

（1）产生剥落的原因和机理为：大理岩本身具有微晶粒状结构，其中石英、白云石颗粒总含量达 96% 以上，比表面积较大，粒间的胶结物少，胶结强度低，鳞片状剥落岩样中石英、白云石颗粒总含量高达 99%，胶结强度更低；由于颗粒间胶结物少，胶结强度低，岩石表层在开采卸荷、加工破坏、应力集中及温度变化等作用下表层颗粒胶结作用受到破坏，从而发生剥落，此外，其内白云石的溶蚀还加剧了表层结构的破坏和剥落。

（2）大理岩的溶蚀主要是其内白云石在水的作用下发生溶蚀，白云石、CaO 和 MgO 的含量随深度增加而增大就是最好的证明。

7. 研究区结壳物的矿物成分主要是白云石、方解石和石膏，化学成分以 CaO 为主，随着结壳期的延长，这些易溶物质逐渐减少，这说明研究区的结壳物总体性质是不稳定的，但随着结壳期的延长，其稳定性逐渐增加。

8. 研究区塔基条石上白色结垢物的成分与砌缝砂浆的相近，主要为方解石和 CaO。白色结垢物的的形成机理为，砌缝砂浆在水的作用下发生溶蚀，溶蚀形成的溶液流至其下条石经沉淀及重结晶形成白色结垢物。

9. 研究区的这两种主要岩石在未风化条件下均具有较高的强度和很低的渗透性，在未风化条件下基本不发生冻融破坏，但在风化作用的破坏下，表面除发生明显的剥落外，岩石的表面强度及透水性均发生了明显变化：

（1）溶蚀区岩石与新鲜岩石相比，砂岩表面强度降低 6%—20%，大理岩表面强度降低 4%—9%，溶蚀对研究区石材表面强度有一定影响；

（2）剥落区与未剥落区相比，表面强度下降 20%—70%，剥落对研究区石材表面强度有极大影响；

（3）岩石表面发生剥落和溶蚀后，其表面吸水性明显增强，这主要是由于剥落后岩石表面孔隙增大、增多，结构变得疏松的缘故；

（4）研究区大理岩的表面强度及溶蚀程度随石英含量的不同而有差异，在有石英岩脉的地方，岩石表面强度相对较高，溶蚀及风化相对稍弱，这些部位呈现出风化及溶蚀的差异性；

（5）风速对研究区大理岩的风化有十分明显的影响，较高的部位及风速较大的部位风蚀破坏越强。

10. 砂岩内部结核及微层理对其强度没有明显影响，研究区的这两种岩石强度均无明显的各向异性。

二、建议

1. 溶蚀是研究区砂岩表层非常普遍的劣化现象，它同时还是片状剥落和空鼓的起因，因此，建议对砂岩表层实施适宜地表面加固，从而提高已劣化表层的结构联结强度和降低其透水性能。

2. 颗粒间胶结强度低是研究区白色大理岩剥蚀的主要原因，建议对大理岩实施适宜地表面加固，提高大理岩颗粒间的联结强度。

3. 对条石端角已发生破损的部位进行加固或修复。

4. 加强研究区大气降雨、空气质量、粉尘等环境因素的监测。

10.10　总结

10.10.1　目前工程勘察实践中存在的问题

如本章所举的九个工程实例，它们所开展的勘察工作目的是为设计提供建议和依据，所采取的技术路线和具体技术方法的选择也是紧密围绕这一中心点的。但是，目前我们看到的许多项目是勘察工作所产生的成果，往往无法为设计提供科学的依据，或者勘察做了很多检测工作，提供了许多数据，但设计过程却很少使用这些数据。所以，无论从科学角度，还是经济角度，这种勘察工作与设计任务严重脱节的问题必须引起重视。在实际工作中这一问题具体表现为以下两个方面。

一、勘察工作针对性差

如本章所举的九个工程实例，每个项目因保护对象、保护工程目的不同，勘察主要工作内容、采取的技术路线和技术方法都不尽相同，各有侧重。但是，目前文物保护领域有一个极不好的风气，就是科学工作八股文化，不注重个案特性，习惯于套模板，这一风气对不可移动石质文物勘察工作也有一定影响。表现为工作中无视保护对象、保护工程目的的差异性，习惯于现场工作盲目套用规范，内业工作及勘察报告套用固定格式。

二、勘察工作深度不够

如前所述，勘察工作是为设计任务服务的，但是，目前由于许多勘察工作过于肤浅，要么文不对题，要么浅尝辄止，仅停留在破坏现象描述阶段，缺乏对破坏原因系统的分析和研究，所以往往无法为设计提供足够的科学依据。

10.10.2　今后工程勘察实践中应注意的问题

针对目前工程勘察中存在的问题，为加强勘察与设计两者间的有机联系，特提出以下两点注意问题。

一、工程勘察大纲应在明确保护工程设计需求前提下编制。

为解决勘察工作针对性差的问题，建议在工程勘察大纲编制前，应充分了解文物的保存现状、现存问题、以往保护工作及效果，本次保护工程拟解决的问题。在此基础上编制的工程勘察大纲才能更好地与设计需求紧密结合，勘察工作才能更好地满足设计需求。

二、勘察内业工作应加强定量分析

为解决勘察工作深度不够问题，建议针对每个拟解决的工程问题，应针对问题产生的原因、影响因素、发展趋势等开展一定深度的研究，加强定量分析，并分别提出具体的工程建议。

第十一章　未来技术发展方向与展望

由于不可移动石质文物勘察技术多来自于岩土工程或地质行业，由于后者所服务对象的工程尺度较大。所以这些技术方法的精度往往无法完全满足文物保护工程勘察和设计要求，因此，未来不可移动石质文物勘察技术发展方向必将体现在专业化和行业特点上。具体表现在以下三个方面。

一、原位测试、无损及微损检测技术的研发

如前所述，由于文物的不可再生性，所以文物保护工程勘察过程必须将工作中对文物本体及环境可能造成的不利影响降至最小程度。因此，在文物保护勘察工作中一般岩土工程及地质工程的勘探手段往往无法满足文物保护工程勘察的需求，而取样数量也受到严格控制。鉴于以上情况，针对文物保护工程勘察特点，开展原位测试和无损及微损检测技术的研发必将成为文物保护工程勘察技术未来重要的研究方向。

二、定量分析及评价方法的研究

如前所述，文物保护工程尺度决定了勘察工作精度要求远高于普通岩土工程及其他建设工程勘察工作，所以岩土工程等现有的评价分析方法也往往无法满足文物保护工程设计需求。因此，针对文物保护工程勘察特点，开展专项定量分析及评价方法研究也是文物保护工程勘察技术未来重要的研究方向。如危岩体破坏机制及稳定性评价计算方法标准化研究、结构稳定性数值评价方法研究、渗流场及渗流途径定量分析方法研究、表层劣化定量评价方法研究等。

三、监测方法研究

由于文物保护是一项长期、持续性的工作，所以监测工作在文物保护工程中占有极其重要的位置，它不仅可检验工程效果、为下阶段保护工程实施提供依据，而且也是实施预防性保护的基础性工作。但是，如前所述，文物保护工程尺度也决定了监测工作精度需远高于普通岩土工程及其他建设工程监测工作，现有岩土工程等行业的监测精度无法满足文物保护的要求。随着三维激光扫描等技术的发展和应用，大大提高了测量和分析精度，也为文物保护中的监测、预警工作提供了可能，但是，这些新技术的应用，还需要针对对象、环境开展理论、技术、操作等各层面的适用性应用研究工作。

参考文献

［1］ 黄克忠．岩土文物建筑保护（第一版）．北京：中国建筑工业出版社，1998 年。

［2］ 宿白．中国石窟寺考古研究．北京：文物出版社，1996 年。

［3］ 项伟，唐辉明．岩土工程勘察．北京：化学工业出版社，2012 年。

［4］ 何满潮等．工程地质数值法．北京：科学出版社，2006 年。

［5］ 贾永刚，李相然等．环境工程地质学．青岛：中国海洋大学出版社．2003 年。

［6］ 潘别桐，黄克忠．文物保护与环境地质．武汉：中国地质大学出版社，1992 年。

［7］ 张咸恭，李智毅等．专门工程地质学．北京：地质出版社，1988 年。

［8］ 孙成栋．岩石声学测试．北京：地质出版社，1981 年。

［9］ 杜谷，王坤阳等，红外光谱/扫描电镜等现代大型仪器岩石矿物鉴定技术及其应用．岩矿测试．2014 年第 5 期（33）：628－633。

［10］ 李宏松．石质文物岩石材料劣化特征及评价方法．北京：文物出版社，2014 年。

彩

版

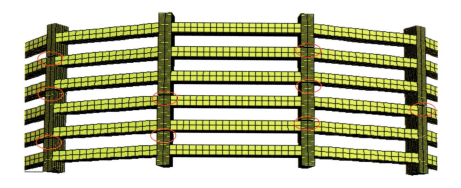

图 10-6 古月桥承载结构的力学模型（横锁石折断）

注：图中红圈处为锁石折断位置

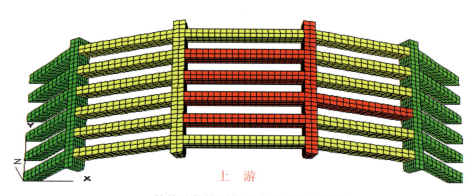

数值计算模型物理力学参数分区图

■ 轻微风化条石　　■ 中等风化条石　　■ 严重风化条石

图 10-7 数值计算模型物理力学参数分区图

图 10-21 汶川地震后石刻岩体内裂隙发育情况

彩版二

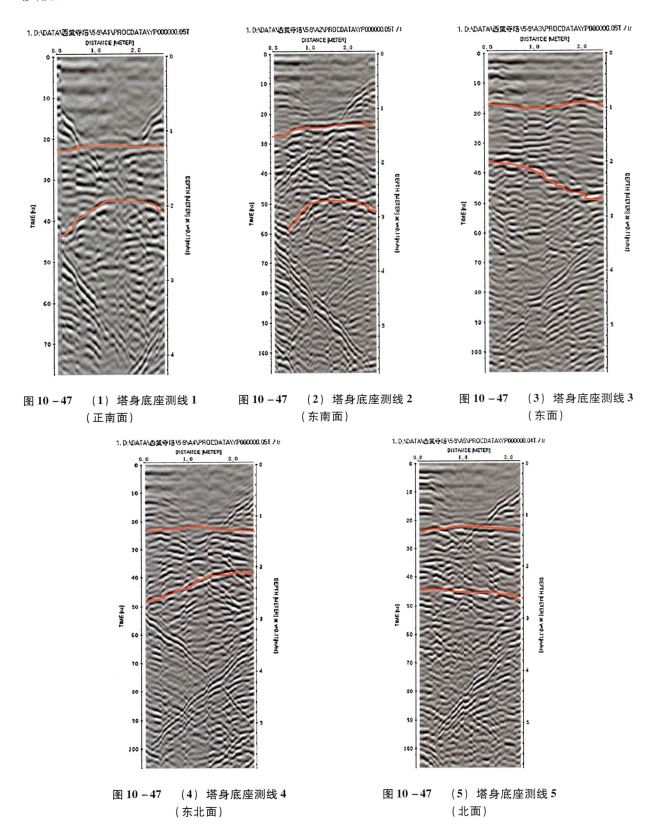

图 10-47 （1）塔身底座测线 1 （正南面）　　图 10-47 （2）塔身底座测线 2 （东南面）　　图 10-47 （3）塔身底座测线 3 （东面）

图 10-47 （4）塔身底座测线 4 （东北面）　　图 10-47 （5）塔身底座测线 5 （北面）

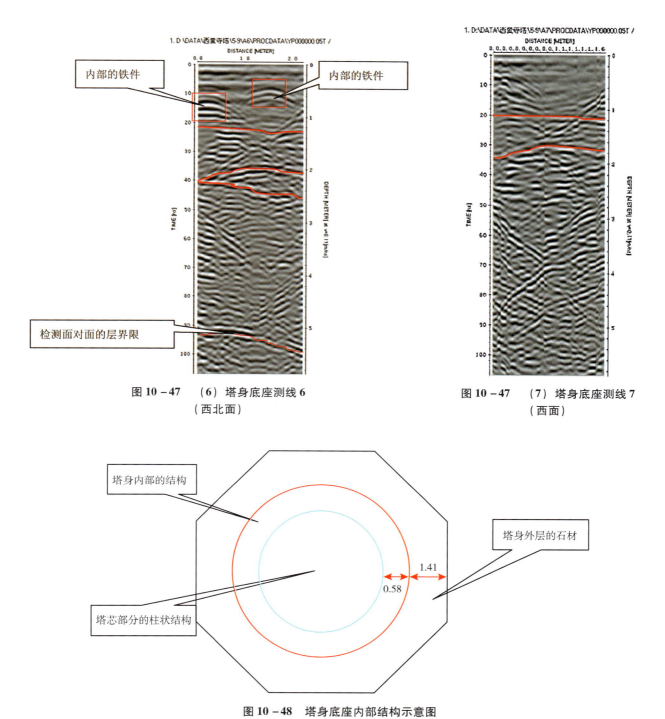

图 10 – 47　（6）塔身底座测线 6
（西北面）

图 10 – 47　（7）塔身底座测线 7
（西面）

图 10 – 48　塔身底座内部结构示意图

彩版四

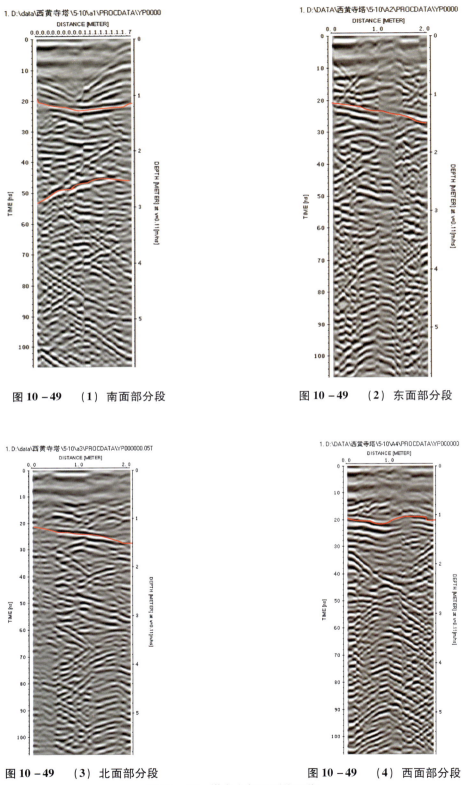

图 10－49　（1）南面部分段

图 10－49　（2）东面部分段

图 10－49　（3）北面部分段

图 10－49　（4）西面部分段

图 10－49　塔身上部下测线图像

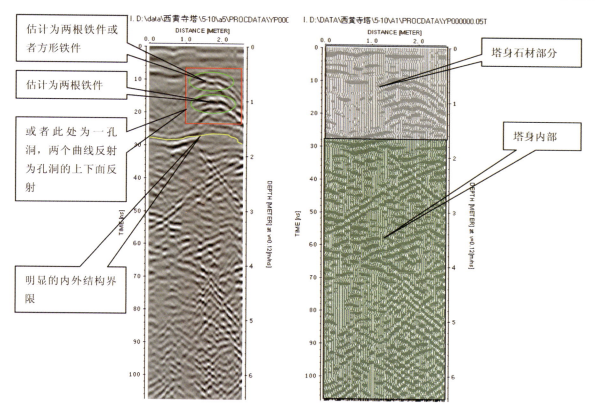

估计为两根铁件或者方形铁件

估计为两根铁件

或者此处为一孔洞，两个曲线反射为孔洞的上下面反射

明显的内外结构界限

塔身石材部分

塔身内部

图 10 - 50　　（1）南面部分段

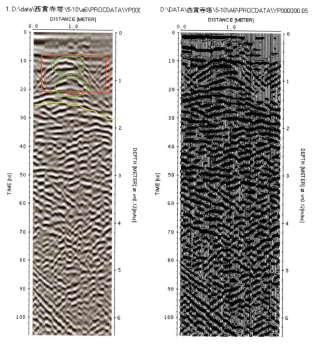

图 10 - 50　　（2）东面部分段

彩版六

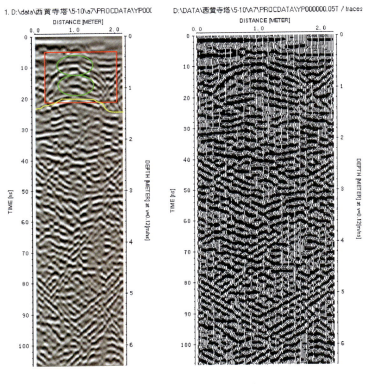

图 10 − 50　　（3）北面部分段

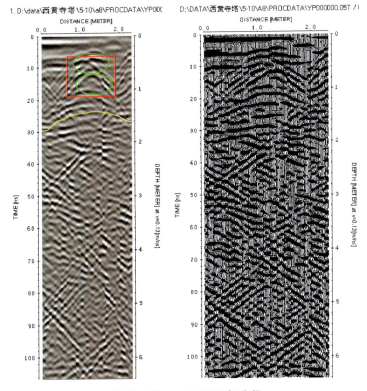

图 10 − 50　　（4）西面部分段

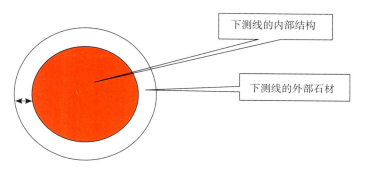

图 10 – 51 塔身上部的下测线内部结构示意图

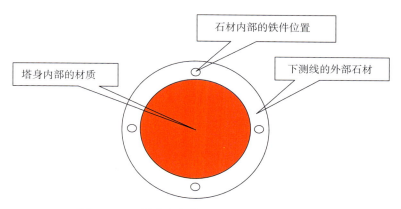

图 10 – 52 塔身上部的上测线内部结构示意图

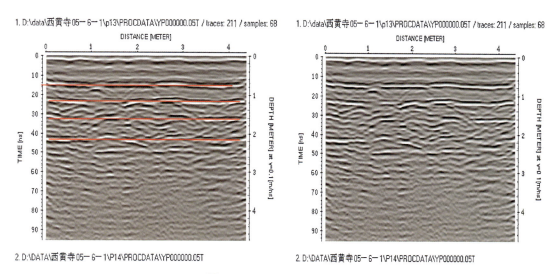

图 10 – 53 （1）13 号测线

彩版八

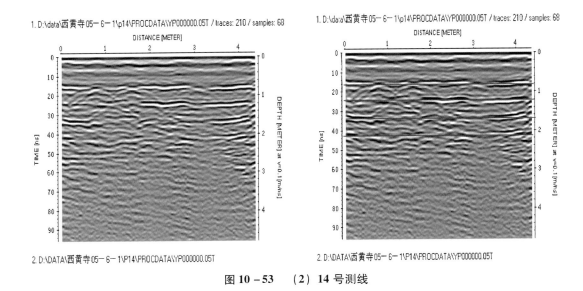

图 10－53　（2）14 号测线

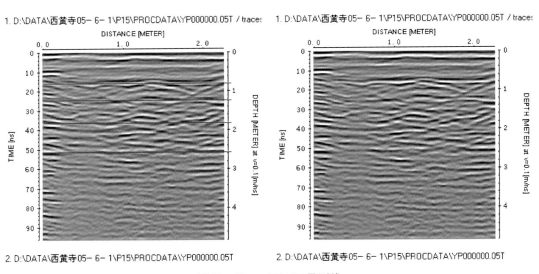

图 10－53　（3）15 号测线

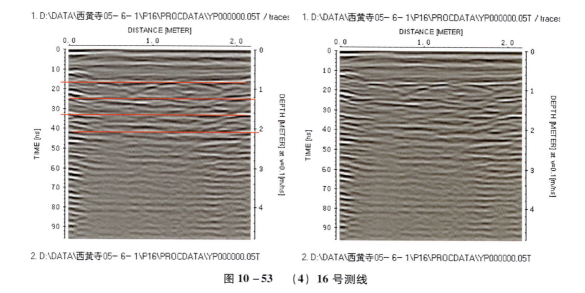

图 10－53　（4）16 号测线

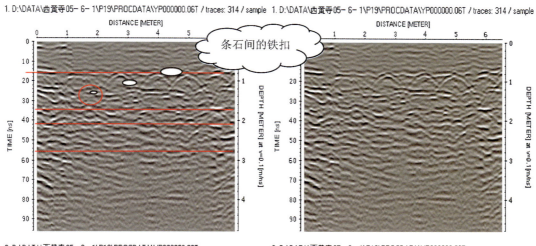

图 10－53　（5）19 号测线

彩版十

T3 塔座条石基础（红框内为增加整体性设置的铁扣件）　　T4 条石塔基（红框内为增加整体性设置的铁扣件）

图 10 − 54　塔基探槽

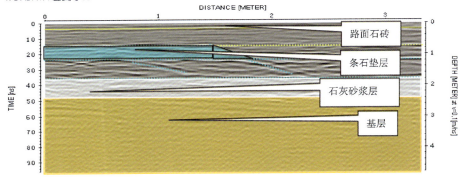

图 10 − 55　（1）1 号测线

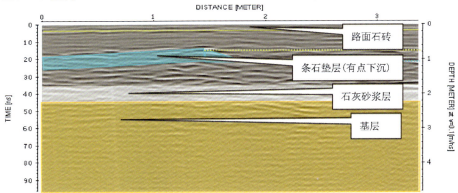

图 10 − 55　（2）2 号测线

（总装备部工程设计研究总院提供）

1. D:\DATA\西黄寺05- 6- 1\P4-1\PROCDATA\YP000000.06T / traces: 2410 / samples: 689

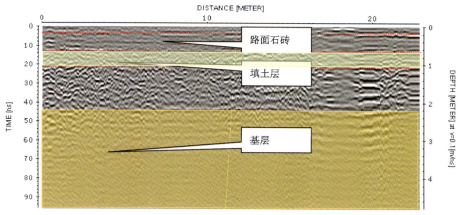

2. D:\DATA\西黄寺05- 6- 1\P4-1\PROCDATA\YP000000.06T

图 10 – 55　（3）4 号测线

1. D:\DATA\西黄寺05- 6- 1\P5\PROCDATA\YP000000.06T / traces: 459 / samples: 691

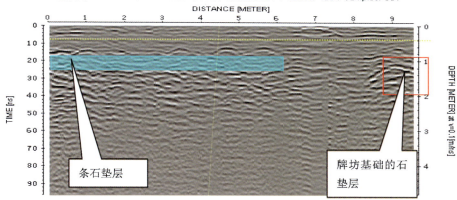

2. D:\DATA\西黄寺05- 6- 1\P5\PROCDATA\YP000000.06T

图 10 – 55　（4）5 号测线

1. D:\DATA\西黄寺05- 6- 1\P9\PROCDATA\YP000000.06T / traces: 734 / samples: 691

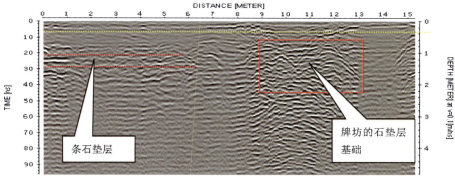

2. D:\DATA\西黄寺05- 6- 1\P9\PROCDATA\YP000000.06T

图 10 – 55　（5）9 号测线

1. D:\DATA\西黄寺05— 6— 1\P10\PROCDATA\YP000000.06T / traces: 876 / samples: 690

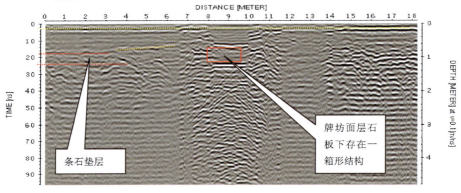

图 10 – 55 （6）10 号测线

1. D:\DATA\西黄寺05— 6— 1\P11\PROCDATA\YP000000.06T / traces: 709 / samples: 691

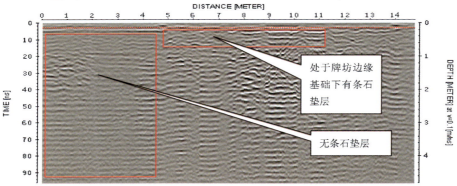

图 10 – 55 （7）11 号测线

1. D:\DATA\西黄寺05— 6— 1\P17\PROCDATA\YP000000.06T / traces: 346 / sample

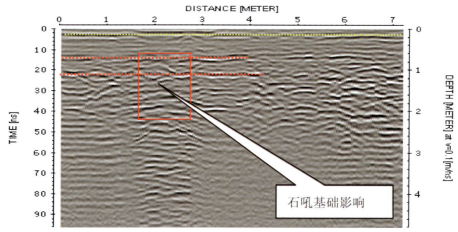

图 10 – 55 （8）17 号测线

1. D:\DATA\西黃寺05- 6- 1\P18\PROCDATA\YP000000.06T / traces: 370 / sample

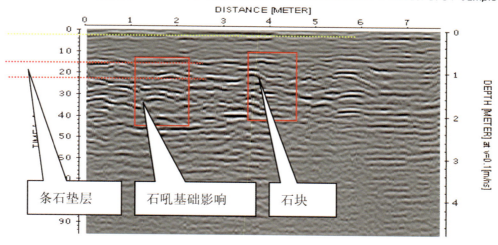

2. D:\DATA\西黃寺05- 6- 1\P18\PROCDATA\YP000000.06T

图 10 – 55 （9）18 号测线

1. D:\DATA\西黃寺05- 6- 1\P20\PROCDATA\YP000000.06

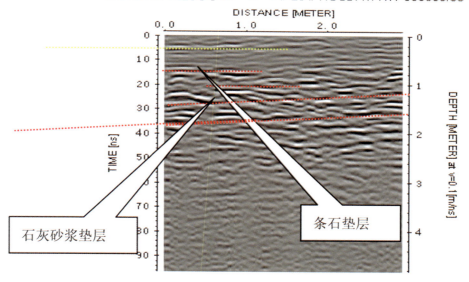

2. D:\DATA\西黃寺05- 6- 1\P20\PROCDATA\YP000000.06

图 10 – 55 （10）20 号测线

（以上图件总装备部工程设计研究总院提供）

T1 台基座落于灰土垫层上（红框内）　　　　T2 第一层平台基落于灰土垫层上（红框内）

图 10 – 56　台基探槽

（总装备部工程设计研究总院提供）

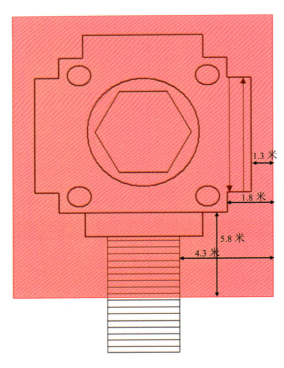

1.3 米

1.8 米

5.8 米

4.3 米

图 10 – 57　台基条石垫层范围分布示意图（红色区域表示条石垫层）

（总装备部工程设计研究总院提供）

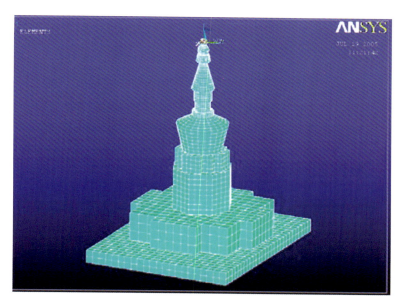

图 10-178　清净化城塔模型

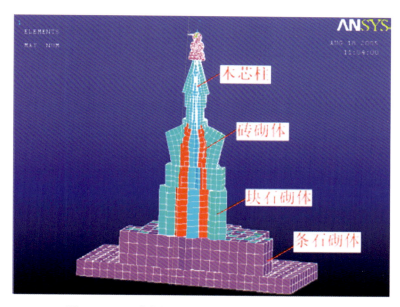

图 10-179　清净化城塔模型剖面（显示不同材质）

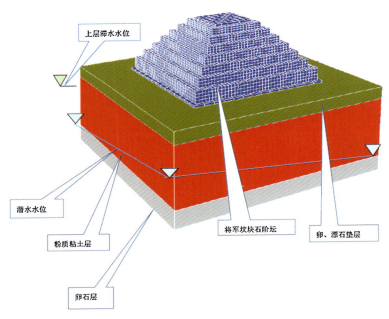

图 10-291 将军坟的地质模型图

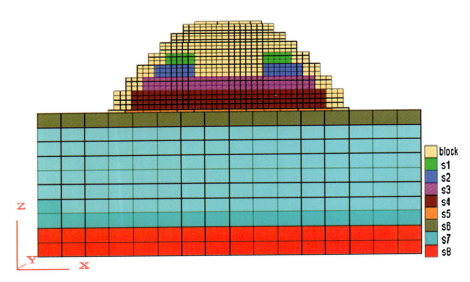

图 10-297 数值计算模型岩性物理参数分区图